香港浸會大學孫少文伉儷人文中國研究所 主辦

學燈

選堂 饒宗頤

第一輯

上海古籍出版社

發刊詞

二〇〇七年元旦,《學燈》網絡版面世。當時我和朱清華、黄振萍、江向東等友人編輯《學燈》的目的,是有感於學界中西分隔,以及青年學人有創新性而缺乏陣地的境況,勉力爲之,提倡跨學科交流,兼容並包,中西皆重;著意有關哲學思想、方法論反思和關涉較大意義的文獻考辨等文章,重視有扎實的功底和創新性、思辨性、思想性、前瞻性、總結性的文章。在西潮的漩渦中,如何能夠延續、發揚中華之學術,既不抱殘守闕,固陋於一隅,亦不崇洋媚外,漂浮於兩邊,讓青年朋友能夠在進入學科模塊之前,具備中西兩種視野的意識,甚或破除中西之壁壘,以學術爲天下之公器,先立其大者,這是我們的"學燈"所富含的象徵意義。幸得各界朋友的鼎力支持,《學燈》得以持續出刊至今,每年四期,未嘗中輟。

然受限於電子刊物的種種約束,《學燈》有很多遺憾之處,特别是首刊稿少。不過多年來,一直有單位和個人來函要求訂閲《學燈》,不少學者也注意到了《學燈》中的文章,並被採入某些目録。友人陳致古道熱腸,致力於將《學燈》辦成紙版。迭經波折,得香港浸會大學中文系、孫少文伉儷人文中國研究所的鼎力支持,尤其是盧鳴東、周嘉茵、黎漢傑等和網刊《學燈》團隊及各界朋友的幫助,《學燈》紙版第一輯終於得以正式出版發行。我們將繼續秉承《學燈》的辦刊宗旨,奉獻有價值的首刊文章,以饗讀者;我們也期待各界朋友的大力支持。

《學燈》第一輯草創之初,約稿、徵稿並行。然本刊文章,除佚文叢殘及跋文外,全部實行雙向匿名評審制度。迄今收到文章 50 篇,最後定稿 16 篇。分爲古音新探、文物研究、舊説新譚、研究反思、西哲探索、佚文叢殘、書評七個專欄。古音新探部分刊登了孟蓬生和王志平對於上古音的最新研究成果,以新的理論解釋過去尤其是近來新出土文獻中某些每每出現的例外之古音通假現象。文物研究部分刊登了陳劍對戰國竹簡拼連綴合的心得體會,周言對於南京大學所藏戰國銅砭的認識。舊説新譚部分刊登了田天從"復爲新垣平"這一事件切入,對西漢初年儒生形象的重新認識;郭萬青整理《國語》有年,此次的研究對象是張以仁《國語虚詞集釋》。研究反思部分,杜保瑞討論了勞思光對朱熹詮釋的方法論問題,王威威回顧了魏晋玄學的研究情況,並論及今後的研究。西哲探索部分,鑒於古希臘哲學和現象學屬於國内西方哲學研究界中最受矚目、討論最熱烈的領域之列,本刊收録了古希臘和現象學研究論文三篇,供方家品鑒。由於"新亞里士多德主義"在當代的復興,亞里士多德研究在國際學界呈現出一片繁榮景象,吕純山對亞里士多德的核心概念實體與形式的關係進行了論述,提出了形式概念的雙重用法和雙重作用。劉鑫針對亞里士多德影響廣泛的"四因説"提出了一種理解四因的整體思路。現象學在德國生長繁盛,已趨衰落,而現在在法國的新現象運動中被馬里墉、里希爾等一批現象學家發揚光大,鄧剛對馬里墉提出的作爲第一哲學的現象學以及其關鍵方法論原則"現象學第四原則"——"還原越多,給予就越多"進行了論述。佚文叢殘部分,刊出的是余嘉錫先生《漢書藝文志索隱》手稿的諸子部分,和民國學術獎的部分審查意見。書評有三篇,一爲郭理遠對《張政烺批注〈兩周金文辭大系考釋〉》的讀後意見,另兩篇爲陳國清對伯納德・威廉斯的《羞恥與必然性》和陳艷對朱莉亞・安娜斯的《理智德性》二書的書評。

《學燈》第二輯已經在編輯過程中,我們設定了五個專欄:古希臘哲學、古史系统、唐以前歷史敘述的新研究、先秦名家研究、四書學專題,也歡迎其他文章及書評,文章一經録用,略付薄酬。望學界同仁支持《學燈》!

目　録

西哲探索

佚文叢殘

書評

漢語前上古音論綱*

孟蓬生

【提　要】漢語史上存在著一個可以稱爲前上古音的時代,這是毋庸論證的。但長期以來,從事上古音研究的學者都没有明確清晰的前上古音的觀念,這導致了一系列消極後果:1. 相信《詩》韻,不相信諧聲。比如不相信"去"聲字兩系(談盍部和魚部)同源。2. 株守目前的上古音分部不敢越雷池一步。3. 古音學蜕變爲古音構擬學。古韻分部工作已經基本完成,接下來就是變换各種音標符號玩排列組合了。4. 歷史考據法的輝煌時代已經結束,接下來是歷史比較法(漢藏語系比較研究)發揮威力的時代。本文對前上古音研究的觀念、材料、方法、研究成果及意義作了較爲詳盡的介紹,並在前人和自己研究的基礎上對上古音系的基本格局(僅限於韻部)作了一些初步推測。

【關鍵詞】上古音　前上古音　古韻分部　閉口韻　非閉口韻

引　言

研究古音的人都知道,《説文》从"去"得聲的字可以分屬於上古的三个不同韻部:

1. 魚部:麮枤祛鮇阹

2. 盍部:劫㾀鉣狜(怯)灋[1]

3. 談部:虡

其中盍談爲入陽對轉,看作一大類,應該没有什麽問題。但它跟魚部的"去"聲字是何關係,學者們有不同的理解,由此引發一樁公案:《説文》諧聲系統中究竟有一個

---

* 本文的寫作受到國家社科基金項目"上古漢語閉口韻與非閉口韻通轉關係研究"(項目編號:13BYY100)的資助。

[1] "灋"字《説文》以爲是會意字,其實應當分析爲形聲字,"去"爲聲符。説詳下文。

“去”,還是兩個“去”。清代以來,學者就分爲兩派。一派認爲本來只有一個“去”,隨著時間的推移發生了分化;[1]一派認爲本來就有兩個“去”,一個在“魚部”,另一個在談盍部,彼此無關。[2] 還有一些則游離於兩説之間。[3]

我們贊成第一種觀點,並且認爲去聲字較早的時候(前上古音)應當在談盍部,一部分字在稍晚的時候(上古音)讀入魚部,理由是:

(一) 兩系字在《説文》諧聲系統不能分開

持兩系説者多以談盍部的“去”从“劫省聲”,但據《説文》,劫本从“去聲”。而且从劫省聲之説,也得不到古文字構形系統的證明。

(二) 甲骨文材料難以證實有兩個“去”

裘錫圭先生認爲甲骨文中有兩個相近的字形,其一爲“[illegible]”,从大从口,用爲人名,古音在魚部;其一爲“[illegible]”,象器蓋相合之形,爲“盍”字的初文,古音在葉部(盍部)。後代的“去”字是兩個不同的字形相混的結果,因此造成了談(盍)魚諧聲的假象。[4]

我們認爲,裘先生觀察細緻入微,無疑值得重視。但該説目前還只能看作一種假説,因爲我們無法證實用爲人名的“[illegible]”字的讀音在魚部,由此推論“去”聲字分兩系可信程度不高。裘先生對於這一點非常清楚:“平心而論,敝説實亦未能視作定論。關鍵之一在於甲骨文中的[illegible]字尚不能從辭例上確證爲離去之‘去’。”[5]裘先生在這篇文

[1] 如段玉裁(《説文解字注》)、王念孫(《廣雅疏證》)、嚴可均(《説文聲類》)、姚文田(《説文聲系》)、宋保(《諧聲補逸》)、章太炎(《文始》)、黄侃(《黄侃手批説文解字》)、陸志韋(《古音説略》,《陸志韋語言學著作集(一)》,中華書局,1985年,頁217—218)、高本漢(潘悟雲等譯《漢文典》,上海辭書出版社,1997年,頁279)、張清常(《中國上古-b聲尾的遺迹》,《清華學報》第15卷第1期,收入氏著《張清常文集》,商務印書館,1993年,頁1—35)、趙誠(《臨沂漢簡的通假字》,《音韻學研究》第2輯,中華書局,1986年,頁19)、何九盈(陈復華、何九盈《古韻通曉》,中國社會科學出版社,1987年,頁428)、龍宇純(《上古陰聲字具輔音韻尾説檢討》,《中上古漢語音韻論文集》,臺灣五四書店,2002年,頁342—343;《再論上古音-b尾説》,《中上古漢語音韻論文集》,頁358—359)、楊劍橋(《漢語音韻學講義》,復旦大學出版社,2005年,頁142)、孟蓬生(《“法”字古文音釋——談魚通轉例説之五》,《中國文字研究》第16輯,上海人民出版社,2012年)、楊懷源和孫銀瓊(《釋甲骨文中的“去”——兼論上古“去”聲字的韻尾》,復旦大學出土文獻與古文字研究中心網站[www.gwz.fudan.edu.cn],2013年10月25日)等。

[2] 如苗夔(《説文聲訂》,頁192)、董同龢(《上古音韻表稿》,《歷史語言所研究集刊》第十八本,中華書局,1987年,頁58)、裘錫圭(《談談古文字資料對古漢語研究的重要性》,《中國語文》1979年第6期,收入《裘錫圭學術文集》第4卷,復旦大學出版社,2012年,頁40—48;《説字小記》,《裘錫圭學術文集》第3卷,頁411—423;《再談古文字中的“去”字》,《裘錫圭學術文集》第4卷,頁188—189)、馮蒸(《〈説文〉中有兩個“去”字説——上古“去”字*-b尾説質疑》,《漢字文化》1991年第2期,又收入氏著《馮蒸音韻學論文集》,首都師範大學出版社,1997年,頁84—95)、曾憲通(《“去、盍”考辨》,《中國語言學報》第12期,商務印書館,2006年,又收入氏著《古文字與出土文獻叢考》,2005年,頁91—93)、陳斯鵬(《張家山漢簡〈引書〉補釋》,《江漢考古》2004年第1期)、洪颺(《古文字考釋通假關係研究》,福建人民出版社,2008年,頁97)、沈培(《再談西周金文“叚”表示情態的用法》,復旦大學出土文獻與古文字研究中心網站,2010年6月16日)等。

[3] 如鄭張尚芳(《上古音系》,上海教育出版社,2003年,頁448)。

[4] 裘錫圭:《談談古文字資料對古漢語研究的重要性》,《裘錫圭學術文集》第4卷,頁40—48;《説字小記》,《裘錫圭學術文集》第3卷,頁411—423;《再談古文字中的“去”字》,《裘錫圭學術文集》第4卷,頁188—189。

[5] 裘錫圭:《再談古文字中的“去”字》,《裘錫圭學術文集》第4卷,頁188—189。

章中同時指出:"如謂呿可由談部變入魚部,或錯讀爲魚部字,則凡从去聲字之讀音皆可如此解釋,亦不必假設有去$_1$去$_2$之别矣。"[1]後來有學者把裘説當作定論,實非裘先生本意。[2]

(三) 金文材料中只有一個"去"

目前從辭例上可以證明爲魚部的"去"字最早見於春秋晚期的哀成叔鼎銘文,[3]其形作:

(哀成叔鼎,《集成》02782"少去母父")

其次是戰國中山王嚳鼎銘文,其形作:

(中山王嚳鼎,《集成》02840"而去之遊")

中山王嚳方壺有"灋"字,其形作:

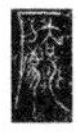

(中山王嚳壺,《集成》09735"可灋可尚")

拓本　摹本

"灋"字所从的"去"(盇部)跟上兩形中的"去"(魚部)無法區别。且從"灋"字的構形來看,左上角爲"户"字。"户"字在該形體中作用如何理解呢?何琳儀給出的解釋是:"从户,灋聲。或説,户爲迭加聲符。盇、户均屬匣紐。"[4]我們認爲,何先生所引"或説"是正確的。[5]

戰國文字中"灋"字有以下寫法:[6]

(郭店簡《老子》甲"灋"字)

何琳儀先生説:"戰國文字承襲金文,盇旁或譌作、形,頗似夫旁。或説,从夫聲。"[7]可以跟中山王的"灋"字構形互相印證。

(四) 通假字表明"去"聲字兩系同出一源

我們目前見到的從戰國到西漢的古文字資料中,没有把兩系分開的明確證據。

---

[1] 裘錫圭:《再談古文字中的"去"字》,《裘錫圭學術文集》第4卷,頁188—189。

[2] 馮蒸:《〈説文〉中應有兩個"去"字説——上古"去"字*-b尾説質疑》,《馮蒸音韻學論文集》,頁84—95;沈培:《再談西周金文"叚"表示情態的用法》,復旦大學出土文獻與古文字研究中心網站,2010年6月16日。

[3] 中國社會科學院考古所:《殷周金文集成(修訂增補本)》,中華書局,2007年。以下簡稱《集成》。

[4] 何琳儀:《戰國古文字典——戰國古文聲系》,中華書局,1998年,頁1426。

[5] 孟蓬生:《"法"字古文音釋——談魚通轉例説之五》,《中國文字研究》第16輯。

[6] 李守奎:《楚文字編》,華東師大出版社,2003年,頁574—575。

[7] 何琳儀:《戰國古文字典——戰國古文聲系》,頁1426。

欯：去

上博簡《周易》55 簡："欯易出。"傳世本："去逖出。"

欯：甲(盍)

上博簡《周易》14 簡："勿疑，朋欯[illegible]。"帛書本："勿疑，朋甲讒。"傳世本："勿疑，朋盍簪。"

去：盍(合)

《張家山漢墓竹簡·引書》中有"去卧"或"去伏"的説法。[1] 陳斯鵬先生曾撰文對該字的意義進行探討，以爲"去"字實際上是"盍"字所从的聲符，當讀爲"啓闔"的"闔"字。[2] 我在此基礎上認爲"去"字借爲"合(闔)"，有"面朝下"之義。[3] 但其字形跟魚部的"去"字没有任何區别。

袪：怯

銀雀山漢簡《將過》："有知(智)而心袪(怯)者。"[4]《六韜·龍韜·論將》"袪"作"怯"。

(五) 古代韻文材料證明魚盍兩部相通

1.《詩經》用韻

《詩經·大雅·常武》："赫赫業業，有嚴天子，王舒保作。"[5] 朱熹《詩集傳》於"業"字後注："叶宜卻反。"顯然以爲與下文"作"字韻。王力先生亦以"業作"爲盍鐸合韻。[6]

2.《焦氏易林》用韻[7]

《乾之萃》："任劣力薄，孱駑恐怯；如蝟見鵲，不敢距格。"密韻，句句入韻。"薄怯鵲格"韻。

《復之坎》："桎梏拘獲，身入牢獄。髡刑受法，終不得釋。"密韻，句句入韻。"獲獄法釋"韻。

《比之豐》："李耳彙鵲，更相恐怯。偃爾以腹，不能距格。""鵲怯格"韻。

---

[1] 張家山二四七號漢墓竹簡整理小組：《張家山漢墓竹簡》，文物出版社，2001 年，頁 294—295。

[2] 陳斯鵬：《張家山漢簡〈引書〉補釋》，《江漢考古》2004 年第 1 期。

[3] 孟蓬生：《張家山漢簡"去(盍)"字補釋》，《古籍整理研究學刊》2004 年第 5 期。

[4] 銀雀山漢墓竹簡整理小組：《銀雀山漢墓竹簡(二)》，文物出版社，2010 年，頁 159。

[5] "業"金文中或从"去(盍部)聲"，説詳楊樹達：《積微居金文説》(增訂本)，中華書局，1997 年，頁 26。此蒙蘇建洲兄提示，謹致謝意！

[6] 王力：《詩經韻讀》，見《王力文集》第 6 卷，山東教育出版社，1986 年，頁 37、415。

[7] 羅常培、周祖謨：《漢魏晉南北朝韻部演變研究》第一分册，科學出版社，1958 年。生按：羅、周從胡適説，以《易林》爲崔篆所作。

3. 班固用韻[1]

《漢書序傳》:"虙羲畫卦,書契後作。虞夏商周,孔纂其業。篹書删詩,綴禮正樂。彖系大易,因史立法。""作業樂法"韻。

《漢書序傳》:"世宗曄曄,思弘祖業;疇咨熙載,髦俊並作。""曄業作"韻。[2]

《漢書序傳》:"高陽文法,揚鄉武略。政事之材,道德惟薄。位過厥任,鮮終其禄。博之翰音,鼓妖先作。""法略薄禄作"韻。

4. 趙岐《孟子章指》用韻[3]

《孟子・盡心上》"孟子曰伯夷"至"此之謂也"一章,趙岐《章指》云:"王政普大,教其常業。各養其老,使不餒乏(生按:或作"之",爲"乏"之壞字)。二老聞之,歸身自託(生按:一誤爲"記",二誤爲"己")。衆鳥不羅,翔鳳來集。亦斯類也。""業、乏(盍部)、託(鐸部)、集(緝部)"韻。

(六) 同源詞表明魚盍兩部相通

《詩經・大雅・雲漢》:"旱既太甚,黽勉畏去。胡寧瘨我以旱?憯不知其故。祈年孔夙,方社不莫。昊天上帝,則不我虞。敬恭明神,宜無悔怒。"

"去"字在偶數句,押入魚部韻,但用"離去"义顯然講不通。龍宇純先生根據蔡邕《上封事疏》之"宣王遭旱,密勿祇畏"推斷"去"字爲"畏懼"義,實即"怯"字,[4]其説甚是。前舉銀雀山漢簡《將過》、《論將》"祛"、"怯"通用,可資互證。

"去"(盍部)聲與虚聲相通。《史記・司馬相如列傳》:"禺禺鱋魶。"《集解》:"徐廣曰:'鱋一作魼,音榻。'駰案《漢書音義》曰:'魼,比目魚也。'"《玉篇・心部》:"慮,怯也。"《集韻・魚韻》:"慮,志怯也。"慮怯爲同源詞。慮之於怯,猶鱋之於魼也。

豦聲與瞿聲相通。《莊子・齊物論》:"俄然覺,則蘧蘧然周也。"《太平御覽》卷九四五引"蘧蘧"作"瞿瞿"。《老子》:"攫鳥不搏。"漢帛書《老子》乙本作"據"。《廣雅・釋詁二》:"遽,懼也。"《楚辭・九章》:"衆駭遽以離心兮。"《楚辭・大招》:"魂乎歸徠,不遽惕只。"《廣韻・魚韻》:"懅,怯也。"《集韻・御韻》:"懅,懼也。"王力先生認爲"遽"、"懼"同源。[5]

慮、懅的最小聲符都是"虍"字,據此則怯(祛)、懅(遽)、懼均爲同源詞。

---

[1] 羅常培、周祖謨:《漢魏晋南北朝韻部演變研究》第一分册。

[2] 龍宇純:《再論上古音-b尾説》,《中上古漢語音韻論文集》,頁358—359。董珊先生亦有文論及曄字當从華聲。此可爲兩人的説法提供旁證。

[3] 下面文字是我據山井鼎、物觀《七經孟子考文補遺》考訂後的結果。

[4] 龍宇純:《上古陰聲字具輔音韻尾説檢討》,《中上古漢語音韻論文集》,頁317—352;龍宇純:《再論上古音-b尾説》,《中上古漢語音韻論文集》,頁358—359。

[5] 王力:《同源字典》,商務印書館,1982年,頁132—133。

(七) 中古又讀表明魚盍兩部相通

中古韻書"去"聲字常常兩讀：[1]

"胠"字有兩讀：丘倨切、去劫切。《左傳》襄公二十三年："胠：商子車御侯朝，桓跳爲右。"注："右翼曰胠。"陸德明《經典釋文》："胠，起居反。徐又音脅，或起業反。"

"魼"字有兩讀。《史記・司馬相如列傳》："禺禺鱋魶。"《集解》："徐廣曰：'鱋一作魼，音榻。'駰案《漢書音義》曰：'魼，比目魚也。'"(《釋名・釋衣服》："袪，虚也。"可與此互證。)《集韻・魚韻》："魼，《説文》：'魚也。'一曰比目。或作鱋。""丘於切。"《集韻・盍韻》："鰈，《説文》：比目魚也。或作魼。""託盍切。"

"𡰪"字有兩讀(在"閉"的意義上)。《説文》："𡰪，閉也。从户，劫省聲。"大徐本"口盍切"。《廣韻》"丘倨切"，又"口荅切"。

"抾"字有兩讀。《集韻・魚韻》："抾，《方言》：'抾摸，去也。'""丘於切。"《集韻・葉韻》："抾，去笈切。《廣雅》：'去也。'"按《廣雅》："抾莫，去也。"(抾，各本譌作怯，此從王念孫説訂正)曹憲音"去劫"。

"呿"字有兩讀。《廣韻・御韻》"丘倨切"，又《廣韻・業韻》"去劫切"。

"痃"字有兩讀。《集韻・語韻》"口舉切"，又《集韻・業韻》"去劫切"。

"蚨"字有兩讀。《集韻・業韻》"訖業切"，又《集韻・語韻》"口舉切"。

如果我們否認兩部有通轉關係，則不但《説文》錯了，後世韻書也錯了，這是很難令人相信的。董同龢以"胠"、"魼"的魚韻讀音不見於《切韻》殘卷和唐寫本《唐韻》而懷疑其可靠性，[2]那是因爲他忽略了徐廣(東晋人)和陸德明(隋末唐初人)的音注資料，自然是不足爲據的。

(八) 音理上没有任何障礙

主張"去"字分爲兩系的學者有一個重要理由，就是談(盍)魚通轉不合音理。[3]

關於這一點，我們可以從四個方面加以解釋：

首先，音例是第一位的，音理是第二位的。如果前面舉出的音轉實例不存在問題的話，需要修正的就是研究者心中的音理了。

其次，古籍中談陽通轉例子較多，似乎没有學者提出質疑。我在《上古漢語同源詞語音關係研究》中曾就侵談跟陽部的關係説過以下一段話：

---

[1] 此據我在復旦大學出土文獻與古文字研究中心網站所發的帖子和跟帖改寫。《〈"法"字古文音釋〉的一點補充》一帖(2011年11月13日)及其跟帖；章水根《"灋"字古文來源蠡測》(2012年6月27日)文後跟帖第8、9、14樓。

[2] 董同龢：《上古音韻表稿》，頁58。

[3] 裘錫圭：《談談古文字資料對古漢語研究的重要性》，《裘錫圭學術文集》第4卷，頁40—48；沈培：《再談西周金文"叚"表示情態的用法》，復旦大學出土文獻與古文字研究中心網站，2010年6月16日。

上古音的侵談兩部跟陽部字往往發生膠葛。從用韻情況看,談陽兩部發生過關係。《詩經·小雅·桑柔》:"維此惠君,民人所瞻(談)。秉心宣猶,考慎其相(陽)。維彼不順,自獨俾臧(陽)。自有肺腸(陽),俾民卒狂(陽)。"又《大雅·殷武》:"天命降監(談),下民有嚴(談)。不僭不濫(談),不敢怠遑(陽)。"《急就篇》:"曹富貴、尹李桑(陽),蕭彭祖、屈宗談(談),樊愛君、崔孝讓(陽)。"從異文看,侵談跟陽部亦發生過關係。《周易·豫卦》:"朋盍簪。"《釋文》:"簪(侵),馬作臧(陽)。"上引"民人所瞻",漢《校官碑》:"永世支百,民人所彰(陽)。"《詩經·邶風·燕燕》:"遠于將之,瞻望弗及。"阜陽漢簡《詩經》作"章望"。《左傳》人名公冉務人,馬王堆漢墓帛書《春秋事語》作[公]襄負人。又《戰國策·楚策四》:"冉子親姻也。"馬王堆漢墓帛書《戰國策》作"襄子親因(姻)也"。從同源詞看,鑒(談)與鏡(陽)同源,黔(侵)與黥(陽)同源。《説文》:"黵(端紐談部),大污也。"是黵之於黨,猶瞻之於章(彰),鑒之於鏡也。

可見上古音中談陽通轉是無法否認的事實,如果談陽通轉合乎"音理",那麽盍鐸通轉也一定合乎"音理"。因爲從語音學的角度看,我們無法只承認談陽通轉,而不承認盍鐸通轉。假如我們只承認真文通轉,而不承認質物通轉,那將是一件十分難以理解的事情。

其三,從普通語音學的角度看,談(盍)魚通轉不存在任何障礙。請看下表:

魚 a	鐸 ak	陽 ang
魚 a	盍 ap	談 am

如果我們承認魚鐸陽可以發生通轉關係,則我們没有辦法阻止魚鐸與盍談發生通轉關係。因爲-k 和-p 同爲塞音,-ng 和-m 同爲鼻音。

在語音通轉關係方面,王力先生被公認爲把握最爲嚴格的學者之一,但王力先生不但承認鏡(陽部)和鑒(談部)同源,[1] 黥(陽部)與黔(侵部)同源,[2] 而且承認"業作"爲盍鐸合韻。[3] 更爲發人深省的是,他在《同源字典》的韻表中將排在同一直行的韻部稱爲通轉,其中就包括談魚通轉、談陽通轉、盍鐸通轉等。

其四,從上古音系結構看,談盍没有相對的陰聲韻,爲歷史語言學中所説的"空格"。而大家知道,"空格"往往是历史音變的結果。楊劍橋先生説:"'去、祛'是《廣韻》魚韻字,上古屬魚部,收[g]尾,'劫、怯'是《廣韻》業韻字,上古屬葉部,收[p]尾,而'呿、胠'既是《廣韻》魚韻字,又是《廣韻》業韻字,可見'呿、胠'最早也可能是跟葉部相對的陰聲韻的字,收[b]尾。根據以上種種現象,如果我們需要構擬諧聲時代的上古韻母

[1] 王力:《同源字典》,頁 344—345。
[2] 王力:《同源字典》,頁 348。
[3] 王力:《詩經韻讀》,《王力文集》第 6 卷,頁 37、415。

系統,那麼我們也可以給葉部和談部、緝部和侵部構擬相對應的陰聲韻部。"[1]黄易青先生説:"談部的陰聲是魚部。因爲魚部收喉,與宵幽爲一類,所以談部的陰聲是魚部。諧聲如,籀文敢从古聲。談與魚的陽聲即陽部合韻也有一些,如:監嚴濫遑(《商頌·殷武》);瞻相臧腸狂(《大雅·桑柔》)。則先秦前期閉口韻及其陰聲爲侵、幽,冬、宵,談、魚。"[2]

一、前上古音的觀念和術語

漢語史上存在著一個可以稱爲前上古音(上古漢語不是原生音系,而是派生音系,我們稱上古音所從派生的音系爲前上古音,指以甲骨文語料爲主體的商代音系)的時代,這是毋庸論證的。但長期以來,從事上古音研究的學者都没有明確清晰的前上古音的觀念(國内通行的音韻學通論或教材中没有一個設立"前上古音"的章節),這導致了一系列消極後果:1. 相信《詩》韻,不相信諧聲。比如上節所舉一些學者不承認"去"聲字兩系(談盍部和魚部)同源。2. 株守目前的上古音分部不敢越雷池一步。3. 古音學蜕變爲古音構擬學。古韻分部工作已經基本完成,接下來就是變换各種音標符號玩排列組合了。4. 歷史考據法的輝煌時代已經結束,接下來是歷史比較法(漢藏比較)發揮威力的時代。

從音韻學史上看,前上古音的觀念和術語的孕育和發展經歷了一個漫長的階段。

清代學者大多没有前上古音的觀念,他們心目中所謂古音(主要是古韻)是漢語最早的音系。

顧炎武是清代古音學的先驅。他在《音學五書》序中説:"炎武潛心有年,既得《廣韻》之書,乃始發寤於中,而旁通其説,於是據唐人以正宋人之失,據古經以正沈氏之失,而三代以上之音部分秩如,至賾而不可亂。……天之未喪斯文,必有聖人復起,舉今日之音還之淳古者。"

段玉裁是清代古音學的中堅。他在《説文解字注》"一"字頭下曾説:"凡注言一部、二部,以至十七部者,謂古韻也。玉裁作《六書音均表》,識古韻凡十七部。自倉頡造字時至唐虞三代秦漢,以及許叔重造《説文》曰某聲,曰讀若某者,皆條理合一不紊。故既用徐鉉切音矣,而又某字志之曰古音第幾部。又恐學者未見六書音均之書,不知其所謂,乃於《説文》十五篇之後,附《六書音均表》五篇,俾形聲相表裏,因耑推究,於古形、古音、古義可互求焉。"段玉裁《六書音均表》中説:"音韻之不同,必論其世。約

[1] 楊劍橋:《漢語音韻學講義》,頁 142。
[2] 黄易青:《論上古侯宵幽的元音及侵冬談的陰聲——兼論冬部尾輔音的變化及其在上古音系中的地位演變》,《北京師範大學學報》2005 年第 6 期。

而言之,唐虞夏商周秦漢初爲一時,漢武帝後洎漢末爲一時,魏晋宋齊梁陳隋爲一時。"

章太炎是清代古音學的殿軍。他在《小學略説》中説:"分古音今音,可區分爲五期,悉以經籍韻文爲準。自《堯典》、《皋陶謨》以至周秦漢初爲一期,漢武以後至三國爲一期,西晋南北朝又爲一期,元後至清更成一期。泛論古音,大概六朝以前多爲古音,今兹所謂古音,則指兩漢以前。泛論今音,可舉元明清三代,今則以隋唐爲今音,此何以故? 因今之韻書以《廣韻》爲準,而言古音則當以《詩經》用韻爲準故。"[1]章氏分期説曾在很長一段時期内爲學者們所遵從。[2]

但清代學者中也有個别人已經具有前上古音的觀念。徐灝在《説文解字注箋》中説:"舌之古音蓋讀他念切,與㐁同字同音,故銛桰栝狧舚恬皆用爲聲,是其明證。聲轉爲徒結切,又變爲食列切耳。惟他念切之音,與干聲仍有未諧,此則周秦以前聲音轉移,未可以後世語言概之矣。"

進入現代以來,學者們逐漸認識到:目前的上古音系統尤其是古韻系統是根據《詩經》等先秦韻文材料歸納出來的,它所反映的應該是周代以後、秦代以前的語音面貌,早於周代的古音應該跟上古音有所不同。高本漢説:"假如列古音 lĭät 是能作例的聲符呐,那也是因爲例字本來有一個舌尖輔音的韻尾,不過在古音時代以前就失掉了,或是應該説變成了-i 了。"[3]又説:"在我的 *Analytic Dictionary* 裏頭我曾利用諧聲字來推測關於上古音的很古怪的結果。其中有一樣,就是證明上古音當中曾經有些聲母跟韻尾,後來没有到古音時代就失掉了。比方甬古音是 ĭwong 在更古的時候是有一個 d-聲母的。"[4]

但早於上古音的古音及其分期,到目前爲止,各家並没有統一的名稱。據筆者所見,有"原始漢語(太古時代)"、"諧聲時代(系統)"、"遠古(韻)時代"、"上古前期"、"早期上古漢語"、"先秦前期"、"共同漢語音系"、"商代音系(殷商時代音系)"、"前上古音"等不同稱呼。

(一) 原始漢語(太古漢語)

高本漢曾把明代以前的漢語分爲五個時期: 1. 太古漢語(le proto-chinois,《詩經》以前);2. 上古漢語(le chinois archaïque,《詩經》); 3. 中古漢語(l'ancien chinois,

[1] 章太炎:《小學略説》,《國學講演録》,華東師範大學社,1995 年,頁 26。
[2] 錢玄同:《古音考據沿革》,《錢玄同文集》第 4 卷,中國人民大學出版社,1999 年,頁 89;潘重規:《中國聲韻學》,臺灣東大圖書有限公司,1978 年。
[3] 高本漢著,趙元任譯:《上古中國音當中的幾個問題》,《歷史語言研究所集刊》第一本第三分,1930 年。
[4] 高本漢著,趙元任譯:《上古中國音當中的幾個問題》,《歷史語言研究所集刊》第一本第三分。

《廣韻》); 4. 近古漢語(le chinois moyen,韻表);5. 老官話(le vieux chinois,《洪武正韻》)。[1]

嚴學宭先生説:"從現代漢藏語系諸語言的迹象來看,原始漢語没有聲調,聲調的産生和發展是緊鬆母音遞減消失和聲母清濁影響分記的結果。"[2]

張琨先生《原始漢語韻母系統和切韻》中指出:"要解決這樣的難題(指上文提到的一些問題——引者按),就得先重建前上古或稱原始漢語的系統。"又説:"我們在本書裏所要討論的是漢語韻母系統的發展,從原始漢語到詩經上古系統,到切韻分韻系統(在若干場合與南朝的標準方言一致),到現代漢語方言。"[3]

美國學者許思萊(Axel Schussler)先生有《原始漢語的詞綴》,[4]包擬古(Nicholas C. Bodman)有《原始漢語與漢藏語》[5],都使用了"原始漢語(Proto-Chinese)"的術語。

史存直先生説:"我們不能把這26個聲類認爲就是原始漢語的聲類,只能把它當作周秦時代的聲類。研究漢語語音史可以利用的資料大致只能上溯到周秦時代,總共不過三千年,而漢語自身的歷史當然比這長得多,所以把這26個聲類誤認爲原始漢語的聲類,當然是不對的。"[6]

梅廣先生説:"我們推測葉部的陰聲韻應當是它(指祭部——引者按)的一個主要來源。原始漢語的葉部應是陰入俱全的,但到了上古音時期,葉部陰聲字都轉走了:相當於後來的去聲字轉入祭部,相當於後來的平聲以及上聲字轉入宵部。"[7]

楊劍橋先生對"原始漢語"的解釋是:"古漢語術語。漢語的最早階段,從漢藏語系分化出來開始一直到公元前十六世紀殷商時代以前爲止的漢語。"[8]

(二) 諧聲時代(造字時代)

從前引高本漢可以看出,他雖然没有明確提出"諧聲時代"這個術語,但通過上下

---

[1] 高本漢:《中國音韻學研究》,商務印書館,1940年,頁20—21。

[2] 嚴學宭:《漢語聲調的産生和發展》,《人文雜誌》1959年第1期。

[3] Chang, Kun & Chang, Shefts, *The Proto-Chinese Final System and the Ch'ieh-yün*, Institute of History and Philolgy, Academia Sinica: Monograph Series A, N. 26, 1972. 譯文據張賢豹譯:《古漢語韻母系統和切韻》,見張琨:《漢語音韻史論文集》,臺灣聯經出版事業公司,1987年,頁66。

[4] Schuessler, Axel, *Affixes in Proto-Chinese*, *Journal of Chinese Linguistics* 7.1(1979), pp. 125-151. 許思萊又認爲Proto-Chinese指文字出現以前的漢語(pre-literate Chinese),見氏著《ABC上古漢語詞源詞典》,美國夏威夷出版社,2007年,頁131。

[5] Bodman, Nicholas C., *Proto-Chinese and Sino-Tibetan: Data Towards Establishing the Nature of the Relationship*, *Contributions to Historical Linguistics*, Edited by Frans van Coetsem and Linda R. Waugh, Leiden: E. J. Brill, 1980, pp. 34-199.

[6] 史存直:《漢語語音史綱要》,商務印書館,1981年,頁129。

[7] 梅廣:《訓詁資料所見到的幾個音韻現象》,《清華學報》新24卷第1期,1994年3月,頁1—43。

[8] 楊劍橋:《實用古漢語知識寶典》,復旦大學出版社,2003年,頁3。

文,我們不難明白所謂"古音時代"之前的這個時代就是後人所説的"諧聲時代"。

王力先生《上古韻母系統研究》一文中説:"此外還有個更重要的問題,就是諧聲時代與《詩經》時代不可混爲一談。諧聲時代至少比《詩經》時代更早數百年。'凡同聲符者必同部'的原則,在諧聲時代是没有例外的,在《詩經》時代就不免有些出入了。依《詩經》韻部看來,'求'入幽而'裘'入之,'夭'入宵而'妖'入侯,'奴'入魚而'呶'入宵,'芹'入諄而'頎'入微,'𦎫'入諄而'敦'入微。諸如此類,不在少數。假使我們拘泥於段氏學説,我們只能説是'合韻'。但是,如果我們把諧聲時代認爲在《詩經》時代之前,則此種聲音的演化並不足怪,我們儘可以把同聲符的兩個字歸入兩個韻部,認爲極和諧的押韻。例如我們索性把'裘'認爲之部字,把'妖'認爲侯部字,把'呶'認爲宵部字,把'頎'、'敦'認爲微部字,也未嘗不可。顧炎武以'裘'入之第二部,孔廣森以'夭'入宵,以'飫'入侯,都是很好的見解,只可惜他們不能充其量。孔廣森從顧氏以'裘'入之,卻又以爲'寒者求衣,故其字从衣从求,似會意,非諧聲',想藉此衛護'凡同聲符者必同部'之説,其實可以不必。"[1]

王力先生在《上古漢語入聲和陰聲的分野及其收音》中曾説:"'同諧聲者必同部'這一原則也不能機械地拘守。當先秦韻文(特别是《詩經》)和聲符發生矛盾的時候,應該以韻文爲標準,不應該以聲符爲標準,因爲造字時代至少比《詩經》時代要早一千年,語音不可能没有變化。"[2]

唐蘭先生説:"然《説文》之諧聲系統,已與《詩》之用韻多不合矣(如从堇旁之字,《詩》韻或入真部,或入元部)。《説文》雖出漢世,然因分析文字之故,其諧聲系統實較三百篇之用韻爲古,而言古韻者爲三百篇用韻所囿,不能悉依也。然則今之古韻系統,僅足以説明三百篇之用韻,猶有彌縫補苴,未能盡善,又豈能爲周以前音之準繩哉。"[3]

董同龢先生説:"例如'内'nuậi 諧'納'nập,古書且有把'内'當作'納'用的,顯示著'内'字本來讀 nwəb。但是在《詩經》裏,'内'字又只跟-d、-t 尾的字叶韻,表示他那時讀 nwəd。關於這一點,我們的解釋是:諧聲所代表的階段本來比《詩》韻早。諧聲時代的 nwəb 是因異化作用(dissimilation)的關係到《詩》韻時代變了 nwəd。"[4]

李方桂先生説:"諧聲字所表現出來的系統大體與押韻系統相合。其中稍有差異的地方,似乎表示有些諧聲系統可能比押韻系統更古一點兒。"[5]又説:"緝部是入聲韻,從《詩經》的押韻看起來没有跟他相配的陰聲韻,但是從諧聲的系統看起來有些字似乎有失去脣塞音韻尾 * -b 的可能。這是諧聲系統跟押韻系統的一個大分别,也表示

[1] 王力:《王力文集》第 17 卷,山東教育出版社,1989 年,頁 120。
[2] 王力:《王力文集》第 17 卷,頁 208—209。
[3] 唐蘭:《殷虚文字記》,中華書局,1981 年,頁 81。生按:該書初版爲 1934 年石印本。
[4] 董同龢:《上古音韻表稿》,頁 57。
[5] 李方桂:《上古音研究》,商務印書館,1980 年,頁 3。

諧聲仍有保存脣塞音韻尾的痕迹,而在《詩經》的韻裏就跟微部字(*-əd 見後)相押了。换言之,脣塞音韻尾*-b已經在《詩經》時代變成舌尖塞音韻尾*-d了。因此諧聲系統所保存殘餘的*-b的痕迹表示諧聲系統所代表的時期要比《詩經》押韻系統早一點,至少一部分諧聲系統是較早的。”[1]

在指稱上古音系之前的音韻時代時,“諧聲時代”是目前爲止使用人數最多的術語。除上引各家外,唐作藩、裘錫圭、李新魁、金有景、丁邦新、李壬癸、余迺永、鄭張尚芳等先生都曾論及諧聲時代和《詩》韻的區别,[2]兹不具引。

(三) 遠古(韻)時代

王力先生説:“還有一點:即使再向遠古時代追溯,我們也只能説有些和入聲有諧聲關係的字在遠古時代是屬於閉口音節,並不能説所有同韻部的字在遠古時代一律屬於閉口音節。例如‘蕭’从肅聲,‘蕭’在遠古時代應閉口音節,這並不牽連整個幽部。高本漢在他《藏語與漢語》裏批評西門時説過這類話,在這一點上,高本漢是對的。”[3]

李毅夫先生認爲:“有關祭月的歷史,上古韻時代之前還有一個音韻時代,這個時代可稱爲遠古韻時代。在遠古時代没有祭月之分,只有入聲韻月部。隨著歲月的推移,遠古韻月部的一部分發生了變化。變化快的成爲了純陰聲字,變化慢的就是陰入兩讀字。這就是爲什麽上古韻祭部和上古韻月部的諧聲偏旁幾乎完全相同,這就是爲什麽會有歌祭月兩個陰聲韻部與一個入聲韻部相配的特殊現象。”[4]

金有景先生説:“本文作者運用漢藏、苗瑶、壯侗諸語言的活材料(包括漢語方言的活材料)和漢語古文獻材料相結合的方法來研究遠古、上古漢語的語音系統,寫出了一組論文,其中包括:(1)《遠古、上古漢語陰、入、陽聲的輔音韻尾問題》;《遠古漢語的九大韻部》;《上古漢語元音的高音化規律》;……”[5]其中“遠古”似乎包括了他在《上古韻部新探》一文中提到的“諧聲時代”。又説:“遠古語言是指從最早階段的人類(一般稱猿人)到上古以前的遠古人(主要是遠古漢藏民族的先民)的語言。”[6]則

---

[1] 李方桂:《上古音研究》,頁43。

[2] 唐作藩:《漢語音韻學常識》,上海教育出版社,1958年,頁26;裘錫圭:《從殷墟卜辭“王占曰”説到上古漢語的宵談對轉》,《裘錫圭學術文集》第1卷,頁489;李新魁:《漢語音韻學》,北京出版社,1986年,頁367;金有景:《上古韻部新探》,《中國社會科學》1982年第5期,頁181—182;丁邦新:《漢語上古音的元音問題》,《丁邦新語言學論文集》,中華書局,頁45—46;李壬癸:《關於*-b尾的構擬及其演變》,《歷史語言研究所集刊》第五十五本第四分,1984年;余迺永:《上古音系研究》,香港中文大學出版社,1985年,自序;鄭張尚芳:《上古音系》,頁31—32。

[3] 王力:《上古漢語入聲和陰聲韻的分野》,《王力文集》第17卷。

[4] 李毅夫:《上古祭月是一個韻部還是兩個韻部》,《音韻學研究》第1輯,中華書局,1984年。

[5] 金有景:《〈遠古、上古陰、入、陽聲的輔音韻尾問題〉提要》,《南都學壇》1988年第4期,頁29—33。“高音化”疑爲“高化”之誤。

[6] 金有景:《關於遠古語言語音面貌的若干設想——兼懷王力先生對我古音研究的支持和鼓勵》,《古漢語研究》2002年第2期。

其"遠古語言"雖然也跟"上古"相對而言,但其所指的時間層次顯然更早。金先生前後使用的術語雖然有不一致和矛盾的地方,但他有關前上古音的觀念無疑是正確的。

何九盈先生説:"我個人認爲,根據諧聲資料,遠古漢語有可能存在複輔音,但在《詩經》時代,複輔音恐怕已經消失了。"[1]

拙作《上古漢語同源詞語音關係研究》曾經指出:"但上古音並不是遠古之音,上古音相近、相遠的詞並不一定就是在遠古相近、相遠的詞,就像我們不能根據現代音的遠近分合去決定中古音的遠近分合,不能根據中古音的遠近分合去決定上古音的遠近分合一樣。上古語音系統是中古語音系統演變的起點,又是遠古語音系統演變的終點。"[2]

(四) 上古前期

陳振寰先生把上古音系分爲上古前期(甲骨文和早期金文所代表的殷商西周階段)和上古後期(《詩》、《騷》、群經韻讀所代表的東周戰國階段)。[3]

鄭張尚芳先生説:"'上古音'一詞,前人籠統指先秦古音,主要是以《詩經》韻爲主,後又加上諧聲、假借、通假、轉注等通諧關係的分析。段玉裁在《六書音均表》中倡言'同聲必同部'、'古假借必同部',雖然大致相符,但是例外也不少。現在我們從諧聲、假借分析中知道,它所表現的現象要比《詩經》韻早。例如諧聲、假借顯示'位、内、退(古从内聲)、世'這些後世的去聲字應收脣音尾,《詩經》卻與舌音尾押韻了,如《大雅·假樂》'位'韻'塈'(《釋文》許器反),《蕩》'内'韻'類'、'世'韻'揭、害、撥',《小雅·雨無正》'退'韻'遂、瘁'。舊説是-b>-d,新説是-bs(>-ds) >-s,反正諧聲時代跟《詩經》時代的音系已經有了明顯變化,自應分爲早、晚層次而不能混爲一談。名家擬音的分歧中,有的就是因爲著眼點不同,或側重《詩》韻現象或側重諧聲現象而産生的。分期描述,就可以免除這類困惑。"[4]

麥耘先生説:"上古音也可以分作前、後兩期,習慣上以秦代爲界,先秦爲上古前期,兩漢至西晋爲上古後期。"又説:"上古前期可分爲Ⅰ、Ⅱ兩期:Ⅰ期爲周朝建立(約公元前 11 世紀)以前,主要資料是甲骨文和早期金文等古文字材料。"[5]

(五) 早期上古漢語

斯塔羅斯金對"早期上古漢語"解釋是:"關於這一時期上古語音發展的資訊是從

---

[1] 何九盈:《上古音》,商務印書館,1991 年,頁 82。
[2] 孟蓬生:《上古漢語同源詞語音關係研究》,北京師範大學出版社,2000 年,頁 23。
[3] 陳振寰:《音韻學》,湖南人民出版社,1986 年。
[4] 鄭張尚芳:《上古音系》,頁 31—32。
[5] 麥耘:《音韻學概論》,江蘇教育出版社,2009 年,頁 100。

諧聲字中獲得的。需要强調的是,這一時期的年代界限十分不確定。上文我們把它劃分在公元前10世紀以前,但顯然諧聲字的形成過程一直持續到後來(周代甚至更遠),並且直到中古時期可能也没有結束,因爲有新的諧聲字在中古繼續出現。但由於周代文字(前上古)已經使用了相當發達的諧聲系統——與殷代文字相對立——因此我們認爲把公元前1000年的上古語音劃分爲獨立的一個時期是可行的。這説明我們通過分析語音組獲得的韻母系統,在某些方面比已經認可的前上古詩歌文獻還要古老。早期上古的聲母系統不需要作專門的説明——這一系統是通過分析語音組獲得的,這在上文中描述過了。"[1]

斯塔羅斯金又説:"上文我們使用了下列術語以便理解上古漢語中的各個歷史分期: 1) 原始漢語——産生諧聲系統前的漢語。因爲這個系統發展得很緩慢,所以在這個時期可以包含殷代的一部分(公元前14世紀到11世紀),儘管這一時間的準確劃分是不可能的。……2) 早期上古漢語——諧聲字形成的時期。它的時間界限也是相當不確定。這一時期的上限是周代初期(公元前11世紀),下限在殷代(公元前14世紀到11世紀之間)。"[2]

(六) 先秦前期

黄易青先生曾使用過"先秦前期"的術語,已見本文"引言",兹從略。

(七) 共同漢語音系

趙彤先生《戰國楚方言音系》在指稱《詩經》之前的音系時使用了"共同漢語音系"這一術語。他解釋説:"《詩經》音系和楚方言音系是從一個共同漢語音系分化出來的兩個方言音系,《詩經》音系發展成爲後來的《切韻》音系。"[3]

(八) 商代音系(殷商時代音系)

何九盈先生説:"在古音研究中,複輔音聲母是一個具有全局意義的問題。既關係到商代音系建立,也關係到漢藏語系同源詞的研究,文字訓詁中某些疑難問題,也要在複輔音聲母研究的基礎上才能求得滿意的解決。"[4]

趙誠先生説:"比如周代音系和商代音系是不同的兩個音系,前面舉的例子也在一定程度上説明了這一點。如果把商周看成是同一個所謂的統一音系,以此來看商

---

[1] 斯塔羅斯金著,林海鷹、王沖譯:《古代漢語音系的構擬》,上海教育出版社,2010年,頁294。
[2] 斯塔羅斯金著,林海鷹、王沖譯:《古代漢語音系的構擬》,頁292。懷疑譯文"上限"和"下限"互倒了。
[3] 趙彤:《戰國楚方言音系》,中國戲劇出版社,2006年,頁16。
[4] 何九盈:《商代複輔音聲母》,《第一届國際先秦漢語語法研討會論文集》,嶽麓書社,1994年,頁72,又見氏著《音韻叢稿》,商務印書館,2002年,頁1。

代音系的諧聲、假借或周代音系的諧聲、假借，這種做法本身就是不合理的。"[1]

郭錫良先生說："我以爲在研究殷商時代的音系時，也無妨以周秦音系作爲出發點來考察甲骨文(包括少數商代的金文)的字音分佈情況，以探索殷商時代音系的面貌。殷商至周秦的語言是一脈相承的，其音系的變化必有軌迹可尋。"[2]

此外，鄒曉麗等《甲骨文字學述要》也使用了"商代音系"的術語，[3]管燮初先生曾使用過"殷商語言聲類"、"殷商韻部"的術語。[4]

(九) 前上古音

我們還不知道誰最早使用了"前上古(音)"一詞。張琨先生是目前所知最早使用"前上古時期音韻系統"的學者，而邢公畹先生是目前所知較早明確使用"前上古音"術語的學者。

張琨先生說："要解決這樣的難題，就得先重建前上古或稱原始漢語的系統。"又說："擬構前上古時期音韻系統的另一個途徑是分析諧聲字：漢語的文字系統早在《詩經》成書以前就存在了：聲符不代表邊區方言，要使得大家都能接受，聲符必須以當時的標準語爲根據。"[5]

邢公畹先生說："王力先生近作《詩經韻讀》擬'鳥'字的上古音 nyu(王力 1980，pp. 113，398)。初看以爲是刊誤，因爲按王先生擬音體系，據中古音上推，當擬 tyu。但'鳥'字聲母不用 t-而用 n-是有一定道理的，如本文所論。不過我所說的是前上古音，至於周秦音，由於諧聲字的證據，是 t-還是 n-還可以再研究。"[6]

張永言先生說："'飛廉'這個詞的內部形式是什麽，似乎還難以稽考。但是如果我們知道'飛廉'又是神話中最能奔馳的'風伯'，而'風'的前上古音* plum 正是'飛'、'廉'二字的合音，就可以推測'飛廉'當是形容此人能跑得風一般快的綽號，詞的內部形式爲'疾風'。"[7]

李玉先生說："簡帛文書中反映出來的某些不易解釋的語音現象(尤其是方音之別)，如果在《詩經》語音裏找不到來源或合理的音變程式，那麽也只好設想漢族曾經有過一個比《詩經》語音更早的漢族共同語的標準音——前上古音。前上古音(即原

---

[1] 趙誠：《上古諧聲和音系》，《探索集》，中華書局，2011 年，頁 39。
[2] 郭錫良：《殷商時代音系初探》，《漢語史論集》，商務印書館，1997 年，頁 161。
[3] 鄒曉麗等：《甲骨文字學述要》，嶽麓書社，1999 年，頁 88。
[4] 管燮初：《從甲骨文的諧聲字看殷商語言聲類》，《古文字研究》第 21 輯，中華書局，2001 年；管燮初：《據甲骨文諧聲字探討殷商韻部》，"紀念王力先生九十誕辰語言學研討會"論文，1990 年 8 月 10 日至 12 日，北京大學。作者未見後文，茲據鄒曉麗等：《甲骨文字學述要》轉引。
[5] 張琨著，張賢豹譯：《漢語音韻史論文集》，頁 66。
[6] 邢公畹：《說"鳥"字的前上古音》，《民族語文》1982 年第 3 期。
[7] 張永言：《關於詞的內部形式》，《語文學論集》，語文出版社，1992 年，頁 136—147。

始漢語的語音系統)分裂後,形成了秦漢方言之異(包括方言與普通話的標準音的差異)。""語音差異較大的現代漢語各大方言——尤其是南方的一些漢語方言,其中有的方音很有可能直接來源前上古音而不是流行於黄河中游的《詩經》語音。"[1]

拙著《上古漢語同源詞語音關係研究》曾經指出:"强調按某一共時平面的語音系統去(比如上古音系)系聯同源詞的學者所採用的就是這種"竹竿撲棗"的靜態研究方法。他們忘記了上古漢語的語音系統和語義系統既是前上古音義系統演變的終點,又是後上古音義系統演變的起點。""脣音和牙音在上古可以相通是没有問題的,問題是這種相通是否反映了前上古音的語音狀况,是否需要爲它們的相通擬 PK 一類的複輔音出來。"[2]

此外,黄樹先先生也使用過"前上古漢語"的術語。[3]

以上諸位先生所用術語不同,時間界限也不同(有的根本就没有給出明確的時間界限),但有一點是共同的,即他們都認爲在所謂"周秦音"或"《詩經》音"之前,還有一個或多個語音年代。

根據張琨先生和邢公畹先生的行文,我們很容易推知他所謂"前上古音"的時間下限(周代以前,不含周代),但我們不知道邢先生所謂"前上古音"的時間上限。周代以前有文字記載的漢語是商代後期殷高宗武丁至帝辛時期約 200 年時間的語言(前 1250—前 1046),嚴格説起來,所謂前上古音就是指這 200 年間的語音。但考慮到文字反映語音的滯後性,我們也可以寬泛地説,前上古音是指商代的語音。但更多情況下,我們指的是年代層次較早的語音現象。也就是説,公元前 11 世紀以後在通語和方言中都保留著一些前上古音的遺迹。因此我們雖然要研究前上古音,但並不是説我們所用的材料就只能使用公元前 11 世紀以前的材料。公元前 11 世紀以後的材料,直至現代方言都可以作爲研究前上古音的資料。

雖然現當代古音學者大都具備"前上古音"的觀念,但基本上抱著一種"心知其意,不煩言傳"的態度,以上所引各家意見大都散見於文章或專著的各個角落,國内流行的音韻學著作尤其是通論性著作中設立專門章節討論前上古音的可謂鳳毛麟角。[4] 因此對於非音韻專業背景的學者來説,大多數人不具備或至少是不具備清晰的"前上古音"觀念,這使得他們在使用上古音成果時往往株守目前的上古音系統,不敢越雷池一步。

---

[1] 李玉:《秦漢簡牘帛書音韻研究》,當代中國出版社,1994 年,頁 116—117。

[2] 孟蓬生:《上古漢語同源詞語音關係研究》,頁 3、115。

[3] 黄樹先:《説"鹽"》,《中國音韻學研究會第十一届學術討論會、漢語音韻學第六届國際學術研討會論文集》,香港文化教育出版社有限公司,2000 年,頁 74—76。

[4] 據筆者所見,目前在專著中設立專門章節討論"前上古音"的只有余迺永先生,見余迺永:《上古音系研究》,頁 130—152。"前上古音",余先生稱"諧聲時代"。

二、前上古音的研究材料

舉凡一切可以證明或有助於證明前上古音的東西都可以作爲前上古音的研究材料,可以大别爲三大宗,漢語材料、親屬語言材料、非親屬語言材料(對音或譯音材料)。就漢語而言,包括傳世文獻和出土文獻兩大類。傳世先秦文獻(群經諸子)和出土先秦文獻爲主要材料(1. 商代甲骨文和金文,2. 周代甲骨文和金文,3. 春秋金文,4. 戰國文字),漢代以後的文獻(傳世文獻和出土文獻)可以作爲輔助材料,現代漢語方言也同樣可以作爲輔助材料。

(一) 漢語材料

1. 諧聲系統

上古音研究雖然也有依靠諧聲系統,但實際上是把它當作韻文材料的補充來使用的。王力先生説:"我們認爲諧聲偏旁與上古韻部的關係實在是非常密切的。但不是像徐蕆所説的上古的音讀'本之字之諧聲',而是相反,字的諧聲偏旁是根據上古的詞的讀音。因此,諧聲偏旁能夠反映古韻部的一些情況,即'同聲必同部'。但是《詩經》時代離開造字時代已經很遠,語音已經有了發展,當《詩經》與諧聲偏旁發生矛盾時,仍當以《詩經》爲標準。"[1]

現在我們研究前上古音,自然應當以諧聲系統爲主要材料,而以韻文作爲輔助材料。以前人們研究漢字諧聲系統主要是根據《説文》,但《説文》的依據是漢人傳承下來的大篆、小篆以及戰國古文字形,难免存在錯誤。現在我們有幸看到了許慎没有看到的甲骨文和其他古文字資料,使得我們有可能根據這些材料修正《説文》的諧聲系統。今後研究上古音和前上古音所依據的諧聲系統,自然應該是我們根據歷代古文字資料建立起來的諧聲系統,而不是像前人那樣僅僅依靠《説文》的諧聲系統。

在利用諧聲系統研究古音時一定要注意諧聲偏旁時間層次。理由很簡單,因爲漢字不是一天造出來的,而是不同歷史時代逐漸積累的結果。《説文》認爲"此"从"之聲","斯"从"其聲",而根據上古韻文或通假資料,此和斯均在支部,與許慎的分析相矛盾。自從段玉裁把之支脂三分之後,就很少有人相信《説文》的分析了。其實我們完全可以認爲造字時"此"、"斯"本來跟"之"字在同一個韻部,或者説它們的前上古音都在之部,而到了上古音階段,"此"、"斯"發生音變,跑到了支部。不然的話,"之"、"此"、"斯"都可以作指示代詞用就得不到合理的解釋。"訿"、"撕"之所以在支部,那完

[1] 王力:《漢語音韻》,《王力文集》第5卷,山東教育出版社,1986年,頁167—168。

全可能是它們産生時“此”、“斯”已經讀入支部的結果。所以利用諧聲系統研究古音,首先必須把諧聲系統中的時間層次理清或儘量理清,即根據現有材料把每個字形産生的時代弄清楚,儘管這在目前看來還是一個相當艱巨的任務。如果把諧聲系統看作渾淪一團的話,若干年後,人們完全可以根據所謂的漢字諧聲系統,得出現代漢語中還存在著複輔音的荒謬結論。

在利用諧聲系統研究上古音或前上古音時,我們固然不能盲從許慎,但目前尤其需要注意的是不要輕易否認《説文》對於諧聲的分析,不要因爲許慎字形分析的錯誤,拋棄珍貴的聲音信息。例如熊字本从能聲,而《説文》則分析爲“炎省聲”。從字形來看,無疑是錯的。但楚文字資料中楚國姓氏熊字,照例寫作“酓”字;現代漢語閩方言中,“熊”字讀“him”。[1] 這可以從側面證實許慎時“熊”字收-m尾,至少在方言中如此。結合其他材料,我們完全可以推定“熊”及其所从的“能”前上古音本在侵部。

2. 韻文

出土文獻和傳世文獻中韻文的“合韻”現象或其他過去被看作例外的現象往往透露了前上古音的信息。

上古音的侵談兩部跟陽部字往往發生膠葛。《詩經・小雅・桑柔》:“維此惠君,民人所瞻(談)。秉心宣猶,考慎其相(陽)。維彼不順,自獨俾臧(陽)。自有肺腸(陽),俾民卒狂(陽)。”又《大雅・殷武》:“天命降監(談),下民有嚴(談)。不僭不濫(談),不敢怠遑(陽)。”《急就篇》:“曹富貴、尹李桑(陽),蕭彭祖、屈宗談(談),樊愛君、崔孝讓(陽)。”

3. 通假字

出土文獻和傳世文獻中的通假字一向是研究者看重的資料(有些人甚至只利用此項資料來做文章),近年出土戰國秦漢文獻中的通假字尤其值得注意。

《詩經・大雅・桑柔》:“維此惠君,民人所瞻。”漢《校官碑》:“永世支百,民人所彰(陽)。”《詩經・邶風・燕燕》:“遠于將之,瞻望弗及。”阜陽漢簡《詩經》作“章望”。《韓非子・外儲説左上》:“中牟有士曰章胥己者。”《吕氏春秋・知度》“章胥己”作“瞻胥己”。《左傳》人名公冉務人,馬王堆漢墓帛書《春秋事語》作[公]襄負人。又《戰國策・楚策四》:“冉子親姻也。”馬王堆漢墓帛書《戰國策》作“襄子親因(姻)也”。《禮記・雜記下》:“四十者待盈坎。”鄭注:“坎或爲壙。”《越絶書・越絶外傳記地傳》:“越人謂鹽曰餘。”《水經・夷水注》:“鹽石即陽石。”

以上這些通假資料表明談部字和陽部字關係密切。結合其他資料(如上文提到的韻文資料),我們可以得出部分陽部字的前上古音本在談部的結論。[2]

[1] 羅常培:《廈門音系》,科學出版社,1956年,頁58、176;李熙泰:《廈門方言的“熊”字》,《方言》1982年第2期。
[2] 見下文有關“章”字古音的討論。

4. 同源詞

由於缺少足夠多的韻文資料,同源詞在研究前上古音的地位相應提高。如王力先生認爲"在"(之部)和"存"(文部)同源(王力先生《上古韻母系統研究》曾經認爲"存"从才聲不可信),我們認爲"存"的前上古音有可能在"之(蒸)部",讀入"文部"是後起的變化。

根據同源詞研究古音本來是中國學者的傳統,章太炎先生論侵幽通轉、談宵通轉,大量使用了同源詞材料。[1] 但章黄以後的古音學研究,這個傳統似乎没有得到很好的繼承。相對於現當代的中國學者而言,外國學者似乎更看重同源詞資料。如高本漢有《漢語詞族》,[2]沙加爾有《上古漢語詞根》,[3]許思萊有《上古漢語詞源詞典》。[4] 個中原因值得中國學者深思。

5. 現代方言

根據内部擬測法,我們知道,漢語上古音-n(-t)尾韻中包含了來自前上古音的-m(-p)尾字,但是我們很難把它們離析出來。即便我們知道上古音-n(-t)尾韻合口字中包含了更多的來自前上古音的-m(-p)尾字,我們仍然很難把他們離析出來。根據諧聲偏旁,我們可以離析出來一些。比如,蓋字从盇聲,且都有覆蓋義,我們可以把蓋字的前上古音歸入盇部。但對於那些諧聲系列中所有字都轉移到-n(-t)尾韻的字來説,我們仍然無法把它們離析出來。此時,漢語方言的重要性便得到了凸顯。

例如:我們在上古漢語語料中發現"設"字可以與"翕"字發生通假關係。《書·盤庚中》:"各設中于乃心。"漢石經"設"作"翕"。我們可以假定,"設"字的在上古漢語方言或前上古音中也許是讀-p 的,但我們不能排除"設"在上古漢語方言或前上古音讀月部的可能性,因爲 "翕"字轉入月部之後再跟"設"發生通假關係的可能性是存在的。但當我們查閲羅常培先生的《臨川音系》,[5]發現"設"字讀 sep,我們原先的假定便因此得到證實。

我們在研究的過程中,常常需要綜合運用以上數種資料,使它們之間得到互相印證。可以互相印證的資料越多,結論的可信程度就越高。

研究前上古音的資料跟研究上古音的研究資料相比並不在於種類方面,而在於主次位置的變化。由於我們使用了甲骨文、金文、竹簡等資料,其中韻文的數量較少,相比之下,諧聲、通假、同源上升爲主要資料。這對習慣使用韻文來研究上古音並且喜歡用韻文來校訂諧聲的學者們來説,恐怕要經歷一番痛苦的轉變。

---

[1] 章太炎:《國故論衡》、《文始》,《章氏叢書》,浙江圖書館校刊,1917—1919 年。
[2] 張世禄譯爲《漢語詞類》(商務印書館,1937 年)。
[3] 沙加爾著,龔群虎譯:《上古漢語詞根》,上海教育出版社,2004 年。
[4] Axel Schussler, *ABC Etymological Dictionary of Chinese*, University of Hawaii Press, 2007.
[5] 羅常培:《臨川音系》(中研院史語所單刊甲種之十七),商務印書館,1940 年。

(二) 親屬語言材料

漢語語系諸語言存在同源詞。儘管漢藏語系漢語與親屬語言的比較研究相對於印歐語系諸語言的研究而言,其所謂語音對應規律嚴整性稍差而頗爲學界詬病。但最近若干年來,漢語與親屬語言的比較研究有了不小的進步,不容忽視。

"熊"字中古音讀匣母,戰國楚系文字記楚國姓氏"熊"寫作"酓","酓"中古音在影母,現代閩方言讀him或hom,與中古音相合。藏語"熊"讀"dom",看上去聲母有點距離。麥耘先生認爲"熊(酓——引者補)—能—態"的聲轉關係與"今(見母)—念(泥母)—貪(透母)"、"堇(群母)—難(泥母)—灘(透母)"的聲轉關係平行,其說可從。[1] 其實《說文》以爲"熊"从"炎省聲",也可以看出漢語"熊"和藏語"熊"的同源關係。生按,"炎"中古音喻三,上古讀匣紐,"談"从炎聲,中古音讀定母,正跟藏語聲紐相合。

(三) 非親屬語言材料

非親屬語言存在關係詞。漢字在歷史上曾爲周邊國家借用,漢字在這些國家的音讀對研究漢語語音有很大幫助。如"熊"字,朝鮮語漢字音讀 kom, 日語借詞讀 kuma。這跟熊字在銅器銘文中寫作"酓"(楚國姓氏),《說文》認爲"熊"从炎聲,現代閩語"熊"讀 him 或 hom 可以互相印證。[2] 現在學者們大都相信"熊"字的前上古音在侵部,跟多宗語言資料可以互相印證有很大的關係。

非親屬語言存在音譯詞。梵語屬印歐語系,漢語屬漢藏語系,但由於佛教的翻譯產生了對音材料。俞敏先生《後漢三國梵漢對音譜》是這方面的重要資料。[3]

三、前上古音的研究方法

從理論上說,上古音研究的所有方法都適用於前上古音研究。但我們面臨的主要困難是材料較少,因而研究前上古音的方法應該以下面介紹的各種方法爲主要方法。

(一) 雙重證據法

即王國維提出的將傳世文獻和出土文獻相結合的研究方法,這實際上是講資料使用的方法。

傳世文獻本來就有某種現象,但因爲資料偏少,常常容易被人忽視。現在有了出

---

[1] 麥耘:《"熊"字上古音歸侵部補注》,"東方語言學"網。
[2] 李新魁:《李新魁語言學論集》,中華書局,1994年。
[3] 俞敏:《後漢三國梵漢對音譜》,商務印書館,1999年,頁1—62。

土文獻的證據,逐漸提到議事日程上來。

(二) 歷史考據法

即利用漢語文獻(包括傳世文獻和出土文獻)資料進行考據的方法。用此法可以幫助我們理清韻部通轉關係的時間層次和地域歸屬,解決具體字的歸部問題。

王國維説:"古韻之學,自崑山顧氏,而婺源江氏,而休寧戴氏,而金壇段氏,而曲阜孔氏,而高郵王氏,而歙縣江氏,作者不過七人,然古音廿二部之目遂令後世無可增損。故訓詁名物文字之學,有待於將來者甚多,至古韻之學,謂之前無古人後無來者可也。原斯學所以能完密至此者,以其材料不過群經諸子及漢魏有韻之文,其方法則因乎古人用韻之自然,而不容以後説私意參乎其間。其道至簡,而其事有涯。以至簡入有涯,故不數傳而遂臻其極也。"[1]

如果我們現在所依據的材料真如王國維所説"不過群經諸子及漢魏有韻之文"的話,也許我們真的就没有多少工作可做了。但實際上,過去 100 多年來,地不愛寶,甲骨文、金文、簡帛、璽印、石刻等古文字資料不斷湧現,研究古音的資料越來越多,無論是從地域跨度還是時間跨度都大大超過以往,我們現在重彈王國維的老調顯然是不合適的。

(三) 内部構擬法

通過對上古漢語音系格局(非綫性結構,語音聚合關係)中空格的分析和聲韻配合關係的研究,發現上古漢語音系内部的不平衡性,對前上古漢語音系格局作初步構擬。

上古漢語的音系整體上呈現"陰陽入"三聲相配的格局,[2]如:

序　號	陰　聲	入　聲	陽　聲
一	之	職	蒸
二	幽	覺	(空格 1)
三	宵	藥	(空格 2)
四	侯	屋	東
五	魚	鐸	陽
六	支	耕	錫
七	歌	月	元

[1] 王國維:《周代金石文韻讀序》,《觀堂集林》第 2 册,中華書局,1959 年,頁 394。
[2] 韻部據王力:《漢語音韻》,《王力文集》第 5 卷,頁 155。"盍部"原稱"葉部"。

續表

序號	陰聲	入聲	陽聲
八	脂	質	真
九	微	文	物
十	(空格 3)	緝	侵
十一	(空格 4)	盇	談

根據歷史語言學理論,某一歷史時期音系結構中的空格(hole)既可以是歷史音變的結果,也可以是歷史音變的動因。龍宇純説:"何況上古宵部無相配之陽聲,侵談二部無相配之陰聲,可能是後期演變的結果,其始並不若是。例如上古魚部與陽部對轉,中古則魚韻無相對的陽聲,便是絶好的説明;而位内蓋茘等字,主張陰聲具輔音韻尾的學者又正以爲就是與侵談相配的陰聲。"[1]

根據前人和我們的研究,可以認爲上表中空格 3 是歷史音變的結果。前面已經説過,章太炎、王静如、陸志韋曾一致認爲蒸部在較早的時候應該收-m 尾,與侵合併。依此類推,職在較早的時候應該收-p 尾,與緝合併;與蒸爲對轉關係的之就可以填補空格 3。所以在前上古音系結構中,之緝侵本來是嚴格的陰陽入對轉關係。上古音系中空格 3 是前上古音閉口韻演變分化的結果。

根據前人和我們的研究,可以認爲上表中空格 4 也是歷史音變的結果。章太炎《文始》和黄侃先生《黄侃手批説文解字》都認爲談魚可以通轉,章太炎《國故論衡》和王力先生《同源字典》認爲"鑒"和"鏡"同源。依此類推,則陽部字至少有一部分字在較早的時候應當歸入談部。相應地,鐸部字至少有一部分字在較早的時候應該歸入盇部。所以在上古音系中,魚盇談本來是嚴格的陰陽入對轉關係。上古音系中空格 4 是前上古音閉口韻演變分化的結果。

如果我們前上古音中脂微本爲一部(稱爲"微部"),則微部就是一個開合口具足的韻部。從非綫性結構看,微物文與緝侵主要元音相同,歌月元與盇談主要元音相同,但是除去中古的凡韻(舉平以賅上去入)外,上古緝侵盇談四部没有合口呼。且就《廣韻》所收字數來看,侵談以下九韻明顯偏少。因此我們可以據此認爲,前上古音中緝侵和盇談四部本來也是開合口具備的,但由於合口成分與韻尾-m(-p)的異化作用,其合口呼中有一部分變爲-n(-t,-i)尾,一部分變爲-ng(-k)尾(如冬部),只有一小部分保留在-m(-p)尾韻中,成爲中古凡韻的來源。[2]

---

[1] 龍宇純:《上古陰聲韻輔音韻尾説檢討》,《中上古漢語音韻論文集》,頁 317—352。

[2] 高本漢著,趙元任譯:《上古中國音當中的幾個問題》,《歷史語言研究所集刊》第一本第三分;陳保亞:《20 世紀中國語言學方法論》,山東教育出版社,1999 年,頁 199—200。

以上所論-m(-p)尾和-n(-t,-i)尾的開合關係可以圖示如下：

	-m(-p)	-n(-t,-i)
開口	+	+
合口	−	+

(四) 歷史比較法

歷史比較法是指通過漢語内部方言的同源詞比較或與親屬語言的同源詞比較來研究漢語古音的方法。

上面談到黄侃先生運用内部構擬法主張漢語上古閉口韻當分爲六部，但由於字少，黄侃先生自許之餘，也有點不敢自信。[1] 無獨有偶，俞敏先生在《漢藏韻軌》(後改稱《漢藏同源詞譜稿》)中通過漢藏語的歷史比較研究得出了大致相同的結論。俞敏先生分古韻爲 32 部，其第 30 部爲侵部(im/em)，第 31 部爲覃(冬)部(um/om)，第 32 部爲談部(ɑm)，可見俞敏先生的上古漢語閉口韻實際上也是六部。[2]

(五) 古韻離析法

在顧炎武之前，研究古韻部的人基本上走的是"合"的道路。比如看到《廣韻》中某兩韻有過通轉關係，便會把兩韻的字全部合併，歸入上古音的某一部類。顧炎武在利用中古語音資料研究上古音的時候開創了"離析《唐韻》"的辦法，即不把中古某韻的字看作一個整體，而是根據諧聲等資料把他們分拆開來。例如把中古麻韻所收的字分爲兩部分，一半並入上古的歌部，一半並入上古的支部。[3] 我們可以借鑒顧氏的方法提出"古韻離析法"。當我們看到上古音系中某兩部字發生關係時，不能簡單地把兩部的字全部合併，而是像顧炎武那樣，"合其所當合，分其所當分"。比如，我們看到，上古漢語中部分魚部字跟談盍部字發生關係，不能簡單地認爲所有魚部字都可以跟談盍部字發生關係，而是根據諧聲或其他資料對每個字進行重新分配。比如，我們前邊花很大力氣證明"去"及从"去"聲的字古音本在閉口韻，我們也只是把"去"聲字歸入盍部，而不是把所有的魚鐸部字全部歸入盍部。又如，我們承認閉口韻-m跟-n相通，但不是簡單地把-m跟-n諸韻部合爲一部，而只是根據諧聲或其他資料把上古漢語收-n諸部中的合口字的一部分歸入前上古漢語的-m尾諸韻。又如，上古

[1] 黄侃：《談添盍帖分四部説》，《黄侃論學雜著》，中華書局，1964 年，頁 290—298。
[2] 俞敏：《漢藏同源詞譜稿》(《漢藏韻軌》)，《俞敏語言學論文集》，商務印書館，1999 年，頁 63—120。
[3] 顧炎武：《音學五書》，中華書局，1982 年；王力：《中國語言學史》，山西人民出版社，1981 年，頁 144。

侵談緝盍四部(除上古冬部和中古凡韻外)没有合口字,我們需要到歌元月脂質真微物文的合口字中去找,但是我們不能把以上九部所有的合口字都歸入前上古侵談緝盍四部。

四、前上古音的研究成果

前上古音的研究成果可以大别爲兩個方面,一是聲紐的研究,二是韻部的研究。兩者的研究成果由於研究者對材料的不同態度而呈現出不平衡的局面。比如,一些學者承認諧聲偏旁可以拿來研究韻部,卻不可以拿來研究聲紐,理由是諧聲系統太亂了。我們認爲這個理由是很難成立的。一是如果諧聲系統果真只能拿來研究韻部,而不能拿來研究聲紐,這説明我們的祖先在前上古時期就有了聲紐和韻母的概念,這跟三國以降才産生韻書的事實是矛盾的。

(一) 聲紐研究

一是單輔音聲紐。

黄侃先生在前人研究的基礎上提出的古音十九紐實際上基於諧聲系統和中古漢語非綫性音系結構(聲韻配合關係)研究而得出的結論,[1]已經獲得了廣泛的承認。一般認爲古音十九紐反映的是上古漢語,其實因爲諧聲系統的層累性特徵(即諧聲偏旁的時間層次),其中一些音類關係完全可以向上推到前上古漢語。

二是複輔音聲紐。

就聲紐的研究而言,最突出的成果就是複輔音的構擬。因爲凡是不願意直接把中古聲紐直接推到上古或前上古的學者,在漢語内部所能夠使用的最大宗而系統的材料就是諧聲系統,在漢語之外所能夠使用的資料就是漢藏語系諸語言的比較研究。前面已經提到,大家都認爲諧聲系統的時間層次較《詩經》韻部系統爲早,那么根據諧聲系統構擬的聲紐實際上應該看成前上古音。關於複輔音聲紐比較系統的構擬可參看李方桂、鄭張尚芳及白一平、沙加爾的研究成果。[2]

(二) 韻部研究

就韻部的研究而言,也可以細分爲兩個方面,即閉口韻的通轉關係所反映的前上古音和非閉口韻各韻通轉關係所反映的前上古音。

---

[1]　黄侃:《音略・古聲》,《黄侃論學雜著》,頁69—77。

[2]　李方桂:《上古音研究》;鄭張尚芳:《上古音系》;白一平、沙加爾:*Baxter-Sagart Old Chinese Reconstruction*, version of 20 February 2011, http://crlao.ehess.fr/document.php?id=1217(生按:現在已不能查閲)。

1. 閉口韻的通轉關係所反映的前上古音

前人關於前上古音(上古韻部)最重要的研究成果説主要表現在閉口韻和非閉口韻通轉關係的研究上面。

A. 閉口韻侵(冬)緝和幽覺、談盍和宵藥的通轉關係

從清代學者孔廣森、嚴可均開始,經過清末章太炎,[1]直到現當代學者林義光、陸志韋、俞敏、王玉堂、施向東、馮蒸、孟蓬生、裘錫圭等人均有所論述,[2]已經逐漸爲學者所熟悉。

孔廣森在其師戴震的影響下首次明確提出"陰陽對轉"的概念和學説,他在《詩聲類》中分古韻爲十八部,其韻表如下:

陽　　聲	陰　　聲
原類第一	歌類第十
丁類第二辰通用	支類第十一脂通用
辰類第三	脂類第十二
陽類第四	魚類第十三
東類第五	侯類第十四
冬類第六侵蒸同用	幽類第十五宵之同用
侵類第七	宵類第十六
蒸類第八	之類第十七
談類第九	合類第十八

孔廣森認爲冬幽對轉、侵宵對轉。他説:"本韻分爲十八,乃又剖析於斂侈清濁、豪釐纖眇之際,曰元之屬、耕之屬、真之屬、陽之屬、東之屬、冬之屬、侵之屬、蒸之屬,是爲陽聲者九;曰歌之屬、支之屬、脂之屬、魚之屬、侯之屬、幽之屬、宵之屬、之之屬、合之屬,是爲陰聲者九。此九部者,各以陰陽相配而可以相配而可以對轉。"又説:"右類(指冬部——引者按)字古音與東鍾大殊而與侵聲最近,與蒸聲稍遠,故在《詩》、《易》則侵韻陰臨諶心深禽、覃韻驂字、寑韻飲字、蒸韻朋應等字,皆通協。……蓋東爲

[1] 章太炎:《國故論衡·成均圖》,《章氏叢書》。

[2] 俞敏:《〈國故論衡·成均圖注〉》,《羅常培紀念文集》,商務印書館,1984年;馮蒸:《上古漢語的宵談對轉與古代印度語言中的-am>-o,-u型音變》,《漢語音韻學論文集》,首都師範大學出版社,1997年,頁34—53;梅廣:《訓詁資料所見到的幾個音韻現象》,頁1—41;李新魁:《漢語音韻學》,頁342—344;王玉堂:《侵宵對轉説與詞的音義關係研究》,《古漢語研究》1991年第3期;施向東:《試論上古音幽宵兩部與侵緝談盍四部的通轉》,《漢語和藏語同源體系的比較研究》,華語教學出版社,2000年;孟蓬生:《上古漢語同源詞語音關係研究》,頁251—252;裘錫圭:《從殷墟卜辭的"王占曰"説到上古漢語的宵談對轉》,《裘錫圭學術文集》第1卷,頁485—494。

侯之陽聲(説見侯類),冬爲幽之陽聲。今人之混冬於東,猶其併侯於幽也。蒸侵又之宵之陽聲,故幽宵之三部同條,冬侵蒸三音共貫也。宋儒以來未睹斯奥,惜哉!”又説:“冬與幽相配,侵與宵相配。”

嚴可均作《説文聲類》,分古韻爲十六部,其韻表如下:

陰　聲	陽　聲	陰　聲	陽　聲
之類第一	蒸類第九	魚類第五	陽類第十三
支類第二	耕類第十	侯類第六	東類第十四
脂類第三	真類第十一	幽類第七	侵類第十五
歌類第四	元類第十二	宵類第八	談類第十六

嚴可均主張侵幽對轉。他説:“《廣韻》平聲幽尤蕭、上聲黝有篠巧晧、去聲幼宥嘯、入聲沃,古音合爲一類,與侵類對轉。”又説:“《廣韻》平聲侵覃咸銜凡冬(均案:《廣韻》二冬攻釭彤鼕鬆鬖六字當改入東鍾,餘六十字古音皆在侵類)、上聲寑感范、去聲沁勘陷梵宋(均案:《廣韻》二宋統皾霿彤四字當改入送用,餘皆在侵類),古音合爲一類,與幽類對轉。”

嚴可均主張宵談對轉。他説:“《廣韻》平聲宵肴豪、上聲小、去聲笑效号、入聲覺藥,古音合爲一類,與談類對轉。”又説:“《廣韻》平聲談鹽添嚴、上聲敢琰忝儼檻、去聲闞豔㮇釅鑑、入聲緝合盍葉怗洽狎業乏,古音合爲一類,與宵類對轉。”

章太炎作分古韻爲二十三部,其韻表即著名的《成均圖》:[1]

成均圖

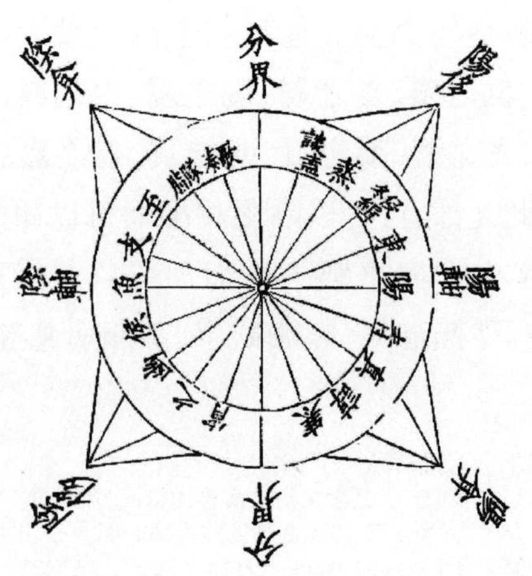

[1] 章太炎:《國故論衡》、《文始》,《章氏叢書》。

章太炎認爲“侵幽對轉”。他說:“侵幽對轉,如禫服作導服,味道作味覃,侵從帚而音亦帚相轉,寢訓宿而音與宿相轉,冘豫即猶豫,栠弱即柔弱是也。”又說:“緝幽對轉,如《小雅》‘事用不集’即‘事用不就’,《豳風》‘九月叔苴’即‘九月拾苴’,勼合爲一語,匊帀爲同訓,皆一語之轉也。今㬎聲之字亦多讀入幽部入聲矣。”

章太炎認爲“談宵對轉”。他說:“談宵對轉,如《説文》訬讀若毚,爵弁之爵字本作才,毚瀺同訓(《説文》無瀺,以灂該之)、噞噍同訓,皆一語之轉也。”“盍宵對轉,如砭轉爲剽(《説文》:“剽,砭刺也。”),鯜轉爲斛,捷(《説文》訓獵)轉爲鈔(《説文》訓“叉取”),獵轉爲獠,擸(《説文》訓“理持”)轉爲撩(《説文》訓“理”)是也。”

林義光《文源》一書中有《古音略説》一節,分古韻爲十八部,其韻表如下:[1]

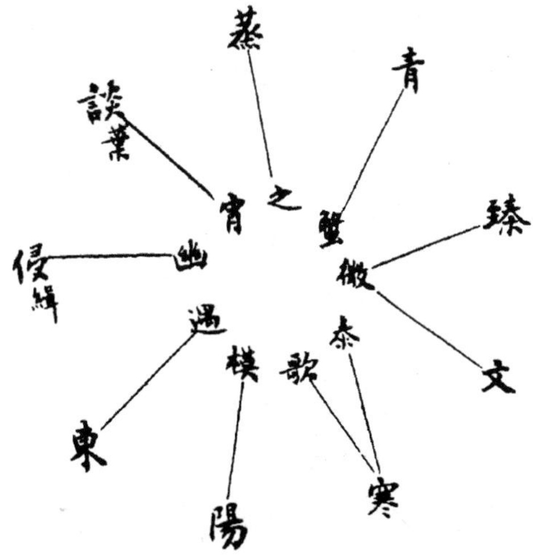

林義光認爲幽侵緝對轉。他說:“幽侵緝對轉,如《儀禮》‘中月而禫(侵),古文禫爲導(幽)’;諸書猶(幽)豫或作冘(侵)豫、淫(侵)與;《詩》‘是用不集(緝)’,《韓詩》集作就是也。”

林義光認爲宵談葉對轉。“宵談葉對轉,如《説文》‘訬(宵)讀若毚(談)’、《禮記》‘日月星辰,所瞻(談)仰也’漢《華山碑》瞻作昭(宵)、《方言》‘臿(葉)謂之斛(宵),又謂之梟(宵)’是也。”

陸志韋說:“因此,我又想到古人所謂‘侵宵對轉’的問題。侵覃確有點通幽宵的痕迹。-m 何以通-g,下文再詳說。所應當注意的,古侵部跟幽宵部的元音的相近。可惜從前人主張‘侵宵對轉’,未操之過急。孔廣森《詩聲類》(卷十一,渭南嚴氏本頁十下)所舉的例子大部分是靠不住的。可是三引‘三年導服’,‘導’跟‘禫’確是異文。‘灝’,‘顥聲’,‘古禫切’。‘慘’,‘參聲’,‘所鳩、山幽切’。‘猶豫’古借爲‘冘豫’,又爲‘淫

[1] 林義光:《文源》,中西書局,2012 年,頁 22。

與'。侵覃與幽宵的通轉確有點蛛絲馬迹。"[1]

李新魁先生贊同侵幽緝對轉、談宵對轉,他説:"侵部相對的入聲韻是緝部,它的主要元音與侵部中的一部分(中古時屬閉口韻的[-m]尾字)相同。那麼,侵、緝有没有相對的陰聲韻呢?清代的學者一直認爲,侵類韻没有相配的陰聲韻(生按:這個説法是不嚴謹的)。我們認爲,幽韻應該就是與侵、緝相配的陰聲韻。幽韻是收[-u]尾的韻部,在上古時,它本身已有相對[-k]尾的入聲韻覺部與它相配。但是,覺部原來也應是收[-p]尾的韻部,它本與歸在侵部中的冬部字相配對。可是,當冬部還保留讀[-m]而存在於侵部中的時候,覺部字已從[-p]變爲[-k],這是冬部字從[-m]變爲[-ŋ]的先聲。覺部字雖從[-p]變爲[-k],其主要元音卻没有變化,仍保持與冬部字相一致,只是韻尾的類别不同罷了。……同樣,宵藥部與葉談部的關係也是如此。如《詩經·小雅·白華》'念子懆懆',《釋文》'懆懆亦作慘慘'。《詩經·小雅·北山》'或慘慘劬勞',《釋文》'慘字亦作懆'。《詩經·小雅·月出》'勞心慘兮',《五經文字》慘字作懆字,云見於《詩經》。又《禮記·檀弓》鄭注:'縿,讀如綃。'《説文》訬讀若毚。《廣雅》:'慘,懆也。'懆字《廣韻》采老切,上古在宵部,綃字相邀切,也在宵部。慘、縿字上古入侵部。但毚字入談部,宵談兩部可以對轉,其主要元音相同。藥部是從更古的[-p]尾變爲《詩經》時的[-k]尾的。因此我們認爲,它們兩類的主要元音都相同,但在配對的排列上,幽與覺相配,緝與侵相配;宵與藥相配,葉與談相配。它們不同刊一横行。這樣,既顯示它們有共同的特點,又表明它們之間相配對約關係已經略有變動,覺部已不同於緝部,藥部已不同於葉部。它們彼此之間互相聯繫的歷史淵源,從這種排列中,是可以看得出來的。"[2]

王玉堂先生説:"從陸先生的分析研究我們可以看到,侵宵對轉説不是和古韻分部有没有關係的問題,而是確定屬於怎樣的韻部系統,屬於哪個歷史時代的問題。陸先生憑藉的大體上還是孔廣森抓住不放的那些蛛絲馬迹,但他對語音現象作了歷史的考察,對韻部之間的關係作了精細的音理分析,用發展的眼光追溯了語音演變的軌迹。陸先生的研究,在上古韻領域中打開了新的天地。如果他對孔氏的侵宵對轉説也採取排除的態度,情形就完全兩樣了。"[3]

拙著《上古漢語同源詞語音關係研究》中也曾涉及侵幽對轉、宵談對轉:"侵類中的冬部字本屬侵部,但從戰國時候起就已經完成由-m到-ng的變化而成爲跟幽部對轉的的陽聲韻。關於變化的原因,王力先生以爲是由於異化的作用,因爲韻頭u跟韻尾-m都需要脣的作用,所以-m就變爲-ng。""談類跟侵類相近,宵類跟幽類相近,又由於宵類没有相對的陽聲韻,所以章太炎在《國故論衡·成均圖》跟《文始》中都稱談跟宵爲對轉關

---

[1] 陸志韋:《古音説略》,《陸志韋語言學著作集(一)》,頁189。
[2] 李新魁:《漢語音韻學》,頁342—344。
[3] 王玉堂:《侵宵對轉説與詞的音義關係研究》,《古漢語研究》1991年第3期。

係。章太炎在這兩部系聯起來的同源詞並不完全可信,但談跟宵關係密切卻是事實。談較侵元音開口度大,宵較幽元音開口度大,正好形成平行的關係。""但由於從中古看談類没有像侵類一樣分化出一個冬部來,許多人都不肯相信宵談在上古的密切關係。其實侵談跟幽宵的關係,就像侵談跟魚類的關係一樣,是韻部集團對韻部集團的關係。其中各部的密切程度不同,但卻不能嚴格地劃出一條界綫來。"[1]

B. 閉口韻跟之職蒸通轉關係

關注這個問題的古音學家較多。章太炎、王静如、陸志韋都有過討論,一致推測蒸部在較早的時候應該收-m 尾。[2]

C. 閉口韻跟歌月(含祭部)元通轉關係

從非綫性音系結構看,祭部(中古祭泰怪廢四韻)獨立,没有相配的陰聲韻和陽聲韻,再加上祭部字跟盍部字聲符上的聯繫,承認閉口韻跟祭部字關係的學者較多。陸志韋、高本漢、張清常等多認爲祭部部分字在更早的時候收-b 尾。[3] 一些學者如王力、龍宇純先生雖然不同意-b 尾説,但他們對閉口韻跟歌月元的通轉關係是承認的。

D. 閉口韻跟脂質真、微物文通轉關係

高本漢、王静如曾經根據侵談以下九韻的陽聲韻除凡韻外没有合口的現象推測-n 尾的一部分合口字在更早時候收-m 尾。[4]

李方桂先生説:"緝部是入聲韻,從《詩經》的押韻看起來没有跟他相配的陰聲韻,但是從諧聲的系統看起來有些字似乎有失去脣塞音韻尾*-b 的可能。這是諧聲系統跟押韻系統的一個大分别,也表示諧聲系統仍有保存脣塞音韻尾的痕迹,而在《詩經》的韻裏就跟微部字(* əd 見後)相押了。换言之,脣塞音韻尾* -b 已經在《詩經》時代變成舌尖塞音韻尾*-d 了。因此諧聲系統所保留殘餘的*-b 的痕迹表示諧聲系統所代表的時期要比《詩經》押韻系統早一點,至少一部分諧聲系統是較早的。"

E. 閉口韻跟侯東屋、魚鐸陽、支錫耕的通轉關係

基本没有專門研究,偶爾涉及者也僅僅是舉出一些零星的例證而已。我曾經舉出過一些侵支相通的例子。

當前關於閉口韻通轉關係研究的不足之處是:一是除閉口韻跟祭月部的關係外,其他通轉關係多限於推測或零星舉例,而没有解決具體字的韻部歸屬問題。二是有

[1] 孟蓬生:《上古漢語同源詞語音關係研究》,頁 251—252。

[2] 章太炎:《國故論衡·成均圖》,《章氏叢書》;王静如:《跋高本漢的上古中國音當中的幾個問題》,《歷史語言所研究集刊》第一本第三分,頁 403—416。

[3] 張清常:《中國上古-b 聲尾的遺迹》,《張清常文集》,頁 1—35,;龍宇純:《上古陰聲字具輔音韻尾説檢討》,《中上古漢語音韻論文集》,頁 317—352;龍宇純:《再論上古音-b 尾説》,《中上古漢語音韻論文集》,頁 358—359。

[4] 高本漢著,趙元任譯:《上古中國音當中的幾個問題》,《歷史語言研究所集刊》第一本第三分;王静如:《跋高本漢的上古中國音當中的幾個問題》,《歷史語言所研究集刊》第一本第三分,頁 403—416。

些重要的通轉關係(如談魚通轉)缺乏專門研究。三是觀點互相矛盾,如陸志韋認爲-m和-n尾基本不通,與高本漢和王静如的觀點相矛盾。四是資料利用不足,比如没有充分利用假借字和同源字的材料,没有大量利用出土文獻資料。

閉口韻和非閉口韻通轉關係的研究使我們逐漸認識到,漢語語音史發展有一個值得注意的“沿流(drift)”,那就是閉口韻的不斷消失。從上古音開始,閉口韻就處於一個不斷減少的過程中,直到近現代北方大部分方言中閉口韻徹底消失。

2. 非閉口韻之間的通轉關係所反映的前上古音

A. 脂微通轉

從古音學史上看,脂微分部經過了一個漫長的過程,從王念孫開始,中間經過章太炎、黄侃、黄永鎮、曾運乾,直到王力、董同龢,方才成爲定論。脂微分部一直看成是現代學者對清儒上古音分部研究的一項重要補充,也可以説是現代學者對上古音分部研究的一項重大貢獻。

换個角度,如果我們從開合口配合關係考察脂微關係,則可以有一個更爲深刻的認識。王力先生在談到脂微兩部的分野時曾説:“脂部開口字多,合口字少;微部合口字多,開口字少。這種情況跟真文兩部正好相當:真部開口字多,合口字少;文部合口字多,開口字少。”[1]因此王力先生又説:“然而我們不能不承認脂微合韻的情形比其他韻合韻的情形多些,如果談古音主張遵用王氏或章氏的古韻學説,不把脂微分開,我並不反對,我所堅持的一點,乃在乎上古脂微兩部的韻母並不相同。”[2]

龍宇純先生對兩部的開合口字考察之後指出:“根據上文的論述,脂部可以説一無合口音字,微部則僅有少數開口音字,形成幾乎爲開、合口互補的狀態;真部與文部情形也大致相同。這一現象,我在近作《古文字與古經傳認知之管見》中,曾爲矜字的古韻歸部指出,脂真應爲微文的變音。”[3]

我們贊同龍先生的意見:如果説,脂質真和微物文在上古漢語時期是可分可合的話,那麼它們在前上古漢語時期則完全可以合併,且脂微不分的現象極有可能一直維持到上古漢語的一些方言中,這可以解釋爲什麼《詩經》中脂微合韻特别多。[4]

B. 幽微通轉(幽脂通轉)

對於幽覺與微物文相通的認識經歷了一個相當漫長的過程。此問題的探討可以一直追溯到漢代的鄭玄。清代學者段玉裁、王念孫、宋保及清末民初學者章太炎也都

[1] 王力:《古韻脂微質物月五部的分野》,《王力文集》第17卷,頁254。

[2] 王力:《上古韻母系統研究》,《王力文集》第17卷,頁187。

[3] 龍宇純:《古韻脂真爲微文變音説》,《歷史語言所研究集刊》第七十七本第二分,2006年,收入氏著《絲竹軒小學論集》,中華書局,2009年。

[4] 據王力先生的統計:“以上共一百一十個例子,可認爲脂微分用者八十四個,約佔全數四分之三以上,可認爲脂微合韻者二十六個,不及全數四分之一。”參王力:《上古韻母系統研究》,《王力文集》第17卷,頁187。

曾對這個問題有過討論。[1] 當代學者如孫玉文、龍宇純、何琳儀、孟蓬生、鄭張尚芳、金理新等人亦有補充證明。[2] 近年來由於出土資料的日益豐富,張富海、史傑鵬、李家浩等也有專文對此進行探討。[3] 這些論證所列舉的例證中雖然有個别的還不一定完全可靠,但總的思路是不錯的。因此可以説,不論是傳世典籍和出土資料,都充分證明了上古漢語中幽覺與微物文(脂質真)之間相當常見的音轉現象。

C. 宵歌通轉(宵元通轉)

宵歌通轉,前人或稱宵元通轉。我們採用了"宵歌通轉"的術語,主要是從語音的系統性著眼。幽宵相近,從元音開口度講,幽閉而宵開;微歌相近,從元音開口度講,微閉而歌開。因此幽微通轉和宵歌通轉是完全平行的現象,理應等量齊觀。

最早提出宵歌通轉的是章太炎,其後林義光、龔煌城、馮蒸、梅廣、楊秀芳、張宇衛等先生都曾經有所論述,[4]但從提供的音轉實例上看,基本都没有超越章氏的範圍,即僅限於同源詞(同源字),幾乎没有諧聲、異文和假借的證據。拙作《上古漢語同源詞語音關係研究》曾把幽宵侯與歌脂微的通轉關係放在一起討論,[5]近年來,筆者逐漸發現了一些更有證明力的材料:"古音宵元二部字可以發生通轉關係。清華簡《良臣》簡 6:'齊桓(桓)公又(有)龠寺(夷)虘(吾)。''龠'(餘母藥部),傳世文獻作'管'(見母元部)。另一個直接相通的例子是'篧'(元部)和'籥'(藥部)。郭店簡《老子》甲 23:'天地之間,其猶囝篧與? 虚而不屈,遹而愈出。'篧(从吅聲,與雚字同音,見母元部),今本作'籥'(餘紐藥部)。可資互證。"[6]

---

[1] 見簡帛網孟蓬生(網名: mpsyx)的跟帖。

[2] 孫玉文:《"鳥"、"隹"同源試證》,載《語言研究》1995 年第 1 期,頁 174—175;龍宇純:《上古音芻議》,載《歷史語言研究所集刊》第六十九本第二分,1998 年,頁 331—397;何琳儀:《幽脂通轉舉例》,《古漢語研究》第 1 輯,中華書局,1996 年,頁 348—372;孟蓬生:《上古漢語同源詞語音關係研究》,頁 48—50、176—178、248—249;鄭張尚芳:《上古音系》,頁 200;金理新:《上古音略》,黄山書社,2013 年,頁 152。

[3] 張富海:《楚先"穴熊"、"鬻熊"考辨》,載《簡帛》第 5 輯,上海古籍出版社,2010 年,頁 209—213;史傑鵬:《由郭店〈老子〉的幾條簡文談幽、物相通現象暨相關問題》,載《簡帛》第 5 輯,頁 123—139;李家浩:《楚簡所記楚人祖先"鬻熊"與"穴熊"爲一人説——兼説上古音幽部與微、文二部音轉》,載《文史》2010 年第 3 輯,頁 5—44;劉釗:《古璽格言考釋一則》,《出土文獻》第 2 輯,中西書局,2011 年,頁 177。

[4] 龔煌城: *Die Rekonstruktion Des Altchinesischen Unter Beruecksichtinung Von Wortverwandschaften*(《從同源詞的研究看上古漢語音韻的構擬》),慕尼黑大學博士論文,1976 年,頁 37—45(筆者未見過此書,兹據梅祖麟、龔煌城:《上古音對談録》,《中國境内語言暨語言學》第 1 輯,中研院史語所,1992 年,頁 665—719);馮蒸:《上古漢語的宵談對轉與古代印度語言中的-aṃ>-o,-u 型音變——附論上古漢語的宵陽對轉和宵元對轉以及宵葉對轉》,*Current Issues in Sino-Tibetan Linguistics*, Edited by Hajime Kitamura, Tatsuo Nishida, Yasuhiko Nagano, The Organizing Committee, The 26th International Conference on Sino-Tibetan Languages and Linguistics, Osaka 1994, pp. 497—505,收入氏著《漢語音韻學論文集》;梅廣:《訓詁資料所見到的幾個音韻現象》,頁 1—43;楊秀芳:《從詞彙史的角度看"關鍵"、"管鑰"、"鎖匙"的關係》,《臺大文史哲學報》第 69 期,2008 年 11 月;張宇衛:《再探甲骨、金文"[illegible]"字及其相關字形》,《臺大中文學報》第 37 期,2012 年 6 月(此文蒙作者惠贈,謹致謝忱)。

[5] 孟蓬生:《上古漢語同源詞語音關係研究》,頁 176。

[6] 張惟捷《説殷卜辭中的"縣"(梟)字》(復旦出土文獻與古文字研究中心網站,2013 年 5 月 16 日)文後孟蓬生跟帖。

(三) 前上古音韻部格局蠡測

前上古音系格局不同於上古音系格局,猶如上古音系格局不同於中古音系格局。根據前面的總結和介紹,我們可以把前上古音音系格局歸納爲下表(括號内爲上古音,依王力先生所定十一類三十部爲依據。加"部分"字樣表示不確定的數量,不注的表示全部,"少"表示少量)。如第一類"之(之)"表示前上古漢語的"之部"大致跟於上古漢語的"之部"相當;"侵1(蒸侵部分真部分文部分)"表示前上古漢語的"侵1部"包括了上古漢語"蒸"的全部以及"侵部"、"真部"、"文部"的一部分;前上古漢語的"緝部"包括上古漢語"職部"的全部以及"緝部"的一部分。餘依此類推。

第一類	之(之)	侵1(蒸侵部分真部分文部分)	緝(職緝部分)
第二類	魚1(魚部分)	陽(陽部分)	鐸(鐸部分)
第三類	魚2(魚部分)	談1(談部分陽部分)	盍(盍部分鐸部分)
第四類	幽(侯)	侵2(冬東)	覺(屋)
第五類	宵(宵)	談2(談部分元部分)	藥(藥)
第六類	微(脂)	文(真部分文部分)	物(質部分物部分)
第七類	歌(歌)	元(元部分)	月(月盍部分)
第八類	支(支脂少)	耕(耕真少)	錫(錫質少)

這個表自然還十分粗疏。表面上看,前面提到的一些音轉關係如幽微通轉、宵歌通轉等在這個表裏也没有得到反映,實際上我們認爲侵幽微通轉、談宵歌通轉可以放在一起考慮。這個表是我們目前從事前上古音韻部研究的起點,它的完善有待於今後長時間的努力。

五、前上古音研究的意義

前上古音的研究需要藉助其他學科的相關研究成果,反過來,前上古音的研究成果對於漢語語音史、歷史比較語言學、漢語語言學史以及其他相關學科也會産生一定積極影響。

(一) 對於漢語語音史研究的積極意義

前上古音是漢語語音發展史的一個重要階段,没有前上古音研究,漢語語音史就是殘缺不全的。前上古音的研究可以解釋上古音系中存在的非綫性音系結構不平衡性的問題,有助於了解漢語語音發展的方向和趨勢(沿流)。

陰入陽三聲對轉是上古音系内部的重要規律,也是上古音學説的重要内容。但從前文第 21 頁的表中我們可以清楚地看到,幽覺、宵藥均没有相對的陽聲韻(王力先生認爲冬部戰國以後獨立,幽覺冬才形成三聲對轉關係),緝侵、盇談没有相對的陰聲韻。而根據我們在前面的論述,大家知道音系結構内這種不對稱或不平衡現象實際上是語音發展的結果,前上古音中存在著之緝侵、魚 2 談盇、宵談盇相配的語音格局。

(二) 對於歷史比較語言學研究的積極意義

前上古音的研究對於今後更好的開展漢藏語系親屬語言的歷史比較研究具有重要的意義。

我們所説的前上古音指商代的語音,商人有成熟的文字體系,並且給我們留下了寶貴的遺産。我們用歷史考據法彌補歷史比較法的不足。

1. 明確的時間層次

《説文》(大、小徐本)中明确指出舌聲的字有五字,連“舌”字計算則爲 6 字:

a. 《説文》舌部:“舌,在口,所以言也、别味也。从干,从口,干亦聲。”今歸月部。

b. 《説文》木部:“栝,炊竈木。从木,舌聲。”今歸談部。

c. 《説文》炎部:“銛,火光也。从炎,舌聲。”今歸談部。[1]

d. 《説文》糸部:“絬,《論語》曰:‘絬衣長,短右袂。’从糸,舌聲。”今歸月部。

e. 《説文》金部:“銛,鍤屬。从金,舌聲。讀若棪。桑欽讀若鐮。”今歸談部。

f. 《説文》犬部:“狧,犬食也。从犬,从舌。讀若比目魚鰈之鰈。”“从舌”,小徐本作“舌聲”。[2] “鰈”古音在盇部,則“狧”古音在盇部無疑。

《説文》没有指明,但經研究可以認爲“舌”聲者有一例:

g. 《説文》心部:“恬,安也。从心,甛省聲。”今歸談部。

“舌”字的上古音在月部是没有問題的,但我們認爲從諧聲系統看,“舌”字的前上古音一定是閉口韻,當歸入前上古音的談部(或侵部)。或者説,“舌”字的閉口韻讀音早於月部讀音。

2. 彌補同源語言或方言中已經消失的語音成分

歷史比較法受制於其所使用的材料存在著自身難以克服的缺點。“例如,在語言的發展過程中有些要素如果消亡了,在方言或親屬語言中没有留下任何痕迹,那麽就

---

[1] 臣鉉等曰:“舌非聲,當从甛省。”這表明徐鉉所見本確爲“舌”聲。
[2] 小徐本作“舌聲”,注云:“以舌吞物,會意。”蓋以狧爲會意兼形聲字。

没有可能擬測出這種消亡因素的原始形式。"[1]如果我們僅僅使用歷史比較法,且把比較的範圍局限於漢語方言,那麽我們就無法構擬出複輔音。而漢語中早期階段存在複輔音的觀點之所以爲越來越多的人所相信,除了使用歷史比較法所使用的材料範圍已經擴展到其他同系語言的材料(如漢語和藏語的比較)外,漢語歷史語料的豐富性和歷史考據法的使用也是解決這一問題的關鍵所在。

3. 精確選擇對應詞

對於没有文字記録的語言而言,歷史比較語言學所做的是就活的口語進行歷史比較研究。但對於有文字記録的語言而言,越早的材料就越發珍貴。

以"天"字爲例。從漢字諧聲序列看,天聲兼跨侵真文三部:天(真部,他前切)、呑(文部,吐根切)、忝(侵部)。從押韻看,《詩・大雅・文王》第一章"天"韻"新"字,第七章"天"韻"躳(躬)"。"躳(躬)"字上古音在侵部(冬部)。從聲訓資料看,"天"字古聲紐當含有牙音成分。《釋名・釋天》:"天,……豫司兗冀之間以舌腹言之,天,顯也,在上高顯也。"從諧聲系統看,《廣韻・先韻》:"祆,胡神,官品令有祆正。"《集韻・先韻》:"祆,關中謂天爲祆。"均音"呼煙切"。根據以上這些材料我們認爲,"天"字前上古音聲母可能爲複輔音,而其韻部則在侵談部。

從親屬語言看,藏語天讀 nam,更早的時候爲 gnam。[2] 王静如先生認爲漢語"天(祆)"字上古爲可能複輔音聲母,古韻爲閉口韻,與藏語 gnam 爲同源詞,其説當可信。

從非親屬語言看,"天"字古代少數民族語言作"祁連"、"赫連"。它們與漢語"天"非同源詞,但卻有可能是關係詞,這可以跟《釋名・釋天》、《集韻・先韻》互相印證,證明天字與喉牙音的關係,還可以跟藏語的 gnam 音結合起來。

又以"舌"字爲例。我們知道,前面提到的"舌"是語言的基本詞或核心詞,在斯瓦德什的"百詞表"中就有"舌"字。此前進行的歷史比較研究,總是拿漢語"舌"字的上古音即月部讀音跟其他語言的同源詞作比較。如基於"舌"字的月部讀音,白一平把原始漢語擬測爲"*mlăt",許思萊修改爲"*m-lat",並把漢語"舌"與苗語的"^{*b}m-lat"和原始苗語"*mblei$_D$"相比較。[3] 現在我們已經知道,"舌"字的前上古音在侵談部(見前),則我們選擇對應詞時就可以有不同考慮,而這極有可能影響到漢語和其他親屬語言親緣關係親疏程度的認定。

(三) 對於語言學史研究的積極意義

大家知道,從來講古音者未有不談合韻和通轉的。[4] 所謂通轉實際上包括後代

[1] 徐通鏘:《歷史語言學》,商務印書館,1996 年,頁 99—100。
[2] 王静如:《跋高本漢的上古中國音當中的幾個問題》,《歷史語言所研究集刊》第一本第三分,頁 403—416。
[3] 許思萊:《ABC 上古漢語詞源詞典》。
[4] 王力:《上古漢語入聲和陰聲的分野及收音》,《王力文集》第 17 卷,頁 207。

學者所講的條件音變和非條件音變,因此不談通轉就等於不承認語音有變化,這顯然違背古代學者和現代學者的常識。前上古音的研究成果,有助於我們重新評價歷史上的各種音轉學説,包括廣受詬病的“一聲(音)之轉”。

大家知道,音轉學説中最爲人所詬病的是嚴可均和章太炎的音轉學説。

嚴可均作《説文聲類出入表》,表後注云:“右表旁行,凡《説文》所出入者具列焉,若乃之與陽,支與侯蒸陽東侵無出入則虚其類,規識之。非謂聲轉竟不得通,謂《説文》未見有此也,而古音亦於是在矣。即如漢人耕陽合用,而《説文》無一字互通,尋驗《詩》、《易》確然如此,則其他類之未通者,胥視此例。若其所出入者,在經典必有左證,余一一剌取,散見當類之末,或附注本文下。覽者按表以求,宜自得之。昔温公作《通鑑》,以表爲目録,今此表亦十六類之目録也。”

章太炎作《成均圖》,將古韻分爲歌泰寒、隊脂諄、至真、支青、魚陽、侯東、幽冬侵緝、之蒸、宵談盍等九類二十三部,設立了同列、近轉、近旁轉、次旁轉、正對轉、次對轉、正聲、變聲等名目。他説:“陰弇與陰弇爲同列,陽弇與陽弇爲同列,陰侈與陰侈爲同列,陽侈與陽侈爲同列。凡同列相比爲近旁轉,凡同列相遠爲次旁轉。凡陰陽相對爲正對轉,凡自旁轉而成對轉爲次對轉。凡陰聲陽聲雖非對轉而以比鄰相出入者爲交紐轉。凡隔軸聲者不得轉,然有間以軸聲隔五相轉者爲隔越轉。凡近旁轉、次旁轉、正對轉、次對轉爲正聲,凡交紐轉、隔越轉爲變聲。”[1]

俞敏先生曾對兩家音轉學説有所批評:“嚴可均造《説文聲類》,列爲《説文聲類出入表》。一十六部,縱引衡迻,靡所不通:直將合爲一部,上偶毛奇齡《古今通韻》。言通轉者,於焉泛濫。迨章炳麟《成均圖》出,遂稱極詣。世見嚴章之書,便於曲説(章氏言某轉某,馭聲已不言而喻,用《成均圖》者並此忽之),翕然從之,旁通對轉,不離脣胳。”[2]王力先生批評章氏《成均圖》時説:“人們往往不滿意章氏的《成均圖》,因爲他無所不通,無所不轉,近於取巧的辦法。”[3]

其實以今天的眼光看來,嚴可均的所定原則十分科學,暗含了趙元任先生提出而爲當今語言學家奉爲圭臬的“言有易,言無難”。[4]“凡《説文》所出入者具列焉”可以理解爲“只言其有”,“若乃之與陽,支與侯蒸陽東侵無出入則虚其類,規識之。非謂聲轉竟不得通,謂《説文》未見有此也,而古音亦於是在矣”可以理解爲“不言其無”。

嚴可均根據《詩經·邶風·新臺》“泚”、“瀰”、“鮮”押韻的事實,定爲支元通轉之例。有人批評嚴可均,認爲“鮮”字不入韻,可謂顛矣。殊不知上古音“鮮”讀如“斯”,與

[1] 章太炎:《成均圖》,《章氏叢書》。
[2] 俞敏:《論古韻合怗屑没曷五部之通轉》,《燕京學報》第34期,1948年,頁29—48。
[3] 王力:《漢語音韻學》,中華書局,1956年,頁499。
[4] 趙元任在王力《中國古文法》手稿上的批語。見王力:《中國古文法》,山西人民出版社,1984年,頁41。

“泚”字同在支部。《説文》雨部:“霹,小雨財落也。从雨,鮮聲。讀若斯。”《爾雅·釋詁上》:“鮮,善也。”陸德明《釋文》:“沈云:鮮,古斯字。”《詩·小雅·瓠葉》:“有兔斯首。”鄭箋:“斯,白也。今俗語斯白之字作鮮,齊魯之間聲近斯。”《史記·太史公自序》:“《尚書·無逸》曰:惠鮮鰥寡。”王念孫《讀書雜志》按:“鮮即斯字。”阮元《經傳釋詞序》:“《詩》‘鮮民之生’、《書》‘惠鮮鰥寡’,鮮皆斯之假借字。”如果不承認支元通轉,以上這些通轉實例都不能得到合理的解釋。

俞敏先生晚年的態度大爲改變,曾爲章太炎《成均圖》作注,似乎完全認可了章太炎音轉模式。[1] 王力先生晚年寫《同源字典》時也承襲章太炎設置了許多通轉條例,他的表格雖然是方的,其實也是“無所不通,無所不轉”。[2] 這種表面看上去的歷史輪迴實質上代表著科學的螺旋式上升或進步,值得我們深思。

(四)對於其他相關學科的積極意義

前上古音的研究對於其他相關學科如古文字學、訓詁學、語法學乃至歷史學的研究都有一定的積極意義。

1. 對古文字學的積極意義

甲骨文和金文中已有大量的形聲字存在,前上古音的研究有助於古文字資料中形聲字的構意分析,也有助於異體字的認同分析。

陳劍先生認爲西周金文中的“覲”字即“贛(贛)”字,象“兩手奉玉璋”之形(“章”用爲“璋”),但他不同意把其中的“章”看作聲符。[3] 他説:“有人認爲贛本从‘章’得聲(李運富:《楚國簡帛文字構形系統研究》第129頁,嶽麓書社,1997年10月——原注),也不可信。贛是溪母談部字(少數古韻學家把贛聲字歸入侵部——原注),贛及从贛得聲的字還有見母東部一類的讀音,它們都與章母陽部的‘章’字相距較遠。因此,與大多數从‘廾’的古文字是與兩手的動作有關的表意字一樣,‘△’(代指覲字——引者注)只能解釋爲‘象兩手奉“章”形’的表意字。”

其實,贛(覲)確如李運富先生分析那樣是個形聲字。據我們的研究,“章”字的前上古音並非在陽部,而是在侵談部,它完全有資格作贛(覲)字的聲符。[4]

1985年劉家莊南出土的殷墟玉璋朱書(85AGMM54:5)有一从章之字,其形如下:[5]

---

[1] 俞敏:《〈國故論衡·成均圖〉注》,《羅常培紀念論文集》,商務印書館,1984年。
[2] 拙著《上古漢語同源詞語音關係研究》。
[3] 陳劍:《釋西周金文的“贛(贛)”字》,《甲骨金文考釋論集》,綫裝書局,2007年,頁8—19。
[4] 孟蓬生:《“竜”字音釋——談魚通轉例説之八》,《歷史語言學研究》第7輯,商務印書館,2014年。
[5] 字形據孟憲武、李貴昌《殷墟出土的玉璋朱書文字》(《華夏考古》1997年第2期)所附朱書文字摹本。

“⿱章廾”字舊不識,1999 年劉家莊北殷墟玉璋墨書文字出土以後,學者們從字形和辭例兩方面推定此字爲“父(斧)”字異構,有“貢奉”、“奉送”一类意義。[1] 有學者認爲此字當即“⿰章丮”字異構,其中的“章”可以看作聲符。[2]王輝先生説:“□从雙手持章,應即⿰章丮字異構。古文字丮作□,象一人出兩手丮持之形,與□象兩手持物義近,故常通用。”[3]

郭店楚簡《緇衣》簡 17:“《寺(詩)》云:其頌(容)不改,出言又(有)丨,利(黎)民所□。”[4]裘錫圭先生認爲“丨”象“針形”,即“斧”的聲符。今本《緇衣》引《詩》作“彼都人士,狐裘黄黄,其容不改,出言有章,行歸于周,萬民所望”。可以看出,與“丨”相對應的正是“章”字,[5]這跟玉璋文字“父(斧)”和“⿱章廾”相通是完全平行的例子。又據我們考證,“龍”字古文“竜”字實際就是“章”字的異寫。[6] 而據我的同事王志平先生考證,“龍”字的古音亦在侵部。[7] 竷和⿰章丮爲異構,竷字所从的“夅”古音在冬部,更早的時候亦在侵部。所有這些證據都表明,把竷和⿰章丮兩形中的“章”看作聲符不存在任何問題。

章字在傳世文獻中還常常跟談部字發生關係。《詩經·小雅·桑柔》:“維此惠君,民人所瞻(談)。秉心宣猶,考慎其相(陽)。”漢《校官碑》:“永世支百,民人所彰(陽)。”《詩經·邶風·燕燕》:“遠于將之,瞻望弗及。”阜陽漢簡《詩經》作“章望”。《韓非子·外儲説左上》:“中牟有士曰中章、胥己者。”《吕氏春秋·知度》“章”作“瞻”。

既然“章”字總是跟侵(談)部字發生關係,我們完全可以把“章”字的前上古音歸入侵(談)部。陳劍先生對⿰章丮字考釋結果十分可信,但他受了上古音“章”字在陽部的局限,不願意承認“章”爲聲符,這不能不令人感到遺憾。

春秋金文中有“咸”字,見於唐子仲瀕兒盤(“隹正月咸辛亥”)、[8]唐子仲瀕兒匜(隹正月咸己未)、[9]國差𦉜(國差立事歲,咸丁亥)。[10] 董珊先生釋爲“弌日”之合

[1] 孟憲武、李貴昌:《殷墟出土的玉璋朱書文字》,《華夏考古》1997 年第 2 期;中國社會科學院考古研究所安陽工作隊:《安陽殷墟劉家莊北 1046 號墓》,《考古學集刊》第 15 集,文物出版社,2004 年,頁 359—394;程鵬萬:《劉家莊北 M1046 出土石璋上墨書“父”字解釋》,《古文字研究》第 27 輯,中華書局,2008 年。董珊先生在寄給筆者的一則札記中有相似的看法。

[2] 王輝:《殷墟玉璋朱書文字蠡測》,《文博》1996 年第 5 期,頁 3—13;孫亞冰:《釋“□”與“□”》,《中國文字》新 31 期,臺北藝文印書館,2006 年,頁 135—142。

[3] 王輝:《殷墟玉璋朱書文字蠡測》,《文博》1996 年第 5 期,頁 3—13。

[4] 荆門市博物館:《郭店楚墓竹簡》,文物出版社,1998 年,圖版頁 18,釋文注釋頁 130。

[5] 我認爲當讀作“出言有章,利(黎)民所瞻”。

[6] 孟蓬生:《“竜”字音釋——談魚通轉例説之八》,《歷史語言學研究》第 7 輯。

[7] 王志平:《也談“銛䌛”的“䌛”》,《古文字研究》第 28 輯,中華書局,2010 年,頁 611—619。

[8] 《江漢考古》2003 年 1 期 3 頁,《新收》1211 號。

[9] 《江漢考古》2003 年 1 期 3 頁,《新收》1209 號。

[10] 中國社會科學院考古研究所:《殷周金文集成(修訂增補本)》第 7 册第 10361 號,頁 5585。

文,而"弌日"即傳世文獻中"一之日"的省略,其説大致可從。但董珊先生認爲該字从弌,从日,可能不符合該字的構形本意。我們認爲,古音"一(壹)"字本在侵(緝)部,與"戌(咸字的聲符)"同音,故"戌日"可直接讀爲"一日"。[1] 上博簡《凡物流形》簡24、25:"氏(是)古(故)陳爲新,人死遉(復)爲人,水遉(復)於天咸,百勿(物)不死女(如)月。"[2]郭店簡《太一生水》:"罷(一)块(缺)罷(一)浧(盈),以忌(紀)爲墡(萬)物經。"[3]《詩·曹風·鳲鳩》:"淑人君子,其儀一兮。"郭店簡《五行》:"要人君子,其義(儀)罷也。"[4]整理者注:"帛書本及《詩經》均作'一',可證'罷'當讀作'一。"[5]罷當即翳字之異構。《説文》羽部:"翳,華蓋也。从羽,殹聲。"《詩·大雅·皇矣》:"其菑其翳。"《釋文》:"《韓詩》作殪。"《釋名·釋喪制》:"殪,翳也,就隱翳也。"郭店簡《六德》:"能與之齊。"《禮記·郊特牲》:"壹與之齊。"長沙子彈庫楚帛書甲篇:"曰故(古)大龕雹(包)虘(戲)。"裘錫圭先生認爲:"綜合多位學者的研究成果,現在已可斷定,'罷'和'龕'原來係由一字分化,它們表示的詞'熊'和'一'的讀音,在戰國時代的楚方言中也頗爲接近。我推測,在戰國時代楚地的文人和方士、巫史之流中,有些人有意把作爲伏羲稱號的'大熊'誤讀爲'太一',從而産生了'東皇太一'的説法。"[6]

2. 對訓詁學的積極意義

新發現的西周早期何簋云:"褻公休。"褻字从衣,埶聲,構形十分清楚。張光裕先生讀爲"埶",以爲有"樹立"義。[7] 洪颺先生讀爲"揚"。[8] 鄙意以爲,既然戰國還有方言讀褻爲襲,西周早期埶聲收-m(p)尾更無可疑,襲答同在緝部,所以可以讀"褻"爲"答"。[9]

古音埶聲與設聲相通,經裘錫圭先生發掘論證以後,現在已經爲大家所熟知。古音合聲與設聲相通。《書·盤庚中》:"各設中于乃心。"漢石經"設"作"翕"。然則褻之於答,猶設之於翕也。前面已經指出,羅常培早年調查臨川方言,發現"設"字讀 sep。[10]

[1] 孟蓬生:《"咸"字音釋——侵脂通轉便説之二》,第十三屆全國古代漢語學術研討會論文,《出土文獻與古文字研究》第6輯(復旦大學出土文獻與古文字研究中心成立十周年紀念文集),上海古籍出版社,2015年。

[2] 馬承源主編:《上海博物館藏戰國楚竹書(七)》,上海古籍出版社,2008年,圖版頁101—102、127—128;又釋文考釋頁221—300。

[3] 荆門市博物館:《郭店楚墓竹簡》,釋文注釋頁125。

[4] 荆門市博物館:《郭店楚墓竹簡》,釋文注釋頁149。

[5] 荆門市博物館:《郭店楚墓竹簡》,釋文注釋頁152。

[6] 裘錫圭:《"東皇太一"與"大龕伏羲"》,陳致主編:《簡帛·經典·古史》,上海古籍出版社,2013年,收入氏著《裘錫圭學術文集》第2卷,頁546—561。

[7] 張光裕:《𫵖簋銘文與西周史事新證》,《文物》2009年第2期。

[8] 洪颺:《何簋銘文釋讀及相關問題》,《社會科學戰綫》2011年第3期。

[9] 拙作《清華簡"叕"字試釋——談歌通轉例説之一》,《漢語言文字研究》第1輯,上海古籍出版社,2014年;拙作《試釋吴國金文中與"諸樊"之"諸"相當的字——談魚通轉例説之十》,未刊稿。

[10] 羅常培:《臨川音系》(中研院史語所單刊甲種之十七)。

然則設跟埶一樣，其前上古音均收閉口音。褺假爲答，設或作翕，均爲本部相通。不得執其上古音以疑其前上古音。

上博簡《曹沫之陳》："居不褺文，食不貳羹。"《容成氏》："衣不褺美，食不重味。"這兩例中的"褺"均用作"襲"。[1] 褺、褺爲一字異體，其古音在緝部，跟緝部的"答"、"襲"字相通是十分自然的。以前大多數學者（包括我自己在内）總認爲"褺"字當从"執"爲聲，誤而作執，其説非是，應當予以澄清。

3. 對於語源學的積極意義

《方言》卷五："簟……自關而西謂之簟，或謂之箁。"[2]《廣雅·釋器》："箁，席也。"王念孫疏證："箁之言曲折也。……簟可卷，故有籧篨之名。關西謂之箁，亦此義也。"

生按：簟和菥（箁）爲方言分化而産生的同源詞，王念孫説"箁"得名於"折"，望文生義，實爲曲説，不可從。

《説文》谷部："㐁，舌皃。从谷省。象形。[illegible]，古文㐁。讀若三年導服之導。一曰竹上皮。讀若沾。一曰讀若誓。弼字从此。"段注："讀沾，又讀若誓，七、八部與十五部合韻之理。"《説文》艸部："茜，以艸補缺。从艸，㐁聲。讀若陸。或以爲綴。一曰約空也。"大徐本"直例切"，中古在祭韻，上古音歸月部（祭部）。段注本"陸"作"俠"，注云："讀如俠，在八部。讀如綴，在十五部。古文㐁字亦沾誓兩讀。"大家知道，㐁象席形，爲簟字初文。[3]《廣雅·釋器》："㐁，席也。"《説文》竹部："簟，竹席也。从竹，覃聲。"《方言》卷五："簟……自關而西謂之簟，或謂之箁。"金文中有⿰㐁世（⿰㐁丗）字（見師遽方彝、伯姜鼎、守宮盤、叔向父簋等），與"世"用法相同，結合《説文》㐁"讀若誓"、《方言》簟"或謂之箁"來看，這個字無疑應該分析爲雙聲符字，㐁、世皆聲。[4]"世"字實際是"三十"的合音，前上古音必在緝部或盍部，讀入月部（祭部）是後來的音變。《説文》卅部："卅，三十并也。"又同部："世，三十年爲一世。从卅而曳長之，亦取其聲。"段注："《毛詩》世在十五部，而枼葉以爲聲，又可證八部與十五部合韻之理矣。"

4. 對於語法學的積極意義

古漢語語法學者對於上古漢語代詞特别繁複的原因作過探討，[5] 前上古音的研究可以在一定程度加深我們對這種現象的理解。

---

[1] 陳劍：《釋上博竹書和春秋金文的"羹"字異體》，《2007 中國簡帛學國際論壇論文集》，臺灣大學中國文學系，2007 年，收入氏著《戰國竹書論集》，上海古籍出版社，2013 年，頁 231—260。

[2] "箁"原作"菥"，據戴震《方言疏證》和周祖謨《方言校箋》改。周祖謨云："蔣本《唐韻·祭韻》征例反'箁'引《方言》字亦从竹，當據正。《注》'菥'字亦當作'箁'。"（《方言校箋》，中華書局，1993 年）

[3] 參李圃主編：《古文字詁林》第 2 册，上海教育出版社，2000 年，頁 661—663。

[4] 李家浩：《先秦文字中的"縣"》，《文史》第 28 輯，中華書局，1987 年，又收入《中青年語言學家自選集·李家浩卷》，安徽教育出版社，2002 年，頁 18；田煒：《試釋古文字中的"⿰㐁世"與"⿰㐁止"——兼釋古璽中"⿰㐁攴"的字》，《考古與文物》2012 年第 2 期，又收入《古璽探研》，華東師範大學出版社，2010 年，頁 211—217。

[5] 周生亞：《論上古漢語人稱代詞繁複的原因》，《中國語文》1980 年第 2 期。

甲骨文有一個代詞"其"相當的代詞,用"㞢"或"又"、"有"來記録。[1] 代詞"㞢(又)"可以用來指人、指物、指地、指事等。[2]

貞:勿……子漁……于㞢〔祖〕?

貞:乎子漁㞢于㞢祖? (《合》2972)

根據殘辭互足的條例,前一例中省略號的位置可以分别補"乎"和"㞢",完辭爲"貞:勿乎子漁㞢于㞢〔祖〕",與後一例"貞:乎子漁㞢于㞢祖"爲正反對貞。這兩例中的"㞢祖"之"㞢"指代子漁。

甲骨文中"㞢"或"又"代詞用法,經歷了一個漫長的證明過程。直到現在,注意到這一用法的學者也還不算太多。如果我們把傳世文獻和出土文獻結合起來考慮,甲骨文中"㞢"或"又"用作代詞,是一件很自然的事情。

傳世文獻中"有"字還有一種用法,就是把賓語提前。[3]《尚書·多方》:"今予惟不爾穀,予惟時命有申。"《詩經·衛風·載馳》:"大夫君子,無我有尤。"先秦漢語中常通過用代詞複指的方式把賓語提前。例如《左傳》:"我周之東遷,晋鄭焉依。"《史記》:"我周之東遷,晋鄭是依。"《左傳》宣公十二年:"非子之求,而蒲之愛。"可見上文所舉"惟時命有申"相當於"惟時命是(之)申",亦即"惟申時命"之意;"無我有尤"相當於"無我是(之)尤",即"無尤我"之意。因此,傳世文獻中"有"的用法顯然是由甲骨文的代詞"㞢(又)"發展而來。

又聲跟屈聲相通。《説文》土部:"圣,汝潁之間謂致力於地曰圣。讀若兔窟。"[4]徐鍇注:"又,手也。會意。怪字從此。"《説文》心部:"怪,異也。从心,圣聲。"又多部:"𡖍,大也。从多,圣聲。"段玉裁注:"與恢音義皆同。"《史記·大宛傳》:"攻劫漢使王恢等尤甚。"《集解》:"徐廣曰:恢亦作怪。"《老子》第七十三章:"天網恢恢,疏而不失。"馬王堆漢墓帛書《老子》乙本作"袿袿"。凡此均可證"圣"實从又得聲。

屈聲與厥聲相通。《左傳》襄公元年經:"夏晋韓厥帥師伐鄭。"《公羊傳》襄公元年經作"韓屈"。《左傳》文公十年經:"楚子蔡侯次于厥貉。"《穀梁傳》同,《公羊傳》"厥貉"作"屈貉"。

"有"本从"又"得聲,可以用作代詞。傳世文獻中"厥"字可以用作代詞。《爾雅·

---

[1] 吴其昌:《殷虚書契解詁》,《國立武漢大學文哲季刊》3卷2號,1934年,頁230;陳夢家:《殷虚卜辭綜述》,中華書局,1988年,頁96—97;倪德衛(David S. Nivision):《動詞"㞢·又·有"在上古漢語中的代詞用法》,載《古代中國(*Early China*)》1977年第3卷;裘燮君:《先秦早期文獻中"有"字的代詞性》,《紀念王力先生九十誕辰文集》,山東教育出版社,頁304—325;袁金平:《新蔡葛陵楚簡"大川有汾"一語試解——兼論上古漢語中"有"的特殊用法》,《語言學論叢》第42輯,商務印書館,2010年。

[2] 孟蓬生:《其厥關係新考》,第八届國際古漢語語法研討會論文,首爾,2013年8月21—22日。

[3] 裴學海:《古書虚字集釋》,中華書局,1954年,上册頁160、409。

[4] 小徐本作"讀若兔鹿窟"。

釋言》:"厥,其也。"《書・禹貢》:"厥土惟白壤,厥賦惟上上錯,厥田惟中中。"然則有之於厥,猶又之於圣(讀若窟)也。

傳世文獻中用作代詞的"厥"字,古文字資料中寫作"氒"字,常常可以跟"又(有)"字相通。據考證,這個"氒"字實際上是"久"字。[1] 秦簡中"畝"作"畞":

(青川木牘,《文物》) (《睡虎地秦墓竹簡・秦律十八種》簡三八)

何琳儀、李家浩以爲"又"和"久"都是聲符,[2]其説可從。

如此説來,久和氒(厥)既是同源字,又是同源詞。"㞢、又、有、久"字前上古音和上古音均在之部,他們所記録的是同一個詞。"氒(厥)"字的上古音在月部,與"㞢、又、有、久"所記録的詞爲同源詞。

用作代詞的"㞢、又、有、久"前上古音均爲之部合口字,則可以知道它跟"其(之部開口)"爲同源詞,區别只在於開合口,猶如"于(魚部合口)"跟"於(魚部開口)"的關係一樣。

甲骨文有代詞"其"字,見於《英國所藏甲骨集》1864:"庚寅卜,王:余尞于甘配?"其甲骨、字形和辭例均無可疑。但由於不知道前上古音中"其"跟"有、久"的關係,一些學者曾懷疑此例有誤,不敢相信。[3] 現在看來,這種擔心似乎是多餘的。

5. 對於歷史學研究的積極意義

古史研究中人名或地名的考證往往依賴於古音,而前上古音的研究可以在一定程度上解決學者們的困惑。

王國維在考定宋和商的關係時曾經指出:

> 周時多謂宋爲商。《左氏襄九年傳》士弱曰:"商人閲其禍敗之釁,必始於火。"此答晋侯宋知天道之問。商人,謂宋人也。《昭八年傳》:"大蒐於紅。自根牟至於商、衛,革車千乘。"商、衛,謂宋、衛也。《吴語》:"闕爲深溝,通於商、魯之間。"謂宋、魯之間也。《樂記》師乙謂子貢:"商者,五帝之遺音也。商人識之,故謂之商。齊者,三王之遺音也,齊人識之,故謂之齊。"子貢之時,有齊人,無商人,商人即宋人也。余疑宋與商聲相近,初本名商,後人欲以别於有天下之商,故謂之宋耳。然則商之名起於昭明,訖於宋國,蓋於宋地終始矣。[4]

[1] 高田忠周:《古籀篇》,臺灣大通書局,1982年;于省吾:《楚辭新證》"久餘是勝"條,見《澤螺居詩經新證》,中華書局,1982年,頁273—274;戴家祥:《金文大字典》,學林出版社,1995年,頁2479;何琳儀:《戰國古文字典——戰國古文聲系》,頁30;孟蓬生:《其厥關係新考》,第八届國際古漢語語法研討會論文,首爾,2013年8月21—22日。

[2] 何琳儀《戰國文字通論》,中華書局,1989年,頁269;李家浩:《戰國官印考釋兩篇》,《著名中年語言學家自選集・李家浩卷》,頁141—147。

[3] 張玉金:《甲骨金文中"其"字意義的研究》,《殷都學刊》2001年第1期。

[4] 宋之於商,猶衛之於殷,字異而音近。在王國維之前,章太炎也曾認爲商和宋爲音轉關係:"(陽部)轉侵冬者,……又商轉爲宋,《周頌》以崇皇爲韻是也。"(《國故論衡・成均圖》,《章氏叢書》)關於衛和殷的關係,説詳劉君惠等:《揚雄方言研究》,巴蜀書社,1992年,頁177。

王國維的説法無疑是正確的。古音學家一般將“宋”字歸入東部,這是把宋字中古讀音直接推到上古而得出的結果,似不可信。从宋得聲的字如抾(桑感切)、粽(桑感切)、浨(盧感切)在感韻;倸(蘇紺切)、顡(蘇紺切)兩字在勘韻,均收-m 尾。由此上推古音,其音當在侵部。商人本於有娀氏,娀字古音亦在侵部。《詩・商頌・玄鳥》:“天命玄鳥,降而生商,宅殷土芒芒。”毛傳:“春分玄鳥降。湯之先祖有娀氏女簡狄,配高辛氏帝。帝率與之祈于郊禖而生契,故本其爲天所命,以玄鳥至而生焉。”鄭箋:“降,下也。天使鳦下而生商者,謂鳦遺卵,娀氏之女簡狄吞之而生契。”《詩・商頌・長發》:“有娀方將,帝立子生商。”鄭箋:“有娀氏之國亦始廣大。”是商人最早稱娀,其後稱商,又稱宋。其字雖改,而其音固近。蓋宋(娀)之於商,猶簪之於臧,潛之於藏也。

如以上所論可以成立,則商字前上古音亦當如宋和娀兩字在侵部,其後(上古音時期)商歸陽部、宋歸東部、娀歸冬部,鮮有知其關係者矣。

餘　論

前面我們已經指出,前上古音是漢語語音史的一個重要階段,研究古音應該有前上古音觀念。没有前上古音的觀念,上古音就成了無源之水、無本之木,一些常見的通轉現象就不能得到合理的解釋。我們現在想强調的是,研究前上古音必須具備兩個觀念,一個禁忌。

(一) 系統的觀念

大家知道,在語言的三個組成部分中,語音系統性最强,語法次之,詞彙最差。陰陽入三聲對轉是系統性的體現,開合相配是系統性的體現,結構中的“空格”是系統性的體現,通轉的平行性同樣也是系統性的體現。有人願意承認侵之通轉,卻不願意承認談魚通轉;願意承認談宵通轉,卻不願意承認侵幽通轉;願意承認幽微通轉,卻不願意承認宵歌通轉。這實際上都是缺乏系統觀念的表現。王力先生曾經多次强调系統觀念對於上古音研究的重要性。[1] 其實對前上古音研究而言,系統觀念同樣重要。

缺乏系統觀念的另外一個表現是往往只看到兩部之間的通轉關係,而不能綜合考慮多部之間的通轉關係。如只看到宵談通轉,或只看到宵歌通轉,而没有想到這可能是談宵歌之間的通轉關係。同理,只看到侵幽通轉,或只看到幽微通轉,而没有想

[1] 王力:《漢語音韻》,《王力文集》第5卷,頁163。

到這可能是侵幽微之間的通轉關係。

(二) 變化的觀念

一切歷史研究最重要的觀念就是"變化"。因爲没有變化,就等於没有歷史。語音史的研究屬於歷史的研究,自然不能例外。在語言研究中,謹守上古音的系統不敢越雷池一步,就是不承認有前上古音,也就是不承認變化。

不承認變化的具體表現就是喜歡求"同",而不喜歡求"異"。當發現别人盡心竭力找出的"變化"之後,一些學者的第一反應就是把他們看成"例外",而其常用的利器就是"語流音變"。比如俞敏先生早年不同意段玉裁"七八部(相當於今天的侵談部——引者按)與三部(相當於今天的幽部——引者按)合韻之理"。[1]《説文》"禫""讀若導",俞敏先生就認爲是"禫服"連讀的結果,最早的寫法是"導服",因爲"服"字的聲母是脣音,使得"導"字的韻尾發生了異化,其書寫形式也發生了改變。[2] 可是《説文》"讀若導"還有"西"、"棪"、"突"等字,它們並没有跟脣音聲母的字結合,爲什麽也會有相同的變化呢? 而且,"西(侵部)"是"簟"的初文,"佃(幽部)"是从"西"得聲,[3]它們之間的關係又該如何解釋呢? 而且,即便我們承認"禫服"之"禫"是"語流音變",也不會影響侵幽通轉的大勢。因爲我們不會因爲"邯鄲"之"邯(胡安切)"是"語流音變",而否認談元通轉的大勢。

(三) 忌言無

前面已經提到,語言學界有一句熟知的名言:"言有易,言無難。"[4]前上古音的研究雖然已經不是未開墾的處女地,但仍然處於初級階段,我們對前上古音的知識還十分膚淺。我希望學者多從出土文獻和傳世文獻出發,找出一些曾經發生過或存在過的音轉現象,爲前上古音系的構建和漢藏語系諸語言的比較研究盡一份力量,以開拓我們的眼界,增加我們的新知,而不是以一個"無"字來束縛我們的手脚,禁錮我們的思想。

---

[1] 他的老師陸志韋和他的學生施向東都是此例看作侵談幽宵通轉而非語流音變,俞敏先生晚年的觀點已有所改變。參陸志韋:《古音説略》,《陸志韋語言學著作集(一)》,頁 189;施向東:《試論上古音幽宵兩部與侵緝談盍四部的通轉》,《漢語與藏語同源體系的比較研究》,頁 212—229;俞敏:《〈國故論衡·成均圖〉注》,《羅常培紀念論文集》。

[2] 俞敏:《古漢語裏面的連讀音變(sandhi)現象》,《俞敏語言學論文集》,頁 346。

[3] 李運富:《楚國簡帛文字構形系統研究》,嶽麓書社,1997 年,頁 122—125;裘錫圭:《從殷墟卜辭的"王占曰"説到上古漢語的宵談對轉》,《裘錫圭學術文集》第 1 卷,頁 485—494。

[4] 趙元任在王力《中國古文法》手稿上的批語。見王力:《中國古文法》,頁 41。

On Pre-archaic Chinese Phonology

Meng Pengsheng

Abstract: There is a period called pre-archaic Chinese in the history of Chinese language, as is indubitable. But a lot of scholars majoring in archaic Chinese phonology have no clear-cut concept of pre-archaic Chinese which leads to some negative results: (1) Believing in the rhymes of *Shi Jing* (《詩經》), but not in phonetic symbol series. For example, Some scholars do not admit that the two series of the *xiesheng* (諧聲) Charater *qu* (去) may have the same origin. (2) Obstinately clinging to the archaic Chinese rhyme groups, and not daring go one step beyond the prescribed limit. (3) Old Chinese phonology degraded to Old Chinese phonetic reconstruction. The differentiation of archaic Chinese rhyme groups has been finished, and now the main task is the rearrangement of the different phonetic symbols. (4) The splendid times of the historic textual research method is over. Now is the times of historic comparative method or the comparative study of Sino-Tibetan languages. This paper makes an introduction to the ideas, materials, methods, research results and significance of the pre-archaic Chinese and its phonological structure on the basis of the former studies of scholars including the author.

Keywords: archaic Chinese phonology, pre-archaic Chinese phonology, rhyme groups, rhyme groups ended with -m / -p, rhyme groups ended with -n / -t or -ng / -k

孟蓬生,中國社會科學院語言研究所研究員,mengps@sina. com

上古漢語中的元音鏈式轉移與長短對立*

王志平

【提　要】元音鏈式轉移是語言學史上的一個普遍現象，不少學者指出，漢語史上也存在元音鏈式轉移現象，但是對於其時代估計各有不同。而元音鏈式轉移(元音高化和元音低化)與音系中的元音長短對立密切相關，本文認爲，中古漢語與上古漢語中都存在元音長短對立。按照漢藏語長短元音演變規律，本文提出由魚部短元音發動的 *a＞*o＞*u 鏈移音變，這樣的鏈移音變是在戰國時期的楚方言中發生的，由此引起了首次“元音大轉移”。

【關鍵詞】上古漢語　元音　鏈式轉移　長短對立

所謂“鏈式轉移”(chain shift)是普通語言學和歷史語言學上的一個普遍現象，指的是元音或輔音像鏈條似的一環接一環的連串變化。a＞o＞u、u＞y＞i 等就是印歐語比較語言學上一種常見的元音鏈式音變，這種情況丹麥語言學家葉斯柏森最早稱之爲“元音大轉移”(the great vowel shift)，[1] 簡稱 GVS。如下圖所示：

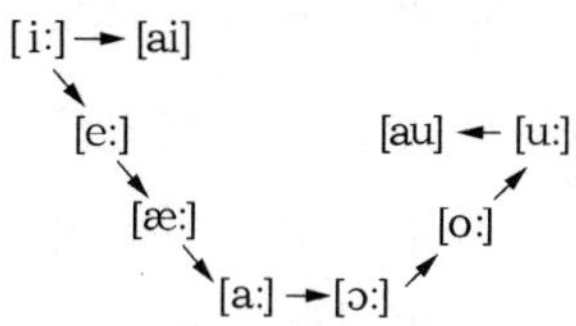

[i:] → [ai]
[e:]
[æ:]
[a:] → [ɔ:]
[o:]
[au] ← [u:]

比如拉丁語“兄弟”作 frater，哥特語作 broθar，高地德語作 Bruder，a＞o＞u 的元音鏈移體現了不同時期的歷史音變。u＞y＞i 也是如此，在希臘語内部表現就很明顯。

這種歷史音變的産生與它們的元音性質密不可分。以古英語爲例，相比前元音 a，後元音 ɑ 更容易轉變爲 o。古英語即有 ā＞ō＞[ou]的音變規律，如 hām＞home，

* 本文修改過程中，承蒙匿名審稿人提供寶貴意見，謹致謝忱。文中若有其他錯誤，概由本人負責。

[1] Otto Jespersen, *A Modern English Grammar on Historical Principles*, *Vol. 1*, *Sound and Spellings*, London: George Allen & Unwin, 1909.

rāp>rope,等等。古英語的長元音 ā 即後元音 ɑ。同樣,長元音 ō>[u/ uː]也是常見的語音現象,如古英語 cōc>cook>[kuk],bōt>boot>[buːt],等等。

美國著名語言學家拉波夫在研究鏈式音變時,曾經歸納出元音鏈移的三個普遍原理(general principles):長元音高化,短元音低化,後元音前化。其中以長元音高化最爲常見,幾無反例。[1] 如果音系中不存在長短音對立,那麽這單一的元音系列就同於長元音高化的普遍原理。换言之,短元音低化的一定是音系中存在長短音對立的。江荻先生認爲,藏語、緬語和英語這兩類完全不同類型的語言歷史上都曾發生長元音上移和短元音下移變化,長元音高化和短元音低化這兩條原理可以説具有相當的普遍性。[2] 但是馬學良、羅季光先生則指出,漢泰、苗瑶語族諸語言的發展規律則爲長元音由高變低,短的高元音變低,短的低元音變高,與英語長短元音的演變歷史正好相反。[3]

類似的鏈移音變在漢藏語系中也有發生。以漢語方言爲例,汪榮寶曾經指出:

> 聲音之變,由侈入斂,有一定之軌程,a 稍斂則爲 o,o 再斂則爲 u,尤斂則爲 ö 爲 ü。今麻韻之字,通語猶以爲 a 者,蘇常之間多作 o 聲,蘇州讀麻爲 mo,讀茶爲 dọ,常州讀家爲 ko 是也。歌韻之字,通語以爲 o 者,蘇州皆作 u 聲,哥謂之 ku,多謂之 tu,波謂之 pu,羅謂之 lu,而京師呼哥可何河等字皆近 ö 聲,哥讀如 kö,可讀如 khö,何河讀如 hö 是也。觀魚部遞嬗之歷史則亦若是。最初古韻,魚爲 ä、侯爲 o、幽爲 u。三百篇魚侯分用,開卷易曉,間有通叶,皆在疑似之列。秦漢以降,乃始錯雜並用,是爲魚類諸字中有由侈入斂者之漸。音變驟著,魚韻轉 o,而侯韻轉 u。其時翻譯諸名,皆以幽對 u,以魚對 o,而以侯兼對 u、o。至唐則魚韻轉 u,而侯幽轉 ö,故新譯皆以魚類字兼對 u、o,而以舊譯用侯幽者爲音譌。此明證也。迄於近世,魚虞之字,多有轉 ü 音者。ö、ü 皆語言史上晚出之音,非古語所有也。綜是論之,魚歌麻遞變之迹如出一轍。魚變最先,歌次之,麻又次之。二千年音變之綱要,亦略可睹矣。[4]

實際上,汪榮寶已經注意到了漢語方言和歷史演變中 a>o>u 的"元音轉移",他稱之爲"由侈入斂"。"由侈入斂"就是語言學史上所説的元音高化。

其實,在漢語中古音韻史上同樣可以觀察到 a>o>u 的元音高化現象。法國漢學家馬伯樂(Henri Maspéro)曾經提到唐代回鶻文、漢文對音中一個值得注意的現象:

---

[1] William Labov, *Principles of Linguistic Change: Internal Factors*, Oxford UK & Cambridge USA: Blackwell, 1994, p. 116.

[2] 江荻:《漢藏語言演化的歷史音變模型》,社會科學文獻出版社,2007 年,頁 250。

[3] 馬學良、羅季光先生特别指出,並不能説漢泰、苗瑶語族裏所有語言的所有長短元音都這樣演變,不容許個别語言有特殊的甚或與上述規律相反的演變情况,但至少可以説,上述規律是"大勢所趨"。筆者贊同他們的説法。參見馬學良、羅季光:《我國漢藏語系元音的長短》,《中國語文》1962 年第 5 期,又載《馬學良文集》,中央民族大學出版社,2009 年,上卷頁 251。

[4] 汪榮寶:《論阿字長短音答太炎》,《華國月刊》第二卷第九期,1925 年,又載《學衡》第四十三期,1925 年。

如果我們考察一下中亞語言的對音,那麽通過我們得到的少得可憐的例子就可以看到,這些對音似乎遵循著一個嚴格的系統:

……當元音是 ɑ 的時候有些不大穩定,人們看到漢語的 ɑŋ 既可以譯作 aŋ 又可以譯作没有鼻音韻尾的 o。[1]

馬伯樂進一步指出,這個對音系統與伯希和藏漢對譯寫卷的對音系統没有差别:

在藏漢對譯寫卷中,……當元音是 ɑ 的時候,韻母 ɑŋ、iɑŋ 通常要變成 o、jo,只是在少數情況下還原樣保留著 ɑŋ。[2]

羅常培先生也在藏漢對音中觀察到相同的規律:

此外我們還有一點要注意:陽唐的-ṅ 收聲消變以後,它們前面的元音,不管是開口的[ɑ][a]或是合口的[wɑ][wa],都受這種影響變成了[o],這是[ŋ]的後退同化所致。[3]

不光中古漢語可以觀察到這樣的規律,上古漢語也存在類似現象。瑞典漢學家高本漢(Bernhard Karlgren)注意到,《詩經》中以-u 爲主要元音的字不與以-o 爲主要元音的字押韻,而《老子》韻文中則常見。[4] 董同龢先生在解釋楚方言的東陽、侯魚通押時也曾提出類似的假設:

在楚方音中,假如東部的主要元音還是-u-或-o-,則陽部的主要元音决不會是-â-,-a-或-ɐ-;或者,假如陽部的主要元音還是-â-,-a-或-ɐ-,則東部的主要元音决不會是-u-或-o-;不然,兩部的音值相差太遠了,决不能押韻。依我的揣測,至少東部的主要元音得讀如江韻的-å-,而陽部則是比較靠後的-â-,如此才有押韻的可能。……我們既知楚方音與中原方音不同系統,那麽對於 Arc. 楚-ång>《切韻》-ung 之不可能也就可以暢然釋懷。[5]

如果按照董同龢先生的推測設想下去,楚方言東部字的演變軌迹應當就是 å>o>u,正合乎"元音大轉移"的音變鏈條。但是,董同龢先生也承認這只是理論推測。

當然,在這方面論述最詳盡的還是王力先生,他在《漢語史稿》中系統總結了漢語史元音高化的規律:

---

[1] [法] 馬伯樂著,聶鴻音譯:《唐代長安方言考》,中華書局,2005 年,頁 62。
[2] [法] 馬伯樂著,聶鴻音譯:《唐代長安方言考》,頁 63。
[3] 羅常培:《唐五代西北方音》(中研院史語所單刊甲種之十二),1933 年,頁 41。
[4] Bernhard Karlgren, *The Poetical Parts in Lao-Tsï*, Göterbogs Högsklas Ärskrift XXXVIII (1932:3).
[5] 董同龢:《與高本漢先生商榷"自由押韻"説——兼論上古楚方音特色》,《歷史語言研究所集刊》第七本第四分,1938 年,頁 543。

> 在漢語語音發展過程中,元音高化的現象是相當普遍的。拿歌韻來説,上古是 a,中古是 ɑ,近代是 ɔ,現代北方話一般是 o,北京話於舌齒音讀 uo(喉音讀 ɤʌ),吴語更進一步,有許多地區讀 u(上海"河"ɦu,"多"du)。拿模韻來説,是由 ɑ 到 u;拿侯韻來説,是從 o 到 ou 再到 əu;拿之韻來説,是從 ĭə 到 i;拿支韻來説,是從 ĭa 到 ĭe 再到 i。因此,元音高化可以説是漢語語音發展規律之一。[1]

王力先生總結的元音高化規律是從自己的擬音體系出發的。例如他把幽部擬爲複合元音 əu,因此他説:"這個韻部是以尤幽韻爲主,它們直到中古没有什麽變化(可能上古 əu 中的[ə]念得較輕,中古的 ĭəu 中的[ə]念得較重)。"[2]這反而不如汪榮寶侯 o、幽 u 的構擬。此外,王力先生的古音體系雖然有長短元音的對立(詳下文),但是這裏他用元音的鬆緊解釋爲什麽魚部字會有高化和低化兩個方向:

> ɑ,ĭɑ,uɑ,ĭwɑ 是一類,由於它們没有韻頭,或韻頭爲較緊的元音(ĭ 表示短而緊的 i),所以趨向於高化,到中古成爲 u,ĭo,ĭu(模魚虞);eɑ,iɑ,oɑ 是另一類,由於韻頭爲較鬆的元音,所以趨向於低化,到中古成爲 a,ĭa,wa(麻)。[3]

但是,誠如馬學良、羅季光先生所批評的那樣,漢語中所謂元音"高化"、"低化"現象,用韻頭的有無或鬆緊來解釋,往往行不通。漢語同系的親屬語言也有高化、低化現象,它們卻是由元音長短引起的。[4]

近些年來,隨著上古音研究的進展,不少學者在新的古音體系上也開始把元音鏈移的音變規律應用於上古音領域。鄭張尚芳先生運用印歐語元音大推移的規律,提出了上古漢語也存在魚侯幽部 *a>*o>*u 等元音大推移的看法,如下圖所示:[5]

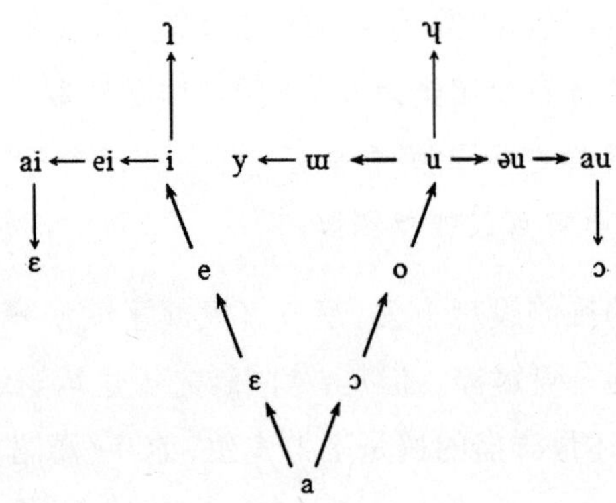

[1] 王力:《漢語史稿》,中華書局,1980 年,上册頁 83。
[2] 王力:《漢語史稿》,上册頁 80。
[3] 王力:《漢語史稿》,上册頁 78。
[4] 馬學良、羅季光:《我國漢藏語系元音的長短》,《中國語文》1962 年第 5 期,又載《馬學良文集》,上卷頁 259—260。
[5] 鄭張尚芳:《漢語及其親屬語言語音演變中的元音大推移》,歷史語言學研討會論文,温州師範學院,2002 年 8 月。

與此同時,朱曉農則以歌部字爲例,提出了 * ai> * a> * o> * u> * ou 的鏈式音移,同時也提出了以魚部字發動的 * a> * o> * u 長元音鏈移的假説。[1] 趙彤提出了後高元音 u 的複化鏈式音變: 宵 u>ou>au;幽 o>u>ou>au;侯 ɔ>o>u>ou;魚 a>ɒ>ɔ>o>u。[2]

這些漢語史上發生的鏈式音變都是從上古音到中古音發展過程中同一韻部的歷史演變。那麽長達上千年歷史的上古音發展過程中是否也可能産生類似的鏈式音變呢?汪榮寶、王力、鄭張尚芳等先生均認爲漢語語音演變中的元音大推移發生於上古至中古時期,朱曉農更明確指出,漢語歷史上長元音鏈移式高化大轉移發生過至少兩次,"第一次發生在《切韻》以前,西晋以後到北朝時期,涉及歌魚侯幽四部: * ai> * a> * o> * u> * ou,魚部、侯部依次高化,逼迫幽部裂化出位"。[3] 但是其認爲是從歌部發動的,因此估計時代稍顯偏晚。而趙彤認爲從《詩經》音系到中古音系,後元音普遍經歷了"高化—複化"的鏈移式音變。如下圖所示:

	第一階段	第二階段	第三階段	第四階段	第五階段	第六階段	第七階段
宵 u	>ou	>ou	>ou	>au	>au	>au	>au
幽 o	>o	>u	>u	>ou	>ou	>au	>au
侯 ɔ	>ɔ	>ɔ	>o	>o	>u	>ou	>ou
魚 a	>a	>a	>ɒ	>ɔ	>o	>o	>u

戰國楚方言處在演變的第四階段,即魚 a>ɒ>ɔ,即魚 ɔ,侯 o,幽 ou,宵 au。[4] 似乎趙彤認爲在《詩經》音系階段就已經産生由於後高元音 u 複化引起的鏈式音變,這與朱曉農的説法頗爲不同。

由於趙彤的古音體系没有長短元音的對立,所以按照元音鏈移的普遍原理,應該是元音高化,後元音前化,趙彤魚部 a>ɒ>ɔ 的音變鏈條,a>ɒ 就不符合後元音前化的普遍規律。不過,如果取消第一、第二階段,直接從第三階段的 ɒ>ɔ 開始,還是合乎元音鏈移的普遍規律的。但是這樣一來,牽一髮而動全身,恐怕會破壞音系的平衡。

看來,要搞清首次元音鏈移的時代還需要我們繼續研究。但是我們應該如何著手呢? 我們認爲可以從先秦時期韻部之間的合韻通轉關係入手。原來聲音較遠的韻部現在可以諧聲、押韻、通假了,變得關係較近了;原來可以諧聲、押韻、通假的關係較爲密切的韻部,後來變得關係疏遠了。這些韻部之間的遠近親疏正是我們賴以考察

[1] 朱曉農:《元音大轉移和元音高化鏈移》,《民族語文》2005 年第 1 期,又載《音韻研究》,商務印書館,2006 年,頁 420—431。
[2] 趙彤:《戰國楚方言音系》,中國戲劇出版社,2006 年,頁 104。
[3] 朱曉農:《元音大轉移和元音高化鏈移》,《民族語文》2005 年第 1 期,又載《音韻研究》,頁 421。
[4] 趙彤:《戰國楚方言音系》,頁 104。

上古漢語元音鏈移的根據。

衆所周知,早期的古音學家爲了解釋不同韻部之間的諧聲、押韻、通假關係,於是提出了"叶韻"、"合韻"、"一聲之轉"等不同説法。[1] 登峰造極者就是章太炎的《成均圖》。江有誥《寄段茂堂先生書》就曾批評段玉裁的"合韻"説:"近者可合,而遠者不可合也。何也? 著書義例,當嚴立界限。近者可合,以音相類也;遠者亦謂之合,則茫無界限,失分別部居之本意矣。"同樣,王力先生批評《成均圖》"無所不通,無所不轉",[2] 這些批評都是建立在上古音系統是"分別部居不雜廁"認識基礎上的。

表面上看,上古音各部之間好像界限分明,壁壘森嚴,"分別部居不雜廁"。但是學者們在研究中發現,所謂上古音系"分別部居不雜廁"只是一種幻象(phantom)。古音學家在分部時都會遇到不少字難以歸類,諧聲、押韻、通假中所反映的錯綜複雜現象遠遠超出了學者們的想象。高本漢因此提出了"自由押韻"(Free Rime System)説,[3] 似乎"凡是韻尾爲-ng 的字在《老子》中都可以押韻,主要元音如何歧異,是可以不管的。(收-k 的音自然也包括在内。)"[4] 而王力先生自己在《同源字典》中也同樣應用起了旁轉、對轉、旁對轉、通轉這些章黄學派的學術術語。難怪徐通鏘先生撰文批評王力先生自相矛盾:

> 王力先生早在 1936 年就對《成均圖》提出了批評,而在 60 年代初期,這種批評更爲嚴厲,認爲"章氏的《成均圖》,是主觀臆測的産物。韻部的次序和地位,都是以意爲之的,因此,由《成均圖》推出的結論往往是不可靠的"(王力《清代古音學》,598),但他自己也並没有因此而擺脱這種"無所不通,無所不轉"的毛病。[5]

爲什麽會出現這一現象? 這是因爲上古漢語也是發展變化的。不同韻部之間的合韻通轉都是語音的歷史變化或者方言變化的結果。由於歷史的發展,原本不同音的兩類字在某一時期或者某一地域讀音相近而混同了,反映出來就是韻部之間的所謂合韻通轉。誠如江有誥所説,"近者可合,以音相類也"。這是一種動態的、發展的古音觀,而非静態的、停滯的古音觀。

上古漢語跨越幾千年,並非一成不變。語音、辭彙、語法都有變化,語音變化尤爲

---

[1] 參見王力:《漢語音韻學》,《王力文集》第 4 卷,山東教育出版社,1986 年。

[2] 王力:《漢語音韻學》,《王力文集》第 4 卷,頁 347。

[3] Bernhard Karlgren, *The Poetical Parts in Lao-Tsï*, Göterbogs Högsklas Ärskrift XXXVIII(1932:3).

[4] 董同龢:《與高本漢先生商榷"自由押韻"説兼論上古楚方音特色》,《歷史語言研究所集刊》第七本第四分,頁 534。高本漢有這樣的思想並不奇怪,中國傳統音韻學研究有所謂"旁轉"之説,即"元音交替"(ablaut)。高本漢在研究上古漢語同源詞時,即以印歐歷史比較語言學的"ablaut"(張世禄譯爲"元音變異")理論來解釋上古漢語和藏語音系中的元音轉换。參見 Bernhard Karlgren, *Word Families in Chinese*, BMFEA(《遠東文物博物館館刊》)5:110,1933,又參見[瑞典] 高本漢著,張世禄譯:《漢語詞類》,商務印書館,1937 年,頁 231—232。

[5] 徐通鏘:《"陰陽對轉"新論》,《語文新論》,山西教育出版社,1996 年,又《漢語研究方法論初探》,商務印書館,2004 年,頁 3。

劇烈。從甲骨文到秦漢文字,我們可以觀察到文字的劇烈變化。從甲骨文到秦漢文字跨越千年,奇怪的是有些古音學家爲變化劇烈的漢字所構擬的上古音體系卻相對封閉,上下幾千年一以貫之,"分别部居不雜廁",仿佛上古音的變化並不劇烈。難道語言發展停滯了嗎? 如果語言發展没有停滯,理論上先秦時期自然會産生元音鏈移。事實上,前面提到的汪榮寶、董同龢、鄭張尚芳、朱曉農、趙彤等也都是從合韻的遠近關係上著手研究的。

衆所周知,上古音研究之所以難以移植印歐語或漢藏語現成的音變規律,只是因爲上古音研究取得的共識太少了。著眼於審音的音系擬音法與著眼於考古的韻部擬音法結果完全不同。音系擬音法不允許系統有空格,所以有的擬音没有相應的韻部代稱;而韻部擬音法則音系不完整,系統空格太多。各家的理論分歧如此之大,幾乎難以溝通。從是否構擬複輔音,到究竟建立幾個元音體系,無不充滿争議。

漢語史曾有過"五聲"説,即宫、商、角、徵、羽,唐蘭先生曾經指出,《聲類》、《韻集》中的宫、商、角、徵、羽是指韻部而非聲母。[1] 逯欽立先生亦有類似看法。[2] 黄耀堃進而指出,"五音確指五種不同的韻(主元音)"。[3] 神珙《五音圖》稱:

宫　舌居中
商　開口張
角　舌縮卻
徵　舌柱齒
羽　撮口聚

或許是指宫 o、商 a、角 ɔ、徵 i、羽 u 五個元音。所以上古漢語有可能是類似 a、i、u、ə、o 的五元音體系。

目前通用的上古音韻部一般是按照王力先生古韻二十九部劃分的,可如《同源字典》韻表所示:[4]

甲類	之 ə	支 e	魚 a	侯 o	宵 ô	幽 u
	職 ək	錫 ek	鐸 ak	屋 ok	沃 ôk	覺 uk
	蒸 əng	耕 eng	陽 ang	東 ong		

[1] 唐蘭:《唐寫全本王仁昫〈刊謬補缺切韻〉跋》,《唐寫全本王仁昫〈刊謬補缺切韻〉》,故宫博物院影印本,1947 年。
[2] 逯欽立:《四聲考》,《漢魏六朝文學論集》,陝西人民出版社,1984 年。
[3] 黄耀堃:《試釋神珙〈九弄圖〉的五音》,《黄耀堃語言學論文集》,鳳凰出版社,2004 年,頁 10。
[4] 王力:《同源字典》,商務印書館,1982 年,頁 13。

續　表

乙類	微 əi	脂 ei	歌 ai			
	物 ət	質 et	月 at			
	文 ən	真 en	元 an			
丙類	緝 əp		盍 ap			
	侵 əm		談 am			

但是,如果要研究上古音中的元音鏈式轉移規律,必須用古音構擬才能予以語音學的解釋説明。但各家學説不同,必須有所選擇。鄭張尚芳、朱曉農、趙彤等人的元音鏈移的假説也不例外。鄭張尚芳、朱曉農的假説都是建立在鄭張尚芳-潘悟雲的六元音體系上,趙彤的假説是建立在自己的古音體系上。漢語親屬語言中藏緬語、壯侗語等都是單元音豐富,複合元音相對較少。因此在古音構擬體系上,我們贊成汪榮寶、王力、鄭張尚芳-潘悟雲等先生構擬的魚 a、侯 o、幽 u 這樣的單元音體系,[1]這樣的單元音體系較爲方便解釋各部之間的密切關係。但是我們又贊同高本漢、董同龢、陸志韋、李方桂等魚、侯、幽都收-g 尾的意見,這一點又與王力先生等有所不同。

還有一個問題不能回避:上古漢語元音是否存在長短或鬆緊的對立?高本漢在解釋中古漢語同一韻攝的重韻時,曾經據高麗譯音把一二等的重韻視爲元音長短的不同,如覃 ɑm 與談 ɑːm 等。短元音是從上古元音 ə 演變而來,長元音是從上古元音 a 演變而來。[2] 馬伯樂則認爲真諄臻文欣韻與先仙元韻之間有主元音長短的區别。越南譯音把真諄臻韻和文欣韻對譯作短音,把先仙元韻對譯作長音,因爲越南語是能夠清楚區分長短音的。[3] 此外,由於婆羅迷字母能夠區别出長短元音,因此匈牙利學者陳國據婆羅迷字母轉寫的鳩摩羅什譯《金剛般若婆羅蜜經》認爲八九世紀的漢語西北方言中存在輕音現象:“在我們所考察的文獻的方言(也就是晚唐時代某些西北方言)裏,‘輕音’字的元音,至少在某些情況下,比起有完整語調的元音要讀得短些、低些,或者較爲鬆一些。”[4]後來馬學良、羅季光據親屬語言比較,指出漢語四等對三

[1] 王力先生的擬音觀點屢有不同,這是指王力先生《同源字典》裏的擬音。
[2] [瑞典] 高本漢著,趙元任等譯:《中國音韻學研究》,商務印書館,1994 年,頁 478—483。
[3] [法] 馬伯樂著,聶鴻音譯:《唐代長安方言考》,頁 92。
[4] [匈牙利] B. Csongor(陳國),“*A Contribution to the History of the* 輕音 *Ch'ing yin*,” *Acta Orientalia*(《匈牙利科學院東方學報》),1959:9,中譯本見勞寧譯:《漢語輕重音的歷史探討》,《中國語文》1960 年第 3 期。

等是長短元音的對立,純四等爲長元音,三等爲短元音。[1] 敦林格(P. L. Denlinger)則認爲中古漢語二、四等爲外轉長元音,一、三等爲内轉短元音。[2]

同樣,有些學者認爲上古音中可能也存在元音鬆緊或長短的對立。汪榮寶認爲上古音歌魚二部古雖同讀“阿”音,而有長短之異: 歌部讀短音,相當於梵文之 a;魚部讀長音,相當於梵文之 ā。也就是説,汪榮寶認爲上古音的元音 a 存在長短對立。[3] 嚴學宭認爲上古漢語語音系統中元音分鬆緊兩套,發展爲聲調。緊元音念高調型,松元音念低調型。至中古漢語發展爲元音的長短對立。這就是《廣韻》的一二等重韻現象。元音長,聲調就長;元音短,聲調就短。此後繼續向兩條路綫發展: 一是複合元音的産生;一是聲調的分化。[4] 袁家驊先生也認爲共同漢藏語元音分鬆緊,松元音構成的音節聲調較低(平聲),緊元音構成的音節聲調較高(上聲)。[5] 王力先生認爲上古漢語四聲分舒聲、促聲兩類,又細分爲長短,舒而長的聲調爲平聲,舒而短的爲上聲,促而長的聲調爲去聲,促而短的聲調爲入聲。實際上把元音分爲長短兩類。[6] 蒲立本則認爲上古漢語原來有長短元音系統,長元音發生了齶化。長短元音可以解釋上古同爲魚部的麻韻與模、魚韻的分化。[7] 鄭張尚芳、斯塔羅斯金(S. A. Starostin)則不約而同地作出了上古音的一、二、四等字是長元音,三等字是短元音的理論構擬,這樣他們的六元音系統都有長短對立,實際上是十二個元音。[8]

長短音對立在漢語親屬語言的藏緬語、壯侗語和苗瑶語中都非常普遍,甚至在漢語方言的粵語、平話中也存在長短元音的對立,只是元音對立的多少有所不同。有的只有 aː、a 或 iː、i 的對立,有的長短對立相對多一些。如獨龍語有 12 個單元音,iː、i,ɛː、ɛ,ɑː、ɑ,ɔː、ɔ,uː、u,ɯː、ɯ,各自長短對立。[9] 從類型學的角度來説,推測上古漢語也像漢藏語系中的其他語言一樣存在長短元音對立,還是合情合理的。

但是,上古或中古漢語元音長短對立的規律則難尋共識。汪榮寶用於區分韻部;高本漢、嚴學宭用於區分一、二等重韻;馬伯樂用於區分真諄臻文欣韻與先仙元韻;馬學良、羅季光用於區分三、四等;敦林格用於區分一、三等與二、四等;蒲立本、鄭張尚芳、斯塔羅斯金用於區分一、二、四等與三等(只不過蒲立本認爲三等爲長元音,鄭張

[1] 馬學良、羅季光:《〈切韻〉純四等韻的主要元音》,《中國語文》1962 年第 12 期,又《馬學良文集》,上卷頁 295—307。
[2] 嚴學宭:《漢語聲調的産生和發展》,《人文雜誌》1959 年第 1 期。
[3] 汪榮寶:《論阿字長短音答太炎》,《華國月刊》第 2 卷第 9 期,1925 年,又《學衡》第 43 期,1925 年。
[4] P. L. Denlinger, *Long and Short Vowels in Chinese*, *T'oung Pao*, vol. 62, pp. 1 - 3.
[5] 袁家驊:《漢藏語聲調的起源和演變》,《語文研究》1981 年第 2 期。
[6] 王力:《漢語史稿》,上册頁 64—65、102—104。
[7] [加拿大] 蒲立本著,潘悟雲等譯:《上古漢語的輔音系統》,中華書局,1999 年,頁 52—58。
[8] 鄭張尚芳:《上古音系》,上海教育出版社,2003 年,頁 173—187;[俄] 斯·阿·斯塔羅斯金著,林海鷹等譯:《古代漢語音系的構擬》,上海教育出版社,2010 年,頁 216—218。
[9] 崔霞:《獨龍語系屬比較研究》,中央民族大學博士學位論文,2009 年,頁 53。

尚芳、斯塔羅斯金認爲三等是短元音);而王力先生則用於區分四聲。即使是最爲嚴整的鄭張尚芳音系,黄樹先用此作漢緬語比較時,也發現緬文的長短元音與漢語的長短元音對應並無規律。以魚部字爲例,漢語的長元音 aa 與緬文的長元音 aa 對應 15 例;漢語短元音 ǎ 與緬文的短元音 a 對應 5 例;漢語的長元音 aa 與緬文的短元音 a 對應或漢語短元音 ǎ 與緬文的長元音 aa 對應 12 例。[1] 黄樹先因此懷疑緬文以至藏緬語族的長短元音和漢語的長短元音是不同的,漢藏語系各語言的長短元音可能没有發生學上的關係。這一觀點對於鄭張尚芳先生的長短音學説無異於釜底抽薪:如果没有發生學關係,鄭張尚芳據親屬語言比較所作的長短元音構擬也就不能成立了。[2]

不過,我們覺得漢緬語長短元音對應不佳的問題更可能在於還没有找到漢語長短元音有迹可尋的規律,可能還需要繼續深入探討。我們懷疑中古漢語很可能存在與重韻有關的長短元音對立。除了高本漢所説的一、二等重韻長元音 aː 與短元音 ǎ 的區别之外,還有其他不少迹象。陸志韋先生提出,三、四等合韻之介音較長,純三等韻較短,重出喉牙脣音介音亦短。[3] 馬學良、羅季光先生認爲純四等韻齊、蕭、先、青、添與韻圖中相配的三等韻支、宵、仙、清、鹽爲長元音 iː 與短元音 ǐ 對立,[4] 我們認爲三、四等長短元音對立,實際應修正爲純四等韻霽、蕭、先、青、添與重紐四等韻祭、宵、仙、清、鹽的長 iː 短 ǐ 元音對立,在韻圖中它們構成四等重韻。所謂“三四等長短對立”僅限於這些韻,不能擴展到全部三等韻。

此外,韻圖把遇攝和通攝也區分了開合,高本漢認爲合口元音是一個强的 u,所以是-uo。[5] 因此,高本漢爲模 uo、魚 ǐʷo、虞 ǐu,東 ung、冬 uong、鍾 iwong 等構擬了 u、w 等不同的合口介音,遭到了李榮先生的反對。[6] 但是若因爲獨韻,就一律視之爲合口,又抹殺了韻圖開合的區别。

在漢語親屬語言中,長 uː 韻的過渡音的擴張往往産生 uə-或 uo-,[7] 我們猜測遇攝和通攝開合的區别可能與此類似,實際上也是元音長短的區别。《韻鏡》、《七音略》以東爲開,以冬、鍾爲合;以魚爲開,以模、虞爲合,有可能遇攝和通攝的開口本爲短元

---

[1] 黄樹先:《漢緬語長短元音比較》,《南陽師範學院學報》2002 年第 5 期。

[2] 還以魚部字爲例,鄭張尚芳《漢語及其親屬語言語音演變中的元音大推移》一文認爲“魚部各韻的長短分佈如下:長——模 aa、麻 2 r-aa、麻 3 j-aa,短——魚 a、虞合 wa、支(戲)r-a”,既然一、二、四等是長元音,三等是短元音,但是麻二、麻三爲什麼同是長元音 aa 呢?令人百思不得其解。

[3] 陸志韋:《三四等與所謂“喻化”》,《燕京學報》第 26 期,1939 年,又《陸志韋語言學著作集(二)》,中華書局,1999 年,頁 500—501。

[4] 馬學良、羅季光:《〈切韻〉純四等韻的主要元音》,《中國語文》1962 年第 12 期,又《馬學良文集》,上卷頁 301—304。

[5] [瑞典] 高本漢著,趙元任等譯:《中國音韻學研究》,頁 522—523。

[6] 李榮:《切韻音系》,科學出版社,1956 年,頁 132—133。

[7] 馬學良、羅季光:《我國漢藏語系元音的長短》,《中國語文》1962 年第 5 期,又《馬學良文集》,上卷頁 245。

音,合口爲長元音,長元音隨著過渡音的擴張,聽起來更像合口 uo 罷了。如果這樣推理的話,也許南北朝時期的魚 jŭ、模 uː、虞 juː、東一 ŭng、東三 jŭng、冬 uːng、鍾 juːng 這樣的長短對立,到了隋唐時期發展成爲開合的不同。這樣一來,覃、談,東、冬,魚、虞,先、仙的區别都是由長短對立産生的。也就是説,中古至少存在 aː、ă,uː、ŭ,iː、ĭ 三對長短對立的元音。這樣多對長短元音成系統的對立,也避免了馬學良先生批評的頭痛醫頭,腳通醫腳的問題。

如果中古至少存在 aː、ă,uː、ŭ,iː、ĭ 三對長短對立的元音,那麽上古漢語五元音是否也存在著長短對立呢?在上古漢語發展過程中出現過元音低化的情形。蘇聯語言學家龍果夫(A. Dragunov)、李方桂、高本漢都先後指出,一二等的重韻如咍、泰,覃、談,咸、銜,山、删等上古來源不同,分别來自 ə 類與 ɑ 類。[1] 但這就需要假定上古到中古發生了 ə>a 的元音低化。[2] 李方桂先生舉了一些印歐語 ə>a 的例子予以佐證,但是那些語言是有元音長短對立的;而元音低化只發生在有長短元音對立的元音系統身上。爲了解釋 ə>ɒ 這樣的元音低化,陸志韋先生又提出了兩個條件: ə 前面不能有介音 i 或 ɪ;ə 後面的收聲只可以是-g、-d,不可以是-k、-t。[3] 理論解釋更爲複雜。事實上,如果没有元音長短對立,只會發生 a>ə 的元音高化。所以我們只能設想上古音系可能存在 əː 與 ə 元音的長短對立,因此發生了 ə>a 的元音低化。

但是印歐語的元音低化規律與漢藏語的元音低化規律正好相反,印歐語是短元音低化,而漢藏語則是長元音低化。那麽,發生 ə>a 音變的究竟是長元音還是短元音呢?民族語言研究者曾經提出"a 化元音現象",e 變成 ia,o 變成 ua,ɔ 變成 ua。[4] 這是長的高元音弱化的結果。[5] 參照親屬語言的研究,或許上古漢語也是長元音低化,即 əː>aː。[6]

我們以前談到蒸、陽旁轉時曾經提出了 * wə> * wa 的音變規律,以爲這是受合口介音 w 的影響才産生的。[7] 現在我們知道了,* wə> * wa 只是 əː>aː 的一個特例,它

---

[1] A. Dragunov, *Contribution to the Reconstruction of Ancient Chinese*, *T'oung Pao*, 1929;李方桂:《切韻 â 的來源》,《歷史語言研究所集刊》第三本第一分,1931 年;[瑞典] 高本漢著,趙元任等譯:《中國音韻學研究》,頁 482—483。

[2] 在漢代對音中,之-əg、職-ək 部字常用來對譯-a、-ak,如龜兹 Kucha,"兹"對 cha;師子 Śiśäk,子對 śäk;塞種 Saka,塞對 saka;安息 Arsak,息對 sak;疏勒 Šaraka,勒對 raka。漢越語中登、蒸字多譯爲 ăŋ,如崩 băŋ、朋 băŋ、登 dăŋ、能 năŋ、僧 tăŋ、恒 hăŋ、楞 lăŋ、冰 băŋ、憑 băŋ。(參見[法] 馬伯樂著,聶鴻音譯:《唐代長安方言考》,頁 172—173、184。)可以證明上古到中古確實發生了 ə>a 的元音低化。值得注意的是,登、蒸韻對譯的是短元音 ă。不過,漢越語的演變規律還有待進一步研究。如果蒸部字 ə>a 的演變是短元音低化的話,對我們長元音低化的假説不太有利。

[3] 陸志韋:《古音説略》,中華書局,1985 年,頁 105。

[4] 中國科學院少數民族語言研究所:《布依語調查報告》,科學出版社,1959 年。

[5] 馬學良、羅季光:《我國漢藏語系元音的長短》,《中國語文》1962 年第 5 期,又《馬學良文集》,上卷頁 231—232。

[6] 在壯侗語中,只有短元音 ə,没有長元音 əː,長元音 əː 多半是漢語借詞。參見馬學良、羅季光:《我國漢藏語系元音的長短》,《中國語文》1962 年第 5 期,又《馬學良文集》,上卷頁 243。

[7] 王志平:《清華簡〈皇門〉異文及相關問題》,《歷史語言學研究》第 5 輯,商務印書館,2012 年。

並非受合口介音 w 的影響才產生的,而是長元音 ə 發生了 əː>aː 的元音低化。[1] 而短元音高化,則是 a>ə,正好方向相反。所以過去有學者講之、魚合一,[2] 實際上應該分爲長元音低化 əː>aː 和短元音高化 a>ə 兩個方向的。[3]

所以合理的邏輯就是上古漢語五元音中都存在元音的長短對立。按照漢藏語言演變規律,那麽發生高化鏈移音變的元音 a 應當是一個短元音 a,牽一髮而動全身,由此引起了一系列連鎖反應式的元音高化鏈移:魚*a>*o,侯*o>*u,幽*u>*ou。這就是在楚方言中觀察到的魚侯、東陽通轉現象。

以魚、侯分合爲例,羅常培、周祖謨先生認爲西漢時期魚侯同用,已經完全合爲一部。[4] 王力先生表示贊成。[5] 但是邵榮芬先生指出,這就需要承認這是魚部主元音 a 向後高方向移動的結果。但是這不好解釋上古、中古都是 a 的麻韻。[6] 李新魁先生也談到,即以魚虞兩韻而論,六朝以後仍有區别,證明漢代魚虞所屬的魚、侯兩部不會完全合爲一部。[7]

鄭張尚芳撰文指出:

> 統括上古到中古的開尾韻的元音變化,可以看到古漢語長元音高化、高元音分裂複化的過程,跟英語的元音大推移的過程和變化機制都很相似。[8]

朱曉農上文也指出:

> 由於魚部一等(對應於中古模韻)從*a 上升到了*o,於是把侯部一等(對應中古侯韻)從*o 推上了*u。但没有什麽推動原屬侯部的三等開口虞韻*io(<*ŏ),所以來自侯部的開口虞韻*io 和來自魚部的合口虞韻*iwo 合流爲/*io/。
>
> 侯部一等(對應中古侯韻)的上升*o>*u 則把幽部一等(對應中古豪韻)推出了位*u>əu。[9]

朱曉農採用的也是鄭張尚芳-潘悟雲六元音體系,其音系長短元音對立,一、二、四

---

[1] 與此類似,仫佬語中的 iaː-、uaː-、ɯaː-就是由 iː- uː- ɯː-變來的。參見馬學良、羅季光:《我國漢藏語系元音的長短》,《中國語文》1962 年第 5 期,又《馬學良文集》,上卷頁 246。

[2] 黄綺:《之魚不分,魚讀入之》,《河北學刊》1992 年第 2 期。

[3] 上古漢語肯定發生過 a>ə 的音變。母*məg、毋*m^{w}ag 本係一字分化。但是"母"對應書面藏語 ma"媽媽",書面緬語 ma"姐妹"。從兒童語言習得來講,世界語言父、母普遍都作 papa、mama,這説明上古漢語的"母"字一定發生了 a>ə 的音變。參見[俄] 雅各布遜:《爲什麽是"媽媽"、"爸爸"?》(Roman Jakobson, *Why "Mama" and "Papa"?* Roman Jakobson Selected Writings Ⅰ: Phonological Studies, pp. 538-545, Mouton & Co. 'S-Gravenhage, 1962).

[4] 羅常培、周祖謨:《漢魏晋南北朝韻部演變研究》第一分册,科學出版社,1958 年,頁 21—22。

[5] 王力:《漢語語音史》,中國社會科學出版社,1985 年,頁 84。

[6] 邵榮芬:《古韻魚侯兩部在前漢時期的分合》,《中國語言學報》第 1 期,1982 年,又《邵榮芬音韻學論集》,首都師範大學出版社,1997 年,頁 90。

[7] 李新魁:《論侯魚兩部的關係及其發展》,《李新魁音韻學論集》,汕頭大學出版社,1997 年,頁 15—37。

[8] 鄭張尚芳:《漢語及其親屬語言語音演變中的元音大推移》,歷史語言學研討會論文。

[9] 朱曉農:《元音大轉移和元音高化鏈移》,《民族語文》2005 年第 1 期,又《音韻研究》,頁 423。

等是長元音,三等是短元音。鄭張尚芳-潘悟雲上古音系是按照漢藏語長短元音演變規律建立的,而鄭張尚芳、朱曉農的元音大推移規律卻又是按照印歐語元音鏈移的普遍原理推演的。可是印歐語與漢藏語的長短元音演變規律並不一致,因此其演變途徑在一定程度上難免有些枘鑿不入。依朱曉農所説,長元音高化,* aː>* oː>* uː;短元音低化,* ŭ>* ŏ>* ă;方向正好相反。那麽侯部的三等合口虞韻* iwo 怎麽會來自魚部 ă 呢? 這豈不是短元音高化嗎? 同樣,侯部的三等開口虞韻如是短元音* ŏ,理論上應當低化(* ŏ>* a),又怎麽會變成* io 的? 豈不又是短元音高化? 所以正確的推演應該是短元音高化;長元音低化;後元音前化;單元音複化: 這才符合漢藏語言的音變鏈條。如果生搬硬套印歐語系元音鏈移的普遍規律,對隸屬於漢藏語系的上古漢語研究來説未免有水土不服之嫌。

承認中古和上古漢語中存在長短元音的對立,確實有助於解釋很多問題。建立長短元音對立的觀念,可以解釋同一元音,爲什麽有的變,有的不變。還以魚侯部爲例,魚部字的短元音* ă 産生了* ă>* ŏ 音變,可是長元音* aː,則複化裂變爲* iaː、* uaː,相沿成爲中古的麻韻 a。同樣,侯部字的短元音* ŏ>* ŭ,向幽部字靠近;而長元音* oː>* uaː 複化,到了漢代,與原來的魚部* aː>* uaː 合併了。因此,史存直先生説取消侯部,不是没有道理的。因爲傳統侯部* o 的位置已經爲魚部所佔了。

元音鏈移音變與長短對立是一種古音系統觀的體現,它並不是僅僅發生於個别韻部的零星音變,而是可以引起整個音系連鎖反應的鏈式音變。例如,不少學者一方面承認楚方言的東陽合韻,另一方面又認爲先秦魚侯韻遠,漢代之後才魚侯相近。有學者甚至認爲漢代的荊楚方言區也是魚、侯分立的,如劉冠才下表所示:[1]

魚侯兩部在兩漢不同方言區分合關係表

	秦晋	趙魏	荊楚	周洛	海岱	蜀漢	吴越
西漢	分	分	分	合	合	難定	難定
東漢	合	合	合	合	合	難定	難定

但是按照音系連動推理的話,如果陽東音近,産生了短元音* ang>* ong 的音變,那麽楚方言中與陽東同一元音的魚(鐸)、侯(屋)也要發生相應的音變,即魚* ag>侯* og,鐸* ak>屋* ok。除了辭彙變異和辭彙擴散之外,語音演變規律應當不存在例外。從古音體系的完整性上説,如果承認楚方言的東陽合韻,也就應當承認魚(鐸)、侯(屋)合韻,從陰陽入的相互配合上來説,它們是三位一體的。

照此推理,侯* og、屋* ok、東* ong 與幽* ug、覺* uk、冬* ung 這樣的通轉關係也是

[1] 劉冠才:《兩漢韻部與聲調研究》,巴蜀書社,2007 年,頁 96。

短元音*o＞*u產生的高化鏈移音變。從孔廣森開始,古音學家一直斤斤於東、冬、侵部的分合問題,史存直先生認爲東、冬兩部應當合併,[1]于省吾先生也認爲冬部應並於東部。[2] 對此,周祖謨先生回應説,上古音《詩經》韻部東、冬還是分爲兩部較妥。[3] 曾憲通先生早年主張東、冬合韻;[4]有的古文字學家予以回應。[5] 但是曾憲通先生自己後來改變了主張,轉而贊同冬、侵合韻。[6]

其實,從元音鏈式音變的角度來看,東*ong、冬*ung部的合韻通轉並不意味著東*ong、冬*ung部的合併,只是*ong＞*ung音變的某種反映。至於東、冬部與侵部的膠葛,只是更早期的東*om＞*ong,冬*um＞*ung的反映。這都是一種成系統的連動音變。

東*ong(＜*om)、冬*ung(＜*um)兩部的合韻通轉只不過是*o＞*u短元音高化鏈移的一種具體表現,與侯*og、幽*ug部和屋*ok、覺*uk部之間的合韻通轉情形完全相同。同理,如果冬部字發生過*um＞*ung的音變,那麽從音系連動角度來説,東部字也理應發生過*om＞*ong的鏈式音變。

了解了這種元音高化鏈移音變,我們就可以對位於音變鏈條兩端的魚鐸陽、幽覺冬通轉等有了新的認識。史存直先生曾認爲侯部不是一個獨立的韻部,不過是魚幽兩部的交錯地帶。[7] 他尤爲反對所謂"侯部本是獨立的,在讀音上介乎魚幽之間,更接近於魚部"的説法。[8] 但是如果取消侯部獨立,不利於解釋魚幽部之間的通轉。魚幽部通轉相對較少,正是因爲它們元音高低差別太大,聲音區別特徵明顯。即使有個别的通轉,恐怕也不是直接發生關係的*a＞*u(或者*u＜*a)這樣的音變,而是魚部*ag通過侯部*og的過渡,才得與幽部*ug發生了通轉。换句話説,就是只有置於*ag＞*og＞*ug的短元音高化或者*uːg＜*oːg＜*aːg的長元音低化音變鏈條中,才會産生魚幽兩部之間的膠葛。

過去我們在解釋楚簡等古文獻中所反映的東談通轉現象時,一度以爲"談部字的元音a受到閉口音m的影響,逐漸圓脣化,産生了-am＞-om＞-um的音變"。[9] 現在看來,-am＞-om＞-um只是*a＞*o＞*u短元音鏈移在m尾的一個特例,它與閉口音m的性質無關,而與元音的性質有關。高化的都是短元音a與o,反之則是低化的長

[1] 史存直:《古音"東、冬"兩部的分合問題》,《漢語音韻學論文集》,華東師範大學出版社,1997年,頁66—67。
[2] 于省吾:《釋[illegible]、[illegible]兼論古韻部東冬的分合》,《吉林大學學報》1962年第1期。
[3] 周祖謨:《漢字上古音東冬分部的問題》,《周祖謨語言文史論集》,學苑出版社,2004年,頁50。
[4] 曾憲通:《從"蚩"符之音讀再論古韻部東冬的分合》,《第三屆國際中國古文字學研討會論文集》,香港中文大學,1997年。
[5] 董蓮池:《釋戰國楚系文字中从[illegible]的幾組字》,《古文字研究》第25輯,中華書局,2004年。
[6] 曾憲通:《再説"蚩"符》,《古文字研究》第25輯。
[7] 史存直:《古音"侯"部是獨立韻部嗎?》,《漢語音韻學論文集》,頁86。
[8] 史存直:《古音"侯"部是獨立韻部嗎?》,《漢語音韻學論文集》,頁112。
[9] 王志平:《也談"銽緈"的"緈"》,《古文字研究》第28輯,中華書局,2010年。

元音* u:＜* o:＜* a:。

從漢語史上來看,鄭張尚芳、朱曉農提出的由魚部發動的* a:＞* o:＞* u: 長元音鏈移的假説,改爲* a＞* o＞* u 短元音鏈移的可信度更高,解釋性更强。尤其是* a＞* o 這一階段,這樣的鏈式音變理論可以解釋諸如魚* ag、鐸* ak、陽* ang 與侯* og、屋* ok、東* ong 的通轉;元* an 與東* ong 的通轉;談* am 與東* ong 的通轉;等等。

既然在戰國時期的楚方言中已經發生* a＞* o 這樣的音變,説明至少上古漢語晚期已經具備了"元音大轉移"的條件。但是,這是否是首次"元音大轉移",我們則不敢確定。只能説,在現有的研究條件下,我們在上古漢語中暫時只發現了這麽一次"元音大轉移"。從理論上説,上古漢語元音的鏈式音變可能産生更早,只是我們現在還没有能力發現罷了。

綜上所述,按照我們的看法,首次"元音大轉移"既不像趙彤所説的那麽早,也不像鄭張尚芳、朱曉農説的那麽晚,它産生於戰國時期的楚方言,是由短元音 a 發動的,即* a＞* o＞* u 這樣的鏈式音變,這是在個别方言區發生的鏈式音變。它與漢魏通語中較晚發生的第二次* a＞* o＞* u 短元音鏈移有所不同。第二次短元音鏈移可能與楚方言隨後成爲漢代的基礎方言有關,這一次* a＞* o＞* u 短元音鏈移是在廣大通語區發生的、更爲普遍的鏈式音變。

以前曾有學者把元音高化歸之於 i、u 介音,以歷史語言學的"i 音變"(i-umlaut)、"u 音變"(u-umlaut)加以解釋。例如,高本漢解釋 u＞y,就認爲 u 受"i 音變"(i-umlaut)影響變成 y。[1] 陸志韋先生甚至認爲,古今音之轉變,以 i-umlaut 爲一大關鍵。[2] 但是語言學史上的元音低化就不便用"i 音變"(i-umlaut)或"u 音變"(u-umlaut)來解釋了。[3] 現在改用元音長短對立的理論解釋元音的高化與低化,相對來説,更爲符合語言學的普遍原理。

現在來看,a＞o＞u 這樣的元音鏈移規律,不但適用於現代漢語方言和中古時期的漢語音韻史,而且也見於上古時期的漢語歷史中。而這樣的元音鏈移規律,是與元音的長短對立密切相關的。

但需要注意的是,按照我們的研究,戰國時期楚方言中的* a＞* o＞* u 這樣的短元音高化鏈式音變,並不符合拉波夫所説的第一條也是最常見的普遍原理(儘管拉波夫普遍原理在印歐語系中行之有效),但是短元音高化鏈式音變卻與漢藏語系的短元音高化規律是一致的。漢語音韻學界一直爲如何在上古音研究中運用歷史比較語言

[1] [瑞典]高本漢著,趙元任等譯:《中國音韻學研究》,頁 44。

[2] 陸志韋:《三四等與所謂"喻化"》,《燕京學報》第 26 期,1939 年,又《陸志韋語言學著作集(二)》,頁 501。

[3] 馬學良、羅季光:《我國漢藏語系元音的長短》,《中國語文》1962 年第 5 期,又《馬學良文集》,上卷頁 245。馬學良、羅季光:《〈切韻〉純四等韻的主要元音》,《中國語文》1962 年第 12 期,又《馬學良文集》,上卷頁 299。

學普遍原理而苦惱,對於這些原理能否"放之四海而皆準"心存疑慮。如果我們的假說可以成立的話,這對歷史比較語言學普遍原理來說,倒不妨算是某種有益的反證和補充。

The Vowel Chain Shift and the Long-Short Vowels Contrast in Archaic Chinese Language

Wang Zhiping

Abstract: The general principle of the great vowel shift is found in many languages, and just the same in archaic Chinese language by the supporters' opinion, although in which the different dates are estimated by themselves. The vowel chain shift is relative with the long-short vowels contrast, so that this paper thinks that there is long-short vowels contrast in both archaic and middle Chinese language, the first vowel chain shift of Chinese language did happen in Ch'u dialect in Warring States periods, the short vowel of Yu(魚) group has triggered the vowel chain shift *a>*o>*u.

Keywords: archaic Chinese language, vowel, chain shift, long-short vowels contrast

王志平,中國社會科學院語言研究所副研究員,w_zhp@sina.com

上博竹書的拼合與編聯問題雜談

陳　劍

【提　要】 本文主要以作者以往所做工作爲例，討論了關於上海博物館藏戰國楚竹書的拼合與編聯的一些問題。重點提出，竹書簡的拼合要"注意簡長問題"、"注意竹簡契口和編繩(痕迹)位置所決定的竹簡的(上中下)相對位置問題"、"注意拼合處的碴口與殘字問題"；竹書簡的編聯要"注意行文脈絡，尋找排比句式或相近的句式、前後反復出現的覆上之文、歸納之文等"、"注意兩簡連讀處正好有誤字、衍文、倒文等造成干擾的複雜情況"；並簡略涉及竹書的分篇、全篇的復原問題；提出了一處新的拼合意見(香港中文大學文物館藏簡 8+《上博(五)·季庚子問於孔子》11B)。

【關鍵詞】 上博竹書　拼合　編聯　竹書復原　《季庚子問於孔子》　新拼合

説　明

2010 年 6 月 28 日，我爲我中心研究生作了一個名爲"簡帛古書拼綴雜談"的講座。[1] 其中"簡"主要指上海博物館藏戰國楚竹書，"帛"即長沙馬王堆漢墓帛書。當時寫有一個"資料長編"性質的講稿。因最初本無發表打算，後也一直未正式寫成文。承蒙《學燈》雜誌厚意，覺得還不無發表的價值。在主編先生的不斷鼓勵與督促下，今將講上博簡部分抽出略加整理，改題作"上博竹書的拼合與編聯問題雜談"發表。[2]

改定此稿時作時輟，頗費斟酌。最終決定儘量保持其原貌、不作大的增補(只在

[1] 見復旦大學出土文獻與古文字研究中心網站(www. gwz. fudan. edu. cn，以下簡稱"復旦網")2010 年 6 月 30 日。

[2] 關於"拼合"與"編聯"及有關術語的討論，參看宋華强：《新蔡葛陵楚簡初探》，武漢大學出版社，2010 年，頁 24。

第二部分近末尾處增加了一例新的拼合)。這有幾方面的考慮。一者,當初作講座主要是圍繞自己在重新整理上博竹書中曾做過的一些工作所得體會來談,本無甚高論,[1]亦不成系統(所以名爲"雜談"),很難修改爲嚴謹的學術論文;二者,講座距今已過去近四年,其間《上博(八)》和《上博(九)》相繼出版,又有不少竹簡被改歸篇和重新拼合、編聯的佳例;三者,對上博竹書乃至所有戰國竹簡的拼合與編聯等問題,近年也已有研究者作過專門的總結論述,皆頗爲全面深入。[2] 由於以上這些原因,原講稿要增補得較爲全面深入並引用吸收已有總結成果,需花很大工夫,甚至是另起爐灶重寫。

以上所説本文的不足之處,希望能在未來加以彌補。上博竹書的最後幾册,預計會包含大量殘簡、零簡,與前所發表者的拼合編聯問題肯定尚多,還需研究者繼續努力。等上博竹書資料全部發表之後,甚或在能將所有簡背照片也刊佈——近年來研究者已經對簡背劃痕、墨綫、反印文或反印痕迹等對於竹簡編聯、卷册復原的作用認識越來越深入——之後,希望能再對所有上博簡的分篇及定名、拼合與編聯等問題加以通盤的清理,以及作較爲全面的規律性的總結。

一、竹簡的分篇

"分篇"是指將同屬於一篇古書的竹簡彙集到一起。正確的"分篇",可以説是將可能應"拼合"爲一簡、可能應兩簡前後相次連讀("編聯")的竹簡單位集中到一起的基礎工作(分篇又往往牽涉"定名"問題,此不及)。關於古書的"篇"、"章"、"卷"、"册"等概念,都有很複雜模糊的地方,很難給出一個統一的精確定義,我們的認識也還需隨著不同情況的不斷增多而日益深入。在此不過多涉及。簡言之,"篇"的概念大概相當於我們今天理解的一篇文章(個别的是一部書,如《上博(三)·周易》)、現存先秦秦漢古書中的一"篇";一篇中可以包括不只一"章"(大致相當於今天講的"段落")。

竹簡分篇的根據主要是竹簡形制(載體)和文字(書寫)兩個方面。同時,考慮個别竹簡的歸篇問題(研究者所謂"跨篇調簡")時,又常常面臨竹簡的重新拼合與編聯,

[1] 可參《上博(二)》剛出版不久、在竹簡重新拼合編聯最"熱"的時候"史儀"之文,所謂竹書拼合與編聯"本無多大玄機,原件明如觀火"。見史儀:《〈從政〉篇編連拾遺》,簡帛研究網(www. jianbo. org)2003 年 1 月 17 日。

[2] 例如,李均明、劉國忠、劉光勝、鄔文玲:《當代中國簡帛學研究(1994—2009)》,中國社會科學出版社,2011 年,上編"簡牘典籍"之第二章之四"分篇、拼合、編聯、復原",頁 74—83(據該書"前言",上編由劉光勝先生執筆);陳偉:《楚簡册概論》,湖北教育出版社,2012 年,第二章"整理與解讀"之第四節"綴合與編連",頁 92—103;牛新房:《戰國竹書復原過程中應注意的幾個問題》,《南方職業教育學刊》2013 年第 1 期,頁 43—48;牛新房:《戰國竹書研究方法探析》,花木蘭文化出版社,2014 年,第一章"竹書復原",頁 29—71;另可參看宋華强:《新蔡葛陵楚簡初探》,頁 23—43"拼合與編聯"。此外,作爲研究者,我們所作都是在原整理者工作基礎上的再整理,有關原始整理者對竹書復原工作的論述,可參看李零:《簡帛古書與學術源流》(修訂本),三聯書店,2008 年,頁 168—170。

有關問題是聯繫在一起的。

（一）竹簡形制（載體方面）

竹簡形制包括竹簡的長度、[1]竹簡兩端的形狀（或者説簡首簡尾的修治情況；包括不修/平齊、修成梯形、修成圓弧形等幾類）、編繩數目（現所存實皆爲"編繩痕迹"）、編繩位置（上距簡首距離、下距簡尾距離、中間一道距簡首簡尾的距離、兩道編繩之間的距離等；一般説來各道編繩應大致在同一水平位置、位置大致平齊）、契口等。竹簡分篇時應遵循的一般原則是：屬於同一篇的竹簡，其形制是大致相同的，上述竹簡形制的各方面的特徵應該是一致的（《説文》所謂組成"册"字的竹簡有長有短的説法從出土簡册資料看並無證據支持，恐怕是靠不住的）。

在竹簡形制的各個方面中，契口的一致是最不嚴格、相對於其他方面最不重要的。同一篇竹簡中，除了契口位置的平齊要求很嚴格（實際上這一點與編繩位置的平齊也是同一的）之外，契口的有無、形狀、位於左側還是右側、是否刻穿等都可以不一致。《上博（四）·曹沫之陳》有幾支經新拼合後的竹簡，其契口位於左面和位於右面者並見，有研究者就據此否認其拼合關係，從簡文文意等方面看是没有道理的。

（二）文字（書寫方面）

"文字（書寫方面）"方面，最基本、最重要的當然就是其所記內容。此外還包括，其書體風格（好比今天講的"字迹"）、字距即文字距離、文字寫法、用字習慣等。[2] 根據文字歸篇一般的標準是：同屬於一篇的竹簡，其文字各方面的特徵應該是統一的，內容應該是有聯繫的。不過，其間也有種種複雜的情況。

書體風格/字迹方面不可看死的地方如，一般而言同一篇竹書是同一人抄寫的，但也不乏特殊情況。夾雜有個别例外簡的，如郭店《五行》簡 10 和簡 11 上段，明顯出於另一人之手，據之可知同篇中不能完全保證没有第二人的筆迹。上博竹書中同一篇出自不同抄手之例則頗不罕見，如《上博（一）·性情論》、《上博（三）·周易》、《上博（六）·天子建州》乙本、《上博（五）·競建内之》與《鮑叔牙與隰朋之諫》（合爲一篇）等。

"文字（書寫方面）"可爲分篇之參考者還有，是否存在篇號（作"墨鉤"或"墨杠"形）；是否有"下端留白"的竹簡（"留白"後不一定同時有篇號）——除了像《周易》那樣每卦换簡另起獨立抄寫的特殊情況外，有"留白"簡是確定分篇的關鍵證據。

[1] 上博竹書在發表竹簡長度數據方面或存在問題，參看白於藍：《〈曹沫之陳〉新編釋文及相關問題探討》，《中國文字》新 31 期，臺北藝文印書館，2006 年，頁 131—134。有的在全貌圖中竹簡縮放比例亦不一致，參看陳劍：《〈上博（三）·仲弓〉賸義》，《戰國竹書論集》，上海古籍出版社，2013 年，頁 263—265。凡此我們在重新拼合編聯竹簡的工作中均應給予注意。

[2] 關於"字迹"的深入研究，可參看李松儒：《戰國簡帛字迹研究》，吉林大學博士學位論文，2012 年。

"竹簡形制"跟"文字"兩者要結合起來看。郭店簡的《性自命出》、《成之聞之》、《尊德義》和《六德》四篇,其形制全同,但書體有别、内容不同,經過學者遞相研討,證明有的研究者最初所作大幅度的跨篇調整基本是不成立的。同時,竹簡形制、書體相同者也可能爲兩篇,如《上博(一)·孔子詩論》與《上博(二)·子羔》、《上博(二)·魯邦大旱》三篇,其形制、書體完全相同,但内容無關,《子羔》篇且自有位於其篇之末的篇題(參後文),有研究者主張的合爲一篇之説也難以成立。郭店簡的《老子》丙與《太一生水》,皆14簡、兩端平齊、簡長26.5釐米,2道編繩、間距10.8釐米;《太一生水》篇原《説明》謂:"其形制與書體均與《老子丙》相同,原來可能與《老子丙》合編爲一册。篇名爲整理者據簡文擬加。"可以想見,假如《老子》丙非有傳本而是佚書,則此兩篇在整理時多半就會被合爲一篇了。

同篇中或有内容不大相干的兩章(實際上也可以視爲不同的兩篇,與前述"一篇中可以包括不只一'章'(大致相當於今天講的"段落")"情況不同),如《上博(四)·昭王毁室、昭王與龔之脽》、《上博(五)·鬼神之明、融師有成氏》,皆於全篇第5簡中用一墨杠分隔開前後兩章;《上博(六)·莊王既成、申公臣靈王》,在第4簡中以一作"墨鉤"形的章號下加空白分隔兩章。我們可以設想,假如前兩者的第5簡和後者的第4簡正好殘失(甚至更極端的情況,就是在墨杠或"墨鉤"形所在之處殘去),則這些篇就必定會被研究者分别分爲兩篇了。又如,《上博(六)·平王問鄭壽、平王與王子木》,同篇中有内容不大相干的兩章但中間無墨杠、而是以空白的辦法隔開(空約三字位置),就被整理者誤分爲兩篇了。[1] 我們以後在考慮竹簡的分篇時,要注意有没有上述這些較爲特殊極端的可能。

經過整理的竹書,其分篇當然大部分是没有問題的。引起研究者争論或論定其改動的主要有:一、原本分作兩篇的被改合爲一篇。如《上博(二)·從政》甲篇、乙篇被合爲一篇,《上博(五)·競建内之》和《鮑叔牙與隰朋之諫》兩篇、《上博(六)·平王問鄭壽》和《平王與王子木》兩篇被合爲一篇。二、個别簡的歸篇被加以調整。如《上博(四)·内豊》篇附簡被調入《上博(五)·季庚子問於孔子》;《季庚子問於孔子》簡16被遥綴於《上博(二)·昔者君老》簡2下段;[2]《昔者君老》簡3改入《内豊》篇,下接該篇簡9;[3]《上博(三)·彭祖》簡4改入《上博(六)·競公瘧》,與該篇簡5相拼合;[4]

[1] 沈培:《〈上博(六)〉中〈平王問鄭壽〉和〈平王與王子木〉應是連續抄寫的兩篇》,《簡帛》第6輯,上海古籍出版社,2011年,頁304—306。

[2] 福田哲之:《上博四〈内禮〉附簡、上博五〈季康子問於孔子〉第十六簡的歸屬問題》,簡帛網(www.bsm.org.cn)2006年3月7日。

[3] 林素清:《釋"匱"——兼及〈内禮〉新釋與重編》,"中國古文字學:理論與實踐國際研討會"論文,2005年5月28日至30日,芝加哥大學,後刊於《南山論學集——錢存訓先生九五生日紀念》,北京圖書館出版社,2006年,頁18—23;又井上亘:《〈内豊〉篇與〈昔者君老〉篇的編聯問題》,簡帛研究網2005年10月16日。

[4] 程鵬萬:《上博三〈彭祖〉第4簡的歸屬與拼合》,復旦網2010年1月17日。

《上博(九)·史蒥問於夫子》簡4、簡5皆改入《上博(六)·孔子見季桓子》篇,前者綴合於該篇簡9之上,後者綴合於該篇簡25之下;[1]等等。這類情況另外還包括一些被剔除出原所在之篇,但在現已發表的上博簡中還没有其可歸屬的篇目的個别竹簡。如《上博(六)·平王問鄭壽》簡7、《上博(八)·子道餓》簡6、《上博(九)·成王爲城濮之行》簡3下半段,等等。

統觀上述這些調整,原整理者的失誤無不與對竹簡形制與文字方面的統一有所忽略有關;而研究者作出新的調整、得到大家的公認,也無不是建立在竹簡形制與文字方面的統一的基礎之上的。

下面要講的"竹簡的拼合"與"竹簡的編聯",是在基本解決字詞釋讀問題,並將竹簡正確分篇之後,再對某特定的篇章作其全篇文本復原的問題。即以簡片爲單位,不一定是按原每個簡號爲一簡,而是以自然斷片爲基本單位,原已拼合編爲一個簡號的,有疑問者先儘量拆開,由小到大,其過程爲:斷片→(拼合爲)整簡(或首、尾之處接近完整之簡)→(編聯爲)編聯組/意群→(復原爲)全篇。文意的通順無礙(且從行文脈絡看有其必然性)是檢驗這項工作的重要標準。

二、竹簡的拼合

上博竹書中不少已分開的斷片是原本屬於同一支竹簡的,可以拼合起來成爲一支整簡或接近整簡。上博竹書中,還有不少本來係由兩段或兩段以上殘片拼合或"遥綴"起來的竹簡,發表時只給了一個編號。但這些拼合有不少是錯誤的,在加以拆分重新編號後(研究者有改稱"原簡號A/B"或"原簡號上/下"等辦法),又有不少可以重新作出拼合。

這方面最有興味的例子,如我過去曾拼合編聯的《上博(二)·子羔》簡11上段+簡10+簡11下段+香港中文大學文物館藏戰國楚簡3+簡12+簡13一組,原第11號簡被拆分開,中間再加進一小段(簡10),正好可以拼合爲一支首尾完具的整簡(簡12簡尾完整,上端拼合上中文大學藏簡3後,也正好成爲一支首尾完具的整簡)。[2]

我過去的工作中同樣也有失誤的教訓。有將原簡誤加以拆分之例,如《上博(三)·仲弓》簡5的"爲之,余慁(誨)女(汝)"句,我最初從原釋文作"爲之/宗慁女",並謂:

---

[1] 張峰、王凱博先生分别指出兩處簡文應連讀。見張峰:《〈上博九·史蒥問於夫子〉初讀》,簡帛網2013年1月6日;王凱博:《〈史蒥問於夫子〉綴合三例》,簡帛網2013年1月10日。高佑仁先生進一步指出兩組簡皆應直接綴合,見簡帛網簡帛論壇《〈史蒥問於夫子〉初讀》2013年1月10日"youren"發言。

[2] 陳劍:《上博簡〈子羔〉、〈從政〉篇的竹簡拼合與編連問題小議》,《戰國竹書論集》,頁24—31。下舉我舊所作上博竹書的拼合與編聯,有關文章皆已收入《戰國竹書論集》。爲免煩瑣,下僅逕隨文注出該書頁碼。

> 此簡由兩斷簡拼合,上段到"之"字,下段起自"宗"字。但連接處"爲之宗悬女"文意不清楚,故其拼合恐尚有疑問。今暫連寫,在斷處以"/"號標記。(《戰國竹書論集》,第 107 頁)

實際上,"之"與"余"之間黑白照片上雖已斷開,但從放大彩色照片觀察,仍可看出本是連在一起的,其本爲一簡應無疑問。如下兩圖:

原黑白照片

放大彩色照片

所謂"宗"字亦應從禤健聰先生改釋爲"余",其上斷開,下與"悬(誨)女(汝)"連讀,文從字順。[1]

還有拼合錯誤的,如下文所舉《上博(四)·曹沫之陳》簡 53 上+簡 32 下誤拼合之例。至於本應拼合而未拼上之例,就更多了。這方面我印象最爲深刻的,是《子羔》篇簡 7+簡 14。我曾對《子羔》篇做過重新拼合與編聯,後裘錫圭先生又補充將簡 7 與簡 14 拼合爲一簡。有關簡文爲"孔子曰:舜其可謂受命之民矣。舜,人子也,7 而三天子事之。14"除去簡長、編繩等方面相合的因素,最重要的乃是對有關簡文文意的真正講通。回過頭反思我的拼合過程,之所以未能做出正確拼合,主要原因應該在於對該篇的"天子"一語没有真正理解。裘先生指出,本篇簡 9 記子羔之問"三王者之作也,皆人子也,而其父賤而不足稱也與?抑亦誠天子也與?"也以"人子"與"天子"二者對稱,並謂:

> "人子"指凡人之子,"天子"指天帝之子。所以本篇所説的"天子",跟一般用來指稱作爲天下共主的帝王的"天子"是有區别的。夏、商、周三代王室的始祖禹、契、后稷,都有無父而生的神異傳説,所以子羔問孔子:他們究竟是地位低賤因而其名失傳的那種人的兒子呢,還是真的是天帝的兒子呢?十、十一、十二、十三等號簡文以肯定的態度講述了禹、契、后稷的降生神話,可見此文中的孔子承認他們是"天子"。[2]

經此疏解,有關問題就完全清楚了。但舊多將簡 9 的"天子"也理解爲所謂"一般用來

[1] 禤健聰:《上博簡(三)小札》,簡帛研究網 2004 年 5 月 12 日;又禤健聰:《新出楚簡零札》,《康樂集:曾憲通教授七十壽慶論文集》,中山大學出版社,2006 年,頁 217—218。

[2] 裘錫圭:《談談上博簡〈子羔〉篇的簡序》,收入《裘錫圭學術文集》第 2 卷,復旦大學出版社,2012 年,頁 442。

指稱作爲天下共主的帝王的'天子'";而我也因昧於此點,起初是將簡 14 斷讀理解作"……而三,天子事之",以一般的"帝王"義來理解"天子",將其看作"事之"之方式的,自然也就不能作出正確的拼合了。

由上述這個例子,還可以看出正確的字詞釋讀、文意理解對於竹簡拼合(包括編聯)的重要性。[1] 後文所述我新對《季庚子問於孔子》所作的一處拼合,也可以看作此類情況的一個例子。

竹簡拼合時需要全面綜合考慮到的因素很多,下面擇要談幾個要注意的問題。

(一) 注意簡長問題

戰國竹書完整的每簡的長度,從五六十釐米到十多釐米不等。一般來説,同一篇的竹簡,其長度大致是差不多的,出入最多在 1 釐米上下,不能懸殊太大。否則就往往是有問題的。如下面所舉的例子。

我在拼合《上博(四)·曹沫之陳》簡 53 上+簡 32 下時曾説:

> 據小圖版,53 上+32 下拼合爲一簡並留出 32 下簡首缺文位置後,全簡較相鄰諸簡略長。按簡 8 原亦由上下兩段拼合而成,其拼合當無問題,從小圖版可以看出,如將相接處的兩殘字補足,並留出兩殘字之間的空白,則整簡也將較相鄰諸簡長出不少。(《戰國竹書論集》,第 121 頁)

實際上,原簡 8 的拼合正可由長度問題看出是不可信的——由此,以之作爲立論基礎來解釋簡 53 上+簡 32 下在簡長上的疑問,就更成問題了。《曹沫之陳》完整竹簡的長度一般都是 47.5 釐米左右,上所説簡 53 上長 26.95 釐米,簡 32 下長 22.6 釐米,合計近 49.6 釐米,況且還要留出缺文位置("必 53 上[□]白徒[下略]32 下",尚至少缺一動詞),更是大大超過一般簡長了。簡 8 上段長 25.05、下段長 23.05 釐米,合計 48.1 釐米(整理者原説"47.5 釐米"不確),再加上中間殘去的部分,全簡長度也將超過 47.5 釐米差不多 2 釐米。後來李鋭先生將原簡 8 也拆分爲上下兩段,[2] 白於藍先生找到了各自應重新拼合的上下段,[3] 皆可信。

從積極的方面來講,重新作拼合要隨時考慮簡長是否相合。凡屬可信的拼合在這方面應該都是没有問題的,研究者亦多已在拼合時加以説明。其例俯拾皆是,已可不必贅舉。

---

[1] 宋華强先生總結新蔡葛陵楚簡的拼合原則認爲,"應該把斷口契合和形制相同當作首要標準,而文意通順與否則是第二位的標準"。見宋華强:《新蔡葛陵楚簡初探》,頁 29。按此係由卜筮祭禱簡文本的特點(多相類的紀時記事語和重複的套語、跟古書相比文意方面的綫索和限制性不强)所決定者,跟上博竹書情況不同。

[2] 李鋭:《〈曹劌之陣〉釋文新編》,簡帛研究網 2005 年 2 月 25 日。

[3] 白於藍:《〈曹沫之陳〉新編釋文及相關問題探討》,《中國文字》新 31 期,頁 117—134。

(二) 注意竹簡契口和編繩(痕迹)位置所決定的竹簡的(上中下)相對位置問題

我自己對此問題,也是逐漸引起重視的。一開始還不大注意,如我在將《子羔》篇“簡 11 上段+簡 10+簡 11 下段”加以拼合時,最初只説明了文意方面的理由,以及竹簡長度的相合。董珊先生看過原文初稿後,補充了在編繩位置方面的理由。他指出,按整理者的拼合則簡 11 的上段“跟其他簡的中間一道編繩位置不合”,而按我的拼合辦法“將它提到簡首之後,……編繩位置跟其他簡是相合的”。其説顯然很正確,小文發表時已引用吸收(《戰國竹書論集》,第 26 頁)。在接下來重新整理《容成氏》時,我就注意根據編繩位置,將簡 35 拆分爲上下兩段了。原文謂:

> 簡 35 上段簡首殘缺,第一道編繩痕迹已不存。中間一道編繩痕迹位於“□王天下十又六年而桀作”的“作”字下,從第 12 頁的小圖版可以清楚地看出,按整理者的編排,則這道編繩痕迹的位置太靠上,跟同篇其他簡完全不能相合。如果將其下移與其他簡的中間一道編繩對齊,則其下端與 35 簡下段將有一大段重合的部分。由此看來,簡 35 上段與下段決不可能屬於同一簡。它們應該分别編號重新排列,下面我們把此簡的上段和下段分别編爲“35A”和“35B”。(《戰國竹書論集》,第 32 頁)

另外,竹簡的上中下相對位置,還可以通過判斷其是否存在簡首或簡尾來幫助確定。這就又牽涉到前面所講竹簡兩端的修治形式問題。兩端修治成圓形或梯形的比較好判斷;兩端不作修治只作平齊形的有時就較難確定(不知是正好比較整齊的斷裂之處還是本來係簡首或簡尾),整理者的説法不一定可信,或者説整理者其實也是别無可靠根據的。此外,既不存在簡首或簡尾、又没有契口或編繩痕迹可以幫助判斷其位置的殘簡,其所在的上中下位置問題,原整理者的判斷、在小圖版(全貌圖)上的安排也不可全信,有的可能也是有問題的。研究者糾正整理者對原位置的誤排、並重新加以拼合的例子,也已經有了不少。

(三) 注意拼合處的碴口與殘字問題

跟甲骨的拼合/綴合不同,甲骨質地較堅硬,其綴合往往是“密合”的;而竹簡柔軟易損,由於竹簡邊緣的剥落缺損,其斷口往往形成剥離,從横截面上看不是如刀切一般整齊,加上失水後皺縮程度不一等,兩段拼合處的碴口未必能完全密合,殘字的筆畫之間也會有細微錯開(有研究者就曾因爲此點,據下舉《上博(二)·子羔》簡 6+2 拼合處“罷”字左上殘點的不合而懷疑其拼合的正確性,是没有必要的);不少“完簡”中有明顯出現“皺縮”處(斷簡多即由此處折斷),應是埋藏狀態中長期受力之處,故其處文字常有變形。偶有殘字其殘畫正好能拼上合爲一個整字者，則是該兩段殘簡應拼合的堅强證據；也有表面看來碴口相合，實則其拼合不可信者；碴口越不規則，如其相合則本係一簡之折越爲可靠（不一定正好全部密合，但缺口形狀走向應大致相對）；也有不少拼合處碴口不能密合者，這時主要靠文意來決定。

上博竹書中多有原竹簡拼合處殘字正好合上之例（兩殘簡各自殘存的筆畫正好合成一個完整的字），如：

 《上博（一）·緇衣》簡2拼合處"則"字	 《上博（一）·緇衣》簡10拼合處"所"字	 《上博（一）·緇衣》簡12拼合處"臣"字	《上博（一）·緇衣》簡16拼合處"言"字	 《上博（一）·孔子詩論》簡14拼合處"矣"字	 《上博（三）·仲弓》簡1拼合處"弓"字	 《上博（三）·仲弓》簡8拼合處"中"字	 《上博（三）·仲弓》簡9拼合處"敢"字
					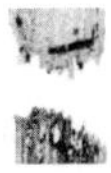		
《上博（三）·仲弓》簡20拼合處"之"字	《上博（三）·仲弓》簡25拼合處"新（慎）"字	《上博（四）·曹沫之陳》簡1拼合處"昔"字	《上博（四）·曹沫之陳》簡28拼合處"三"字	《上博（五）·鬼神之明、融師有成氏》簡1拼合處"罰"字	《上博（六）·景公瘧》簡9拼合處"曰"字	《上博（六）·景公瘧》簡9拼合處"割"字	《上博（六）·景公瘧》簡10拼合處"貧"字

上博竹書中被研究者重新調整拼合上的竹簡，也有不少其拼合處殘字正好合上之例，如：

 《上博（二）·子羔》簡6+2拼合處"㬎（敷）"字	《上博（五）·季康子問於孔子》簡15A+9拼合處"異"字	 《上博（四）·曹沫之陳》簡29+24B拼合處"歬（前）"字[1]	 《上博（三）·彭祖》簡4+《上博（五）·競公瘧》簡5拼合處"良"字[2]
		對比同篇"歬（前）"字  簡24、  簡30、  簡31、  簡60	對比《《上博（五）·競公瘧》簡2"良"字  、 

[1] 陳斯鵬：《上海博物館藏楚簡〈曹沫之陣〉釋文校理稿》，簡帛研究網2005年2月20日，又孔子2000網（www.confucius2000.com）2005年2月20日。

[2] 程鵬萬：《上博三〈彭祖〉第4簡的歸屬與拼合》，復旦網2010年1月17日。

又如河南新蔡葛陵楚墓竹簡,宋華强先生拼合了多達 40 餘組,其中有不少是拼合處殘字正好合上的。尤爲難得的,是有不少在上博簡中(除《上博(一)·性情論》外)較少看到的竪向開裂的兩殘片被左右拼合的例子。[1]

下面略舉一些上博竹書中竹簡拼合處空白碴口的不同情況:

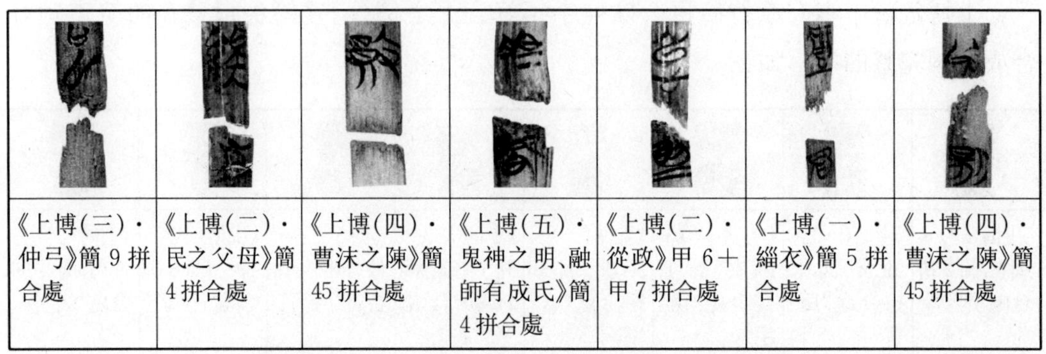

《上博(三)·仲弓》簡 9 拼合處	《上博(二)·民之父母》簡 4 拼合處	《上博(四)·曹沫之陳》簡 45 拼合處	《上博(五)·鬼神之明、融師有成氏》簡 4 拼合處	《上博(二)·從政》甲 6＋甲 7 拼合處	《上博(一)·緇衣》簡 5 拼合處	《上博(四)·曹沫之陳》簡 45 拼合處

上表前 4 例爲原已拼合的竹簡,第 5 例爲研究者重新調整拼合上的竹簡,皆其碴口形狀、走向較合者。同時,由末兩例原已正確拼合者可以看到,兩斷片碴口處也不乏不能密合、甚至相差頗遠的情況。下面我們來看一個同類的新拼合之例。

香港中文大學文物館所藏 10 枚戰國竹簡(以下簡稱“港簡”),應該都是屬於上博竹書者。其中簡 1、簡 2、簡 3 和簡 4 已分别被綴入《上博(一)·緇衣》、《上博(三)·周易》、《上博(二)·子羔》和《上博(五)·三德》。簡 5、簡 6 和簡 8,李松儒先生分析其字迹等方面的特徵,認爲應屬《上博(五)·季庚子問於孔子》篇(以下簡稱“《季庚子》”),並將簡 6 接於《季庚子》簡 4 下連讀,[2]此皆甚是。港簡 8 李松儒先生未言其在《季庚子》篇中的具體位置,我認爲應與簡 11B 拼合。有關文句如下:

[□□□□]寺=(寺之一恃之)𠂤(以)爲㠯(己)埶(勢)。子或(又)女(安一焉)昏(問)港簡 8 矣!”庚(康)子曰:“母(毋)乃肥之昏(問)也是(寔)右(左)虐(乎)?古(故)女(如)虐(吾)子之疋(疏)肥也。”孔=(孔子)11B 訇(怠/怡一辭)曰:“子之言也巳(已)重(重)。[3] 丘也昏(聞)孝【=】(君子)(下略)18A

[1] 宋華强:《新蔡葛陵楚簡初探》,頁 30—43。

[2] 李松儒:《香港中文大學藏三枚戰國簡的歸屬》,張德芳主編:《甘肅省第二届簡牘學國際學術研討會論文集》,上海古籍出版社,2012 年,頁 599—601,又《戰國簡帛字迹研究》,頁 202—205。下引李松儒先生説皆見此。

[3] 簡 18A 與簡 11B 連讀,從牛新房先生之説。見牛新房:《讀上博(五)〈季康子問於孔子〉瑣議》,簡帛網 2006 年 3 月 9 日,又前引《戰國竹書研究方法探析》,第 173 頁。但上博簡原整理者根據契口位置認爲簡 11 下殘掉一“曰”字,牛新房先生又據此認爲殘掉的當是一個虚詞,則不可信。福田哲之先生已指出從他簡位置看“孔子”下不必有缺字,可從。見福田哲之:《上博五〈季康子問於孔子〉的編聯與結構》,丁四新主編:《楚地簡帛思想研究(三)》(“新出楚簡國際學術研討會”論文集),湖北教育出版社,2007 年,頁 63。

上引港簡 8“㠯(己)”字原整理者釋爲“司”,此從陳英傑、[1]何有祖先生説改正。[2]“恃之”、“勢”、“或”原整理者分别釋讀爲“持之”、“藝”、“國”,皆從陳英傑先生説改釋。李松儒先生讀“或”爲“又”,又釋末字爲“昏(問)”,亦皆可從。“昏(問)”字殘存頭部筆畫(圖見後),原整理者釋“上”,陳英傑、何有祖先生皆已指出不可信。

《季庚子》簡 11B 原整理者於“昏也”下標逗號,“昏”如字讀解釋爲“糊塗”,謂“左”通“佐”,意爲“輔佐”,皆非。陳斯鵬先生讀“昏”爲“問”,謂“是”字表强調,“左”解釋作“悖謬不合理”,全句“毋乃肥之問也是左乎”意思是“難道我的問話真的很不妥嗎?”[3]説皆可從。季旭昇先生“昏”字從原整理者之釋,但讀“右”爲“差”,解釋爲“差失”,[4]亦有道理。按“左”與“差”音義皆近,讀“右”爲“左”或“差”並無實質性區别。

李松儒先生指出,《季庚子》篇中“孔子稱季康子爲‘子’,如簡 11 下+18 上有:‘孔子辭曰:“子之言也已重。”’這裏的‘子’就指季康子。港簡 8 的話也應該是孔子之語”。其説正確可從。上舉港簡 8+《季庚子》11B 拼合連讀處文句“子又焉問矣”,即孔子對季康子説“您又還有什麼可問的呢?”文意通順——此語上文已頗殘,其上所接簡文不明,但可以推定應係在季康子問某問題後,孔子未正面作答而另有所述,結以“子又焉問矣”。下文季康子之語“故如吾子之疏肥也”即針對孔子此語而發。孔子的話確實很不客氣,口氣很重,所以下文季康子的反應是孔子疏遠他。“疋”字原整理者釋爲“足”,同時又謂“‘足’也同‘疋’,或讀爲‘疏’”、訓爲“通”。按其字形本爲“疋”没有問題。[5]季旭昇先生謂整理者“後説是”,解爲“疏通”;研究者多從其説,或解作“疏導”,“是指季康子要求孔子疏導自己”,此則不可信。按“疏”應爲“疏遠”義,“故如吾子之疏肥也”直譯可作“所以像(現在這樣)您疏遠我”,即就上文孔子説“子又焉問矣”而不直接就季康子之問作答而言。如此,則研究者所謂“‘古女’讀爲‘故如’很難解,‘如’字很難落實”的問題,[6]也就不存在了。《戰國策・秦策三》“范雎至秦”章:“即使文王疏吕望而弗與深言(《史記・范雎列傳》作“鄉使文王疏吕尚而不與深言”),是周無天子之德,而文、武無與成其王也。”季康子以孔子爲“疏肥”,即承上文謂孔子不與之“深言”之類而發。

港簡 8“昏”字下大半殘缺,《季庚子》11B 上“矣”字上尚有小段空白,即兩字間距

[1] 陳英傑:《讀楚簡札記》,簡帛研究網 2002 年 11 月 24 日。又陳英傑:《讀〈香港中文大學文物館藏簡牘〉札記》,收入《文字與文獻研究叢稿》,社會科學文獻出版社,2011 年,頁 123。下引陳英傑先生説皆見此文。

[2] 何有祖:《讀香港中文大學文物館藏簡札記》,《古籍整理研究學刊》2007 年第 2 期,頁 51。下引何有祖先生説亦見此文。

[3] 陳斯鵬:《讀〈上博竹書(五)〉小記》,簡帛網 2006 年 4 月 1 日。

[4] 季旭昇:《上博五芻議(上)》,簡帛網 2006 年 2 月 18 日。

[5] 參看何有祖:《上博五零釋(二)》,簡帛網 2006 年 2 月 24 日。

[6] 見白海燕:《〈季庚子問於孔子〉集釋》,吉林大學碩士學位論文,2009 年,頁 93 引蔣玉斌先生語;又白海燕:《〈上博五・季庚子問於孔子〉劄記》,《中國文字》新 39 期,臺北藝文印書館,2013 年,頁 220—221。

離。如下兩圖:

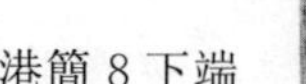

港簡 8 下端　《季庚子》簡 11B 上端

拼合後簡首約還殘去 3 到 4 字(前引釋文暫定爲 4 字),亦即在竹簡長度方面不存在問題。從編繩位置來看,《季庚子》篇共有三道編繩,上下兩道位於簡首和簡尾(上下爲空白,中間書寫文字),中間一道編繩位於《季庚子》簡 11B“母(毋)”字之下,而港簡 8 上正没有編繩痕迹。這也是完全相合的。

研究者或以爲:

> 在現存簡文中,孔子(“子之言已重”)這句話較有可能是針對 1 號簡所記季康子之語而言的。其記云:“季康子問於孔子曰:‘肥從有司之後,一不知民務之安在。唯子之貽羞。……’”康子過於客氣,所以孔子有此言。如果這一猜測不誤,則 18A 的位置應前移,與 1 號簡相近。由於二者不能直接連讀。其間可能還有一簡。[1]

今新拼合入港簡 8 後,可知此編聯設想難以成立。另簡 11B 的“昏”字,舊還有疑讀爲“聞”一説。[2] 今新拼合入港簡 8 後,亦可知此説不確。

由此例可見,在文意相合、其他方面也没有矛盾(如前述簡長、編痕等)的前提下,碴口不合也並非拼合不可逾越的障礙。

最後還要强調的是,要注意釋字的準確,尤其是原整理者誤釋導致未能被正確拼合的,或者説應拼合處正好有被誤釋之字的(前舉《仲弓》簡 5 的“爲之,余慁(誨)女(汝)”句之“余”字起初被誤釋爲“宗”,進而因簡文讀不通導致懷疑拼合上有問題,即可看作此所論之反面例證;又參看後文“編聯”部分末尾所講同類性質問題)。如《上博(四)·曹沬之陳》簡 26＋62 的新拼合:

> ……五人以伍,一人 26 又(有)多,四人皆賞,所以爲斷。(下略)62

我舊曾指出:“‘一人’原作合文,右下角有合文號。原誤釋爲‘万(萬)人’重文。……‘四人’當指一‘伍’之中除有功者外之其他四人。”簡 26 的“一人”加簡 62 的“四人”,

---

[1] 陳偉:《上博五〈季康子問於孔子〉零識》,簡帛網 2006 年 2 月 20 日,收入氏著《新出楚簡研讀》,武漢大學出版社,2010 年,頁 228。

[2] 如劉洪濤:《説上海博物館藏戰國竹書〈民之父母〉中的“詩”字》,簡帛網 2006 年 9 月 6 日;李守奎等:《上海博物館藏戰國楚竹書(一——五)文字編》,作家出版社,2007 年,頁 907;李丹丹:《〈季康子問於孔子〉集釋及相關問題研究》,哈爾濱師範大學碩士學位論文,2010 年,頁 31;等等。

正即前文簡 26 的“五人”,但因爲“一人”合文的誤釋,其間文句連讀的關係就被掩蓋了,從而妨礙了正確的拼合。我另外還説(《戰國竹書論集》,第 118 頁):“簡 62 上下皆殘,簡上看不到契口。小圖版中將其作爲上段殘簡置於諸簡中上段位置,恐誤。其簡首處殘斷情況明顯與本篇中其他從中間折斷的竹簡相類,應是下段殘簡,與簡 26 正可拼合爲一支整簡。”這又是前文所説要注意“既不存在簡首或簡尾、又没有契口或編繩痕迹可以幫助判斷其位置的殘簡,其所在的上中下位置問題,原整理者的判斷、在小圖版(全貌圖)上的安排也不可全信,有的可能也是有問題的”之例。

三、竹簡的編聯

竹簡編聯問題,歸根結底還是對簡文的釋讀理解問題。對於某篇所含竹簡已確定的竹書來講,其編聯排序,主要就是要考慮同篇所有簡尾(或略有殘缺的簡尾)與簡首(或略有殘缺的簡首)連讀的可能性。竹簡的編聯(包括拼合也是),對於簡數較多的篇章來説,由於人的記憶力有限,最好儘量利用電腦。我所習慣的工作辦法是,將竹簡經過拆分、經過校訂的釋文録入電腦,加上缺文號“□”、殘斷號“⧄”,嘗試所有簡尾或接近簡尾跟簡首或接近簡首連讀的可能,反復考慮試驗各種可能性。“……⧄”與“⧄……”拼合,“……”與“……”連讀,並注意儘量利用全貌圖(確定竹簡相對位置)、放大圖版(確定編繩痕迹和契口位置)提供的各種信息。對於研究者來説,可能的連讀的組合是很有限的,可以很快地全部試一遍。之所以有的應該連讀的簡文没有被整理者或研究者相連接,或是本來不能連讀的簡文被接在一起了,大多是因爲大家對兩簡相連處的簡文的理解,其認識程度不同或者有分歧而造成的。我們只能通過不斷提高自己對竹書文句的釋讀能力和理解能力,從而能根據兩簡相連處的簡文文意是否通順,來判斷竹簡編聯是否可靠;也有可能通過新的可靠的通讀兩簡相連處的簡文,對竹簡編聯提出正確的意見。

竹簡拆分中應反覆涵泳體會文意,不放過任何一個可能的疑點,而且不能被一些表面現象所迷惑。凡兩簡連讀稍有疑問的,寧可先拆開,儘量試試看跟别的簡文連讀行不行。在這方面給我留下深刻印象的可以舉出兩個例子。

一是顧史考先生對郭店簡《成之聞之》29＋23＋22＋30 一組簡的拆分和重新編聯。這組竹簡以前一般編聯爲:

《君奭》曰:“襄我二人,毋有合才音。”曷(蓋)道不悦之詞也。君子曰:唯有其亙(亟)而 29 可能,終之爲難。槁木三年,不必爲邦羿。曷(蓋)言寷(?)之也。是以君子貴 30 成之。聞之曰:古之用民者,求之於己爲亙(亟)。行不信則命不從,1(下略)

是故凡物在疾之。《君奭》曰:“唯(冒)丕單稱德。”曷(蓋)言疾也。君子曰:疾之。22 行之不疾,未有能深之者也。羗之述也,强之功也;之弇也,詞之功也。23 是以知而求之不疾,其去人弗遠矣。勇而行之不果,其疑也弗往矣。21

依顧説重編作:

《君奭》曰:“襄我二人,毋有合才音。”蓋道不悦之詞也。君子曰:雖有其恒,而 29 行之不疾,未有能深之者也。羗之述(遂)也,强之功也;陣之弇也,詞之功也。23 是故凡物在疾之。《君奭》曰:“唯冒丕單稱德。”蓋言疾也。君子曰:“疾之 22 可能,終之爲難。槁木三年,不必爲邦羿。”蓋言寠(?)之也。是以君子貴 30 成之。聞之曰:古之用民者,求之於己爲亙(亘—亟)。行不信則命不從,1(下略)[1]

原簡 22、23 連讀處的“疾之。行之不疾”云云,表面看來兩“疾”字相承,頗爲迷惑人。顧史考先生指出,“以‘疾之’爲指令式的單句頗爲奇特,不過因爲意義上完全可與下句連讀,亦未曾有學者提出異議”;簡 29＋30 的“唯有其亘(亟)而可能,終之爲難”,以前研究者斷句標點和解釋頗有分歧,顧先生指出其“整句語法奇怪,但既然不至於説不通,也就未曾有人對其連接本身提過質疑”。他改將簡序調整爲 29＋23＋22＋30後,“則語法變得順暢許多,且於意義層面亦未有絲毫損失,反而邏輯結構顯得更加清晰”。他的重新編聯,可以説也是建立在首先能將原連讀的竹簡拆分開、再重新考慮其他可能性的基礎之上的。

另一個是 2003 年 1 月就已發表並已有大量研究論著的《上博(二)・容成氏》,直到 2008 年中才被發現並糾正的一處錯誤的編聯。該篇簡 1 跟簡 2 連讀處之文爲“而上愛下”,表面看來十分通順,實在太迷惑人了,從來就没有被拆開過,至少我是從未考慮過其拆分的可能性。後“子居”先生將簡 1 跟簡(2＋3)拆分開來,並將第 2、3 兩簡改接於簡 37 之後,甚爲有見。不過他將簡 1 跟簡 43 連讀,[2]則恐不可信。我在其説基礎上,將簡 37 末尾原釋爲“而”之字()改釋爲“天”,連讀爲“(伊尹)述(遂)迷(弭)天 37 下,而一其志,而寢其兵,而官其材(下略)2”云云,甚爲通順。[3]

下面談談竹簡編聯中可注意的兩方面的問題。

(一) 注意行文脈絡,尋找排比句式或相近的句式、前後反復出現的覆上之文、歸納之文等

這方面最爲典型的例子,如《上博(二)・容成氏》和《上博(四)・曹沫之陳》兩篇。

---

[1] 顧史考:《郭店楚簡〈成之〉等篇雜志》,《清華大學學報(哲學社會科學版)》2006 年第 1 期,頁 80—92,收入顧史考:《郭店楚簡先秦儒書宏微觀》,上海古籍出版社,2012 年,頁 169—176。

[2] 子居:《上博二〈容成氏〉再編連》,復旦網 2008 年 6 月 7 日。

[3] 陳劍:《〈容成氏〉第 2、3 兩簡改接於第 37 簡之後的問題》,復旦網論壇“學術討論”子論壇 2008 年 10 月 11 日。

前者按時代敘述上古帝王事迹,後者君臣一問一答,均有較爲清晰的行文脈絡和不少可爲編聯參考的語句。如《容成氏》簡 12＋23 新編聯之文:

> [堯乃老,視不明],聽不聰。堯有子九人,不以其子爲後,見舜之賢也,而欲以爲後。12[舜乃五讓以天下之賢者,不得已,然後敢受之]。舜聽政三年,(下略)23

我舊拼合編聯時指出,"堯乃老,視不明"參照後文簡 17"舜乃老,視不明,聽不聰"補;上舉簡文與後文簡 17＋18"舜有子七人,不以其子爲後,見禹之賢也,而欲以爲後。禹乃五讓以天下之賢者,不得已,然後敢受之。禹聽政三年"類同;簡 33＋34"禹有子五人,不以其子爲後,見皋陶之賢也,而欲以爲後。皋陶乃五讓以天下之賢者,遂稱疾不出而死",亦可參考。又如,簡 23 與簡 15 連讀爲"乃立禹以爲司工。禹既已 23 受命,(下略)15",與後文簡 28"乃立后稷以爲□(田)。后稷既已受命"、簡 29"乃立皋陶以爲李。皋陶既已受命"、簡 30"乃立契以爲樂正。契既受命"、簡 37"乃立伊尹以爲佐。伊尹既已受命"類同,從而知簡 23 與簡 15 之必連(以上皆參見《戰國竹書論集》,頁 32—37)。

《曹沫之陳》篇,魯莊公與曹劌的問答常有相呼應之語。莊公數問"某某有機乎",曹沫分別作答而結以"此某某之機";莊公數問"某某有道乎",曹沫分別作答而結以"此某某之道"。又如以下一段:

> 史(使)人不親則不敦,不和則不篤,不悉(義)則不服。"莊公曰:"爲親如 33 可(何)?"答曰:"君毋憚自勞,己(以)觀上下之情僞;匹夫寡婦之獄訟,君必身聽之。又知不足,亡所 34 不中。則民親之。"莊公又問:"爲和如可(何)?"答曰:"毋變於便嬖,毋長於父兄,賞均聽中,則民 35 和之。"莊公又問:"爲義如可(何)?"答曰:"紳(陳)功尚賢。能治百人,史(使)長百人;能治三軍,思(使)帥。受(授)36 又(有)智,舍又(有)能,則民宜(義)之。(下略)28

以上一段,論"使人"之"親"、"和"、"義"三者,曹劌的總説與跟莊公的一問一答,其層次井然分明。簡 28 跟簡 36 和 33 相呼應的"義"用字不同,大概是導致整理者未將其正確連讀的因素之一——但"則民宜(義)之"跟前文"則民親之"、"則民和之",其句式的整齊一致,可以説還是很明顯的(《戰國竹書論集》,頁 122)。

又如,《上博(六)·孔子見季桓子》中有不少"簡文行文前後呼應、對竹簡拼合編聯有提示參考作用的詞句"(《戰國竹書論集》,頁 285),如"女(如)子〈夫〉……則䰜(斯)4……女(如)夫……則 20 䰜(斯)……3";重新編聯後所得第三組簡文中論"與(邪)蟡(僞)之民"一段,簡 12"二逃(道)"與下連讀的簡 2"二道"呼應;其後"悬(仁)人之道……戝(娺—抑)㫒(與—邪)民之行也……此与(與)悬(仁)人迖(弍/貳/二)者也……夫與(邪)蝺(僞)之民……與(邪)蝺(僞)之民……此与(與－邪)民也……此與(邪)民也……此與(邪)民[也]。……"亦多有呼應之語。此外我還曾指出,本篇中"'與(邪)民'和'與(邪)蝺(僞)之民'之未被讀出,影響了文意的正確理解;'此'字多被誤釋爲'易','戉(抑)'、'弍(二)'之被誤釋或未釋出,失去了在句子結構、文意層次方面對竹簡編聯的重要綫索。這些均是導致有關竹簡未被正確拼合編聯起來的重要原因"(《戰國竹書論集》,頁 304—305)。還可加上上舉簡 4"女(如)子〈夫〉"之有誤字存在,皆可看作正確釋讀簡文乃竹簡拼合與編聯之基礎的佳例。

(二) 注意兩簡連讀處正好有誤字、衍文、倒文等造成干擾的複雜情況

竹簡抄寫中常常也會出現各種錯誤,如誤字、衍文(誤多出文字)、倒文(文字誤倒)和脱文(誤漏抄文字)等。從現已看到的戰國竹書來説,除了個别加以補救、改正的例子,這些錯誤大多是不加處理、不作任何記號的,我們今天釋讀時就不容易發現、按照其本來面貌來釋讀,從而影響對文意的正確理解,自然就會造成編聯上的障礙,導致本應該連在一起的竹簡被分開位於兩處了。知道這個情況,我們在考慮一些竹簡的連讀可能時,就要充分考慮兩簡連讀處正好有誤字、衍文、倒文等造成干擾的複雜情況,排除這些干擾將簡文講通,同時正確地將竹簡編聯起來。

正好有誤字的例子,如《上博(二)・容成氏》簡 30＋16:

> 舜乃欲會天地之氣而聽用之,乃立契以爲樂正。契既受命,作爲六頪(律)六30 郙〈郘(吕)〉,辨爲五音,以定男女之聲。(下略)16

我舊曾指出,"郙"顯然是"郘"的誤字(其形作,可對比後來發表的《上博(八)・王居》簡 1、《清華大學藏戰國竹簡(壹)・耆夜》簡 2"郘"字、),"郘"讀爲"吕"。"六律六吕"即十二律吕,下文又言"五音","作爲六律六吕"與"辨爲五音"句式整齊。古書以"六律"與"五聲"或"五音"並舉習見(《戰國竹書論集》,頁 35)。可以想見,原整理者在讀到簡 30 末尾的"作爲六律六"時,一定也知道下面所接竹簡的首字應該是"吕",從而組成"六律六吕"這樣的固定説法;也一定在本篇中尋找過這支以"吕"開頭的竹簡。然而,由於原簡 16 用來表示"吕"的是個錯字,就被整理者忽略過去了。

又如,《上博(四)・柬大王泊旱》:

> ……諸侯之君之不 11 能治者,而刑之以旱。夫雖毋旱,而百姓移以去邦家。此爲君者之刑。"12 王仰天呼(?)而泣,謂太宰:"一人不能治政,而百姓以絶。"侯太宰遜迲〈退〉。進 14 太宰:"我何爲,歲焉熟?"太宰答(下略)13

我舊編聯時,將 14、13 兩簡前後相次但未連讀,蓋覺文意不可解。董珊先生將兩簡連

讀,相連處的文句釋讀爲:"侯大宰遜,返進大宰:'我可(何)爲歲安(焉)熟?'"[1]按"侯大宰遜"或者"侯大宰遜返",似均難通。我後來認爲,被讀爲"返"的"辻"字實應爲"退"字的誤寫(兩字僅右上所从不同),字形對比如下:

《上博(四)·柬大王泊旱》簡14"辻"字	《上博(五)·君子爲禮》簡2"退"字	《上博(六)·景公瘧》簡3"退"字

"退"與"進"相對。簡14的"侯太宰"即前文簡10之"太宰晋侯","遜退"一語見於《上博(二)·昔者君老》簡1(以上參見《戰國竹書論集》,第133頁所加"補記")。簡文蓋謂上所記太宰直言引起楚簡王自責,太宰遂惶恐而遜退,隨即王又使太宰重新上前("進太宰")。

兩簡連讀處正好有衍文的,如《上博(三)·仲弓》簡7、簡8相連處誤重一"辠(罪)"字(下以花括號"{}"表示衍文):

> ……仲弓曰:"敢問爲政何先?"5仲尼28曰:"老老慈幼,先有司,舉賢才,宥過赦辠(罪),7{辠(罪)}政之始也。"中(仲)弓曰:(下略)8

同類的現象又在《上博(七)·凡物流形》甲篇中再次出現了,也可以説這兩個例子正可以互證。《凡物流形》甲篇簡20+29(乙篇此文正好殘去):"一言而有衆,20衆一言而萬民之利,(下略)29",復旦讀書會、[2]李鋭先生皆將兩簡連讀,指出下"衆"字係因换簡而生之衍文;李鋭先生並援《仲弓》簡8首字"罪"字衍文之例爲説,[3]皆甚是。

書寫提行/轉行處容易誤重前一行末之字,是容易理解的經驗。類似例子在殷墟甲骨文中已經可以見到,如《甲骨文合集》11506左上方一辭作(以"/"表示轉行)"貞翌乙卯/{乙卯}不其易日"(右側對貞之辭爲"甲寅卜殻貞翌乙卯易日"),《合集》33273"癸酉卜/又尞于/{于}六云/五豕卯/五羊"(同版相關之辭如"癸酉卜/又尞/于六云/六豕卯/羊六")。[4] 秦漢簡帛尤其是馬王堆帛書中其例甚多,下面各舉一例。睡虎地秦簡《秦律十八種》"入叚(假)而102{而}毋(無)久及非其官之久也(下略)103",張家山漢簡《奏讞書》"已賣者122{者},縣官爲贖123",馬王堆漢墓帛書《衷》"出入又(有)度,外

[1] 董珊:《讀〈上博藏戰國楚竹書(四)〉雜記》,簡帛研究網2005年2月20日,收入董珊:《簡帛文獻考釋論叢》,上海古籍出版社,2014年,頁67—68。
[2] 復旦大學出土文獻與古文字研究中心研究生讀書會:《〈上博(七)·凡物流形〉重編釋文》,復旦網2008年12月31日。
[3] 李鋭:《〈凡物流形〉釋文新編(稿)》,孔子2000網2009年12月31日。
[4] 參看李旼姈:《甲骨文例研究》,臺灣古籍出版有限公司,2003年,頁219—228"衍文例"。第222頁已舉《合集》11506正謂"可能因换行而致誤"。

内47下{内}皆瞿(懼)(下略)48上”等等,皆可見寫刻中换行時容易産生衍文。

如果不排除這種衍文的干擾,就只好承認該兩簡不能連讀(因爲連讀處的文句不通),從而影響簡文的正確編聯。我自己最初在重新編聯《仲弓》時,很小心地只敢把簡7、簡8兩簡前後相次,但分開釋寫(《戰國竹書論集》,頁107),即認爲它們在現有竹簡中的位置關係應該是前後挨著,但不能直接連讀(中間還有缺簡);後來隨著全篇竹簡拼合編聯關係、全篇復原的研究的深入,我也改爲贊同其他研究者提出的兩簡連讀、相連處的“辠(罪)”字係因换簡而誤生之衍文的意見(《戰國竹書論集》,頁266)。到《上博(七)》出來,在重新拼合與編聯中遇上《凡物流形》甲篇簡20、29連讀處的兩個“衆”字的情況,我也就直接援《仲弓》之例判定後一“衆”字係衍文了。由此也可以看出我們及時總結以往竹書整理中的經驗教訓對於以後竹書整理工作的重要性。

兩簡連讀之處正好有倒文者,我以前曾以郭店《窮達以時》簡14+9爲例:

> 善否己也,窮達以時。德行一也,譽毁在旁,聖之弋(賊?)之。母(梅)白(伯)14初醢醢,後名揚,非其德加;子胥前多功,後戮死,非其9智衰也。(下略)10

其中“聖之弋之。母(梅)白(伯)”原作“聖之弋母之白”,我舊曾認爲,“‘聖之弋母之白’中‘母之’二字應係誤鈔倒。細看圖版,‘母之白’的‘之’字右旁靠上的竹簡邊有一個小墨點,顔色較淡。它應該就是起提示此處‘母之’二字係誤鈔倒作用的”(《戰國竹書論集》,頁6—7)。但據有些曾目驗過原簡的學者講,原簡上並無此小墨點。《簡牘書法選》本郭店簡所刊此簡照片,確亦無之。[1] 故所謂“‘母之’二字應係誤鈔倒”的推測,還有待進一步證實,此尚非佳例。另外,兩簡連讀之處正好有脱文者,似亦尚未看到確定的合適例證。但從理論上來講,據出土文獻與古書校勘的經驗看,傳抄中出現譌、衍、脱、倒文的現象皆非鮮見。這類現象當然也存在正巧出現於竹簡斷片拼合與兩簡編聯的簡首簡尾處的可能,應該引起重視,在以後的拼合與編聯工作中充分考慮其可能性。

另外,跟竹簡的拼合一樣,竹簡的編聯也要充分注意竹簡的契口和編繩(痕迹)位置所決定的竹簡的(上中下)相對位置問題,從而糾正某些斷簡的位置(近於簡首還是簡尾),可能作出新的編聯;還應該注意充分重視用韻方面的綫索或證據;[2]注意補缺文方面的綫索,即通過文意決定的應該補出的缺文的字數,來判斷決定首尾略有殘缺的兩簡能否連讀;[3]等等。如果這些方面重視得不夠,也可能會在工作中出現

---

[1] 《簡牘書法選》編輯組、荆門市博物館編:《郭店楚墓竹簡·窮達以時、忠信之道》,文物出版社,2002年,頁14。

[2] 此類例證可參看陳劍:《郭店簡〈窮達以時〉、〈語叢四〉的幾處簡序調整》,《戰國竹書論集》,頁10—13;又陳劍:《〈三德〉竹簡編聯的一處補正》,《戰國竹書論集》,頁193—195。

[3] 此類例證可參看裘錫圭:《〈太一生水〉“名字”章解釋——兼論〈太一生水〉的分章問題》,《裘錫圭學術文集》第2卷,頁346—347;陳劍:《郭店簡〈窮達以時〉、〈語叢四〉的幾處簡序調整》,《戰國竹書論集》,頁5。

問題。

同樣要强調的是,竹簡編聯要注意釋字的準確,尤其是原整理者誤釋導致未能被正確編聯的。前"拼合"部分末尾所談是同樣性質的問題。例如,郭永秉先生在重新編聯《容成氏》有關竹簡時曾説:"但我認爲,判斷這兩支簡(劍按指《容成氏》簡 31、32)的位置,最好的根據其實並不是解釋出'方爲三侰'的確切含義,而是識讀出簡 32 中模糊不清的那幾個字。"[1]他通過將那幾個模糊不清之字改釋爲"又₌吴₌迵₌",指出即前文簡 4、5、6 出現過的"又吴迵",從而改將簡"35B+43"下接簡"31+32+4～6",作出了正確的編聯復原。

四、全篇的復原問題

在有竹簡殘缺的篇章中,其復原常常是先由若干簡形成了若干個小的拼合編聯組,然後要再來考慮決定各組之間的連讀情況、先後關係,以及如何合理安排所有編聯組的順序問題。這時要重視篇題簡位置的參考作用。

並不是所有戰國竹書都有篇題,如郭店簡就都没有篇題,上博簡據説有二十多個篇題。戰國竹書的篇題,多在卷首第二簡或第三簡的簡背,或者是卷尾第二簡或第三簡的簡背。前者是全篇末簡開始從後往前將全篇順時針捲起,捲好以後篇尾收在裏面,篇首幾支簡露在外面,可以書寫篇題。後者相反,是從全篇開頭首簡開始從前往後將全篇逆時針捲起,捲好以後篇首收在裏面,篇尾幾支簡露在外面,可以書寫篇題。由此可知,篇題簡位於篇首前 3 簡或是篇尾末 3 簡都是可能的,唯獨不能位於全篇中部。由此,在安排篇題簡所在的編聯組的位置時,除了文意、行文脈絡的根據之外,就另外有了參考的依據了。例如,《上博(二)・子羔》篇共有 14 個編號的竹簡,其篇題按照整理者編聯的順序位於第 5 號簡的簡背,與常例不合。經裘錫圭先生重加拼合編聯之後,5 號簡變爲全篇的倒數第 3 支簡,就非常合理了。[2]

全篇的復原還要重視確定篇末簡的作用。前文已經提到,有"下端留白"的竹簡是確定分篇的重要依據。但如其留白不甚明顯,或是正好殘去,就容易被忽略了。如《上博(四)・柬大王泊旱》篇,共有 23 支竹簡,皆完整;經過重新編聯,其中簡 11+12+14+13+15+16 這個編聯組被安排在全篇最後(《戰國竹書論集》,頁 131),[3]就

[1] 郭永秉:《上博簡〈容成氏〉的"有虞迵"和虞代傳説的研究》,收入氏著《古文字與古文獻論集》,上海古籍出版社,2011 年,頁 114;又郭永秉:《帝系新研——楚地出土戰國文獻中的傳説時代古帝王系統研究》,北京大學出版社,2008 年,頁 5。

[2] 裘錫圭:《談談上博簡〈子羔〉篇的簡序》,收入《裘錫圭學術文集》第 2 卷,頁 437—444。

[3] 其中簡 13 與 15 的連讀是白於藍、劉信芳等先生提出的,其詳細討論可參看陳劍:《釋"疌"及相關諸字》,《出土文獻與古文字研究》第 5 輯,上海古籍出版社,2013 年,頁 272—274。

是根據簡16爲末簡,並結合文意而確定的。該篇第16、22兩簡有一"墨釘",前者位於竹簡末尾處,後者位於全簡中部。如下兩圖:

簡16

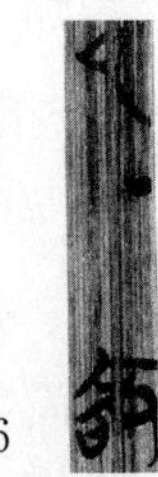
簡22

其中簡22的墨釘"與下字'命'的字距較一般字距爲大,應是表明一章至此結束,墨釘是章節號"(《戰國竹書論集》,頁130);簡16"末字下有一較大的墨釘,與簡22'已'字下之墨釘同,亦應爲章節號。全篇亦應至此一章結束而結束"(《戰國竹書論集》,頁131)。按原編聯,簡16位於全篇近中部,是不合理的。由於其文正好抄寫到簡尾,不像其他典型的篇末簡那樣後面還有大段空白,所以就被整理者忽略了。

全篇的復原,還要結合其行文特點及完整情況來考慮,由此可以決定能夠復原到什麼程度,以及各編聯組有無連讀的必然性的問題。例如,《上博(二)·從政》以若干個"聞之曰"云云組成,《上博(四)·内豊》後半由若干個"君子曰"云云組成,《上博(六)·用曰》全篇以若干個"用曰"云云組成,均難以理出行文脈絡,不易確定竹簡的先後情況。這類篇章的竹書,像不少研究者那樣一定要給它們安排出一個現存竹簡的全篇順序來,實在是没有多大必要的。其安排方案往往也殊乏必然性,誰也不能説服誰。

就對全篇完整情況的估計而言,我對《容成氏》竹簡編聯組的安排考慮,最初就頗受其全篇較完整、中間可能並無缺簡這一想法的影響,竹簡安排也就儘量先往皆能連讀方面考慮。隨著研究的深入,證明最初的想法是多有問題的。積極方面的例子如,《上博(七)·凡物流形》甲篇,通過對全篇復原研究的深入、與乙本的比較等,可以確定全篇應無缺簡,由此看來,雖然最關鍵的、由顧史考先生首先提出的簡14+16的編聯:

> 聞之曰:察道,坐不下席,<u>耑旻14箸不與事</u>,之〈先〉知四海,至聽千里,達見百里。(下略)16[1]

其相連處的"耑旻箸不與事"句應該如何落實現在還没有定論,但應該只能是如此處理、將其連讀的了。[2] 我最初逐簡確定連讀關係時,應該就是因爲兩簡連起來難以

[1] 顧史考:《上博七〈凡物流形〉簡序及韻讀小補》,簡帛網2009年2月23日;顧史考:《上博七〈凡物流形〉下半篇試解》,《出土文獻與傳世典籍的詮釋——紀念譚樸森先生逝世兩周年國際學術研討會論文集》,上海古籍出版社,2010年,頁333—342。

[2] 乙本簡10上段也正好在"旻"字下殘斷,"箸不與事"云云在簡11上段,顧史考先生也已指出,簡10上段當與簡11上段拼合。

一下讀通,首先就比較堅決徹底地將它們分開了。實際上,從全篇復原的角度來看,它們必定應當連讀。我們應該先將這一點肯定下來,再來繼續探討相連處的文句如何講通的問題。

戰國竹書的整理復原是一項綜合性很强的工作。就竹簡的正確拼合與編聯而言,釋字的準確、對文意的透徹理解是其基礎;兩方面又常常是交織在一起、往復權衡決定的。將竹簡重新加以拼合與編聯時,需要將相接、相連處的簡文講通,常常遇上釋字、釋義或者兩者兼有的問題;新考釋出疑難字詞,也可能導致新的拼合與編聯方案。可以説,如前文已經提到過的,歸根結底,對竹書簡的拼合與編聯的能力最終取決於我們的古文字、古漢語的綜合能力,即正確釋讀字詞與講通文意的能力,也可以説就是對出土文獻釋讀的綜合能力。

2014 年 4 月 29 日寫完
2014 年 6 月 19 日改定

附記: 蒙兩位匿名審稿人提供寶貴意見,使本文避免了個別錯誤,謹致謝忱。

Piecing and Arranging of the Strips: The Case of the Shanghai Museum Manuscripts

Chen Jian

Abstract: This article discusses some methodological issues concerning the piecing together, assigning, and ordering of the strips, mainly on the basis of my own prior work on the Shanghai Museum manuscripts. I note that there are several things which can aid in the process of piecing broken strips back together, including strip length, strip-end shape, binding placement (the positions of tying notches and string residues), junctures of the break, and damaged graphs. I then note that we must take into account a variety of factors in determining the arrangement and order of the strips, such as shared logic and content, parallel structure, regularizing sentence patterns, repeating phrases, and summarizing phrases. In order to avoid incorrect strip arrangements, we should also pay particular attention to the phenomenon that the graph at the beginning or end of the strip could potentially be a scribal error, or redundant, etc. I conclude with a brief exploration of the sorting and recovery of the strips and their textual contents. During the methodological discussion, I suggest that the strip no. 8 in the possession of the Chinese University of Hong Kong can be rejoined with strip no. 11B of the Shanghai Museum "Jikangzi wen yu Kongzi" 季庚子問於孔子 manuscript.

Keywords: Shanghai Museum strips, piecing together, arrangement, ordering, recovery of the strips, Jikangzi wen yu Kongzi

陳劍,復旦大學出土文獻與古文字研究中心、出土文獻與中國古代文明研究協同創新中心教授,cchhyyxx@yeah. net

附: 跋 李鋭

百餘年來,簡牘日出,有裨於經史子集者夥矣。然舊出西北簡牘,多不相綴連,海寧王氏嘗聯續一二,喜不勝也。其後成批之簡數出,簡片之分合綴續,爲整理之基,嚮爲所重。就中可與古書文獻相應者,簡牘由之聯屬,樂莫大焉。郢簡出,從事於重編竹簡者衆,成績斐然,如陳偉編聯《語叢一》兩簡之文爲"禮因人情而爲之節文者也",非特與古書若合符節,亦定"文"字之釋讀,令人拍案叫絶。然其重編《尊德義》諸篇,則有得有失,《性自命出》篇終莫可改訂,或曰已與滬簡對勘矣。滬簡出,其《性情論》與《緇衣》有已出簡牘可案,而《詩論》分歧頗重,諸家皆不從整理者之序,然李師所編聯之簡十九、十八,則確然有據,海内從之。自滬簡二册出,陳劍重編《子羔》、《從政》、《容成氏》,已非重調簡序先後,進至於拆分已合之簡而重綴,已分之篇而重合,學界震動。自後靡然成風者衆。今陳劍專文論之,間以實例,附以新得,大裨學林矣。

愚嘗從事於兹,重綴斷簡,新編散策,以韻定讀,以文疏失。所重綴者,亦有七上八下之得,爲學界所信者時有。竊思編綴散簡斷策之事,細處可定者多,而大處難必者亦復不少。編簡之初,必先剔除相似而非本篇之簡。簡策形制,最當重視。若《凡物流形》雖有兩本可堪,然一本殘損過甚,以致另本有羼入者一,不去之,不可得簡序矣。然由西域漢簡觀之,亦有參差而合編成册者,故形制亦難言必。然以今出六國簡言之,或尚未見反例,惟《子羔》篇,或當於補港簡後加脱字一;滬簡《詩論》之留白者,與滿寫者當分别之。然學界亦有不分者,要因之一,或爲簡六"【《清廟》曰'濟濟】多士,秉文之德',吾敬之。《烈文》曰'無競惟人','不顯惟德','嗚呼,前王不忘',吾悦之",與簡二二可相銜接,若分之,則必重之爲兩書同文。惜留白者少,故信者不多矣(海寧王氏嘗據策命簡長短相間,謂縱横家書之稱"短長"者,同於策書;李零以爲如《詩論》之制,恐皆非也。策命本事出《三王世家》褚少孫之説:"其次序分絶,文字之上下,簡之參差長短,皆有意,人莫之能知",後世仿故事,恐誤解同日封三王之所謂"簡之參差長短"。《説文繫傳》引作"其册或長或短,皆有意義",當爲改釋,可從)。别簡合策,書風亦爲一要因,然亦不可全信。其有兩種書風者,至今已數見於《五行》諸篇,而《周易》之篇,則爲三人所寫矣(李松儒説。由之可論《周易》卦序同今本)。故文意實爲編聯之重要因素。然編簡之時,推尋文意,必預定所存簡殘損量爲最少,乃至於無,否則所遥綴或聯屬者,亦不過假設待驗者矣。昔《酒誥》脱簡一,《召誥》脱簡二,其例也。今富玄理者如《太一生水》、《恒先》之篇,是否完整無闕,正所不敢必也;其説理者如《窮達以時》,已或有所疑;記事之文雖易,亦未敢斷言,如陳劍以《子羔》簡六下接簡二"堯之得舜也,舜之德則誠善與?抑堯之德則甚明與?孔子曰:均也",文氣密合,然季旭昇及諸生曰前一"與"字簡六殘畫與簡二無法銜接,但亦從陳氏之拼綴,至今無人異議。又滬簡脱水在先,原簡之長短變化難以逆料,完簡長短不一,故綴簡或難密合。愚聯屬《成王既邦》之簡十一與六(簡六原以爲上半簡,恐誤),文意密合,然超出一簡之長,其脱水之故與?兹皆有待於高明。

古簡重綴,清華簡背書序次,郢簡亦偶或有之,然過少,故至今排序者尚未可密合。孫沛陽謂簡背劃痕可爲要據,今已得多方證明,偶有小誤及可商者不多,學林翹首以待郢滬簡之詳。則前述贅語,或猶可備無痕無序者一參。

又,去國遠遊,返道長沙,途中詢陳劍以《子羔》簡六接簡二之疑,云或係竹簡脱水變化所致。雖滬簡《緇衣》簡十七有脱水後簡寬相差甚遠者,然《子羔》此處簡寬相近,故亦未敢信。

南京大學考古與藝術博物館所藏戰國銅砭及其相關問題*

周　言　魏宜輝

【提　要】南京大學考古與藝術館收藏一件不知名東周有銘青銅器，係福開森氏舊藏。此器銘文早已發表，但器形迄無著録。在觀摩原器後，本文結合該器器形與銘文，推測此器可能是久已失傳的古代醫療器械砭，並就良渚文化錐形器之原始用途等若干問題略作申論。

【關鍵詞】東周　青銅器　醫療器械　砭

南京大學考古與藝術博物館藏有一件有銘異形銅器，器形奇特至今無法定名。此器據館志記載係民國著名的文物收藏家、美國人福開森(John Calvin Ferguson, 1866—1945)所收藏捐贈，但在該館藏品原始記録與福開森氏著録中，也都没有識出這是何物。

一、器物概況與銘文

此器長度大約 15 釐米，由器帽和器身兩部分組成。器帽形似筆帽，亦略似考古發掘中常見的車馬器蓋弓帽。帽身中部鏤空，可從帽外看見器身部分的尖端和銘文。帽外還有一近似三角形的片狀捉手。器身據其形狀和長度，可以分成柄、中段和尖端三段。柄的上下兩端近似四棱柱體，中部則由兩端向中點平滑收攏，過渡爲八棱柱體。中段則呈由柄向尖端漸收的四棱柱體，因此在《殷周金文集成》拓片上其側面略呈梯形。銘文鑄於此段四面，每面一字，筆法流暢較精美，似屬戰國楚文字風格。尖端部分長而細，呈底粗頭細狀漸收，但頂端並不尖鋭，相反還相

* 本研究蒙南京大學人文基金贊助，謹致謝忱！

當光滑,似經長期摩挲使用。整件器形制似筆非筆,通體泛緑無鏽,晶瑩光滑,精緻罕見。

該器被收録於《殷周金文集成》第18册,編號11998。拓本如下:

爲便於閲讀,特作銘文摹本和示意圖如下:

此器張亞初先生擬名爲"悍矢形器",並釋作:

敬唐(虐)𢦏(嗟)忓(吁)[1]

釋文難以通讀。倉猝檢索,此外似並無他家考釋。吴鎮烽先生《商周青銅器銘文暨圖像集成》定名爲"慜號嗟吁矢(敬唬𢦏忓矢)",歸入兵器之矢鏃類。[2] 劉志基等先生製作的《金文資料庫》則將之定名爲"矢形器",繫於"雜兵器類"。[3] 該器銘文經由王慶衛先生準確地釋讀爲:

[1] 張亞初:《殷周金文集成引得》,中華書局,2002年,頁178。

[2] 吴鎮烽:《商周青銅器銘文暨圖像集成》,上海古籍出版社,2012年,18418號。該器被定名爲"慜號嗟吁矢(敬唬𢦏忓矢)"。

[3] 劉志基等:《金文資料庫》,廣西教育出版社,2003年。但第二字隸定有誤。

𠯑(吁)嗟虖(乎)敬[1]

此文除對戰國楚系文字中"吁"一系字的演變進行考釋外,還採納了筆者意見,將器類定名爲"砭",屬古代的醫療用具。

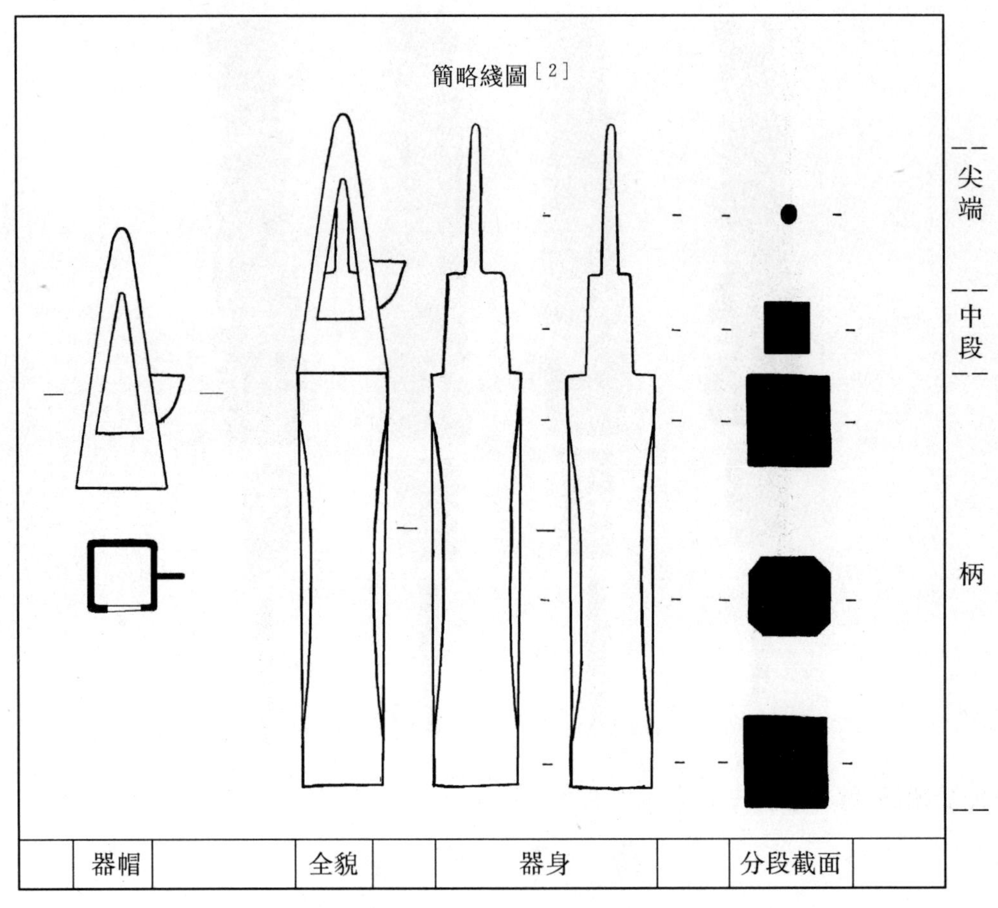

二、器物性質蠡測

砭,《説文》曰"以石刺病也"。在古文獻裏或寫作咢、碥、石、石箴,寫法或名稱雖有不同,但均指同類性質的針療器具,蓋因取材不一故也。砭起源於新石器時代[3],《左傳》、《山海經》、《管子》、《戰國策》、《韓非子》、《史記》、《韓詩外傳》、《説苑》等古籍裏

[1] 王慶衛:《試析戰國楚系文字中的"吁"》,《考古與文物》2004 年第 3 期。

[2] 本圖由南京大學歷史系吴桂兵先生繪製。因此器圖像資料尚未公開發表,故暫未能提供照片或精確綫圖,此圖僅供參考。

[3] 圖像可參北京中醫藥大學中醫藥數位博物館之 http://digitalmuseum.zju.edu.cn/front.do?methede=showGood&oid=8a8691a627fa89440127fac9efa610b4&schoolid=8&ytype=1。

都有用砭石治疾病的記載。《韓非子・喻老》"扁鵲見蔡桓公"記載春秋時期神醫扁鵲用砭針的故事：

> (扁鵲曰)疾在腠理,湯熨之所及也;在肌膚,針石之所及也;在腸胃,火齊之所及也;在骨髓,司命之所屬,無奈何也。今在骨髓,臣是以無請也。

這裏的針石之石就是指砭。《漢書・藝文志》云:"箴石湯火所施。"唐顔師古注:"箴,所以刺病也;石謂砭石,即石箴也,古者攻病則有砭。"漢代砭的粗略圖形在若干東漢畫像石中可窺一斑。類似的圖像中凡砭形大體可辨者都是短棒狀,但細節仍然無法細審。一般認爲,最初的砭都是石製,主要用於割血、排膿、熨燙和擠壓刺激穴位之用,逐漸演化出了尖鋭、帶刃、圓滑等不同外形,其中較尖鋭者即爲各類醫針。秦漢之際,針砭主要用於治療疽癰,馬王堆帛書之《五十二醫病方》曰:

曲阜孔廟藏漢畫像石"扁鵲針砭"
(出土於山東省微山縣的兩城)[1]

> 用砭啓脈(脈)者必如式,壅(癰)穜(腫)有膿,則稱其小大而□□之。

成書於秦漢間的《黄帝内經・素問》則云:

> 其病爲癰瘍,其治宜砭石。

此段王冰注:"砭石如玉,可以爲鍼。"《鹽鐵論・申韓》也説"下鍼石而鑽肌膚",可見古人眼裏針砭關係極爲密切甚至有時不加區分,故而醫學史界歷來多認爲針(古文獻多作"箴"、"鍼")起源於砭,且晚於砭[2],並且與砭有很長的共存歷史。《南史・王僧孺傳》有載:

> 僧孺工屬文,善楷隸,多識古事。侍郎全元起欲注《素問》,訪以砭石。僧孺答曰:"古人當以石爲針,必不用鐵。《説文》有此砭字,許慎云'以石刺病也';《東山經》'高氏之山多針石',郭璞云'可以爲砭針';《春秋》'美疢不如惡石',服子慎

---

[1] 中國畫像石全集編輯委員會:《中國畫像石全集(二)》,山東美術出版社、河南美術出版社,2000 年,圖 42。
[2] 如《馬王堆帛書》之《五十二醫病方》等幾乎所有早期醫藥文獻裏,都只有砭法而無針法。

注云'石,砭石也'。季世無復佳石,故以鐵代之爾。"

到漢魏之後,砭術逐漸衰微,乃至失傳。《漢書·藝文志》曰:

醫經者……陰陽表裏以起百病之本、死生之分,而用度箴石湯火所施。

唐顔師古注云:

箴所以刺病也,石謂砭石,即石箴也矣。古者攻病則有砭,今其術絶矣。

東漢經學家服虔認爲是因爲缺乏製砭的良好石材,導致砭失傳而針獨行,這當然只是一家之言。從最早的砭,發展到圓頭、尖頭、帶刃各種類型皆備,最後衍生出針,其間自有其客觀規律。成書可能早到戰國的針灸領域的權威著作《靈樞經》,[1]記載的"九針"(各類灸針)的文字裏還看得出這類原始針砭的共存現象,其卷一曰:

九針之名各不同形。一曰鑱針……員(圓)針者,針如卵形,揩摩分間不得傷肌肉,以寫分氣;鍉針者,鋒如黍粟之鋭,主按脈勿陷,以致其氣……大針者,尖如挺,其鋒微員(圓),以寫(瀉)機關之水也。

這裏的各類針砭,按照形態功能可以分爲三類:一、棒狀,如員(圓)針,用於非創傷性治療按摩壓迫穴位;二、尖針狀,用於針灸穴位;三、刀狀,如鋒針,用於放血排膿。《黄帝内經·太素》曰"形志俱逸,則邪氣克肉,脾之應也,多發癰腫,故以砭箴和石熨調之也",指出了砭石的兩種基本用法,這也與前述三類砭針中的第一類有關。今人根據相關史料,復原了"九針",[2]其中的"圓針"與本文介紹的銅砭主體部分大略相仿。[3]

若綜合考古發現看,頭部卵圓光滑者可能是砭的較原始形態,[4]最早可追溯到新石器時代。1963年在内蒙古多倫旗頭道窪新石器時代遺址出土的一枚砭石,長4.5釐米,一端扁平呈半圓形刀狀,可用於切開癰腫,另一端呈錐狀,可用於針刺,中間的把柄爲四棱形,其形狀大小與1978年内蒙古達拉特旗樹林召公社發現的戰國青銅砭針極爲相似。另外,此類器物在重慶巫縣、山東日照兩城鎮、湖南華容縣長崗廟、鄭州旮旯王村、長沙接駕嶺西南新石器時代遺址都有發現。[5] 這類圓頭砭石的功能,在明代醫學家張景嶽所著闡發《内經》的醫學名著《類經》卷十九中有説:

人之陽也。故爲之治針必以大其頭而鋭其末,令無得深入而陽氣出。二者

[1] 此書成書具體年代難究。有學者認爲源於戰國,從晚近睡虎地、馬王堆等出土秦以前醫書看,或可從。

[2] 王雪苔主編:《中華針灸圖鑒》,人民軍醫出版社,2004年,頁264。

[3] 現代圓針複製品圖像可參北京中醫藥大學中醫藥數位博物館之 http://digitalmuseum.zju.edu.cn/search.do?methede=picture&mid=8a8691a627fb03da0127fb580c7249ab 和 http://digitalmuseum.zju.edu.cn/front.do?methede=showGood&oid=8a8691a627fa89440127fac9e42c0f2b&schoolid=8。

[4] 馬繼興、周世榮:《考古發掘中所見砭石的初步探討》,《文物》1978年第11期。

[5] 馬繼興、周世榮:《考古發掘中所見砭石的初步探討》,《文物》1978年第11期。

地也，人之所以應土者肉也。故爲之治針必筩其身而員其末，令無得傷肉。分傷則氣得竭。三者人也，人之所以成生者血脈也。故爲之治針必大其身而員其末，令可以按脈勿陷，以致其氣令邪氣獨出。

雖説此時已經砭、針混淆，但是還記載了圓頭砭針的壓迫穴位的療法。商周時期，砭也有出土。1973 年，河北藁城臺西早商遺址 M14 墓主左腳邊二層臺上有一長方形漆盒（已朽），内朱外黑髹漆，盒内出土被醫學史專家判定爲"砭鐮"的石器一件。[1] 砭鐮形狀近似鐮刀，外緣彎曲鈍圓，内緣鋭利，頂端卵圓光滑，長 20 釐米，最寬處 5.4 釐米。墓主頭左二層臺上則出土卜骨。M14 北十米餘處爲 F2、F14 等房址，内出桃、郁李仁等植物果實。根據《神農本草經》，桃具有輔助消化的藥效。張仲景《傷寒雜病論》裏就有"桃仁承氣湯"等方劑。郁李仁專供藥用，《神農本草經》謂其"治大腹、水腫，面目四肢浮腫，利小便"，都是與消化排瀉有關的藥物。可能當時這裏的居民中有巫醫人員。此外，湖南石門皂市商代遺址，出土外表光滑的棒狀砭，長約 13 釐米。[2] 國家博物館也藏有一件出土於河南省新鄭縣鄭韓故城遺址的早期砭石，此砭一端爲三棱錐形（已損），一端爲卵圓形。

石砭針常見，但金屬砭、針的發現則罕見。20 世紀 80 年代廣西武鳴馬頭鄉元龍坡周代墓葬（西周末年至春秋）曾經出土了疑似西周時期的青銅針。[3]

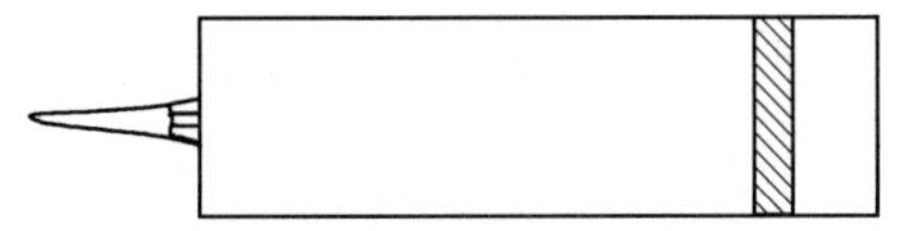

（圖示馬頭青銅針與實物比例 2∶1）

1972 年，在河南新鄭的鄭韓故城東周遺址，出土的一件石器。針狀，長 6.3 釐米，經過磨製，外表較光滑。一段卵圓，一段略尖。因未及查找有關資料，本文尚無定見，但僅從有關描述看，應與南大藏器基本一致。同類器物還在洛陽西商崖、湖南霞流市胡家灣、湖南益陽桃博戰國墓、江西上高縣戰國墓、長沙燕子嘴漢墓等處出土。[4] 其共同特徵是：器頭或尖或圓，有些器身爲方形，推測當爲握用時穩定防滑。這都與頭道窪出土的砭石、1968 年河北滿城西漢劉勝墓出土的 4 枚金針具有共同的方柄特徵。

綜上，考古發現疑似砭的資料並不少，但其中真正可確定爲砭者則幾無。其中的原因，既有如顔師古所説，砭法早已失傳故後人不明所以；也因砭的形狀、大小並無定

[1] 河北省文物考古研究所編：《藁城臺西商代遺址》，文物出版社，1985 年。
[2] 周世榮：《湖南石門縣皂市發現商殷遺址》，《考古》1962 年第 3 期。
[3] 黄云忠：《武鳴馬頭先秦古墓出土銅針考》，《廣西民族研究》1986 年第 2 期；鍾以林等：《九針從南方來的實物例證——廣西武鳴出土青銅針灸針初探》，《廣西中醫藥》1987 年第 10 卷第 3 期等。
[4] 詳可參馬繼興、周世榮：《考古發掘中所見砭石的初步探討》，《文物》1978 年第 11 期等文。

規,須視具體用途而定。[1] 而且這些出土發現的砭,多爲石質(僅武鳴馬頭出土爲銅,但係已分化之針)。以前雖曾有學者猜測銅砭存在,但銅砭自古缺乏文獻記載和實物印證。而南大所藏此器有銘文,則可較直接證明其確乎爲砭。

廓清了砭的形制與功能演變,再回過頭讓我們來看器物銘文、形制與功能之間的關係。"吁嗟乎"是先秦文獻常見感歎詞,例如《詩・秦風・權輿》"於嗟乎,不承權輿";《召南・騶虞》則有"於嗟乎,騶虞"。"敬",在上古與"警"同源,可訓作"端肅"、"慎重"、"警戒"各義。成書於周初的《尚書・康誥》有"嗚呼! 小子封,恫瘝乃身,敬哉";同爲西周文字的《詩・大雅・常武》有"既敬既戒,惠此南國",此句鄭玄箋曰"敬之言警也,警戒大軍之衆";《荀子・天論》"故君子敬其在己者,而不慕其在天者",都是此類用法。因此,可以推斷該銘的"敬"也可能都有"敬業"、"警戒"的意思,這恰與該器的醫療器械性質直接有關。作爲外科醫療器械,砭施用的風險古人是很清楚的。這在《黄帝内經》裏已多處提及,其《靈樞・癰疽》曰:

> 發於膝,名曰疵疽。其狀大癰,色不變,寒熱而堅,勿石,石之者死,須其柔,乃石之者,生。

《素問・徽四失論》曰:

> 受師不卒,妄作雜術,謬言爲道,更名自功,妄用砭石,後遺身咎,此治之二失也。

《素問・通評虚實論》曰:

> 冬則閉塞,閉塞者,用藥而少針石也。

其他書也多有涉及。《史記・扁鵲倉公列傳》云:

> 形獘者,不當關灸、鑱石及飲毒藥也……陽疾處内,陰形應外者,不加悍藥及鑱石。

將砭與"毒藥"、"悍藥"同列,爲體弱者忌用。上引《漢書・藝文志》則譬之爲:

> 死生之分而用度箴石湯火所施。

《素問・奇病論》也説:

> 身羸瘦,無用砭石也。

---

[1] 馬繼興:《臺西商墓中出土的醫療器具砭鐮》,《文物》1976 年第 6 期;《藁城臺西十四號墓砭鐮考》,《藁城臺西商代遺址》。考古出土類似砭針的例子,還可參傅維康、李經緯編:《中國醫學通史・文物圖譜卷》,人民衛生出版社,2003 年,"原始社會"至"秦漢"各章。

《張家山漢簡》之《脈書》則詳細指出了用砭之“四害”：

> 一曰農(膿)深而砚(砭)淺，胃(謂)之不遝；二曰農(膿)淺而砚(砭)深，胃之泰(太)過；三曰農(膿)大而砚(砭)小，胃(謂)之澰₌(斂，斂)者惡不畢；四曰農(膿)小而砚(砭)大，胃(謂)之泛，泛者傷良肉毆(也)。[1]

蓋因針砭直接施及人體病灶、血脈甚至内臟，[2] 故其風險可想而知，此器銘曰“敬(警)”可謂恰如其分。甚至“箴言”一詞也可能源於此類銘刻在針(箴)上的勸誡詞語。[3] 類似箴言還見於今存某些古璽，如“敬事”(《璽彙》4142—4198)、“敬守”(《璽彙》4231—4235)。而南大藏砭不僅與前述考古發現各例在形態上極爲相似，而且是唯一一件銅質有銘器，銘文也與砭直接相關，正可彌補醫學史家一直尋找的、由頭部圓滑的石砭向頭部尖鋭的金屬針過渡的中間環節，其價值自不待言。

三、兼論良渚錐形器

最後，我們再稍費筆墨，在前人推斷基礎上對新石器考古常見的一類用途不明器物略作補充申論。

距今四五千年的良渚文化大型墓葬中，經常出土一類無法定名的錐形器。此類器物較早時就有金石學著作收録，如吴大澂《古玉圖考》。由於此類錐形器的特殊形制，因此曾有學者猜測良渚錐形器源於石砭。[4] 而南京大學所藏銅砭形器與此類玉器形制頗近，似可作爲該類器來源的佐證。

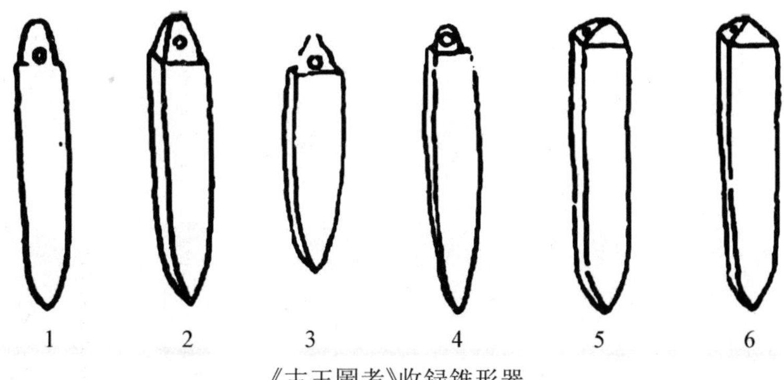

《古玉圖考》收録錐形器

[1] 《馬王堆帛書》之《脈法》也有類似表述，但殘缺多於《張家山漢簡》之《脈書》。

[2] 如《靈樞・玉版》則曰：“故其已成膿血者，其唯砭石鈹鋒之所取也。”

[3] 此觀點是北大考古文博學院董珊先生多年前所告知，因未見其論著發表，故存注待考。

[4] 蒙不具名審閲者提示，知施昕更先生在《良渚(杭縣第二區黑陶文化遺址初步報告)》(浙江省教育廳，1938 年 6 月，頁 43)一書中已提及曾有學者指出此類器物“以爲古之砭石及陶工刻劃陶器之工具者”。晚近如林華東《從良渚文化看中華文明起源》(中國國家博物館：《文明的曙光——良渚文化文集》，浙江人民出版社，1996 年)也有類似觀點。

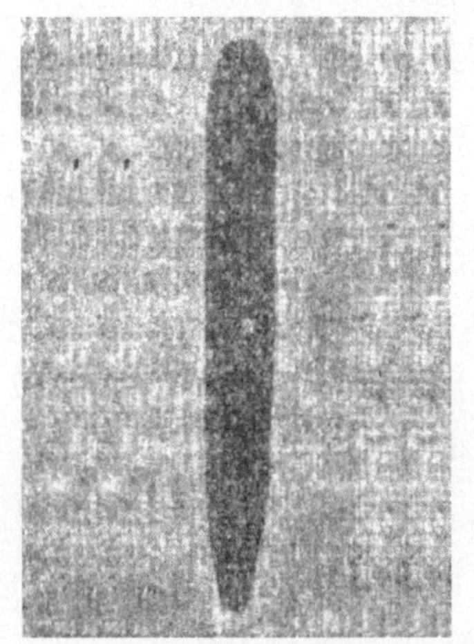
鄭韓故城戰國石砭

良渚文化錐形器

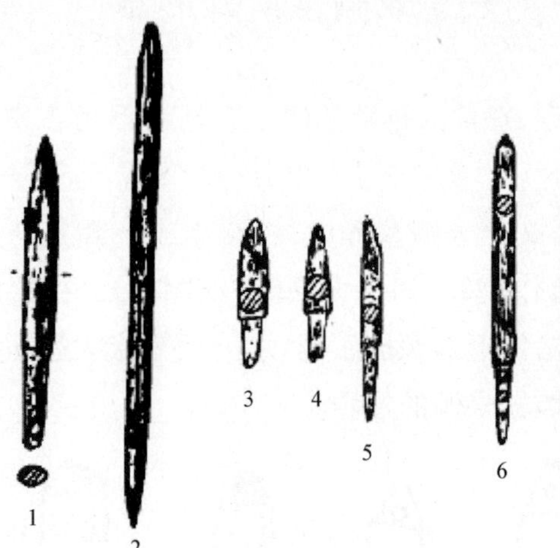

崧澤文化各類錐形器

良渚文化各類錐形器

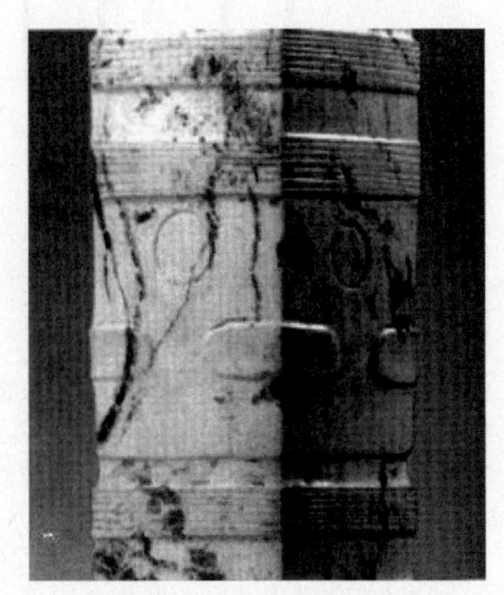
良渚錐形器局部紋飾

良渚文化正處於由史前蒙昧時代的最後階段，此後中國開始逐步形成嚴格意義的國家文明。按照學界流行觀點，早期國家形成之前都經歷了一個巫覡時代。[1]這一時期巫醫不分的現象很突出，並在較晚的文獻裏尚有保留。《逸周書・大聚》曰：

鄉立巫醫，具百藥，以備疾災。

《論語・子路》：

南人有言曰：人而無恒，不可以爲巫醫。

《管子・權修》：

上恃龜筮，好用巫醫，則鬼神驟祟。

《吕氏春秋・勿躬》曰：

巫彭作醫。

馬王堆帛書《十問》：

俗人芒生，乃持（恃）巫醫。

東周秦漢以後很多文獻直接記載巫有醫的職能。《公羊傳》隱公四年"於鍾巫之祭焉"，何休注："巫者，事鬼神禱解以治病請福者也。"《説文解字》曰："醫，治病工也……古者巫彭初作醫。""醫，治病工也……古者巫彭初作醫。"《廣雅・釋詁四》："醫，巫也。"《太平御覽》卷七二一引《世本》曰："巫咸，堯臣也，以鴻術爲帝堯之醫。"《山海經・大荒西經》："大荒之中有山，名曰豐沮玉門，日月所入。有靈山，巫咸、巫即、巫朌、巫彭、巫姑、巫真、巫禮、巫抵、巫謝、巫羅十巫從此升降，百藥爰在。"《海内西經》："開明東有巫彭、巫抵、巫陽、巫履、巫凡、巫相，夾窫窳之尸，皆操不死之藥以距之。"此兩段郭璞分别注："群巫上下此山采之也。""皆神醫也。"《世本》曰"巫彭作醫"，似可爲證。進入文明時代，巫、醫始漸分道揚鑣。比如《史記・扁鵲倉公列傳》説："信巫不信醫，六不治也。"

從考古看，此類疑似醫療用具也往往與巫祝用具伴出。大汶口文化時期的一些墓葬，此類器物常與占卜用的龜甲同出。比如江蘇邳縣劉林遺址，發現龜甲内盛尖狀石器；[2]同地的大墩子遺址，一些墓葬出土的龜甲，有的裝骨針；[3]山東兖州王因遺

[1] 巫師或薩滿主要職之一就是"治病"，所以在很多英語人類學文獻中，他們通常直接被叫做"巫醫"（medicine man）。詳可參張光直先生的系列相關著作。

[2] 江蘇省文物工作隊：《江蘇邳縣劉林新石器時代遺址第一次發掘》，《考古學報》1962年第1期；江蘇省文物工作隊：《江蘇邳縣劉林新石器時代遺址第二次發掘》，《考古學報》1965年第2期。

[3] 南京博物院：《江蘇邳縣四户鎮大墩子遺址探掘報告》，《考古學報》1964年第2期。

址,有的墓葬出土的多個龜甲殼内,分裝骨錐;[1]安徽淩家灘玉龜、玉簽、玉版三者同出。[2] 商周時期,上引藁城臺西 14 號墓所出砭鐮,就是與 3 塊常用於占卜用的牛胛骨同出一墓(見右圖)。而砭石的醫療功能似也能間接説明何以良渚文化錐形器之器主墓葬具有較高的地位。《周禮・天官・瘍醫》云:"瘍醫掌腫、潰瘍、金瘍、劀殺之齊。"《管子・法法》:"痤疽之砭石。"《韓非子・六反》:"夫彈痤者痛,飲藥者苦。"同書《外儲説右上》也載:"夫痤疽之痛也,非刺骨髓,則煩心不可支也,非如是不能使人以半寸砥石彈之。"《靈樞・玉版》曰:"故其已成膿血者,其唯砭石鈹鋒之所取也。"從這些記載中可以看出以砭石治療癰疽是上古傳統。成書於漢魏的《黄帝内經》之《素問・異法方宜論》載:

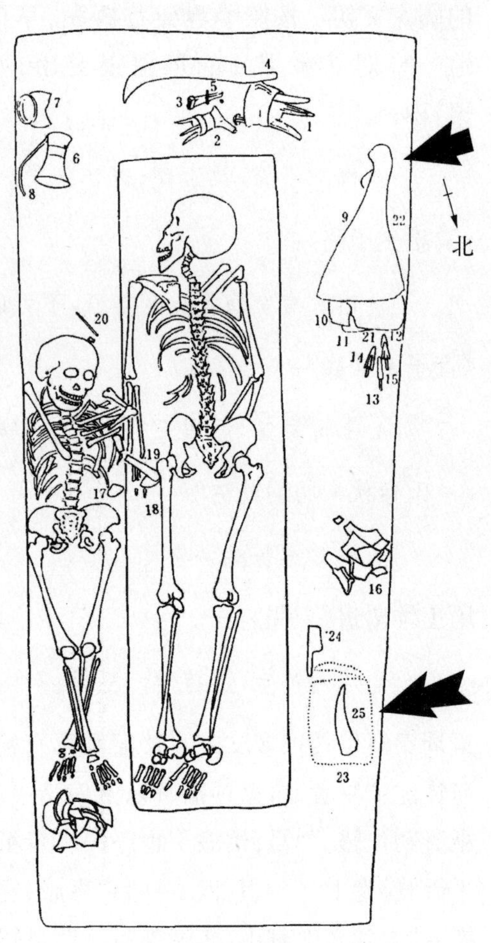

藁城臺西 14 號墓平面圖
(上一箭頭所指爲卜骨,
下一箭頭所指爲砭鐮)

> 黄帝問曰:"醫之治病也,一病而治各不同。皆愈,何也?"歧伯對曰:"地勢使然也。故東方之域,天地之所始生也。**魚鹽之地,海濱傍水,其民食魚而嗜鹹,皆安其處,美其食**。魚者使人熱中,鹽者勝血,故其民皆黑色。**疏理其病,皆爲癰瘍。其治宜砭石。故砭石者,亦從東方來。**"

這段記載説明,古人認爲東南沿海地區氣候濕熱,居民易發癰瘍,而砭正是診治癰疽的常用之器。良渚時代東南地區環境濕熱,人肌體易受各類病原感染而成癰疽,良渚先民以當時簡陋醫療知識,把具有一定療效的外科器械石砭看成能決定生死的靈物加以神化,進而演變爲不具有實用功能的禮儀或宗教用玉錐形器,也算順理成章了。

[1] 中國社會科學院考古研究所山東工作隊、濟寧地區文化局:《山東兖州王因新石器時代遺址發掘簡報》,《考古》1979 年第 1 期。

[2] 安徽省文物考古研究所:《安徽含山縣淩家灘遺址第五次發掘的新發現》,《考古》2008 年第 3 期。

The Bronze Bian (砭, Flint Needle) of Warring States Stored in Archaeological and Art Museum of Nanjing University and the Relevant Issues

Zhou Yan and Wei Yihui

Abstract: A nameless piece of bronze ware with inscriptions from the Eastern Zhou Dynasty, which is now stored in the Archeology and Art Museum of Nanjing University, had been collected by John Calvin Ferguson (1866—1945). Its inscriptions have been published, but its shape was not. After scrutinizing the piece, according to its shape and inscriptions this essay suggests that it might be a bronze needle used in accupuncture in ancient China which was called Bian(砭) and might have been lost for a long time. This essay also considers some additional and related problems.

Keywords: Eastern Zhou Dynasty, bronze ware inscriptions, medical instrument, Bian(砭)

周言,南京大學歷史學院副教授,mrzh@mail. nju. edu. cn
魏宜輝,南京大學文學院副教授,weiyihui1971@163. com

略論西漢初年的儒生形象

——從"復爲新垣平"談起

田　天

【提　要】武帝初年,趙綰、王臧謀劃禮制改革,此事觸怒竇太后,以爲他們與文帝時的方士新垣平行事相似。竇太后作出這樣的判斷並非偶然。漢初儒生熱衷的一些話題,如改正朔、易服色、設明堂、行封禪等,並非儒生的專利,方士、陰陽家與其他學派也參與其中。與武宣以來相比,漢初的儒生在持論、行事上常有與其他學派相同或接近之處,和元成時期禮制改革中旗幟鮮明的儒生形象頗爲不同。

【關鍵詞】西漢　儒學　改正朔　陰陽家

漢武帝初即位時,便對儒學懷有强烈的興趣。時任丞相、太尉的重臣竇嬰與田蚡也"俱好儒術",他們推舉趙綰、王臧二人擔任御史大夫和郎中令。在竇嬰與田蚡的支持下,趙、王二人共同推動了一系列以儒家學説爲出發點的舉措:"迎魯申公,欲設明堂,令列侯就國,除關,以禮爲服制,以興太平。"[1]這些措施,尤其是敦促列侯就國的建言,引起了衆多外戚的不滿。最終觸怒竇太后的,是趙綰請求"毋奏事東宫"一事。《漢書·田蚡傳》載:

> (建元)二年,御史大夫趙綰請毋奏事東宫。竇太后大怒,曰:"此欲復爲新垣平邪?"乃罷逐趙綰、王臧,而免丞相嬰、太尉蚡。[2]

這一提議直接觸犯了竇太后的權威,導致了前述一系列改革計劃的失敗,趙綰、王臧因此獲罪,竇嬰、田蚡也被免官。

《史》、《漢》所載趙綰、王臧改革及其失敗的文字相當簡短,這一事件的背景卻十分複雜,牽繫著武帝初年微妙的政治形勢。武帝少年即位,核心權力的分配因此有了

---

[1]《漢書》,中華書局,1962年,卷52,頁2379。
[2]《漢書》卷52,頁2379。

重組的可能性。武帝之母王太后及其背後的王氏外戚集團,有機會進入權力中心,分享景帝母族"諸竇"的利益。趙、王二人之興廢,即是外戚角力中的一次試探與衝突。竇太后察覺到"貴在日月之間"的田蚡及其代表的王氏勢力,借"推轂儒術"之機,任用新人,改變政策導向。[1] 他們試圖以此影響武帝,進入權力核心,同時削弱竇太后的權威。因此,竇太后作出了相當激烈的反應。[2]

對於趙綰、王臧事件背後的權力角逐,逯耀東發之已詳。本文更關心的,是史籍所載竇太后對趙綰、王臧的評價"此欲復爲新垣平邪"。新垣平是文帝時代影響頗大的方士,《史記·封禪書》載新垣平事迹曰:

> 其明年,新垣平使人持玉杯,上書闕下獻之。平言上曰:"闕下有寶玉氣來者。"已視之,果有獻玉杯者,刻曰"人主延壽"。平又言"臣候日再中"。居頃之,日卻復中。於是始更以十七年爲元年,令天下大酺。[3]

可見,新垣平所爲多幻術預言之類。西漢時人也將他與武帝時的諸多方士並提,如成帝時谷永曰:"漢興,新垣平、齊人少翁、公孫卿、欒大等,皆以僊人黄冶祭祠事鬼使物入海求神采藥貴幸,賞賜累千金。"[4] 竇嬰、田蚡"俱好儒術",趙綰、王臧皆是儒生,但竇太后以爲他們與"以望氣見上"的新垣平行事相似。個中緣由,值得發明。

竇太后的考語,使我們注意到漢初儒生熱衷的一些話題,如改正朔、易服色、設明堂、行封禪等。不過,這些話題並非儒生的專利,方士、陰陽家與其他學派也皆持此論,只是進入的角度不同。漢初的儒生在持論、行事上常有與其他學派相同或接近之處,和元成時期禮制改革中旗幟鮮明的儒生形象頗爲不同。這種變化,涉及儒學内部的發展與完善,超出了本文所能容納的範圍。下文嘗試從外部對西漢初年儒生的持論與形象略做探討。

---

[1] 逯耀東已敏鋭地指出,田蚡與竇太后的衝突,"表面上是一次儒術與黄老政治理念的衝突,實際卻是新崛起的王氏外戚集團,向長久掌握權力的竇氏集團,尤其竇太后的權威挑戰而引發的"(逯耀東:《抑鬱與超越:司馬遷與漢武帝時代》,三聯書店,2008 年,頁 112—113)。值得注意的是,在"推轂儒術"、任用趙綰王臧的幕後,除了代表王氏勢力的田蚡,還有屬於竇氏家族的竇嬰。關於這一點,逯耀東認爲,竇嬰爲丞相,是由田蚡促成,使其作爲自己與竇太后之間的緩衝,田蚡才是這次政治鬥爭的實際主持者。這一看法有其合理性。不過,竇嬰雖爲竇氏族人,但其地位與行事常與"諸竇"不同,很難泛泛地將其歸入與竇太后進退一致的竇氏外戚勢力。如竇嬰因梁孝王劉武事與竇太后正面衝突,其後又因栗太子事件與景帝生隙。趙綰、王臧事件發生後,竇太后取得了暫時性的勝利,而竇嬰並未因此起復,而是從此遠離了權力核心,也能够證明這一點。竇嬰在這次改革中所起的具體作用,還有討論的空間。竇嬰在本次事件中的地位也説明,對此事的解讀,似不能全以權力集團鬥爭的視角考察,還需注意文化、思想的層面。

[2] 逯耀東還指出,竇太后將文帝祠五帝、作王制等事,與田蚡爲主導的改制相提並論,可知田蚡改制的真正目的(逯耀東:《抑鬱與超越:司馬遷與漢武帝時代》,頁 113—115)。

[3] 《史記》,中華書局,1959 年,卷 28,頁 1383。

[4] 《漢書》卷 25 下,頁 1260。

一、西漢初年的"改正朔、易服色"

《史記》中有多處文字記載了趙綰、王臧的改革舉措,《史記·封禪書》載:

> 元年,漢興已六十餘歲矣,天下艾安,搢紳之屬皆望天子封禪改正度也,而上鄉儒術,招賢良,趙綰、王臧等以文學爲公卿,欲議古立明堂城南,以朝諸侯。草巡狩封禪改曆服色事未就。[1]

《史記·魏其武安侯列傳》載此事曰:

> 魏其、武安俱好儒術。……迎魯申公,欲設明堂,令列侯就國,除關,以禮爲服制,以興太平。舉適諸竇宗室毋節行者,除其屬籍。[2]

兩種記載相拼合,可以較爲完整地復原出武帝初年趙綰、王臧所倡議的主要改革措施:立明堂、改正朔、易服色、巡狩封禪,令列侯就國、除關等等。這些改革有推重君權,遏止外家勢力的意圖。不過,其重點還在於"改曆服色"。

所謂的改正朔、易服色,並非新興之論,文帝初年學者已發其議,可説是西漢初年關注度最高的話題之一。文帝時代的改正朔、易服色等改革,由祭祀改革領起,新垣平在其中扮演了重要的角色。前元十四年前後,文帝一度對祭祀事務頗爲關心。《史記·孝文本紀》敘曰"(前元十五年,)天子始幸雍,郊見五帝",[3]這是西漢第一次由皇帝親自主持的五帝祭祀。在文帝首次赴雍地祭祀五帝之後,新垣平出現在祭祀改革的進程中。《史記·封禪書》載:

> 其明年,趙人新垣平以望氣見上,言"長安東北有神氣,成五采,若人冠絻焉。或曰東北神明之舍,西方神明之墓也。天瑞下,宜立祠上帝,以合符應"。於是作渭陽五帝廟,同宇,帝一殿,面各五門,各如其帝色。祠所用及儀亦如雍五畤。[4]

在新垣平的建議下,文帝在長安東北立五帝廟。渭陽五帝廟成爲國家規格最高的祭祀之一,與雍五畤相同。新垣平由此大貴,被封爲上大夫。繼而,他還參與了立長門五帝壇、泗水尋周鼎等事。《漢書·文帝紀》載前元十六年"秋九月,得玉杯,刻曰'人主延壽'。令天下大酺,明年改元"。[5] 文帝十三年開始持續進展的祭祀改革,至此達到頂峰。不過,僅一月之後,新垣平便因作僞被人告發:

---

[1]《史記》卷28,頁1384。
[2]《史記》卷107,頁2843。
[3]《史記》卷10,頁430。
[4]《史記》卷28,頁1382。
[5]《漢書》卷4,頁128。

> 人有上書告新垣平所言氣神事皆詐也。下平吏治,誅夷新垣平。自是之後,文帝怠於改正朔服色神明之事,而渭陽、長門五帝使祠官領,以時致禮,不往焉。[1]

新垣平事件帶給文帝重大打擊,持續了數年的祭祀改革從此中斷。文帝朝的這一系列祭祀改革,在新垣平的推動下達到高峰,也因新垣平事敗被誅戛然而止。

新垣平鼓動文帝廣興新祠之用意,並不僅在於影響國家祭祀。文帝朝五帝祭祀的發端與興盛,與文帝改正朔、易服色的意圖直接相關。新垣平得以貴幸,也在於他推動了改正朔的進程。文帝前元十四年,魯人公孫臣上書,以爲漢得土德,要求改正朔、易服色,被丞相張蒼駁回。至次年,便有"黃龍"見於成紀:

> 十五年,黃龍見成紀,天子乃復召魯公孫臣,以爲博士,申明土德事。於是上乃下詔曰:"有異物之神見于成紀,無害於民,歲以有年。朕親郊祀上帝諸神。禮官議,毋諱以勞朕。"……於是天子始幸雍,郊見五帝,以孟夏四月答禮焉。[2]

文帝十五年"黃龍見成紀"的真相到底如何,已無法查證。不過,"黃龍"出現後文帝"召公孫臣,拜爲博士,與諸生草改曆服色事",[3]而"張丞相由此自絀,謝病稱老"。[4] 自此,改正朔一事提上了文帝朝的日程,前元十五年"夏四月,文帝始郊見雍五時祠,衣皆上赤"。[5]

文帝首次雍五時祭祀後,儒生公孫臣便消失在改正朔的進程中,新垣平開始大爲活躍。他先建議文帝設立渭陽五帝廟,又勸説文帝尋找失落的"周鼎"。《史記・封禪書》載:

> (新垣)平言曰:"周鼎亡在泗水中,今河溢通泗,臣望東北汾陰直有金寶氣,意周鼎其出乎?兆見不迎則不至。"於是上使使治廟汾陰南,臨河,欲祠出周鼎。[6]

戰國以下,周鼎是一個鮮明的政治符號,指示著天命轉移之所在。秦始皇統一後也曾特意行經彭城,"欲出周鼎泗水",[7]以尋求政權正當性的佐證。文帝此番求鼎,涵義與之相近,是爲了確認"天命"所在,與"易服色"直接相關。此外,文帝還"使博

[1]《史記》卷28,頁1383。
[2]《史記》卷10,頁430。
[3]《史記》卷28,頁1381。
[4]《史記》卷96,頁2682。
[5]《史記》卷28,頁1381—1382。
[6]《史記》卷28,頁1383。
[7]《史記》卷6,頁248。

士諸生刺六經中作《王制》,謀議巡狩封禪事”。[1]《漢書・藝文志》中無《王制》篇,今本《禮記》之《王制》與文帝使博士所作《王制》之間有何關係,學者聚訟未決。[2]但西漢中前期學者所制《王制》中包含大量的巡狩封禪的内容,則無可疑。《封禪書》載:

> 自得寶鼎,上與公卿諸生議封禪。封禪用希曠絶,莫知其儀禮,而群儒采封禪《尚書》、《周官》、《王制》之望祀射牛事。[3]

群儒定武帝封禪之儀,其理論來源就有《王制》。[4] 刺六經作《王制》,是文帝興五帝祭祀的後續。從祀五帝、尋周鼎、作《王制》、議封禪等舉動,不難想見文帝的用意所在:改正朔、易服色,悉除秦法,更立漢家制度。文帝的改革雖然没有成功,但在前元十四年至十六年前後,這一系列改革是當朝的重大事件。從這三年間行事的密度,也可讀出文帝的熱情。

回頭再看趙綰、王臧所提出的一系列舉措中,正有“巡狩封禪改曆服色”等事。毫無疑問,正是“改正朔、易服色”這個關鍵詞,讓竇太后回想起文帝時代那一系列改革舉措,並將趙綰、王臧與當時的新垣平類比。在竇太后看來,新垣平才是那一系列改革的“主謀”。

雖然竇太后下了如此斷語,但文帝朝興起改正朔、易服色之議的,卻非方士新垣平,而是儒生賈誼。趙綰、王臧的改制計劃,與其説與新垣平有相類之處,不如説與賈誼的看法更爲相近。《史記・屈原賈生列傳》:

> 賈生以爲漢興至孝文二十餘年,天下和洽,而固當改正朔、易服色、法制度、定官名、興禮樂,乃悉草具其事儀法,色尚黄,數用五,爲官名,悉更秦之法。孝文帝初即位,謙讓未遑也。[5]

《屈原賈生列傳》下文載曰:“諸律令所更定,及列侯悉就國,其説皆自賈生發之。”[6]文帝朝許多積極的東方政策都出自賈誼之手,改正朔、易服色也是賈誼所持的諸多改

[1]《史記》卷28,頁1382。

[2] 陳蘇鎮認爲:“今本《禮記・王制》篇應當是由文帝所作《王制》發展而來的。”(陳蘇鎮:《〈春秋〉與“漢道”》,中華書局,2011年,頁152)任銘善則認爲,文帝使博士所作《王制》並非今本《禮記・王制》(任銘善:《禮記目録後案》,齊魯書社,1982年,頁11—12)。錢玄説與任説相同,認爲“或漢博士另有言封禪、巡守(按,原文如此)之王制。”(錢玄、錢興奇:《三禮辭典》,江蘇古籍出版社,1998年,頁244)此外,古人還有以《王制》爲文帝博士所作(盧植、孫希旦)、秦漢之際所作(孔穎達)、作於戰國時(鄭玄)等説法,廖平等人則認爲《王制》是孔子所作。王鍔《〈禮記〉成書考》有詳細引述,此不具引。參王鍔:《〈禮記〉成書考》,中華書局,2007年,頁171—187。

[3]《史記》卷28,頁1397。

[4] 今《漢書・藝文志》“六藝略・禮類”中有《古封禪群祀》22篇、《封禪議對》19篇(武帝時)、《漢封禪群祀》36篇,小説家有《封禪方説》18篇(武帝時)(《漢書》卷30,頁1709、1744),其中可能就包括了當時《王制》的内容。

[5]《史記》卷84,頁2492。

[6]《史記》卷84,頁2492。

革提案之一。趙綰、王臧推行的政策可謂與賈誼一脈相承。就此推論改正朔、易服色是漢初儒生所關心的事業,應大致無誤。

賈誼提議改正朔、易服色正在文帝即位之初,當時文帝的反應是"謙讓未遑"。賈誼以爲,漢興二十餘年,國家安定,時機成熟,到了更除秦法、確立漢法之時。在賈誼看來,改正朔的基礎是"天下和洽",同時,改正朔也是治天下、致太平的重要一步。《史記·曆書》亦云:"王者易姓受命,必慎始初,改正朔,易服色,推本天元,順承厥意。"[1]在漢人的理解中,改正朔、易服色的意義非常清晰,既是對過往施政的肯定,也是更立法式、開萬世之治的開端。對這一點,儒生持之最力,賈誼就是其中之一。[2]

賈誼雖然持論甚高,頗得文帝之心。不過,他年輕激烈,受到高帝功臣的打壓,很快就被調離京師,改正朔之議也就此擱置。文帝前元十四年,魯人公孫臣重提此事,最初爲張蒼否定。根據《史記》的記載,張蒼精於律曆,推算後駁斥了公孫臣的説法。[3] 司馬遷評論道"張蒼文學律曆,爲漢名相,而絀賈生、公孫臣等言正朔服色事而不遵,明用秦之《顓頊曆》,何哉",[4]指出張蒼所本爲《顓頊曆》。事實上,正朔之争的主要原因,不在律曆推定上的分歧,而是因爲張蒼與賈誼、公孫臣的知識背景和經歷大相徑庭,對"改正朔"一事的理解有根本差别。張蒼"秦時爲御史,主柱下方書"。[5] 他出身秦吏,以爲高祖既十月至霸上,則可從秦以十月爲歲首。[6] 在他看來,漢得水德與天曆時事兩合,没有更改的必要。但對賈誼、公孫臣等儒生而言,改正朔關乎立國之本,不更秦則無以立漢。[7]

雖然前文追述自賈誼以來的傳統,證明改正朔、易服色等改革,是西漢初年儒家一直關心的議題。不過,身爲方士的新垣平參與和推動此事,亦未必完全出於投機。自西漢立國至武帝朝,不同學派、背景的學者或官員,也從不同的角度認識與推動著這一事件。

---

[1] 《史記》卷26,頁1256。

[2] 賈誼對"禮"的强調,先賢多有論及,如徐復觀《賈誼思想的再發現》(徐復觀《兩漢思想史》第二卷,華東師範大學出版社,2004年,頁86—95),金春峰《漢代思想史》(中國社會科學出版社,1997年,頁88—91)。陳蘇鎮曾將賈誼的政治學説總結爲"以禮義治之"。參陳蘇鎮:《〈春秋〉與"漢道"》,頁137—158。

[3] 《史記》卷28,頁1381。

[4] 《史記》卷96,頁2685。

[5] 《史記》卷96,頁2675。

[6] 《史記》卷96,頁2681。

[7] 陸德明《經典釋文·序録》云:"左丘明作《傳》以授曾甲,……(荀)況傳武威張蒼,蒼傳洛陽賈誼。"〔唐〕陸德明撰,吴承仕疏證:《經典釋文序録疏證》,中華書局,2008年,頁108。按《漢書·儒林傳》云"漢興,北平侯張蒼及梁太傅賈誼、京兆尹張敞、太中大夫劉公子皆修《春秋左氏傳》。誼爲《左氏傳》訓故,授趙人貫公"(《漢書》卷88,頁3620),並未明確説明賈誼與張蒼間的傳授關係,賈誼受《左傳》於張蒼之説,始於《經典釋文·序録》。判斷賈誼與張蒼間是否有師承關係,可能還需要更多證據。

以司馬遷爲例,他雖曾學習儒家經典,[1]卻並非一般意義上的儒生。司馬遷本人也力主改正朔、易服色,[2]他對此事的關注,不在賈誼等人之下。武帝時代改正朔的具體操作很大程度上出自司馬遷之手。[3] 這首先是因爲司馬遷身爲太史令,世掌天官,改正朔關乎正曆法,是他的職責所在。[4] 其次,施政達到一定標準,才有改正朔的資格,也是當時的通識。[5] 因此他評價文帝"德至盛也。廩廩鄉改正服封禪矣,謙讓未成於今。嗚呼,豈不仁哉"。[6]

討論這一問題,還必須涉及儒生與方士之間微妙的關係。儒生與方士是漢代政治舞臺上重要的兩支力量,最先指出這一點的是顧頡剛。顧氏名作《五德終始説下的政治和歷史》對西漢一朝儒生與方士的政治活動作了詳盡的梳理與分析,在他的敘述中,往往將儒生與方士並提。[7] 儒生與方士確實共同參與了西漢初年的禮制改革,但如前所述,儒生對於改正朔有自己的理解。新垣平之祀五帝、出周鼎等建議,則可能另有所據,至少看不出與儒生的看法相同。他們呈現出一些相似性,恐怕是因爲儒家對"改正朔、易服色"並無獨家解釋權,儒生與方士可以在相同的話題之下各自發揮作用,地位平等。顧頡剛常將儒生與方士並提,也正可看出此時儒生的處境。

回顧前文所敘的"改正朔"之進程,不難發現,由賈誼始倡改正朔後,先有儒生公孫臣附議,再由新垣平推進,其後新垣平建議出周鼎,負責刺六經作《王制》的則是儒生。儒生與方士,在同一個話題之下各自施展,交替推動著改革的進程。人主不過擇善而從,並不專主一家。就文帝而言,他對改正朔、易服色的熱情,當然與賈誼、公孫臣等儒生的影響有關,但他的一系列改革,卻並非遵循儒家成説,也很難看作是對儒學懷有興趣。《史記·儒林列傳》稱:"然孝文帝本好刑名之言。及至孝景,不任儒者,而竇太后又好黄老之術,故諸博士具官待問,未有進者。"[8]司馬遷的觀察,應是準確的。在這次改革的中後期,方士出身的新垣平完全主導了改革的走向,甚至直接影響其興廢,儒生的影響幾不可見。這應能説明,在文帝看來,儒生所談的改正朔、易服

[1]《史記·太史公自序》:"遷生龍門,耕牧河山之陽。年十歲則誦古文。"(《史記》卷130,頁3293)

[2]《漢書·郊祀志》班固贊曰:"至於孝文,始以夏郊,而張倉據水德,公孫臣、賈誼更以爲土德,卒不能明。孝武之世,文章爲盛,太初改制,而兒寬、司馬遷等猶從臣、誼之言,服色數度,遂順黄德。"(《漢書》卷25下,頁1270)

[3]《漢書·律曆志上》:"至武帝元封七年,漢興百二歲矣,大中大夫公孫卿、壺遂、太史令司馬遷等言'曆紀壞廢,宜改正朔'。"(《漢書》卷21上,頁974—975)

[4] 陳侃理認爲,自文帝時的"改正朔"之議,也有實際的政治意義,即通過改正朔,將諸侯國所用曆朔與漢朝統一起來,徹底將頒朔之制推行於天下郡國。陳侃理:《秦漢的頒朔與改正朔》,余欣主編:《中古時代的禮儀、宗教與制度》,上海古籍出版社,2012年,頁464。

[5] 除前文所引賈誼説外,《史記·禮書》中所載武帝時的官員也持相似的觀點:"'或言古者太平,萬民和喜,瑞應辨至,乃采風俗、定制作。'……乃以太初之元改正朔,易服色,封太山,定宗廟百官之儀,以爲典常,垂之於後云。"(《史記》卷23,頁1160—1161)

[6]《史記》卷10,頁437—438。

[7] 顧頡剛:《五德終始説下的政治和歷史》,《顧頡剛古史論文集》第3册,中華書局,1996年,頁284。

[8]《史記》卷121,頁3117。

色，與方士或其他背景的進言者並無本質差别。當時文帝皇后、後來的竇太后將趙綰、王臧與新垣平並提，也就順理成章了。

綜上所述，在西漢初年持續數十年的改正朔之議中，儒生雖然扮演著顯眼的角色。但相比較而言，他們既不持有改正朔之説的"專利"，也並未提出更爲系統或深入的理論支持，而是與其他學派分享著共同的資源與議題。無怪乎在竇太后看來，要求立明堂、改正朔的趙綰、王臧，與鼓吹祀五帝、"日再中"的新垣平没有本質的區别。對於理解西漢早期的儒生形象，這可能是值得關注的一個角度。

二、儒與陰陽：模糊的邊界

在與儒生共享資源與理論的諸説中，後代習稱的陰陽家是其中比較突出的一類。儒家與陰陽家的關係，並非新鮮的話題。改正朔、易服色背後的五德終始説及其與鄒衍學説之間的關係，顧頡剛發之已詳，毋庸贅述。本文擬從與改正朔、易服色等禮制改革的角度略作申説。

立明堂與改正朔、易服色等同屬西漢前期禮制改革的重要内容，如前所引，史籍凡提及立明堂一事，往往與改正朔、易服色並列。元封四年，武帝作明堂，於明堂中祭太一、五帝，又祀后土於下房。元封五年，武帝"春三月，還至泰山，增封。甲子，祠高祖于明堂"。[1] 太始四年，明堂又增祀景帝。[2] 至此，明堂中既進行最高等級的祭祀，又有先祖配享，地位不同尋常。武帝之所以在泰山修造明堂，是因爲相傳泰山有舊明堂遺址。《孟子・梁惠王下》載齊宣王問孟子"人皆謂我毁明堂"云云，趙岐注曰："謂泰山下明堂，本周天子東巡狩朝諸侯之處，齊侵地而得有之。"[3]武帝元封元年"登封泰山，降，坐明堂"，應即齊人侵魯所得的"明堂"。顔注引臣瓚曰："《郊祀志》'初，天子封泰山，泰山東北阯古時有明堂處'，即此所坐者也。明年秋乃作明堂耳。"[4]其説甚是。

明堂説多見於儒書，如《漢書・藝文志》"六藝略・禮類"中有《明堂陰陽》三十三篇。[5] 漢儒也一直力倡建立明堂，文帝時賈山便建言："臣不勝大願，願少衰射獵，以夏歲二月，定明堂，造太學，修先王之道。"[6]前文已述，武帝初即位時亦欲用申公説，治明堂於長安城南郊而未成。元封四年，武帝終於建立了漢王朝的明堂。只是，奉高

[1] 《漢書》卷6，頁196。
[2] 《漢書》卷6，頁207。
[3] 《孟子注疏》，中華書局影印阮元校刻《十三經注疏》本，中華書局，1980年，頁2676下欄。
[4] 《漢書》卷6，頁192。
[5] 《漢書》卷30，頁1709。
[6] 《漢書》卷51，頁2336。

明堂與儒生們的構想並不完全契合。[1]《史記・封禪書》云:

> 濟南人公王帶上黄帝時明堂圖。明堂圖中有一殿,四面無壁,以茅蓋,通水,圜宫垣爲複道,上有樓,從西南入,命曰昆侖,天子從之入,以拜祠上帝焉。於是上令奉高作明堂汶上,如帶圖。及五年脩封,則祠太一、五帝於明堂上坐,令高皇帝祠坐對之。祠后土於下房,以二十太牢。天子從昆侖道入,始拜明堂如郊禮。[2]

武帝時的"黄帝明堂圖"由濟南方士公王帶[3]所上,武帝明堂的形制、布局一本公王帶之圖。有一殿而四面無壁的所謂"黄帝明堂",形制與儒書設計的明堂全不相同。[4]其圖名託黄帝,與儒生好談周制的風氣也不契合。

可以説,立明堂一事與前文曾敘的改正朔、易服色相同,儒生積極參與其中,卻並不掌握這一論題的專利,甚至談不上有話語權上的優勢。

此外,《漢書・藝文志》"諸子略・陰陽家"中有《五曹官制》五篇,注曰:"漢制,似賈誼所條。"[5]此書内容已不得而知,從名稱和分類來看,應是與陰陽五行和官制有關的著作,可能與《五行大義》所引《洪範五行傳》中的一段文字有相近之處。[6] 見於"諸子略・陰陽家"的又有《張蒼》十六篇,注曰"丞相北平侯",即文帝時代之張蒼。[7]張蒼的學術背景史籍無載,他在秦時已任御史,又精於律曆,與後代素知的以"大祥而衆忌諱,使人拘而多畏"爲特點的陰陽家並不相同。張蒼的著作被類於陰陽家,應與他信顓頊曆、主水德説有關。[8] 相傳賈誼所條的《五曹官制》,雖然内容不能判明,但

---

[1] 明堂的性質與功用兩千年來聚訟紛紜,限於篇幅及主題,本節不擬展開討論。關於明堂的形制及功用的争論,目前整理得較爲詳盡的是張一兵的兩本著作。參張一兵:《明堂制度研究》,中華書局,2005年;《明堂制度源流考》,人民出版社,2007年。

[2] 《史記》卷28,頁1401。

[3] 公王帶,《漢書・郊祀志》作"公玉帶"。本書正文從《史記》,一律稱"公王帶",引文按原文引出。

[4] 儒書中明堂的形制多見於禮書,這些描述雖不完全相同,但未有與公王帶之明堂相仿者。如《大戴禮記・明堂》:"明堂者,……凡九室,一室而有四户八牖,三十六户,七十二牖。以茅蓋屋,上圓下方。……外水曰辟雍。"([清]王聘珍:《大戴禮記解詁》,中華書局,1983年,卷8,頁149—150)《周禮・考工記・匠人》:"周人明堂,度九尺之筵,東西九筵,南北七筵,堂崇一筵。五室,凡室二筵。室中度以几,堂上度以筵,宫中度以尋,野度以步,塗度以軌。"(《周禮注疏》,中華書局影印阮元校刻《十三經注疏》本,頁928上欄、中欄)《禮記・月令》中之明堂有左個、太廟、右個等建制,又有《明堂位》一篇,參《禮記注疏》,中華書局影印阮元校刻《十三經注疏》本,頁1369上欄—1385上欄、頁1487下欄—1492中欄。

[5] 《漢書》卷30,頁1734。

[6] 《五行大義》卷5第二十二《論諸官》引《洪範五行傳》曰:"甲爲倉曹,共農賦。乙爲户曹,共口數。丙爲辭曹,共訟訴。丁爲賊曹,共獄捕。戊爲功曹,共除吏。己爲田曹,共群畜。庚爲金曹,共錢布。辛爲尉曹,共卒使。壬爲時曹,共政教。癸爲集曹,共納輸。子爲傳舍,出入敬忌。丑爲司空,守將班治。寅爲市官,平準賣買。卯爲鄉官,親事五教。辰爲少府,金銅錢布。巳爲郵亭,行書驛置。午爲尉官,馳逐追捕。未爲厨官,百味悉具。申爲庫官,兵戎器械。酉爲倉官,五穀畜積。"([隋]蕭吉:《五行大義》,《續修四庫全書》第1060册,上海古籍出版社,2002年,頁269下欄—270上欄)按《五行大義》載本段文字出於《洪範五行傳》,但其實際來源很可能就是《五曹官制》。

[7] 《漢書》卷30,頁1733。

[8] 如《史記・十二諸侯年表》有"漢相張蒼曆譜五德"(《史記》卷14,頁510)。《漢書・藝文志》所載張蒼書,或與此相關。

注家皆注意到《史記》載賈誼主張"改正朔、易服色、法制度、定官名、興禮樂,乃悉草具其事儀法"一條記載,[1]並認爲此書即賈誼當時所條定之制度。舊注的推斷,或可採信。换言之,賈誼有關改正朔、易服色的論説,被歸入了陰陽家,以區别於見於"諸子略·儒家類"的《賈誼》五十八篇。[2]《漢志》的圖書分類,代表了劉歆與班固對西漢書籍的認識,是以類相從,而非以人相從。當然不能因爲張蒼、賈誼的書見於陰陽家類,即認爲他們屬於後世習稱的陰陽家。但是,在文帝時代看法有直接衝突的賈誼與張蒼,因著作與五德、正朔有關,在後代皆被分入陰陽家一類。這一方面説明,西漢初年不同學派、不同背景的學者,分享著同樣的話題和思想資源。同時也説明,即便是西漢初年的身份確鑿無疑的儒生,在後人看來,也與陰陽家有極爲密切的關係。

不過,必須説明的是,現在學界習稱的陰陽家,其標準有二:一是司馬談在《論六家要旨》中對"務爲治者"的六家分類之簡要概括;二是以《漢書·藝文志》爲代表的圖書分類。事實上,除鄒衍以外,很難再找出一位可以確切劃歸"陰陽家"群體的學者。因爲文獻的缺失,我們也很難廓清西漢初年以至於先秦的"陰陽家"如何完成自我界定與認同。上文所論之"陰陽家",與其説是一個邊界確切的人群,毋寧説是以時令爲行事歸依的一種認知。儒生對這種認知並不排斥,並且能够依實際需要來運用相應的知識與解釋。

自先秦以來,諸子百家共同分享著一些知識與資源,如堯舜故事、陰陽五行等等。儒生與陰陽家在分享相應資源、完成各自的表述時,知識的邊界相當模糊。因此,西漢中期的董仲舒與西漢後期的翼奉,對陰陽理論各有發明,與其説是他們"收編"了陰陽家,不如説其學説受到西漢初年儒家傳統的影響。

比照西漢中前期禮制改革中其他學派與儒家分庭抗禮的局面,不難發現儒學在西漢中期完成了重大的轉變。可以説,儒生對所謂"陰陽家",在西漢中後期完成了知識與話語權上的雙重征服。在漢初,必須與陰陽家或其他學派分享的話題與資源,到了西漢中後期,已成爲儒生的專利。如前所述,西漢前期,在改正朔、易服色、立明堂等與禮制改革相關的重大事件上,其他學派的人士與儒生擁有同樣的發言權。而元、成以來的西漢國家祭祀改革方案之争,則完全成爲儒生之間的争論,其他學派集體失聲,無法再與儒生分享平等對話的權力。换言之,在西漢末年國家禮制改革的正式完成之前,儒生就已經完成了對其他學派的全面勝利。

[1] 參〔清〕王先謙:《漢書補注》,中華書局,1983年,頁884下欄。
[2] 《漢書》卷30,頁1726。

三、西漢初年的儒生形象

除了與陰陽家之間密切的關係外,司馬遷對西漢初年儒生的描述,也往往能夠反映時人眼中的儒生形象。《史記·萬石張叔列傳》:

> (石奮)子孫勝冠者在側,雖燕居必冠,申申如也。僮僕訢訢如也,唯謹。上時賜食於家,必稽首俯伏而食之,如在上前。其執喪,哀戚甚悼。子孫遵教,亦如之。萬石君家以孝謹聞乎郡國,雖齊魯諸儒質行,皆自以爲不及也。[1]

石奮是以勤謹聞名的"長者",司馬遷形容他的文字明顯帶有模仿《論語·鄉黨》的痕迹,後文又評價説"齊魯諸儒質行,皆自以爲不及"。再比如,竇太后與轅固生爭吵時,呼儒書爲"司空城旦書"。[2] 竇太后好黄老,她站在道家的立場上來看待儒書,以爲與刑獄之事相去不遠。這樣的評價,也很難想象會用於西漢以後的儒生。再者,當時的儒生,學術背景也往往較爲複雜,《史記·鼂錯列傳》:

> 鼂錯者,潁川人也。學申商刑名於軹張恢先所,與雒陽宋孟及劉禮同師。以文學爲太常掌故。……孝文帝時,天下無治《尚書》者,獨聞濟南伏生故秦博士,治《尚書》,年九十餘,老不可徵,乃詔太常使人往受之。太常遣錯受《尚書》伏生所。[3]

鼂錯本學申商刑名,文帝時又被派遣從伏生學習《尚書》,説明時人對不同學派師法的區分並不嚴格。或者説,"儒生"和"儒學"並非一個排他性很强的標簽。

前文著力論述了儒家和"陰陽家"之間關係的緊密,並談及儒家與其他學派之間的兼容性,希望能藉此描摹西漢初年儒生形象之一面,而非抹殺儒生的獨特性。與我們現在所知的"陰陽家"情況不同,西漢初年的儒生,既被時人看作獨立的群體,也有自別於他人的自我認同。[4] 西漢初年之儒家區别於其他學派的特徵,以司馬談之《論六家要旨》之説最爲概括:

> 夫儒者以六藝爲法。六藝經傳以千萬數,累世不能通其學,當年不能究其禮,故曰"博而寡要,勞而少功"。若夫列君臣父子之禮,序夫婦長幼之別,雖百家

---

[1] 《史記》卷102,頁2764。

[2] 《史記·儒林列傳》:"竇太后好老子書,召轅固生問老子書。固曰:'此是家人言耳。'太后怒曰:'安得司空城旦書乎?'"(《史記》卷121,頁3123)

[3] 《史記》卷101,頁2745。

[4] 儒生服"儒冠儒服",也是他們被他者區分或自我認同的標誌之一。《史記·叔孫通列傳》:"叔孫通儒服,漢王憎之;乃變其服,服短衣,楚制,漢王喜。"(《史記》卷99,頁2721)

弗能易也。[1]

司馬談對儒家特徵的總結十分精闢，西漢初年儒家最爲與衆不同的兩個特徵，一在於傳習六藝，二在於熟習禮儀。前者如西漢初年之儒生陸賈，常以《詩》、《書》説高帝：

> 陸生（陸賈）時時前説稱《詩》、《書》。高帝罵之曰："迺公居馬上而得之，安事《詩》、《書》！"[2]

再如司馬遷作《儒林列傳》，也是以儒生傳經的系統作爲全篇綫索。至於後者，儒生對禮儀的熟習，使他們可以參與和指導朝廷至地方很多儀式的制定與實施。關於這一點，特别值得一提的，是主要活動於高帝、惠帝兩朝的叔孫通。《史記·叔孫通列傳》太史公曰："叔孫通希世度務，制禮進退，與時變化，卒爲漢家儒宗。"[3]司馬遷對叔孫通的評價很高，稱其爲"漢家儒宗"。他作出這一判斷的依據，是叔孫通"制禮進退，與時變化"，肯定叔孫通在漢初禮儀制定上的功績。自高帝朝，叔孫通就積極參與朝儀的制定，至惠帝時，他又勘定漢家宗廟制度。[4] 叔孫通制定的禮儀，並非全本儒家舊説。高帝時代，他定立的朝儀便是"頗采古禮與秦儀雜就之"。惠帝時設立高帝原廟之事更能體現這一點。惠帝在高帝衣冠出游道上增修複道，叔孫通指出這種做法不妥，是"令後世子孫乘宗廟道上行"。惠帝聞言準備毁掉複道，叔孫通則建議他另立原廟：

> 叔孫生曰："人主無過舉。今已作，百姓皆知之，今壞此，則示有過舉。願陛下原廟渭北，衣冠月出游之，益廣多宗廟，大孝之本也。"上迺詔有司立原廟。原廟起，以複道故。[5]

立"原廟"於經無據，只是叔孫通的權宜之策。他爲漢王朝制定的其他儀式，也大凡類此。[6] 他的貢獻在於"儀"的設置，而不在對"禮"的探索與深入。

叔孫通並非後代所謂"醇儒"，但在司馬遷看來，叔孫通可以代表漢初儒者最大的貢獻。這與後代同樣被評價爲"爲儒者宗"[7]的董仲舒建立成就的方式完全不同。《漢書·叔孫通傳》之班固"贊"褒贊叔孫通"舍枹鼓而立一王之儀"，稱揚他"遇其時

[1] 《史記》卷130，頁3290。
[2] 《史記》卷97，頁2699。
[3] 《史記》卷99，頁2726。
[4] 《史記·叔孫通列傳》："高帝崩，孝惠即位，迺謂叔孫生曰：'先帝園陵寢廟，群臣莫習。'徙爲太常，定宗廟儀法。及稍定漢諸儀法，皆叔孫生爲太常所論箸也。"（《史記》卷99，頁2725）
[5] 《史記》卷99，頁2725—2726。
[6] 如《史記·叔孫通列傳》："孝惠帝曾春出游離宮，叔孫生曰：'古者有春嘗果，方今櫻桃孰，可獻，願陛下出，因取櫻桃獻宗廟。'上迺許之。諸果獻由此興。"（《史記》卷99，頁2726）
[7] 《漢書·五行志上》："漢興，承秦滅學之後，景、武之世，董仲舒治《公羊春秋》，始推陰陽，爲儒者宗。"（《漢書》卷27上，頁1317）

也”,[1]卻没有對他在儒學上的成就作任何評價,更不認爲他能爲後代儒者所法。這與司馬遷的看法完全不同。相似的情況還有《漢書・司馬遷傳》:“自曹參薦蓋公言黄老,而賈誼、朝錯明申韓,公孫弘以儒顯。”[2]班固將賈誼與鼂錯並列,歸入“明申韓”一類,而將公孫弘作爲“以儒顯”的代表人物。這一判斷,也與司馬遷判然有别。這説明,西漢中後期以來,世人對儒生的認識和定義有了極大的改變。儒生的形象也在不斷的自我强調之中明晰起來。

總而言之,西漢初年的儒生熱衷於改正朔、易服色等與禮制變革相關的話題,但由於儒學解釋體系自身發展的限制,儒生在禮制變革的闡釋與儀式的設定中並不占有優勢地位。他們與其他學派平等參與討論,也分享著共同的知識與資源。出於這些原因,西漢初年的儒生,常被與方士和陰陽家並提,與後代儒生的形象頗有不同。這種情況,大概從西漢中後期元、成兩朝才開始轉變。

西漢中後期儒生地位與形象的改變,當然與武帝時代廣立學官、推重儒術、開利禄之途[3]有直接關係。不過,時勢之變只是儒學發展的客觀條件。儒學最終取得話語權與儒生形象之定型,還是與儒學内部重心的遷移有關。隨著經學内部理論的完善、闡釋的豐富,儒學的理論更爲完備與堅强。儒學將曾與其他學派共享的資源納入了闡釋系統中,並因此廓清了知識的邊界。與此同時,其他學派在五經經典化的過程中逐漸邊緣,失去了與儒學對話的可能性。藉由整體地位的提高和學術理論的完善,儒生的形象更爲清晰與單純,儒生的自我認同與排異性也更加强烈。世人眼中的儒生也自爲儒生,“復爲新垣平”的形容,不會再被用在他們身上。

Indistinct Images: The Confucian Scholars in Early Western Han

Tian Tian

Abstract: This essay focuses on the indistinct but curious images of Confucian scholars in early Western Han. In the early years of Wudi (Emperor Wu)'s reign, Zhao Wan and Wang Zang were up to a reform based on the Confucian theory. The Empress Dowager Dou, Wudi's grandmother, who has a great influence on Han

[1] 《漢書》卷43,頁2131。
[2] 《漢書》卷62,頁2723。
[3] 如《史記・儒林列傳》:“公孫弘……乃請曰:‘……請選擇其秩比二百石以上,及吏百石通一藝以上,補左右内史、大行卒史;比百石已下,補郡太守卒史:皆各二人,邊郡一人。先用誦多者,若不足,乃擇掌故補中二千石屬,文學掌故補郡屬,備員。請著功令。佗如律令。’制曰:‘可。’自此以來,則公卿大夫士吏斌斌多文學之士矣。”(《史記》卷121,頁3119—3120)

court's policy, was very angry about Zhao and Wang's suggestion. The Empress Dowager Dou said, "Is this Xin Yuanping over again?" This is an interesting remark for Xin was a *magi*, who was credited by Wendi in couples of sacrificial reforms. Empress Dowager Dou's remark suggests the Confucian scholars in early Western Han could be considered as similar as *magi*, which could never happen in the periods after Western Han. Besides, there were other topics early Western Han Confucian scholars were keen on, like reforming the system of year-and month-beginnings and the colors of court robes, constructing the Bright Hall, and practicing the *feng* and *shan* sacrifices at Mount Tai in Shandong. These certain topic are not exclusive to Confucian scholars, but also to other schools even *magis*. This situation made the boundary between Confucian and other schools, especially the school of Yin-yang, were not as distinct as the periods after middle Western Han.

Keywords: Western Han, Confucianism, Reforming the system of year-and month-beginnings, School of Yin-yang

田天，首都師範大學歷史學院講師，tiantian@cnu. edu. cn

張以仁《國語虛詞集釋》補箋

郭萬青

【提　要】 張以仁《國語虛詞集釋》是較早出版的漢語專書語言研究專著。該書不僅對《國語》的虛詞進行了具體細緻的梳理,而且對前此的虛詞研究提出了質疑,對虛詞研究以及專書語言研究給出了方法性的建議和意見。本文在引言部分梳理了《國語》虛詞研究的基本現狀,進一步確定了張以仁《國語虛詞集釋・序言》在虛詞研究方法論方面的重要性。對《集釋》中的 43 條虛詞解説條目進行了商討。

【關鍵詞】 張以仁　《國語虛詞集釋》　虛詞

引　言

本文引言涉及到兩個方面:一、《國語》虛詞研究的基本現狀;二、張以仁《國語虛詞集釋・序言》專書虛詞研究方法之推闡。

(一)《國語》虛詞研究的基本現狀

近百年來尤其是近五十年來,《國語》虛詞研究已經有了一定規模,其要目大體如下(以發表日期爲排序,發表論文截至 2012 年):

1. 張以仁:《〈國語〉虛詞訓解商榷》,《歷史語言研究所集刊》第 37 本,1967 年 3 月。
2. 張以仁:《〈國語〉虛詞集釋》(中研院史語所專刊)之五十五,1968 年。
3. 苗文利:《“其與能幾何”注釋質疑》,《臨沂師範學院學報》1990 年第 3 期。
4. 銳聲:《新版〈國語〉等三例“焉”字句讀質疑》,《學語文》1994 年第 3 期。
5. 劉利:《從〈國語〉的用例看先秦漢語的“可以”》,《中國語文》1994 年第 5 期。
6. 劉利:《〈國語〉“莫”字用法考察》,《研究生論叢》,成都:四川大學出版社 1994 年。

7. 陳漢飄:《"夫"和"也"——〈國語〉書中虛詞研究》,臺北: 臺灣大學中國文學研究所碩士論文,1999 年。
8. 富金璧:《"其與能幾何"與"吾與誰歸"》,第九次現代漢語語法學術討論會論文,哈爾濱,2001 年 6 月 30 日,又載《語文建設》2001 年第 12 期。
9. 汪少華:《〈國語〉〈左傳〉"其與幾何"歧説梳理》,《南昌大學學報》2002 年第 2 期。
10. 袁金春:《〈國語〉稱代詞研究》,蘭州: 西北師範大學漢語言文字學專業碩士學位論文,2003 年。
11. 侯立睿:《〈國語〉程度副詞研究》,太原: 山西大學碩士學位論文,2003 年。
12. 黄河:《〈國語〉中的"其"字用法考察》,《阜陽師範學院學報》2006 年第 4 期。
13. 湛琴:《〈國語〉副詞研究》,重慶: 西南大學碩士學位論文,2006 年。
14. 劉雲峰:《〈國語〉副詞研究》,桂林: 廣西師範大學碩士學位論文,2007 年。
15. 鄭益兵:《〈國語〉代詞語法研究》,桂林: 廣西師範大學碩士學位論文,2007 年。
16. 王亭:《〈國語〉否定詞研究》,廣州: 暨南大學碩士學位論文,2007 年。
17. 王啓俊:《〈國語〉虛詞研究》,合肥: 安徽大學碩士學位論文,2007 年。
18. 張瑞芳:《〈國語〉介詞研究》,山西大學碩士學位論文,2007 年。
19. 周廣干:《〈國語〉〈左傳〉副詞比較研究》,北京師範大學碩士學位論文,2008 年。
20. 曲美燕、王亭:《從〈國語〉看先秦典籍中"未"字引起的賓語前置句式》,《現代語文(語言研究版)》2008 年第 12 期。
21. 李玉:《〈國語〉範圍副詞研究》,《紅河學院學報》2010 年第 5 期。
22. 柳超、王亭:《從〈國語〉看先秦否定副詞"不"的用法》,《語文學刊》2010 年第 10 期。
23. 周廣干:《〈左傳〉〈國語〉否定副詞比較研究》,《山西大同大學學報》2011 年第 1 期。
24. 周廣干:《〈左傳〉〈國語〉程度副詞比較研究》,《南陽師範學院學報》2011 年第 11 期。
25. 周廣干:《從〈左傳〉和〈國語〉虛詞的比較看兩書的文獻關係》,北京師範大學博士論文,2011 年。
26. 何霞:《〈國語〉中"以"字結構用法初探》,《襄樊職業技術學院學報》2011 年第 2 期。
27. 鄭益兵:《〈國語〉的不定代詞"或"與"莫"》,《大慶師範學院學報》2012 年第 2 期。
28. 周廣干:《〈左傳〉和〈國語〉結構助詞"所"、"者"比較研究》,《南昌工程學院學報》2012 年第 5 期。

29. 周廣干:《〈左傳〉〈國語〉連詞"若"的比較》,《廣西民族師範學院學報》2012 年第 4 期。

此外還有一篇《〈國語〉中虚詞"其"字的研究》(http://blog.luohuedu.net/blog/306681.aspx),爲李麗梅本科畢業論文。這樣,目前所能見到公開發表的《國語》虚詞研究論作共 30 篇,其中第 1、2、17、25 篇爲《國語》虚詞的綜合研究;第 10、11、13、14、15、16、18、19、21、22、23、24 篇爲某一類虚詞的研究,具體而言,則第 10、15 屬於代詞研究篇,第 11、13、14、19、21、22、23、24 篇屬於《國語》副詞研究,第 16 篇爲否定詞研究是從語義進行的分類,不是語法分類,審其否定詞大體上以否定副詞和否定代詞爲主,故亦可列入虚詞之列,第 18 篇則是對《國語》介詞的研究;第 3、4、5、6、7、8、9、12、20、26、27、28、29 篇以及李麗梅的論文則是對《國語》具體虚詞的研究。從總體上看,以《國語》副詞研究成果爲最集中,既包括副詞整體研究,亦包括副詞的二級分類研究,也包括《國語》副詞與《左傳》副詞比較研究。這些研究分别從語義、功能的角度出發,推動了《國語》虚詞研究的深入。從其研究的歷時軌迹可以看出,最早、最系統的以《國語》虚詞作爲專門研究對象的著作當屬張以仁先生。其論文《〈國語〉虚詞訓解商榷》和專著《國語虚詞集釋》無疑是《國語》虚詞研究方面的開拓之作。

《〈國語〉虚詞訓解商榷》一文發表於《歷史語言研究所集刊》第 37 本上册,全文共 30 頁,可以看作其專著《國語虚詞集釋》的先期成果。

(二) 張以仁《國語虚詞集釋・序言》專書虚詞研究方法之推闡

《國語虚詞集釋》一書以《國語》二十一卷分次,對每一卷中涉及的虚詞進行了解説,共解説《國語》虚詞 105 個。從某種程度上講,該書是基於漢語史研究清醒認知基礎上的專書語言研究的第一次成功嘗試,書前的《序言》[1]實際上就是一篇專書虚詞研究甚至可以説是專書語言研究的綱領。序言開篇對王引之《經傳釋詞》等虚詞研究綜合著作的缺欠進行了總結:(1) 取材太泛;(2) 方法不夠嚴謹;(3) 原則上的缺陷。

1. "取材太泛"之推闡

所謂的取材太泛首先是這些綜合研究著作所選取的材料數量巨大,經史子集靡不備採;其次是時間跨度大,從先秦直到唐宋。張先生指出:"像這樣把上下千餘年間的經史子集諸般材料膾於一鼎,其間將會發生多少材料上的問題,是不難料想的。由於作者個性的各别,詩、文内容的不齊,成書性質的難斷(有的是專著,有的是合編。有的出於因襲,有的純由創作),加上地域的不同,時代的差異,版本流傳、校勘優劣、注解箋疏種種方面的問題糾纏其間,欲加澄清使成爲可用的資料,便不是個人的力量

[1] 張以仁:《國語虚詞集釋》(中研院史語所專刊之五十五),1968 年,序言頁 1—13。

所能兼顧的。"[1]這也是《馬氏文通》以前所有漢語語言研究著作的一個通病,即這些學者缺乏一種歷時觀念,把語言作爲一種静態的對象進行研究,因而在語料的選取上就造成上下古今、經史子集的一個大雜燴。"取例不分時代",結果就是"論述自然籠統"。[2]

因此,張氏認爲漢語史的語料起碼要涉及到以下八點:(1)作者;(2)内容;(3)成書;(4)地域;(5)時代;(6)版本;(7)校勘;(8)注解。張以仁先生從校勘的角度對"取材太泛的弊病"做了説明。[3] 我們這裏以《國語》爲例對張以仁先生提到的這八點進行一下申説,《國語》作者的問題實際上從司馬遷《報任安書》、班固《藝文志》以來一直都是争論不休的問題,即《國語》的作者是否是左丘明,如果不是左丘明,那麽《國語》的作者究竟是誰?[4] 恐怕這個問題還會一直争論下去,而且不會有一個大家都能夠公認的結果出來。當然這裏面牽涉到先秦傳世文獻的一個共同問題,即傅斯年所講的"戰國時'著作者'之觀念不明了"、"我們切不可以後來人著書之觀念論戰國文籍"。[5] 張以仁所提到的内容實即材料的體裁,《國語》是什麽體裁?從大的方面來講是文;從四部分類上來看,則《四庫全書總目》以前《國語》是經部,《四庫總目》降而爲史部雜史類,張之洞《書目答問》以之入古史類,近代以來的很多史料學或者史籍解題的書把《國語》歸入國别體史書。再進一步而言,很多學者把《國語》歸入"語"類,持這種説法比較早的大約是傅斯年先生,他説:"《國語》存本可看出,《國語》實在是記些語。"[6]後則顧静、李零、張志哲、夏經林、黄麗麗、俞志慧等都認爲《國語》是"語",[7]目前來看,這種認識已經形成了共識,如果從把《國語》看作語類典籍這個角度看,則《國語》是否該入經部尚難以言,至少當入子部,不該在史部,《國語》的"言"和《尚書》的"言"是有不同的。而就成書看,先秦很多傳世典籍的成書脈絡並不清晰,《國語》則尤甚,劉向以前的情況全然没有,就是劉向《新國語》五十四篇與《國語》的關係也没有任何的資料可以去説明。但就《國語》各語之間的語言、記述方式、篇幅等特點而言,我們把它看做一部彙編比把它看做一部專著更爲合適。如果把《國語》看做一部彙編,接下來的問題就是《國語》這部彙編資料是共時的語料嗎?這就很難回答説是,因爲《國語》這部書的内容涉及了500年左右的歷史,如果這是一部彙編資料,則

[1] 張以仁:《國語虛詞集釋》,序言頁2。
[2] 吕叔湘:《重印〈馬氏文通〉序》,見載於馬建忠:《馬氏文通》,商務印書館,1998年,頁6。
[3] 張以仁:《國語虛詞集釋》,序言頁3—4。
[4] 邵毅平:《〈國語〉的作者與時代》,《圖書館雜誌》2004年第4期;梁濤:《20世紀以來〈左傳〉、〈國語〉成書、作者及性質的討論》,《邯鄲學院學報》2005年第4期。
[5] 傅斯年:《戰國文籍中之篇式書體——一個短記》,見載於《中國現代學術經典·傅斯年卷》,河北教育出版社,1997年,頁336。
[6] 傅斯年:《與顧頡剛論古史書》,見載於《中國現代學術經典·傅斯年卷》,頁421。
[7] 顧静:《國語譯注》,上海古籍出版社,1991年,前言頁2;李零:《簡帛古書與學術源流》,三聯書店,2004年,頁88、203;張志哲:《中國史籍概論》,江蘇古籍出版社,1988年,頁36;夏經林:《〈國語〉的編纂》,《中國史研究》2005年第4期,頁17—24;黄麗麗:《〈國語〉的性質與價值——由出土文獻引起的思考》,《江蘇大學學報》2006年第1期,頁43—48;俞志慧:《事類之"語"及其成立之證明》,《淮陰工學院學報》2005年第4期。

其原始資料是否是同一個時代、同一地域的就很難説。假如是共時語料,《國語》代表當時的雅言還是方言?如果有方言的話,《國語》裏面參雜了哪幾個地域的方言,八個語的分别是包括當時的雅言和方言在内的八個地方的語言嗎?可見張以仁所提到的第四、第五個問題在《國語》這裏是不好回答的,在先秦其他的傳世文獻那裏也是不好回答的。《國語》在版刻時代的版本系統簡單明晰,只有兩個版本系統——公序本和明道本,語料的選取當然是以一個權威版本作爲材料,但是公序本和明道本孰優孰劣,哪一個更能反映《國語》的本來面目?這也不好説,公序本大行,大家憑藉的是公序本《國語》,黄丕烈的覆刻明道本《國語》出來,包括段玉裁、錢大昕等當時的乾嘉時期的一著名些學者認爲明道本優於公序本,段玉裁説:"《國語》善本無逾此。"[1]段玉裁的這個説法是没有經過仔細研究就做出的匆忙結論,是不具備可靠性的一種假想。實際結果也並不像段、錢所認爲的那樣,事實上公序本、明道本各有優劣。[2] 今之研究《國語》語言者大體以上海師範大學古籍所整理的《國語》點校本作爲語料來源,實際上這個點校本是以明道本作爲底本,參照清人的校勘成果並在此基礎上有去取的,而且有一些地方去取未必得當,即便是斷句也還有一定問題的。[3] 《經傳釋詞》"夫"字下引《晋語》曰:"夫無乃以國故而行彊於君。"[4]張先生根據汪遠孫的《國語明道本考異》指出:"明道本《國語》没有這個'夫'字。"[5]可見,古籍版本方面的文字差異會給語言研究帶來很多不便利,包括數據統計、計量分析、定位定性等等。就整個《國語》研究史而言,《國語》的校勘、注解都比較薄弱,到目前爲止,能夠見到的《國語》校理類著作和論文也還相當有限。[6] 《國語》這一部典籍作爲語料就有這樣許多的麻煩,其他傳世文獻即便没有這許多的麻煩,總有各種各樣的問題。假如不一部一部地把問題解決掉就拿來作爲語料放在一個相對的研究範式中進行研究的話,確實是相當寬泛的,無法起到闡釋漢語史的作用。

2. "方法不夠嚴謹"之推闡

張先生對《經傳釋詞》等一類虚詞通著的第二點批評就是"方法不夠嚴謹",主要涉及到三個方面:(1) 術語含混;(2) 異文利用過寬;(3) 假借過寬。張先生認爲"術語的意義的含混,可以説是其中一大關鍵",傳統語言學不注重術語的界定,不僅僅在於術語意義的含混,即對於同一語言現象,術語往往並不統一,比如對於虚詞的稱謂,

---

[1] 段玉裁:《重刊明道二年國語序》,中華書局《四部備要》本《國語》前附。
[2] 郭萬青:《論〈國語〉版本暨〈古今韻會舉要〉引〈國語〉例辨正》,《人文中國學報》第16期。
[3] 關於這一點,詳見郭萬青《國語動詞管窺》、《國語札記六則》以及楊世勤《國語十二種版本校異》等相關文章。
[4] 〔清〕王引之:《經傳釋詞》,嶽麓書社,1984年,頁240。
[5] 張以仁:《國語虚詞集釋》,序言頁3。
[6] 郭萬青:《國語動詞管窺》引言部分,四川大學出版社,2008年,頁3—8;郭萬青:《論〈國語〉版本暨〈古今韻會舉要〉引〈國語〉例辨正》,《人文中國學報》第16期。

就有"辭"、"詞"、"語詞"、"語助"、"辭助"、"詞助"、"助辭"、"助詞"、"助語辭"、"語助辭"、"虛字"、"虛詞"等,至於現代才統一定爲"虛詞",但是各類研究著作仍然有名爲"虛字"者,即便是稱作"虛詞"的著作當中,各種虛詞的二級分類亦並不完全一致。又古人於同一術語,或並不界説,或雖於注中界説,而術語在撰述應用過程中又往往有超出其界説範圍者,看其著作前後術語運用不一致,或同一術語名稱,一人之用與他人之用亦不一致,又同一現象,一人之著中出現多種術語名稱,實其所指相同。如此等等,皆給後來研究者造成一定的麻煩。因此,傳統語言學研究中術語的統一和同一術語的界定顯得很重要。現代傳統語言學研究的術語雖相對於以前傳統語言學研究術語顯得比較統一,但是還是存在著比較混亂的現象,而且對於同一術語界定也還並不一致,故而術語運用也顯得含混。張氏在其序言中主要以《經傳釋詞》和《古書虛字集釋》爲例申述其説,因爲《經傳釋詞》代表傳統語言學研究的最高成就,而《古書虛字集釋》則是《馬氏文通》、《詞詮》、《文言虛字》之後仍然採用傳統訓詁學方法治虛詞的重要著作。張氏認爲:"異文的比較以及字音的假借,都是他們詮釋時的兩種重要方法。然而,卻没有人考慮到異文可利用的程度之一問題。"張氏以《經詞衍釋》"是故猶乃也"條所舉《左傳》僖公二十八年"公説,乃拘宛春於衛"《晋語》作"是故拘宛春于衛"爲例説明,這種通過異文比附以"是故"與"乃"的用法相近的方式是勉强的,這樣既可以舉《左傳》"乃"釋《晋語》"是故",也可以舉《晋語》"是故"釋《左傳》"乃"字。張氏認爲:"我們不能確定《國》、《左》二書著作的先後,又不知它們有否因襲的關係。這種可左可右的證據實在毫不足取。由於異文的發生、認定以及異文的種類等問題所加於異文身上的不同的色彩,可能使得異文的利用價值發生若干差距,是他們從未想到的。"張氏的説法是很確當的。另外,各種虛詞自有其出現的語境與特定語法功能,每部書中虛詞都有其特定特點,這種以異文互證進行虛詞功能比附的方式只會使得虛詞功能複雜而混亂,無益於虛詞的研究。張氏進一步認爲:"字音的假借方面,尤其没有標準。從觀念到方法,可以説是一團混亂。"張氏提出一系列質疑:"什麽是假借?假借是如何發生的?在理論上説,它們在聲音上最少該具備什麽條件?古音的間架如何?古音和今音的關係如何?假借和孳乳有什麽不同?在做這種虛字的訓解工作時,是不是需要大量的應用這種方法,有如訓解實詞時一樣?"張氏提出的這一系列問題恐怕在今天也還没有得到比較圓滿的解決。而且,動輒言音借,則恐成爲"無堅不摧"、"無詞不破"之利器,遇到許多問題雖可迎刃而解,終未能得。其確實存在著將簡單問題複雜化和將複雜問題簡單化的兩種傾向,如何恰當利用並解決相關方面問題,恐怕還需要進一步探討。

3. "原則上的缺陷"之推闡

張氏所謂"原則上的缺陷"主要針對《經傳釋詞》所提出的兩條原則"揆之本文而協"、

"驗之他卷而通"而發。因爲"本文"、"他卷"的無法全然確定,而綜合研究取材又過於龐雜,故而很難做到對同一書中所有虚字進行全然性統計分析,因此"該項訓解是否適合於該書的同型語句,那更不是他們所能爲力的了。"故而這種綜合研究既不能全然性統計研究該書的虚字相關用法,而驗之他書也只是就所見到的材料句而言,故而存在"産生曲説强通斷章取義的弊病",也"不免容納了一些摹仿、妄改、誤解、脱漏等成分"。

正是基於綜合研究具有上述三方面缺憾,故而張氏認爲:"綜合研究如不置基於個别研究的成績上,終不免失之浮泛。""任何語法的研究,如果忽視了材料的單元性,勢必很難作任何正確的研判。"這既是張氏《國語虚詞集釋》以及《國語》相關語言研究的動機和目的,而其成果也是其個别研究或專書研究主張的一次實驗性試探。在中國大陸,何樂士在 20 世紀 60 年代由北大中文系畢業進入中國科學院語言研究所之後,即在陸志韋指導下從事《左傳》專書語法研究,並在長期的研究過程中形成了對專書語法研究的系統性看法,她認爲"專書語法研究是漢語史研究的基石"、"專書語法研究是專題語法研究的重要依據"、"專書研究是比較研究的必要條件"、"專書研究是建立新的理論的一個重要途徑"、"專書語法研究的成果是檢驗自己或前人成説的有力武器";[1] 郭錫良也認爲:"古漢語專書語法研究是建立漢語斷代語法和漢語語法發展史的可靠基礎。"[2] 實際上完全可以由語法擴大到語言方面,全面完成漢語史的描寫和傳統漢語理論的建構,專書語言研究是最基礎的,也是最重要的。從某種意義上講,張氏的《國語虚詞集釋》可謂導夫先路,在專書語言綜合研究方面具有開拓之功。

縱觀張氏全書體例,每卷之中先引《國語》本文,然後將欲釋虚詞單獨列出,次列《經傳釋詞》以來各家虚詞訓解以及相關研究成果,最後案下己意。其中《周語上》27 條、《周語中》30 條、《周語下》27 條、《魯語上》19 條、《魯語下》22 條、《齊語》14 條、《晋語一》32 條、《晋語二》27 條、《晋語三》16 條、《晋語四》46 條、《晋語五》12 條、《晋語六》18 條、《晋語七》7 條、《晋語八》14 條、《晋語九》13 條、《鄭語》10 條、《楚語上》19 條、《楚語下》19 條、《吴語》37 條、《越語上》6 條、《越語下》8 條,合共 423 條。張氏之案語主要包括三個方面:(1) 爲虚詞定性,説明該虚詞之下位分類;(2) 聯繫《國語》全書對該虚詞進行綜合訓解,闡述該虚詞之意義用法;(3) 對所引述各家之説進行評騭。往往引及《馬氏文通》以來之語法書,尤其及周法高等相關語言學著作,既有傳統虚詞訓詁的路數,又頗有現代語法學的觀念。然其中前後未能劃一或所釋未能與文義相合之處亦往往有之。閲覽之下,採擷多條,因所識見,略爲之箋,以有益於張氏著作之研讀與《國語》虚詞之進一步研究云。

[1] 何樂士:《專書語法研究的幾點體會》,氏著《古漢語語法論文集》,商務印書館,2000 年,頁 360—369。
[2] 郭錫良:《古漢語專書語法研究漫談》,氏著《漢語史論集》(增補本),商務印書館,2005 年,頁 307。

《國語虛詞集釋》補箋

(一) 周語上

1. 其無乃廢先王之訓而王幾頓乎

幾

韋注：幾，危也。

《釋詞》：幾，詞也。頓，猶"廢"也。言荒服者王，先王之訓也。今犬戎氏以其職來王，而天子以不享征之，是廢先王之訓，而荒服來王之禮將從此廢矣。故下文遂云"自是荒服者不至"也。韋注訓"幾"爲"危"，"頓"爲"敗"，則是以王爲穆王矣。下文穆王得狼鹿以歸，未嘗危敗也。韋説失之。

《平議》："幾"乃語詞。《易·小畜上》："九月幾望。"虞注曰："幾，其也。"王幾頓乎，猶言王其頓乎。

《集釋》：幾，猶"則"也。

以仁案：《釋詞》訓"幾"爲語詞，下文復以"將從此廢矣"申述其意，顯與《平議》之説相近。疑皆未允。蓋"其無乃……乎"句式所表示之推測語氣貫徹全句，今復於子句中另加表推測語氣之詞，其例罕覩。竊以《集釋》之説較善。（頁 2—3）

【按】幾，庶幾，副詞，此處表程度，即在某種程度上接近於。雖《國語》"其例罕覩"，然仍當以表程度之副詞釋之爲當。虛詞用法的經常用法要看其出現情境的經常性與否和其功能的代替性狀況，若一種語言情境經常出現且該情境下所需要的虛詞功能具有不可代替性，則該虛詞一定常見，如"之"作爲結構助詞，該語言情境比較常見且"之"字作爲結構助詞功能的不可代替性，所以"之"作爲結構助詞是常見的。而"幾"作爲程度副詞的語言情境本來就比較少見，且具有程度的副詞非"幾"獨具，故"幾"較爲罕見。《國語》中此類用法者尚有 3 例，侯立睿《國語程度副詞研究》、劉雲峰《國語副詞語法研究》已指出，侯立睿、劉雲峰、周廣干等皆以之爲程度副詞。[1] 又張以仁引《平議》"《易·小畜上》'九月幾望'"當作"《易·小畜·上九》'月幾望'"。

2. 王其祗祓

其

《釋詞》：其，猶尚，庶幾也。

以仁案：《詞詮》、《國文法》用《釋詞》之説而名之曰"命令副詞"。若以今語釋

---

[1] 侯立睿：《〈國語〉程度副詞研究》，山西大學碩士學位論文，2003 年；劉雲峰：《〈國語〉副詞語法研究》，廣西師範大學碩士學位論文，2007 年；周廣干：《〈左傳〉〈國語〉副詞比較研究》，北京師範大學碩士學位論文，2008 年。

之,頗與"可要"或"可"(下接否定詞時)之義相當。《國語》其例習見。如《周語上》"天子其圖之"、"王其善之",《周語中》"王其不可以棄之"、"王其勿賜",《周語下》"王其圖之"……不煩枚舉。(頁9—10)

【按】"其"字用於謂語動詞之前,且不修飾謂語動詞,則表祈使語氣。楊樹達以之爲"命令副詞"者,實即祈使語氣也,就"其"字出現的語法位置而言,當作副詞,就其辭氣效果而言,當作祈使。

3. 令之不行

之

以仁案:之,猶若也(參《釋詞》)。假設連詞。之用於條件子句中,可表假設。《國語》其例習見。如《周語下》"令之不從,上之患也",《晋語一》"凶之無有,備之何害?若其有凶,備之爲瘳"、"行之克也,將以害之。若其不克,其因以罪之",《晋語四》"楚師之懼,我不修也"、"我之不德,殺之何爲"、"天之祚楚,誰能懼之",《晋語七》"孤之不元,廢也",諸首句中"之"字,皆謂"若"也。(頁11—12)

【按】"之"爲結構助詞,凡主謂結構之間加"之"字,表明該主謂結構充當一個句法成分,如"令之不從,上之患也"中之"令之不從"即充當該句之主語。此在今日已爲語法常識,無須廢詞。訓"若"未當。

4. 政之不立

之

以仁案:之,猶則也(參《釋詞》)。承接連詞。"令之不行,政之不立"謂"令若不行,政則不立"也。韋注云:"令不行即政不立。""即"亦"則"也。《史記·魯世家》集解引韋注作"則"。(頁12)

【按】"政之不立"之"之"與上"令之不行"之"之"語法功能相同,審《國語》本文全句爲"令之不行,政之不立,行而不順,民將棄上","令之不行,政之不立,行而不順"是"民將棄上"的前提與條件,而"令之不行"、"政之不立"、"行而不順"之間亦爲條件關係。審韋注之義,當謂令不行則政不立,政不立則行不順。"之"不當訓作"則"。

5. 猶有散遷懈慢,而著在刑辟,流在裔土

在

韋注:故加之刑辟,流之裔土也。

以仁案:韋注訓"在"爲"之",爲代名詞,古籍似無同例。而"著"之訓"加",亦疑未安。竊謂二"在"字並與"於"字同,介詞也(《古書虚字集釋》有例可參)。"在"

字介方所。謂"著於刑辟,流於裔土"也。二句句法一律。"著"謂"明書之"也。(《漢書·張湯傳》:"而著讞法。"顔師古注:"著謂明書之也。")《墨子·明鬼下》:"著在周之春秋。""著在燕之春秋。""著在宋之春秋。""著在齊之春秋。"諸"著在"皆謂"明書之於"也。若訓爲"加之",則不可通矣。(頁 17)

【按】韋注"之"字猶"諸",凡兼詞"諸"(於之)字韋注多釋爲"之",故以韋注此處"在"、"之"相釋,亦非不可。然此處韋注在串講句義,蓋以意釋,非必求其字字對應。訓"著"作"加"者,與"欲加之罪何患無辭"句中"加"字之義同。韋既在"在"的語法位置釋"之",此"之"字可看作代詞,則亦可通。

6. 館諸宗廟

諸

韋注:舍於宗廟。

以仁案:諸,猶"之於"也。"之"合"於"字疾讀之曰"諸"(《馬氏文通》卷二,孫經世《釋詞補》均有此説)。言舍襄王使者太宰文公及内史興於宗廟也。韋氏訓爲"於",於義未周。考本書凡言"諸"字而前有所承者,均當釋爲"之於"。如《周語中》:"夫人奉利而歸諸上。"謂歸之(利)於上也。"秦師還,晋人敗諸崤。"謂晋人敗之(秦)於崤也。此處若但釋爲"於",則敗者爲晋人矣。"故坐諸門外而使舌人體委與之。"謂坐之(戎狄之人)於門外也。《齊語》"輕過而移諸甲兵",《管子·小匡篇》"諸"作"之於",謂移其罰於甲兵也。此例甚多,不遑徧引。略舉一隅,以示通則。(頁 17—18)

【按】關於"諸"字,鄭玄、韋昭、皇侃、李賢等俱釋爲"之"或"於",[1]至《小爾雅·廣訓》則云:"諸,之乎也。"[2]王念孫《廣雅疏證》云:"諸者,'之於'之合聲,故'諸'訓爲'之',又訓爲'於'。"[3]王引之《經傳釋詞》則謂:"諸,之乎也。急言之曰'諸',徐言之曰'之乎'。"[4]至楊樹達《詞詮》則謂諸"代名詞兼介詞,'之於'二字之合聲";"代名詞兼助詞,'之乎'二字之合聲"。[5] 裴學海《古書虚字集釋》從之。則"諸"字就其語境可釋爲代詞"之",亦可釋爲介詞"於"、語氣詞"乎",以之爲兼類詞亦非不當。然就其語境看,所謂釋爲"代名詞兼介詞"者大體可以直接釋爲"介詞",凡釋爲"代名詞兼助詞"者,大體可

[1] 見宗福邦等主編:《故訓匯纂》,商務印書館,2003 年,頁 2127c—d 欄。

[2] 黄懷信:《小爾雅匯校集釋》云:"淳熙本'之'下多'也'字,未可從。"(三秦出版社,2003 年,頁 305) 遲鐸則於"之"下斷開爲句(遲鐸:《小爾雅集釋》,中華書局,2008 年,頁 206)。若從各家虚字研究之説,則以不斷開、"之"下無"也"字爲當。

[3] 〔清〕王念孫:《廣雅疏證》,中華書局,1983 年,頁 140 下。

[4] 〔清〕王引之:《經傳釋詞》,頁 197。

[5] 楊樹達:《詞詮》,中華書局,1965 年,頁 203。胡適亦主張"諸"爲"之於"之合聲,當釋作"之於",且爲魯語之特點。詳見胡適:《致陳鐵凡》,《胡適學術文集·語言文字研究》,中華書局,1993 年,頁 203。

以直接釋爲“助詞”。既然可以釋爲介詞、助詞，則未如單釋爲“之”、爲“於”、爲“乎”更易把握理解。審王念孫之意，既承認“諸”確乎爲合聲字，但是在某些語境中釋爲“之”，某些語境釋爲“於”，而非處理爲任何語境下皆釋爲“之於”，釋作“之於”的“諸”字更主要强調其引介功能而非指代功能，故可直釋爲介詞“於”，“之乎”者則主要在其疑問語氣而不在其指代，亦可直釋爲語氣詞，不必以爲兼詞。

二、周語中

7. 其叔父實應且憎，以非余一人

其

《集釋》：其，猶在也。

實

《辨略》：實，與寔同。《爾雅》云：“寔，是也。”

且

《辨略》：此且字，語助在句中者，將辭也。

《集釋》：且，而也。

以仁案：韋注云：“應，猶受。憎，惡也。言晋文雖當私賞，猶非我一人也。”則“且”表轉折，爲轉接連詞，猶口語“卻”。《集釋》近是。《晋語八》：“若以君官從子之私，懼子之應且增也。”“且”亦猶“卻”，與此同例。（頁22）

【按】吴金華云：“‘實應且憎’是表面上贊同而内心卻厭惡的意思。”[1]吴氏的解釋較之韋注更透脱一些。“且”字是連詞，表示轉折。張以仁謂“《集釋》近是”者是。又蕭旭云：“以：韋注‘猶非我一人也’，徐仁甫‘以’訓‘猶’（尚），此義張氏未揭。”[2]實“以”不可訓“猶”，“以”爲表相承結果之連詞，可譯作“來”。“猶”可作副詞、動詞，與“以”語法功能不同。

8. 無禮則脱，寡謀自陷。

自

《集釋》：自猶則也。自與則爲互文。

以仁案：自訓爲則，爲承接詞。《國語》别無同例。（頁25）

【按】“自”即是代詞，無由訓爲“則”，蓋四字成文，而上下成對，故上句“無禮”爲“脱”之條件，而下句“寡謀”爲“自陷”之條件，爲“寡謀則自陷”之省，非“自”可訓作“則”。

---

[1] 吴金華：《古文獻研究叢稿》，江蘇教育出版社，1995年，頁376。
[2] 蕭旭：《群書校補》，廣陵書社，2011年，頁83。

9. 棄壯之良而用幼弱

之

韋注：壯之良，謂申叔時也；幼弱，司馬子反也。

《集釋》：之，猶與也。

以仁案：董增齡《國語正義》曰："成十六年《左傳》：'過申，子反入見申叔時。'杜注：'叔時老在申。'則不得謂之壯。成七年（以仁案：當作'成九年'）：'鍾儀曰：其爲太子也，師保奉之，以朝于嬰齊而夕于側也。'則十年前子反已在師保之位，不得謂之幼弱。《傳》別有所指，非叔時、子反二人也。"吴曾祺《國語韋解補正》曰："案此二句，謂棄士卒之壯良者不用，而用幼弱。故《内傳》有'舊不必良'語。《注》以分指申叔時、子反，不合。"所駁甚審。成公十六年《左傳》一則曰："王卒以舊。"再則曰："舊不必良。"此"棄壯之良"蓋即指其事耳。《集釋》訓"之"爲"與"，爲連詞。蓋以"壯良"與下文"幼弱"相對也。惟《國語》別無同例可與參比。（頁 31）

【按】陳伯茂謂"之"爲"揚義虛字"，介詞"之"的語法功能中有一種"代替同義介詞'於'、'與'等"。[1] 關於"棄壯之良"，《國語》各譯注本譯爲：薛安勤、王連生"拋棄精明强壯的"；董立章注："之，與；和。"譯爲"棄置體魄健壯、人品優良的"；趙望秦等"拋開壯年良將"等，[2] 皆以"之"爲連詞。但是傅庚生、劉乾先等釋"壯之良"爲"年壯的良才"，[3] 是以"之"爲結構助詞。從"之"字的用法上來看，恐以釋"壯之良"爲"年壯的良才"更爲穩妥。

10. 且夫戰也，微謀。吾有三伐。

夫

以仁案：夫，猶彼也，指示形容詞。且猶今語"而且"。謂且彼鄢之戰也。"且夫"連文，《國語》多見。而其義有二：一則文雖連而實爲二詞，此其例也。《周語下》："且夫長翟之人。"《晋語六》："且夫戰也，微郤至，王必不免。"皆屬此類；一則"且夫"合爲一詞，與今語"而且"之義相當。此爲《國語》習見之用法。如《周語中》："且夫兄弟之怨，不徵於他。""且夫陽豈有裔民哉？""且夫人臣而侈，國家弗堪。"……凡二十三見。

微

韋注：微，無也。言軍無計謀也。

---

[1] 陳伯茂：《用邏輯代數分析句子結構和漢語虛字》，中國礦業大學出版社，2000 年，頁 88—90。

[2] 薛安勤、王連生：《國語譯注》，吉林文史出版社，1991 年，頁 95；董立章：《國語譯注辨析》，暨南大學出版社，1993 年，頁 79—80；趙望秦、張豔雲、楊軍注譯：《白話國語》，三秦出版社，1998 年，頁 70。

[3] 傅庚生：《國語選》，人民文學出版社，1959 年，頁 22；高振鐸、劉乾先：《國語選譯》，巴蜀書社，1992 年，頁 20。

《平議》：樾謹案：韋解“微謀”二字，未得其旨。“謀”即上文五勝五敗之説，乃卻至之謀也。卻至蓋謂是戰也，吾固有謀矣。即無謀，吾尚有三伐。二句承上以起下，“微”字“有”字相應。正見卻至自伐其功，有悉數難終之意。

日儒秦鼎《國語定本牋》：無謀，謂欒、范輩之無策。

以仁案：韋訓微爲無，是也。然申述“無謀”之義，則晦闇費解。秦鼎則增字之足之，似皆未得其旨。三説相較，《平議》之説近是。(頁32)

【按】楚永安以“且夫”爲“連詞性結構。‘且’是個連詞，表示進層；‘夫’是個語氣詞，表示要發表議論。‘且夫’結合，一般用於一段話的開頭，表示承接上文，引出另一層意思，進一步加以申述。”[1]較張氏之説更合“且夫”用法及意義。“微”本訓假令性否定，故俞樾之説“即無”更確。

三、周語下

11. 無德之患，何憂於晉

之

以仁案：之，猶是也(參《衍釋》、《集釋》)。語中助詞，外動詞之賓語倒置於外動詞之前時，恒以“是”字居二者之中助之。此“之”之用法與同。謂無德是患也。亦即患無德之義。下文：“古之聖王，唯此之慎。”亦謂唯此是慎也。又下文：“將民之與處而離之。”亦謂將民是與處而離之也。《集釋》有説，詳彼條。(頁36)

【按】此“之”字解作結構助詞最合語境，“無德之患”中“患”是中心詞，“無德”是限定成分。該句之前句云：“吾聞之，國德而鄰於不修，必受其福。今君偪於晉，而鄰於齊，齊、晉有禍，可以取伯，無德之患，何憂於晉？”“無德”即上文“不修”之義，此時“齊”、“晉”相對魯國而言皆是强盛國家且對魯國造成威脅，然“齊”、“晉”對於魯國的威脅，實是“無德之患”，故“無德之患”者，爲“無德之國對魯國造成的憂患”，故下句謂“何憂於晉”，“何憂於晉”對應上文“今君偪於晉”而言。“唯此之慎”爲固定的賓語前置結構，“之”字爲前置標記，“唯……之……”結構是“唯……是……”結構的變體。“民之與處”之“之”爲主謂間的結構助詞，與“德之患”之“之”功能不盡相同。

12. 自我先王厲、宣、幽、平而貪天禍，至於今未弭

而

以仁案：而，猶之也。陪從連詞(義見《詞詮》、《國文法》、《集釋》)。謂自我先王厲、宣、幽、平之貪天禍也。《楚語上》：“吾不服諸夏而獨事晉何也？”“而”亦猶

[1] 楚永安：《文言複式虚詞》，中國人民大學出版社，1986年，頁227。

"之"也。(頁 41)

【按】"而貪天禍"和"而獨事晋"中的"而"字不同,"而貪天禍"之"而"實表伴隨性,"貪天禍"爲述賓結構,"自我先王厲、宣、幽、平"實爲時間狀語。《楚語上》"而獨事晋"中的"而"字表並列關係,前"不服諸夏"與後"獨事晋"爲同位關係。故二"而"字功能實不相同。

13. 將焉用飾宫? 其以徼亂也

其

《集釋》: 其,猶而也。

以仁案: 其,猶豈也。反詰副詞(參《詞詮》)。《集釋》讀十字爲一句,故誤訓"其"爲"而"也。公序本則脱此"其"字,按"其"之用爲反詰副詞,《國語》習見。《周語中》:"不然,其敢自愛也?"韋注云:"豈敢自愛而不服乎?"是韋亦以"豈"釋"其"也。參《周語中》第 12、13 條。本例下文:"居儉、動敬、德讓、事咨而能避怨,以爲卿佐,其有不興乎?""其"亦猶"豈"也。(頁 42—43)

【按】關於《國語》本句的斷句。兩個標點作"?"、"。"的有上古本、薛安勤等、董立章、李維琦、鄔國義等、黄永堂、來可泓、曹建國等、劉倩等,[1] 兩個標點作"?"、"!"的有王樹民。[2] 按照張以仁的解釋,本句的"其"字可助成反詰語氣,故而"徼亂也"之後加"!"或"?"更爲適宜。以"其"字訓作"豈"恐未當,此處的"其"仍然是推度副詞,表揣測。

14. 令之不從,上之患也

之

以仁案: 之,猶若也。謂令若不從也。(頁 44)

【按】"令之不從"中的"之"字是結構助詞,用於主語和述語之間,使主述結構成爲全句的一個句法成分,即慣常所謂的取消句子獨立性。本句中"令之不從"爲主語,"上之患也"爲述語。故而"令之不從"之"之"不當訓作"若"。

15. 三年之中,而害金再興焉。懼一之廢也

一

韋注: 二金之中,其一必廢也。

---

[1] 上古本,指的是上海師範大學古籍整理研究所點校、上海古籍出版社分别於 1978 年、1988 年和 1998 年出版的《國語》點校本;薛安勤等,指的是薛安勤、王連生《國語譯注》(吉林文史出版社,1991 年);董立章,指的是董立章《國語譯注辨析》(暨南大學出版社,1993 年);李維琦,指的是李維琦點校本《國語》(嶽麓書社,1988 年)和李維琦《白話國語》(嶽麓書社,1994 年);鄔國義等,指的是鄔國義、胡果文、李曉路撰《國語譯注》(上海古籍出版社,1994 年);黄永堂,指的是黄永堂《國語全譯》(貴州人民出版社,1995 年);來可泓,指的是來可泓《國語直解》(復旦大學出版社,2000 年);王樹民,指的是王樹民、沈長雲點校《國語集解》(修訂本,中華書局,2006 年);曹建國等,指的是曹建國、張玖青注説《國語》(河南大學出版社,2008 年);劉倩等,指的是劉倩、魯竹《國語正宗》(華夏出版社,2008 年)。

[2] 徐元誥撰,王樹民、沈長雲點校:《國語集解》(修訂本),頁 99。

《衍釋》:一,猶皆也。……言鑄鐵鑄鐘,害民之事再興,恐晋之廢也。韋注:“其一必廢。”失之。

以仁案:《衍釋》之訓疑是。(頁 45)

【按】徐元誥《集解》亦云:“一,疑當訓皆。”[1]實誤。這段話是伶州鳩對答周景王的話。伶州鳩所説的話實爲推斷之辭,並非本實有其事而進行的描述。因此,此處“一之廢”之“一”實數詞,“二者中之一”的意思,不當訓爲副詞。

四、魯語上

16. 抑刑戮也? 其夭札也?

抑

《集釋》:抑,猶是也。

以仁案:“抑”作爲選擇連詞,《國語》例皆居次句之首。如《周語下》:“敢問天道乎? 抑人故也?”《魯語上》:“欲信讓耶? 抑知其不可乎?”《晋語一》:“牀笫之不安邪,抑驪姬之不存側邪?”《晋語二》:“曩而言戲乎? 抑有所聞之乎?”《晋語八》:“不知人殺乎? 抑厲於鬼邪?”《晋語九》:“以爲繭絲乎? 抑爲保鄣乎?”皆是也。今居前句之首,與他例不合。此所以《集釋》訓爲“是”也。竊疑“抑”,“其”或互倒。惜無佐證。(頁 57)

【按】“抑”、“其”皆爲推度副詞,表推測語氣。古漢語中,“抑”作選擇連詞放在後句,此爲常例,張氏所云者是。張氏疑“‘抑’,‘其’或互倒”者亦非不是。然語法分析自當從其顯性形式入手,除非有特别錯誤,不當依其一般規則而改易正文。

17. 其身之不能定,焉能予人之邑

之

《考異》:公序本無“之”字。

《衍釋》:之,且也。言自身且不能定。

以仁案:“之”爲“尚且”義,是爲副詞,《國語》罕見同例。又《衍釋》引此文無“之邑”二字,蓋漏引也。(頁 60)

【按】“其身之不能定”之“之”爲結構助詞,舒緩語氣,起凸顯作用。從符合語言規則角度而言,以公序本無“之”字爲最當,因“焉能予人之邑”和“其身不能定”爲兩個語義語氣完足的獨立句子,故“其身不能定”更合。如果從定本角度出發,則當以公序本無“之”字更是。

---

[1] 徐元誥撰,王樹民、沈長雲點校:《國語集解》(修訂本),頁 112。

五、魯語下

18. 魯人以莒人先濟

以

韋注：以，用也。能東西之曰“以”。

以仁案：以，與也。介詞，表“領率”之義。猶口語“領著”。若訓爲“用”，則失穆子賦詩之意矣。且參《周語上》第22條。襄公十四年《左傳》：“魯人、莒人先濟。”正謂魯、莒並先濟也。韋説失之。（頁61）

【按】莒爲魯之盟國，魯爲主盟，而莒爲附屬，故韋注“能東西之曰以”不誤，“用”亦“因”、“憑藉”之義，亦通，不必爲誤。張氏釋爲介詞亦是，審韋注之義，實以“用”釋“以”，“以”、“用”皆可作介詞。

19. 自上以下，誰敢淫心舍力

以

《集釋》：以，及也。

以仁案：以之訓及，爲介詞。《國語》罕覯同例。《周語上》第24條“余一人有罪，無以萬夫”，以雖訓及，然乃引《湯誓》文而非《國語》本文。（頁72）

【按】張氏實已區别先時語料與現時語料。然“自上以下”與“無以萬夫”二句中“以”字用法並不相同。蓋“自上以下”之“以”即“從上到下”，因“自”字亦介詞，“自……以……”相當於英語中之“from ... to ...”。而“無以萬夫”之“以”恐以釋爲動詞義更爲合語境，“無”爲否定副詞，“無以萬夫”者，不要牽連、涉及衆人。故楊伯峻謂：“‘以’表連及。這種用法只上古有。”[1]實“無以萬夫”之“以”爲動詞，與“自上以下”之“以”不同。

20. 陷而入於恭

而

《再補》：而，猶寧也。韋注：“如有過失，寧近於恭也。”

以仁案：而訓爲寧，爲助動詞。《國語》罕見其例。（頁73）

【按】韋注釋文義，非以“寧”字與“而”字對應，“而”字作連詞表補充，“入於恭”實際上是對“陷”的補充，不必釋出。有以閩南語“陷陷”語出《魯語下》者，[2]可爲備考。

---

[1] 楊伯峻：《古漢語虚詞》，中華書局，1981年，頁262。

[2] 陳允洛：《閩南詞語考源》，見載於氏著《陳允洛文集》，臺灣厦門英華書院旅臺同學會，1971年，頁137—145。

又蕭旭《古書虛詞旁釋》舉本句之例以"'而'猶言'而後'、'然後'也",[1]非是。

六、齊語

21. 此非欲戮之也,欲用其政也

《衍釋》:其,猶爲也。

《集釋》:其,猶爲也。……爲"作"字之義。……言欲用管仲爲政也。

以仁案:其訓爲"作爲"字,《國語》罕覯同例。《魯語上》"衛侯聞其臧文仲之爲也",《衍釋》亦訓該"其"爲"爲",然二例顯非同類,不能牽比。(頁75)

【按】"其"爲代詞,"政"爲中心詞,"其政"者,"其政術"之謂,蓋謂齊桓公欲用管仲施政之術。此"其"字與《魯語上》之"其"字亦不同。本句"其"字作限定詞,《魯語上》"其"字爲小句主語,説已見上。

22. 桓公知天下諸侯多與己也

與

韋注:與,從也。

《集釋》:與,猶從也。隨也。韋注曰:"與,從也。"(頁80)

【按】此"與"字既釋爲動詞義,則不當入虛字中釋之。這是傳統虛詞訓詁式研究範式的一個通病,即雖然整體上釋虛詞,往往涉及到虛詞的實詞義時,亦多訓釋之。該句中,"知"爲心理動詞,故其後所跟賓語"天下諸侯多與己也"爲小句,其中"與"爲小句中之謂語動詞。

七、晉語一

23. 若晉以男戎勝戎,而戎亦必以女戎勝晉

以

以仁案:疑二"以"字,猶"由"也。介詞。《漢書·劉向傳》:"條其所以。"師古注云:"以,由也。"此謂晉由男戎而勝戎,而戎亦必由女戎而勝晉也。韋注"戎"爲"兵",蓋不知"以"之訓"由"而曲爲之解耳。惜《國語》罕覯同例。(頁83)

【按】張氏《斠證》、《札記》亦並言之。韋注所釋"戎,兵也"非釋"戎",實釋"男戎"、"女戎"之"戎",韋注不誤。此"以"字實作介詞,"憑藉"之義,"以男戎"、"以女戎"之"以"字皆介詞,表方式,釋作"由"未如"憑藉"能確切反映文義。拙稿《張以仁〈國語札

---

[1] 蕭旭:《古書虛詞旁釋》,廣陵書社,2007年,頁253。

記〉補箋》亦有説，可參。[1]

24. 若大難至而恤之，其何及矣

其

以仁案：其，猶則也。

矣

以仁案：矣，猶乎也。謂則何及乎也。（頁94）

【按】“其”不訓“則”，“其”的語法功能與“則”亦不相類，本處“其”字語法功能類於祈使語氣。張氏謂“矣猶乎也”亦未當，實全句的疑問語氣由“何”字出，非由“矣”字出。

八、晋語二

25. 暇豫之吾吾，不如鳥烏

之

《集釋》：之，猶而也。欲閑樂事而不親之也。韋注曰：“吾吾，不敢自親之貌也。”

以仁案：《集釋》蓋以“之”爲轉接連詞，猶口語之“卻”也。然“之”用爲轉接連詞，《國語》罕見其例。（頁99）

【按】關鍵問題不在“之”，而在“吾吾”之釋以及“吾吾”與“暇豫”的關係。韋注釋爲“不敢自親之貌”，今《國語》譯注本之葉玉麟、秦同培、傅庚生、馬達遠、楊宏文、薛安勤等、高振鐸等、董立章、黄永堂、趙望秦等、來可泓、尚學鋒、陳桐生等皆從韋注爲釋，葉萌、汪啓明等、許威漢等亦並從之。[2]

從韋注的解釋看，韋昭是把“吾吾”看作狀貌詞的，即“吾吾”是重言。王懋竑以“吾吾”爲“暇豫貌”，陸宗達以“吾吾”爲“寫‘暇豫’之狀”，[3]二説同。這一類看法較爲常見，如下：

(1) 方以智《通雅》卷一〇云：“‘悬悬’即‘與與’，通爲‘于于’、‘吾吾’，因而有成行之‘魚魚’、‘衙衙’。《敘傳》曰：‘長倩懊懊。’弋於切，《説文》作‘悬’，余吕切，趣步悬悬

[1] 郭萬青：《張以仁〈國語札記〉補箋》，《臺北大學中文學報》第13期，頁113—130。

[2] 秦同培注譯，宋晶如增訂：《廣注語譯國語精華》，世界書局，1937年，頁87；葉玉麟：《白話譯解國語》，大達圖書供應社，1935年，頁64；傅庚生：《國語選》，頁96；馬達遠：《國語故事選譯》，上海古籍出版社，1985年，頁63；楊宏文：《國語國策故事選譯》，中華書局，1961年，頁11；薛安勤、王連生：《國語譯注》，頁328；高振鐸、劉乾先：《國語選譯》，頁77；董立章：《國語譯注辨析》，頁355；黄永堂：《國語全譯》，頁303；趙望秦、張豔雲、楊軍注譯：《白話國語》，頁243；來可泓：《國語直解》，頁401；尚學鋒、夏德靠譯：《國語》，中華書局，2007年，頁125；陳桐生譯注：《國語》，中華書局，2013年，頁307；葉萌：《古代漢語貌詞通釋》，山東文藝出版社，1993年，頁463；許威漢：《訓詁學導論》（修訂版），北京大學出版社，2003年，頁104。

[3] 陸宗達：《訓詁簡論》，北京出版社，2002年，頁149。

也。丁度作'忥',故騈字有'忥忥'。黄公紹曰:'與與,如也,舒也,威儀適中也。'《玉篇》曰:'謹謹貌。'智謂:懙懙,舒徐有餘之貌。《郊祀歌》'㚤與萬物',言開舒也。'黍稷與與',平聲,謂其舒而有餘也,其聲則與'于于'、'魚魚'、'衙衙'相通。《莊子》'其卧徐徐,其覺于于'注:'自足貌。'又行貌,韓文'于于然而來',通作'吾吾',因行貌而成行列者謂之魚魚、衙衙。《國語》曰:'暇豫之吾吾,不如鳥烏。'則'于于'之意也。《九辨》曰:'通飛廉之衙衙。'則謂成行也。故退之用魚魚,皇甫湜爲元次山作詩曰:'石屏立衙衙,溪口揚素瀨。'《説文》曰:'芋猶吁,吁驚辭也。'亦从此聲。"[1]

雷學淇《介菴經説》卷一〇"五午同義"條謂"吾吾"實即"支吾"之義。[2]

(2) 吴汝倫《尚書故》卷一云:"罔晝夜頟頟,《史記》省此文。《潛夫論》'頟頟'作'鄂鄂'。汝綸案:《釋名》:'額,鄂也。''鄂'、'頟'同聲通訓。'鄂鄂'猶'吾吾','吾吾'猶'語語'。《廣雅》:'語語,喜也。''遻'、'俉'同字,故'鄂'通'吾'、'語'。《晋語》'暇豫之吾吾'即此'鄂鄂'也。'頟頟'又爲'高'義,《西京賦》'鍔鍔列列'注:'皆高皃。'韓愈《平淮西碑》'頟頟蔡城',猶'鍔鍔'也。"[3]

(3) 蕭旭《國語校補》:《御覽》卷469引"吾吾"作"俉俉",有注云:"俉俉,踈遠之貌。"吴曾祺曰:"吾吾即踽踽,與人不相親之貌。"吴説是也,《説文》:"踽,疏行貌。《詩》曰:'獨行踽踽。'"《詩·杕杜》毛傳:"踽踽,無所親也。"字或作偊,《列子·力命》:"偊偊而步。"《釋文》:"本或作踽,《字林》云:'疏行貌。'"《正字通》:"偊偊,獨行貌。"《辭通》卷13云:"踽字從人作偊,音義同;'疏行'與'獨行'義亦合。"字或作瑀,《太平廣記》卷490引《東陽夜怪録》:"客何故瑀瑀然犯雪,昏夜至此?"字或作"衙",《廣韻》:"衙,語居切,《説文》曰:'衙衙,行貌。'又音牙。"《玉篇》:"衙,行貌,又踈遠貌。"《集韻》:"行衙衙謂之徥。"《楚辭·九辯》:"通飛廉之衙衙。"朱熹《集注》、洪興祖《補注》並曰:"衙衙,行貌。"陳第《屈宋古音義》曰:"衙,音御。衙衙,踈遠貌。"字或作"與"、"懙"、"忥"、"懇"、"趣"、"鸒",《漢書·揚雄傳〈羽獵賦〉》:"滛滛與與,前後要遮。"師古曰:"滛滛、與與,往來貌。"《文選》"滛滛"作"淫淫",李善曰:"淫淫、與與,皆行貌也。""滛滛與與"即"猶猶與與",《淮南子·兵略篇》:"擊其猶猶,陵其與與。"與與,行步舒徐貌,引申爲茂盛貌。《詩·楚茨》:"我黍與與,我稷翼翼。"鄭箋:"黍與與,稷翼翼,蕃廡貌。"又引申爲恭謹貌,《論語·鄉黨》:"君在,踧踖如也,與與如也。"何晏《集解》:"馬曰:'與與,威儀中適之貌。'"《集韻》:"懙懙,行步安舒也。或作忥,亦書作懇。"《説文》、《廣韻》:"趣趣,安行也。"《集韻》:"鸒,《説文》:'馬行徐而疾。'"字或作"于"。《莊子·應帝王》:"泰氏其卧徐徐,其覺于于。"成玄英疏:"于于,自得之貌。"韓愈《上宰相書》:"于于焉而來矣。"要

---

[1] 〔明〕方以智:《通雅》,中國書店1990年影印浮山此藏軒本,頁135下。

[2] 〔清〕雷學淇:《介菴經説》,《續修四庫全書》第176册,頁233下。

[3] 吴汝綸:《尚書故》卷一,氏著《吴汝綸全集》,黄山書社,2002年,頁458。

之,“吾吾”、“俉俉”、“衙衙”、“踽踽”、“偊偊”、“瑀瑀”、“與與”、“懙懙”、“忢忢”、“懇懇”、“趣趣”、“鸒鸒”、“于于”並一音之轉,義爲“獨自緩行、與人踈遠不相親之貌”,故《國語》用以形容“暇豫”。王懋竑《國語存校》曰:“吾吾,暇豫貌。言不如鳥烏之暇豫也。”近之。李元吉曰:“漢《横吹曲》‘朱鷺魚以雅’,解者謂朱鷺之容安舒閒雅。則此‘吾吾’亦謂里克暇豫而安舒耳。似非不敢自親也。”可謂知二五而不知一十。楊慎《轉注古音略》卷 1 曰:“吾,借作娱。”徐仁甫曰:“‘吾吾’當分讀。吾,代詞。”並失之。《古樂府·朱鷺曲》:“朱鷺魚以烏,鷺何食,食茄下。”明楊慎《丹鉛總録》卷 21 云:“烏,古與雅同叶音,作雅蓋古字。烏也、雅也,本一字也。雅與下相叶,始得其音。魚以雅者,言朱鷺之威儀魚魚雅雅也。韓文《元和聖德詩》‘魚魚雅雅’之語本此。茄,古荷字。”楊説甚確,而未詳“魚魚雅雅”之義。韓愈《元和聖德詩》:“駕龍十二,魚魚雅雅。”錢仲聯《集釋》引方世舉曰:“魚有貫,雅有陣,言扈從之象也。”清王應奎《柳南隨筆》卷 1:“魚魚雅雅,殆取娓隊之義,言馬之行如魚貫、如雅陣耳。”《漢語大詞典》曰:“【魚魚雅雅】威儀整肅貌。雅,通‘鴉’。魚行成貫,鴉飛成陣,故稱。”恐非確詁。“魚魚雅雅”疑即“吾吾衙衙”,“衙”讀《廣韻》又音“牙”,故作“雅雅”。[1]

諸説中以蕭旭《校補》討論最爲細緻。

另外,則有以“吾吾”分别屬上下句者,即“吾”爲代詞。亦有幾家,如下。

(1) 吴秋輝《暇豫歌詞正誤》云:“舊皆從二吾字絶句,或以吾吾爲語助聲。如揚子幼報孫會宗書,所謂‘仰天而歌烏烏’之類。然烏烏上加以之字殊不倫。或又以吾吾爲踽踽之假借,而二字之音又不相適合。二説皆不可通。其尤謬者,則並下句烏烏亦改爲烏烏,以爲上句吾吾之配。殊不知此烏烏字易作歌聲,則下文集苑、集枯字又何自來耶?今按此詞,實當以首一吾字絶句,下吾字則連下成文,意蓋謂吾但貪暇豫,而不知改圖,則吾將不如鳥烏,鳥烏尚知集於苑,而己則將獨集於枯也。此優施託爲里克謂其妻之詞,以隱諷里克捨棄其素日之主張,以改爲驪姬也。文本不甚晦澀,乃爲一經句讀錯亂,便覺其難通,實則原文自了了也。”[2]

(2) 徐仁甫《古詩别解》謂:“暇豫是形容詞,本謂吾之暇豫,而言暇豫之吾者,吾與烏,枯韻也。‘吾吾不如鳥烏’,次‘吾’字屬下讀,作下句之主語。文自通順。韋讀吾吾爲形容詞,而以暇豫爲主語,不知形容詞不得爲主語,又一句兩個形容詞,皆不通之讀也。”[3]又其於《晋語辨正》文中仍主兩“吾”字一屬下讀:“吾吾當分讀。暇豫之吾,言閒暇的我。上文曰:‘我教兹暇豫事君。’故此文曰吾,優施自我也。吾,代詞,受暇豫

[1] 蕭旭:《群書校補》,頁 135—136。
[2] 吴秋輝撰,張乾一輯録:《侘傺軒文存》,齊魯書社,1997 年,頁 367—368。
[3] 徐仁甫:《古詩别解》,上海古籍出版社,1984 年,頁 72。

修飾，代詞受修飾，此乃始見。江有誥《先秦韻讀》於上吾字斷句，吾與烏枯韻。”[1]

可見徐仁甫説和吴秋輝説的前後繼承性。

無論從本文語境還是從重言詞的一般規則出發，本文的“吾吾”看作重言詞是没有問題的。此外就是“暇豫”和“吾吾”之間的關係問題。“之”作結構助詞是常見的用法，“暇豫”爲限定成分，“吾吾”爲中心詞；或者反之“暇豫”爲中心詞，“吾吾”爲限定成份都是没有問題的。然而“暇豫”和“吾吾”確實爲相對的兩種狀態，則“之”字作結構助詞且表二者的從屬關係爲不辭。則“之”爲動詞，“本當暇豫而之吾吾”之義。其轉折義非由“之”字出，實由本句的語義關係決定，故不可以“之”字爲轉接連詞，《集釋》説誤。

26. 有父忍之，況國人乎

有

《集釋》：有，雖也。見《爾雅》。

以仁案：《國語》罕覩同例。（頁 102）

【按】“有”爲動詞，韋注：“有父忍自殺之，況能愛國人乎？”不解爲“雖”。《晋語一》驪姬云：“今君惑於我，必亂國，無乃以國故而行强於君。”公曰：“夫豈惠其民而不惠於其父乎？”“有父忍之，況國人乎”這句話是和“夫豈惠其民而不惠於其父乎”相對應的，上言“不惠於其父乎”，故此處言“有父忍之”。“有父忍之”者，“自己有父親都能忍心傷害他”之義，王宏等英譯爲：“You have father. Yet you rather murder him. ”[2] 此譯甚合《國語》本文之文本形式與語義。今《國語》譯注本多意譯“有父忍之”爲“你對自己的父親都忍心傷（謀）害”，亦通。《集釋》釋“有”爲“雖”，未確。

27. 子惠顧亡人重耳

惠

《詞詮》：表敬副詞。（《國文法》同。）

以仁案：下文“君惠弔亡臣”同此。（頁 107）

【按】語法學研究者中很多以“惠”等一類詞爲表敬副詞者，如譚正璧、顧佛影、楊伯峻、周秉鈞、馬忠、王笑湘、李新魁、康瑞琮、佘行達、郭錫良、白兆麟等，楊樹達或其始也。[3]　自楊樹達以來，表敬副詞已成爲古漢語語法學著作中副詞下位分類的一個

[1] 徐仁甫：《晋語辨正》，《晋陽學刊》1984 年第 2 期，頁 78—82。

[2] 王宏、趙峥英譯，尚學鋒、夏德靠今譯：《國語》，湖南人民出版社，2012 年，頁 127。

[3] 楊伯峻：《文言語法》，北京出版社，1956 年，頁 104；楊伯峻：《文言文法》，中華書局，1963 年，頁 96；周秉鈞主編：《古漢語手册》，湖南人民出版社，1985 年，頁 248—249；馬忠：《古代漢語語法》，山東教育出版社，1983 年，頁 370；王笑湘：《文言語法》，中國人民大學出版社，1987 年，頁 108；李新魁：《漢語文言語法》，廣東人民出版社，1983 年，頁 134；康瑞琮：《古代漢語語法》，遼寧人民出版社，1981 年，頁 164—165；郭錫良：《古代漢語語法講稿》，語文出版社，2007 年，頁 75；白兆麟：《文法學及其散論》，九州出版社，2004 年，頁 85—86；楊樹達：《高等國文法》，商務印書館，1955 年，頁 332。

固定類別。

28. 幸苟君之，子唯其索之也

苟

《補正》案：苟，誠也。

以仁案：苟，若也，如也，假設連詞也（義見《詞詮》）。《補正》訓"誠"，亦假設之詞也。幸，則爲表態副詞。又《補正》從"子"下絶句，非是。夷吾本即君之子也。（頁 108）

【按】"誠"不表假設，唯表確定性。關於本句的斷句，"子"字屬上者有王鐸、道春點本、秦鼎、吴曾祺、沈鎔、吴汝綸、《叢書集成初編》本、秦同培、傅庚生、上古本、彭益林、薛安勤等、汪濟民等、焦傑、劉利、李維琦、黄永堂、史延庭、鄔國義等、趙望秦等、來可泓、李德山、尚學鋒等、梁谷、曹建國等、陳桐生；[1]"子"字屬下者有徐元誥、裴學海、張以仁、易孟醇、王樹民等、劉倩等、羅家湘等。[2] 審徐元誥云："幸苟，謂苟得爲晋君，子可聽秦之索求也。子，謂夷吾。"[3]審本文下文云："子盍盡國以賂内外。"則此處亦當以"子"字下屬爲是。則"幸苟君之"之"君"爲名詞活用作動詞。

29. 又重有命

有

《衍釋》：《唐韻正》"有"古讀"以"，是"以"、"有"二字義同而通也。（頁 110）

【按】"有"即動詞，不必改讀。實本句中"又"作副詞，"重"字爲謂語動詞，"有命"實爲一結構形式，類於名詞性成份作賓語。其語法關係爲"[又]重有命"，其中"有命"爲述賓結構。

---

[1] 〔清〕王鐸：《王覺斯批校國語讀本》卷八，遼海書社，1934 年，本卷頁 13；[日] 林信勝點校：《道春點國語》卷八，刊刻時、地不詳，和刻本，本卷頁 13；[日] 秦鼎：《春秋外傳國語定本》卷八，日本文化六年浪華書肆刊本，本卷頁 12；吴曾祺：《國語韋解補正》卷八，商務印書館，1915 年，本卷頁 5；沈鎔：《國語詳注》卷八，文明書局，1925 年，本卷頁 6；吴汝綸點勘：《國語》，見刊於宋志英主編：《〈國語〉研究文獻輯刊》第一册，國家圖書館出版社，2012 年，頁 316；〔吴〕韋昭注：《國語》，商務印書館，1937 年，《叢書集成初編》本，頁 108；傅庚生：《國語選》，頁 103；上海師範大學古籍整理研究所點校：《國語》，頁 307；彭益林：《〈國語・晋語〉校讀記》，《華中師範大學學報》1986 年第 5 期，頁 53—57；薛安勤、王連生：《國語譯注》，頁 350；汪濟民、仲坤、徐玉侖、張學賢：《國語譯注》，百花洲文藝出版社，1992 年，頁 181；焦傑點校：《國語》，遼寧教育出版社，1997 年，頁 65；李維琦標點：《國語》，頁 82；李維琦：《白話國語》，頁 195；黄永堂：《國語全譯》，頁 322；史延庭編著：《國語》，吉林人民出版社，1996 年，頁 158；鄔國義、胡果文、李曉路：《國語譯注》，頁 258；趙望秦、張豔雲、楊軍：《白話國語》，頁 258；來可泓：《國語直解》，頁 422；李德山注評：《國語》，鳳凰出版社，2009 年，頁 110；尚學鋒、夏德靠譯注：《國語》，頁 144；〔吴〕韋昭注，明潔輯評，梁谷整理：《國語》，上海古籍出版社，2008 年，頁 140；曹建國、張玖青注説：《國語》，頁 221；陳桐生譯注：《國語》，頁 332。

[2] 徐元誥撰，王樹民、沈長雲點校：《國語集解》（修訂本），頁 293；劉倩、魯竹：《國語正宗》，頁 164；羅家湘注譯：《國語》，中州古籍出版社，2010 年，頁 172；裴學海：《古書虛字集釋》，商務印書館，1932 年，頁 195。

[3] 徐元誥撰，王樹民、沈長雲點校：《國語集解》（修訂本），頁 293。

十、晋語四

30. 有此,其以戌申乎

以仁案:以,猶於也。介詞,表時間。下文"將以己丑焚公宫",亦謂將於己丑焚公宫也。(頁 122)

【按】張氏以"於"釋"以"字,是。"戌"字誤,當爲"戊"。徐仁甫謂本句"其猶當也"[1],"其"字實亦推度副詞,徐氏釋作"當"是可以的。

31. 其何實不從

實

韋注:言實從也。

《集釋》:實,猶爲也。爲,故字之義。

以仁案:《吴語》:"雖四方之諸侯,則何實以事吴?"與此同例。《辨略》訓爲語助,無義。蓋是。此宜從之。(頁 132)

【按】傅庚生釋"其何實不從"云:"意謂實不相從。"[2]高樹認爲:"用在疑問句中,'實'和疑問代詞'何'相結合,以反問的語氣表示肯定的意思。"[3]可從。此處"實"字應是表確定性的副詞,李新魁稱之爲表確定的"狀態副詞",王笑湘、張文國等稱之爲"表示深信不疑"的"情態副詞",楊伯峻、何樂士稱之爲"表示對事態、行爲的肯定推度或判斷"的"推度副詞",李佐豐稱之爲"決斷副詞",[4]總之,皆以"實"爲表確定性的副詞。

32. 豈不如女言,然是吾惡心也

然

《釋詞》:然,猶乃也。言乃是吾惡心也。

以仁案:《國語》只此一例。(頁 134)

【按】"然"字表轉接,與"乃"字語法功能不同。林序達明確指出《釋詞》的不足,以"然"字爲連詞。[5] 俞敏直接改句讀爲"豈不如女言?然,是吾惡心也",[6]俞敏的這種處理亦極精當。

---

[1] 徐仁甫:《廣釋詞》,四川人民出版社,1981 年,頁 175。

[2] 傅庚生:《國語選》,頁 141。

[3] 高樹:《〈左傳〉的"實"》,《新疆大學學報》1992 年第 2 期,頁 94—100。

[4] 李新魁:《漢語文言語法》,頁 126;王笑湘:《文言語法》,頁 101;張文國、張能甫:《古漢語語法學》,巴蜀書社,2003 年,頁 153;楊伯峻、何樂士:《古漢語語法及其發展》(修訂本),語文出版社,2003 年,頁 347—348;李佐豐:《古代漢語語法學》,商務印書館,2004 年,頁 187—190。

[5] 林序達:《林序達漢語史論集》,巴蜀書社,2009 年,頁 480。

[6] 俞敏:《經傳釋詞札記》,湖南教育出版社,1987 年,頁 125—126。

十一、晋語五

33. 病未若死

若

《釋詞》: 若,猶及也。至也。成二年《左傳》作“病未及死”。

以仁案:《集釋》同。若訓爲至,其例《國語》罕見。(頁 144)

【按】“若”可訓作“如”,“若”、“如”亦爲動詞,作“之”、“至”等義。《晋語五》本句,《左傳》作“病未及死”,王引之《經傳釋詞》因謂:“若猶及也,至也。《書・召誥》曰‘越五日甲寅,位成,若翼日乙卯’,言及翼日乙卯也。《吴語》‘越大夫種曰: 王若今起師以會’,言及今起師以會戰也。故成二年《左傳》‘病未及死’,《晋語》作‘病未若死’。”秦鼎亦謂“若猶及也,傳作及。”[1]徐仁甫則云:“若,猶及,連詞。訓見《經傳釋詞》。《周禮・地官・媒氏》:‘中春之月,令會男女,於是時也,奔者不禁,若無故而不用令者罰之。’宋魏了翁云:‘若’字當讀如‘子若孫’之‘若’,謂使媒氏會合婚嫁,苟有奔者而不爲之禁,若元無喪而不用此令者,則皆寘之罰,非謂權許其奔也。元熊朋來亦云:《媒氏》‘若無故’之‘若’,猶言‘及’也。”[2]又蕭旭《古書虛詞旁釋》亦補例多條,云:“《老子》第 13 章:‘寵辱若驚,貴大患若身。’言至身也。《吕氏春秋・貴直》:‘士之速斃,一若此乎?’按《知士》:‘静郭君之於寡人,一至此乎?’是其比。《戰國策・齊策一》:‘徐公不若君之美也。’按上文‘徐公何能及君也?’正作及字。《莊子・秋水》:‘不知論之不及與? 知之弗若與?’若、及互文。成玄英疏:‘豈直議論不如,抑亦智力不逮。’釋若爲逮、及爲如,逮、如亦及也。《晏子春秋・諫下》:‘吾勇不子若,功不子逮。’若、逮互文,逮亦及也。《列子・力命》:‘愧其不若黄帝而哀不己若者。’張湛注:‘慚其道之不及聖,矜其民之不逮己。’張氏分釋兩‘若’字爲‘及’、‘逮’。《劉子・適才》:‘非子貢不及馬圉,吹籟不若野聲。’若、及互文。”[3]這裏牽涉到兩書内容基本相同、語義基本相同而相同語法位置上用字不同,二者是否可以互换的問題,同時牽涉到傳統虛詞研究著作中用訓詁訓釋模式“某猶某也”進行虛詞訓釋是否可以準確標示虛詞的語法義及其語法功能的問題。故不憚煩,引述各書如上。首先是對《晋語五》“若”和《左傳》“及”的詞類歸屬認定,根據趙大明《〈左傳〉介詞研究》,《左傳》“及”字共出現 725 次,可作動詞、連詞和介詞,其中動詞義之“及”409 次,介詞“及”191 次,連詞 125 次,[4]“病未及死”之“及”實當爲動詞,和“流血及屨”、“矢貫余手及肘”的“及”意義用法是相同的,即“及”字是“到

[1] [日] 秦鼎:《春秋外傳國語定本》卷一五,日本文化六年浪華書肆刊本,本卷頁 6。
[2] 徐仁甫:《廣釋詞》,頁 325—326。
[3] 蕭旭:《古書虛詞旁釋》,頁 257。
[4] 趙大明:《〈左傳〉介詞研究》,首都師範大學出版社,2007 年,頁 309。

達"之義,就本句而言,"及"前還有否定副詞"未"修飾,就更彰顯其動詞類屬。《晋語五》的"若"本義爲動詞義,《説文》艸部:"若,擇菜也。"[1]"擇"這一動作本身具有遷延性,即把甲事物從乙事物中選擇出來,乙事物是甲事物存在的一個更大集合,甲事物是"擇"的對象與結果,實際上也體現一個由此及彼這樣一個過程,在這一點上和"及"類似。《説文》又部:"及,逮也。"[2]動作本身也具有遷延性。因此,"若"和"及"具有類同性。此外,"若"和"如"聲同義通,"如"有比況義、到義,故"若"字亦有之。故張以仁云:"《集釋》同,若訓爲至,其例《國語》罕見。"[3]罕見之説恐受"例不十,法不立;例外不十,法不破"之説的影響。實際上有些用法或意義在某部專書甚至某一斷代語言史中出現頻次很低,有的甚至就是一次,但是卻無法否定其存在。如《晋語二》"吾誰使先若夫二公子"之"若"、《吴語》"將夾溝而㢋我",非惟《國語》僅 1 見,甚至放在整個漢語史中也不多見,尤其"若"作擇取講,恐也只有《國語》1 例。因爲虚詞的語法化過程是漸進性的,故一部專書甚至一個時代,該詞的虚詞用法、實詞用法都會出現,訓詁學家往往因其有虚詞用法,故釋之爲虚詞,然而亦常常見虚詞訓詁中釋之爲實詞義者,即在於該詞爲兼類詞。實際上王引之釋"若猶及也,至也"之中的"及"與"至"皆當爲實詞義,非爲虚詞,其所引三例,《書·召誥》之"若"字可訓作"及",亦可訓作"至",至其所舉《吴語》"若"字本假設連詞,即爲"如果",不煩訓作"及"。故王氏《釋詞》三例中二作動詞,唯一見作連詞。徐仁甫《廣釋詞》引《媒氏》"若"字實亦假設連詞,其所引魏了翁等説未可爲確解。蕭旭所舉諸例中,所舉《老子》、《吕氏春秋·貴直》、《齊策一》、《莊子》、《晏子春秋》、《列子》、《劉子》之"若"字皆爲比況動詞。所舉可證以"及"字代之諸例,實"及"字爲一般動詞。"若"、"及"雖皆動詞,然下位類屬並不相同,固"若"或比或況,義爲"好像"、"似乎"、"比……",而"及"作爲一般動詞則義爲"趕得上"、"追得上"。就動作的指向性上而言,"及"比"若"字指向性强。以上諸家虚詞訓釋爲傳統訓詁學方法,固有勝義。然詞類分析固屬模糊,往往實、虚不别,往往於虚詞訓釋之中見實詞義,誠然,漢語中的副詞、連詞、介詞等絶大部分由實詞虚化而來,然就虚詞訓釋而言,即言爲詞,自當守其界域。古人語法觀念並不嚴密,固難苛求,今則語法學已有百年,於虚詞訓釋自有其更精密之方式與方法,自當借鑒以求其確解。楊樹達《詞詮·序例》云:"凡讀書有二事焉:一曰明訓詁,二曰通文法。訓詁治其實,文法求其虚。"[4]楊氏所謂的"文法"固

[1] 〔漢〕許慎:《説文解字》,中華書局,1963 年,頁 24 下。
[2] 〔漢〕許慎:《説文解字》,頁 64 下。
[3] 張以仁:《國語虚詞集釋》,頁 144。
[4] 楊樹達:《詞詮·序例》,中華書局,1978 年。

指王引之《經傳釋詞》,[1]與後日語法學上之“文法”不盡同。實際上楊樹達在虛詞訓釋中已經採用詞類分析而非僅僅停留在傳統訓釋手段上,則其所謂“文法求其虛”即在講求傳統訓詁方法的同時通過對具體語詞的語法功能、語法意義的分析以求最大程度的文本還原。就求意義而言,由於漢語的同義現象比較複雜,故“某猶某也”可以把很多本來具有較大差別的詞通過類比進行訓釋,由於“猶”這一訓詁術語本身的模糊性,[2]故而被訓詞和訓釋詞之間的關係反而複雜化。就以“若猶及也,至也”這一條而言,由於“及”爲連詞、介詞和動詞,故“若猶及也”之“若”要通過對“及”字的具體分析才能明確其具體語境意義及用法,而“若”字本身亦兼連詞、動詞、助詞等多個類屬。因此語法分析實際上使虛詞訓釋更精確精密。此外,訓詁學所訓釋之義多爲語境義,語境義實即言語義,而非語言義,固一字之訓因語境不同,而釋義至十幾條甚至幾十條,並非其義項或用法確實多至如此。實各訓詁皆隨文釋義,而所釋之義往往針對具體語境,故不具備概括性與穩定性。故虛詞訓釋或詞語訓釋當在吸收前人訓詁成果的基礎上通過現代詞彙學、詞典學以及語法學的基本理論進行合理概括歸納。又點校本徐元誥《集解》作“病若未死”,當係誤倒。

十二、晉語六

34. 范文子不欲,曰:若以吾意,諸侯皆叛,則晋可爲也

以

《集釋》:“以”,猶“如”也。此“如”字與《列子·力命篇》“四人相與遊於世,胥如志也”之“如”同義。“如”,“隨”也。見張注。……“以吾意”即“如吾志”。《左傳》成十六年作“若逞吾願,諸侯皆叛”。“逞願”即“如志”之意。(頁148)

【按】“以”爲介詞,“根據”、“按照”之義。“以吾意”,即“按照我的意思、想法”之義。《集釋》説非是。

十五、晉語九

35. 則何良之爲

何……之爲

《釋詞》:爲,猶有也。言何良之有。

以仁案:《釋詞》是也。(頁171)

---

[1] 陸宗達、俞敏即認爲《經傳釋詞》“把古漢語的虛詞講得很好。直到現在還有人學他。這種功夫當然不能説就是全部語法學,可是是漢語學家成績最好的那部分”。引文見陸宗達、俞敏:《現代漢語語法》,東方書店,1954年,頁37。

[2] 如周大璞把“猶”的功能分爲四種:(一)意義相近的字來解釋;(二)引申義釋本字;(三)本字釋借字;(四)今語釋古語。引文見《訓詁學要略》,湖北人民出版社,1984年,頁129。

【按】“何……之爲”爲固定結構。關於該固定結構中“爲”字的用法及意義,説法不盡一致。審韓峥嵘《古漢語虚詞手册》、中國社會科學院語言研究所編《古漢語虚詞詞典》等皆把句尾“爲”字處理爲語氣詞表示感歎或者疑問語氣。[1] 此外,尚有以“何……之爲”爲賓語提前的反問句者,以“爲”爲動詞。如黎千駒即認爲“何……之爲”與“何……之有”語法結構一樣。實際上,無論“何……之有”還是“何……之爲”都是一種固定的反問語氣結構,其中“爲”、“有”的動詞藴涵已經弱化,主要功能只是一種標記,可以看作語氣詞。

十六、鄭語

36. 褒人褒姁有獄而以爲入於王

爲

《集釋》:爲,猶以也。訓見《經傳釋詞》。“以爲”是複詞。

以仁案:“爲”字如此用法,甚爲罕見。誌此存疑。(頁177)

【按】前既有“以”字,則此處“爲”固不當爲“以”,且“以爲”亦非複詞。“以”爲介詞,後面省略了賓語。這裏的“爲”字用於動詞“入”字之前,但是又不類於被動標記。本句的“爲”字類似於英語中的“do”,用在動詞之前表示强調。

十七、楚語上

37. 夫君國者,將民之與處

將

之

以仁案:將,猶當也。之,猶是也。(頁182)

【按】蕭旭謂“之”下省“是”,[2] 亦非。這裏的“之”字實爲結構助詞,延緩語氣,表强調。

38. 民,天之生也

之

以仁案:之,猶所也。(義見《衍釋》、《集釋》。)謂民天所生也。(頁185)

【按】就語法結構而言,完整形式爲“民,天之所生也”,或省“所”字,未必釋“之”爲“所”。

---

[1] 韓峥嵘:《古漢語虚詞手册》,吉林人民出版社,1984年,頁372—373;中國社會科學院語言研究所古代漢語研究室編:《古代漢語虚詞詞典》,商務印書館,1999年,頁215—217。

[2] 蕭旭:《古書虚詞旁釋》,頁245。

十八、楚語下

39. 縱臣而得以其首領以没

而

《再補》：而，猶或也。言或得如是也。（頁 195）

【按】《國語》本句，《文選》李善注引"其"前有"全"字，有無"全"字皆可通。解惠全等謂："訓'而'爲'或'，證據不足。"[1]觀全句爲："縱臣而得以其首領以没，懼子孫之以梁之險，乏臣之祀也。"該句的主語是"臣"，謂語動詞是"没"和"懼"，"得以其首領以没"實際上是前提條件，其重點在下句。《古代漢語虚詞詞典》謂："'而'用於主語、謂語之間，表示强調或轉折的語氣，它所在的句子常用作表條件或假設的分句。"[2]審《國語》本句所在語境爲："縱臣而得以其首領以没，懼子孫之以梁之險，而乏臣之祀也。"《國語》本處"而"字所在的分句就是表示假設的句子。

40. 今壹五六而必欲用之

壹

《釋詞補》：一，字或作壹，猶乃也。《釋詞》引高誘《吕氏春秋·知士篇》注。

以仁案：壹，猶聚也。外動詞也。謂王孫勝聚五六不義於一身也。《禮記》卷三十《玉藻篇》："壹食之人，一人徹。"注云："壹，猶聚也。爲赴會聚食也。"是其證。《釋詞補》非是。（頁 197）

【按】張説亦誤。"壹"當爲副詞，"表示所述事實出乎意料。可譯爲'竟然'、'竟'等。"[3]此處之"壹"與《玉藻》之"壹"不同。故《釋詞補》釋"壹"爲"乃"者是。劉利認爲："'五六不義'就是五六點不義。這裏'不義'承上'有一不義'而省略。需要説明的是，'五六'與'壹'相連較爲費解。初看上去，'壹'與'五六'是以數詞連用的形式表示概數，而實際上'壹'在這裏是個副詞，意思相當於'竟'，可以認爲'壹'和'五六'之間省略了動詞'有'。"[4]劉氏把"壹"字看作副詞是正確的。

十九、吴語

41. 吾道路悠遠，必無有二命，焉可以濟事

焉

[1] 解惠全等：《古書虚詞通解》，中華書局，2008 年，頁 148。
[2] 中國社會科學院語言所古漢語教研室：《古代漢語虚詞》，商務印書館，1999 年，頁 121。
[3] 中國社會科學院語言所古漢語教研室：《古代漢語虚詞》，頁 701。
[4] 劉利：《〈國語〉的稱數法》，《徐州師範學院學報》1993 年第 4 期，頁 69—76。

《釋詞》:焉,猶乃也,於是也。言必無有二命,乃可以濟事也。

《詞詮》:承接連詞。乃也,則也。(《國文法》同。)

以仁案:焉爲承接連詞,《國語》習見。(頁205—206)

【按】"焉"字的句讀在《國語》各點校本中並不相同,有與張以仁句讀同者,如楊樹達、周法高、薛安勤等、汪濟民等、董立章、鄔國義等、黄永堂、趙望秦等、鮑思陶、來可泓、尚學鋒、劉倩等、曹建國等;[1]有"焉"字上屬者如《叢書集成初編》本、秦同培、李維琦、史延庭、焦傑、劉利等。[2] 殷孟倫等《古漢語簡論》等以"焉""用於句首,相當於作'這才'或'就'講的'就是'",[3]凡"焉"字在"可以"前者皆當如殷氏之釋;凡"焉"字在"二命"末尾者皆當作語氣詞。從語義的完足性而言,當以"焉"字在"可以"前最佳。

42. 危事不可以爲安,死事不可以爲生,則無爲貴智矣

爲

《釋詞》:爲,猶用也。言無用貴智也。

以仁案:《國語》無同例。(頁206)

【按】"爲"是動詞,没有疑問,有"化作"之義,義謂"危險的事情不能化作安全的,陷入死境的事情不能化作起有生機的,那就稱不上貴智了"。《釋詞》以"爲猶用",非是。

二十、越語上

43. 乃必有偶

乃

《釋詞補》:乃,猶其也。本《釋詞》。……乃必,其必也。(頁215)

【按】方有國以爲本句"'乃'字在句中用作連詞,意爲'那麽'、'於是'等,古人所謂'繼事之辭'",[4]可從。《釋詞補》以"乃"爲"其",實亦推度之義。

---

[1] 楊樹達:《高等國文法》,頁421;薛安勤、王連生:《國語譯注》,頁769;汪濟民、仲坤、徐玉俞、張學賢:《國語譯注》,頁377;董立章:《國語譯注辨析》,頁728;鄔國義、胡果文、李曉路:《國語譯注》,頁568;黄永堂:《國語全譯》,頁685;趙望秦、張豔雲、楊軍注譯:《白話國語》,頁555;鮑思陶點校:《國語》,齊魯書社,2005年,頁296;來可泓:《國語直解》,頁855;尚學鋒、夏德靠譯注:《國語》,頁337;李德山注評:《國語》,頁233;劉倩、魯竹:《國語正宗》,頁337;曹建國、張玖青注説:《國語》,頁351。

[2] 〔吴〕韋昭注:《國語》,《叢書集成初編》,頁220;秦同培譯注、宋晶如增訂:《廣注語譯國語精華》,頁184;李維琦標點:《國語》,頁173;李維琦:《白話國語》,頁405;史延庭編著:《國語》,頁349;焦傑點校:《國語》,頁140;劉利:《從〈國語〉的用例看先秦的"可以"》,《中國語文》1994年第5期,頁382—387。

[3] 殷孟倫等:《古漢語簡論》,山東人民出版社,1979年,頁192。

[4] 方有國:《古代詩文今注辨正》,巴蜀書社,2005年,頁114。

結　語

綜上,補箋張以仁《國語虚詞集釋》一共 43 條,主要包括這樣幾個方面:(1) 張氏説有可商者,予以正之;(2) 張氏引舊説可商者,予以正之;(3) 張氏説不誤,而今語與昔語不同者,以今通行觀念補之。

張以仁《國語虚詞集釋》是漢語學界第一次以公開出版的形式,對專書虚詞的全然性研究。衆所周知,漢語史的研究始以綜合研究爲主要方面,無論是《馬氏文通》以前的傳統虚詞研究,還是《馬氏文通》出版以及此後一個階段的語言研究。這種綜合性最突出地表現在對於漢語研究的階段分析比較籠統,比如《馬氏文通》的語法研究對象從先秦一直到韓愈,吕叔湘先生的《中國文法要略》也是從先秦到唐宋,另外的一些著作也莫不如此。虚詞研究方面除了單篇論文外,著作方面基本上是綜合研究,即面對多個時代、多個地域的語料進行的總結研究,如裴學海的《古書虚詞集釋》、王叔岷的《古書虚詞廣義》、周法高的《中國古代語法研究・構詞編》等。

就整體而言,臺灣的古漢語虚詞研究尤其是專書虚詞研究比大陸要早一些,張氏《國語虚詞集釋》出版前有周富美《墨子虚字研究》(《臺灣大學文史哲學報》第 15 本,1966 年),張氏《集釋》出版之年有劉德漢《史記虚詞集釋》(臺灣大學中國文學研究所碩士論文,1968 年),此後則有朱庭獻《尚書虚字集釋》(臺灣商務印書館,1969 年);左松超《左傳虚字集釋》(臺灣商務印書館,1969 年);許璧《史記稱代詞與虚詞研究》(臺灣師範大學國文研究所博士論文,1974);黄啓原《杜甫詩虚字研究》(洙泗出版社,1977 年);謝德三《〈吕氏春秋〉虚詞用法詮釋》(文史哲出版社 1977);倪志僩《論孟虚字集釋》(臺灣商務印書館,1981 年);謝德三《墨子虚詞用法詮釋》(學海出版社 1982 年);謝德三《墨子虚詞用法研究》(學海出版社 1984 年),皆在張氏《集釋》出版之後。這一批專書虚詞研究的成果,代表著當時專書虚詞研究的新水平。

張氏《集釋》是對此前虚詞研究成果的繼承與革新。此前的虚詞研究,如裴學海、王叔岷等人,仍然沿用傳統的訓釋方式,從語境入手,隨文釋義。張氏既繼承了這些研究成果,同時也吸收了語法研究的合理成分,比如楊樹達《詞詮》、《高等國文法》等早期的漢語語法學的成果以及周法高的語法研究成果。周法高先生的漢語語法研究應該代表著當時臺灣地區古漢語語法方面的最高成就。《集釋》在吸納前此研究成果的基礎上,通過對具體虚詞在《國語》相關篇章的具體分析,從語法、語義等方面對《國語》的虚詞進行了較爲細緻的分析,也是當時《國語》虚詞研究甚至是先秦專書語言研究方面的高水平的成果。

Collated Notes on *Guo Yu Xuci Jishi* by Zhang Yi-ren

Guo Wanqing

Abstract: *Guo Yu Xuci Jishi* (《〈國語〉虚詞集釋》) was a Chinese language research monograph on a specific book. Zhang Yiren summarized the research results of the past and put forward a new research method. The article tries to collate the notes on the explanation of some function words in the book.

Keywords: Zhang Yiren, *Guo Yu Xuci Jishi*, function words

郭萬青,唐山師範學院中文系副教授,okwanqing@sina. com. cn

對勞思光朱熹詮釋的方法論反思[1]

杜保瑞

【提　要】本文處理勞思光先生討論朱熹哲學的意見。勞思光先生對整個宋明儒學有一個討論的架構，即以爲宋明儒學從周敦頤、張載始是討論宇宙論/天道論的，而程頤、朱熹是討論形上學/本性論的，一直到陸象山、王陽明才是討論心性論的。至於先秦孔孟哲學就是心性論的哲學，故而宋明儒學是到陸王才走回孔孟之學的。筆者以爲，上述三分各家理論的做法是不恰當的。宇宙論/天道論中包含了形上學/本性論，也包含心性論。形上學/本性論中也是包含了宇宙論/天道論，以及心性論的。勞先生割裂宋明儒學家的哲學理論，以爲有只是談宇宙論/天道論的系統，以及只是談形上學/本性論的系統，以上兩説都缺乏心性論旨。還有專門談心性論的系統，卻能收攝宇宙論/天道論以及形上學/本性論的理論，此説筆者反對。勞先生在朱熹詮釋中，既指出朱熹有形上學/本性論系統的缺點，卻又討論了朱熹言於成德之教的理論，其實就等於説明了朱熹有心性論的理論了。其實，心性論就是本體工夫論，朱熹所談甚多，意旨與陸王之説毫不多讓，若非勞先生刻意言分諸系，刻意別異高下，則無需如此委屈朱學。

【關鍵詞】勞思光　朱熹　王陽明　心性論　宇宙論　形上學

前　言

本文討論勞思光先生對朱熹詮釋的方法論問題，勞先生的朱熹詮釋主要表現在氏著《新編中國哲學史(三上)》中，[2]本文之作，即以此書第二章“宋明儒學總説”及

[1] 本文爲參加“勞思光教授逝世週年學術研討會——勞思光思想圖譜”而作，2013年10月19—20日，華梵大學主辦。

[2] 參見勞思光：《新編中國哲學史》，臺灣三民書局，1990年。

第四章“中期理論之建立及演變”之(D)“朱熹之綜合系統”兩部分的材料作討論。

筆者以爲,勞先生大作《新編中國哲學史》整個是在表現他的中國哲學洞見,此一洞見,即是以心性論爲詮釋三教的綱領性進路,主旨在説出成德之教必以主體性的價值自覺爲理想的完成,此即需有心之超越義以爲實踐之落實,此義,先秦孔孟即是此學,而勞先生即是以此義以説宋明儒學各家的優劣高下,至於佛教哲學亦是以此心性論之學擅長,唯欲别異儒佛時,則藉由文化肯定論或否定論以分開之。

就心性論言,其典範被勞先生倡説於先秦孔孟哲學中,與此相比較的,則是宇宙論與形上學。形上學建構於《中庸》、《易傳》中,宇宙論建構於《易傳》及漢儒中,兩者皆是背離孔孟心性論的哲學發展,故而是儒學的墮落。到了宋明儒的發展,則是一系列的由宇宙論復返形上學再復返孔孟心性論的儒學建構史,周敦頤、張載建構宇宙論,二程、朱熹建構形上學,到陸象山、王陽明則是復返孔孟之心性論的建構,此即其一系説的宋明儒學理論創作發展的詮釋架構。這便是勞思光先生談論整個儒學的大綱。關於勞先生中國哲學詮釋的討論,筆者已有二文爲之。分别是《對勞思光宋明儒學詮釋體系的方法論反省》、[1]《勞思光先生道佛詮釋的方法論探究》。[2] 本文之作,有别於以上二文,一方面聚焦於朱熹,另一方面將更細節地進入勞先生思路的方法論意義之解析,並提出筆者個人的反思意見。關鍵就在,筆者主張勞先生把方法論、知識論問題混淆入體系優劣高下的問題中,因此形成宇宙論、形上學、心性論的對立張力。其實,這三個問題仍然應該互爲關聯、一體成形,至於理論效力問題則是知識論問題,而不是這三者之間有何高下的問題,詳見以下討論。

一、對勞思光先生詮釋宋明儒學綱領性意見的反思

勞先生於《新編中國哲學史》書中,在討論孟子哲學處,首倡“心性論”論旨,接著在討論漢代哲學處,深入建立及分析“心性論、形上學、宇宙論”的差異及優劣。然後在討論宋明儒學時,又更深入且成熟而完整地建構了他的理論。筆者以爲“心性論中心的中國哲學方法論”以及“建設性文化肯定論的中國哲學詮釋史觀”是勞思光先生中國哲學研究的兩大主軸。[3] 本文以朱熹爲討論對象,並且將以朱熹的理氣論詮釋爲討論的主軸,於是心性論中心的方法論正是解答勞先生詮釋意見的關鍵之處。爲使勞先生的朱熹詮釋意旨明晰,本文之討論,就從勞先生《新編中國哲學史(三上)》之

[1] 杜保瑞:《世界中國哲學學報》第7期,2003年,頁55—105。
[2] 杜保瑞:《勞思光思想與中國哲學世界化學術研討會論文集》,2002年,頁25—54。
[3] 參見拙著《對勞思光宋明儒學詮釋體系的方法論反省》,《世界中國哲學學報》第7期,2003年,頁55—105;以及《勞思光先生道佛詮釋的方法論探究》,《勞思光思想與中國哲學世界化學術研討會論文集》,頁25—54。

第二章“宋明儒學總説”處談起,唯有將他的心性論立場説明清楚,才可能將他的朱熹詮釋看清楚。

(一) 一系二系三系説之衡定

勞先生於談論宋明儒學之分派分系問題時,是主張一系説的,他認爲不論是二系説或三系説,皆須有共同標準以判其得失,且須有不可解決之對立立場以别其類型,才可以分系,然而,二系説及三系説皆缺乏此些條件。勞先生講的二系説,即是理學、心學二系,其以元明學者之用詞以説理學、心學之濫觴,[1]此一立場,亦有當代學者馮友蘭繼續沿用。[2] 至於三系説,則是直指牟宗三先生的説法,雖然文中完全没有出現牟先生的名諱,但意旨昭然,無所隱藏。[3]

勞先生以牟先生之三系是從理學中的二程之學切分爲二而建立起來的,以二程之言性有兩條進路而説者,經過勞先生自己的判讀與詮釋,便是“理一分殊”之言“理一”的程顥,與言“分殊”的程頤兩型,關鍵在於皆言“性即理”的二程,此性有“存有意義之原則”與“殊别意義之原理”兩型,經過種種的换辭發展,統觀之,在勞先生的筆下,前者爲“共同”之“存有原則”,爲“存有論”,爲“理一”,爲“本性”,爲“天道論”,爲“論天”之學。後者爲“個别”之“存在特性”,爲“形上學”,爲“分殊”,爲“殊性”,爲“本性論”,爲“論理”之學。此以性概念爲軸心而發展出來的“天道論、本性論”、“存有論、形上學”、“天、理”一對結構,都有别於談主體實踐的心性論理論,後者重主體性,前者重客體性。後者以“心”爲首出,前者以“天”以“理”爲首出。[4]

以上筆者詳細地舉出這麽多的詞語,是因爲以“心性論、形上學、宇宙論”爲中心的分析架構,事實上在勞先生的著作中又有其他的變形,有“心性論、形上學、存有論”,有“心性論、本性論、天道論”,有“心學、理學、天論”。可見勞先生是一邊創作、一邊構思撰文,故而文義詞彙始終不見統一。但大致上就是以牟先生談於周、張、程顥者爲天道論、爲存有論、爲宇宙論,以牟先生談於程頤、朱熹者爲本性論、爲形上學,以牟先生談於陸、王者爲心性論。前兩者爲重客體性之系統,後者爲重主體性之系統。筆者以爲,勞先生以牟先生的三系説爲典範的介紹,實在是充滿了他個人的“心性論、形上學、宇宙論”架構的理解思維,近乎刻意轉化之爲己學。依牟先生的理路,重點是在周、張、程顥之學由天道説人道,陸王之學由人道説天道,程頤、朱熹則是旁入支離之途,關鍵即在,第一及第二適成上下雙軌,而共成一家,都是動態的實踐式存有論,

---

[1] 勞思光:《新編中國哲學史(三上)》,頁 41。

[2] 馮友蘭認爲程顥代表心學派,程頤代表理學派,而張載代表氣學派,前兩者是唯心主義,後者是唯物主義。馮友蘭:《中國哲學史新編》第 5 册,藍燈文化事業股份有限公司,1991 年。

[3] 三系説即是牟宗三先生《心體與性體》書中的基本架構。

[4] 《新編中國哲學史(三上)》,頁 43—45。

唯第三型爲静態的分析型存有論,只存有不活動。總之,牟、勞二先生之問題意識及使用方法並不相同,勞先生的轉介並不能爲牟先生之學點出要點。所以,視爲勞先生自己的假設性三系説即可。雖然,他就是明指牟先生的三系説。

勞先生自己主張一系説,理由是二系、三系説都没有共同標準以及都没有絶對對立。[1] 勞先生對二系、三系的批評意見,筆者完全認同。依筆者之意,宋明儒學各家都是儒學,但有哲學問題意識建構之特重方向之差異,因此亦得以哲學基本問題的創作建構爲其理論特色之分别,但,只是特重方向或重點問題之不同,而不是理論立場之不同,也不是理論成熟度之不同,更不是理論優劣之不同。簡言之,宋明儒學各家在宇宙論、本體論、工夫論、境界論這四項哲學基本問題上馳騁建設,各家有各家的重點,但都是宋明儒學同一學派,没有對立立場之二系、三系,也没有優劣高下之二系、三系。哲學史上固有程朱、陸王之争辯,但那是宋明儒者自己的理論錯誤,後人並不需要將其硬是視爲真有對立之立場。由此可説,筆者主張,整個儒學史上的各家理論,都是同一學派下的理論建構,只有不同的問題與不同的創作方向,没有對立的系統與對立的主張。就此而言,勞先生所主張的一系説,則是視宋明儒學爲一整體,但有共同發展的目標,即復返孔孟,但是其中確有不同的立場,即建構"心性論、形上學、宇宙論"之不同立場,故可由此以定得失,其標準即是愈近孔孟心性論者愈成熟。對此,筆者有意見。關鍵在於,筆者認爲,哲學史的發展仍應是愈到後期愈成熟,理論更加精密,當然,即便是同一學派亦有意見之争,但經語意及問題意識之釐清,最終仍應是哲學問題意識之錯置所致,釐清之,便可知實無衝突,也因此都是同一學派的不同問題方向的理論創造。因此,依勞先生之以心性論、形上學、宇宙論爲不同的創作立場之優劣高下之辯,筆者以爲,即應視爲以"心性論、形上學、宇宙論"爲不同哲學基本問題之各自創作,且互爲相關,相互預設,因此絶對不成對立之局。换言之,筆者將勞先生認爲的不同類型的不同理論,視爲同一學派内部所需之不同的哲學基本問題的理論創作而已。

(二) 宇宙論、形上學及天道論、本性論和心性論的結構關係

勞先生分析宋明儒學,是以宋明儒自覺地要復返孔孟爲理論努力的目標,並且,與道佛辯。從此而有宇宙論、形上學、心性論三階段的發展。依筆者之見,説宋明儒欲復返孔孟以與道佛辯是完全正確的,然因勞先生自己有其孔孟原型的特殊定位,於是宋明儒在與道佛辯的同時,又顯現出接近孔孟的遠近差異,從而有高下優劣之較競。因此關鍵就在勞先生必欲以心性論爲孔孟原型,而心性論正是對比於"宇宙論、

[1] 《新編中國哲學史(三上)》,頁46。

形上學”、“天道論、本性論”等類型的理論而説的。

以下,筆者有必要將勞先生定位的“宇宙論、形上學”、“天道論、本性論”等概念再爲界定,因爲,勞先生分析宋明諸儒的解釋架構就是這些概念。周、張宇宙論、天道論,程、朱形上學、本性論,而唯陸、王心性論才真歸孔孟原型。

宇宙論講經驗世界之根源及變化規律,一切皆是具體的經驗之知;形上學則討論超經驗之實有,以超經驗之實有之觀念之展開爲討論主題。宇宙論、形上學兩類皆以客體性或存有性爲第一序觀念。至於心性論,則主要討論主體性及活動性。[1]

勞先生又提出宋明儒主要在面對的就是排斥佛教的問題,其立論則以肯定世界對抗佛教的否定世界之立場。但要建立肯定世界的理論,有兩種可能,一種是建立對自然世界的肯定,另一種是建立對文化世界之肯定。[2] 勞先生則認爲,爲建立此肯定性之理論,則於宋明儒處發展了天道論、本性論及心性論三型。其言:

> 自濂溪至於晦翁,如前所論,其説頗有演變,然就肯定世界一問題言,則有一共同點。此即:不就主體觀念建立肯定,而就存有觀念建立肯定是也。如此建立肯定時,簡言之,即對“價值”作一“存有論意義之解釋”(Ontological Interpretation)。然後據之以斷定“世界”之爲“有價值”。具體言之,此種肯定又可分兩型。其一即以《易傳》所謂“天地之大德曰生”爲代表;其二則可以《中庸》之“盡性”一觀念爲代表。周張及明道之説,顯然屬於前者;伊川朱熹之説則偏於後者。爲行文方便,前者可稱爲“天道觀”,後者則可稱爲“本性觀”。持“天道觀”以肯定世界時,其説大致先斷定有一形上共同原理,實際運行於萬有中,而爲存有界之總方向,即就此方向建立價值觀念。因此,所謂“天道”,必有兩點特徵:第一,“天道”必有實質意義之内容,不能僅爲形式意義之概念,否則即不能實際運行於萬有中。第二,“天道”雖是一形上之實有,但此實有必須兼爲價值之根源;否則,若“天道”在價值上有“中立性”,則據“天道”以肯定世界即不可能。[3]

勞思光先生建立“天道論、本性論及心性論”,是在面對儒學從孔孟至《庸》、《易》再至漢儒作一對比解釋中建立起來的,並作爲宋明各家不同類型的哲學理論的分類型態,筆者要討論的重點是,宋明各家是一家一家自爲創作,但亦互相依賴而有其進展,各家在不同哲學基本問題上各擅勝場,縱有内部衝突,則依哲學基本問題之差異予以解消即可,而不必視爲真有斷然對立的意見,因爲通常不是針對相同問題而引發的對立,分解其問題意識即可解消其對立衝突。然依勞先生之分析架構,則是一家建

[1]《新編中國哲學史(三上)》,頁48—49。
[2]《新編中國哲學史(三上)》,頁52。
[3]《新編中國哲學史(三上)》,頁53。

立天道論,但其有理論困難,後來建立本性論,稍優於天道論,但仍有困難,故而最終建立心性論,而解消了困難,故而後期爲上。筆者以爲,勞先生說天道論時割裂了本性論也割裂了心性論,説本性論時割裂了天道論也割裂了心性論,説心性論時卻欲全收天道論、本性論的意旨立場,這是其缺點之一;第二,他所説的天道論、本性論的缺點及心性論的優點,竟是更多地關切到知識論的問題,而非單在形上學問題意識内進行的,同時,把工夫論定位爲心性論後就要全收形上學、宇宙論的功能進來。總之,勞先生是把工夫論的實踐義及知識論的證成義兩者,都放進這個"宇宙論、形上學、心性論"、"天道論、本性論、心性論"的討論架構中,作爲評價其優劣成敗的標準,這樣的作法對於主要發展形上學、宇宙論而非工夫論的理論體系而言,並不是公平的評價,也不是正確的理解。

就前文言,爲辯論佛教,主肯定世界的立場,爲主肯定世界,或依主體觀念而爲心性論立場,或依存有觀念而爲宇宙論、形上學或天道觀、本性論立場。似乎,勞先生並未對於宇宙論、形上學一對和天道觀、本性論一對的相互對應關係做出解釋,而是以天道觀、本性論的内涵意義來作爲周、張、程、朱的類型分類及高下依據。勞先生爲何要依主體觀念和存有觀念以爲分類之據呢?這就是他從康德哲學轉出的理解模式所致。依主體觀念即是實踐理性,依存有觀念即是純粹理性,康德以之爲兩種哲學,勞先生亦以之分類宋明儒學而爲兩種哲學。筆者以爲,宋明理學及道佛哲學皆爲實踐哲學,以此有別於西哲自希臘以降至康德的純粹理性的思辨哲學,然而,實踐哲學仍需形上學、宇宙論等以爲存有的依據,但有工夫論以爲實踐的動力,又有境界論以爲完成的説明。至於其知識論問題,則是針對實踐是否完成的檢證問題以及這整套實踐哲學的解釋架構是否完備的系統性問題。如此,已可處理所有儒釋道三家實踐哲學的理論問題。勞先生依康德哲學而欲架空宋儒所言之宇宙論、形上學,以爲此二種理論缺乏實踐動力,因而需由心性論來完成。而勞先生意指的心性論,是既有實踐動力,又能收攝形上學、宇宙論諸命題意旨於内者,故而爲中國哲學理論的高峰。然而,卻因此犧牲了中國哲學内部討論宇宙論、形上學的理論型態之功能,使其幾無貢獻、亦無價值。

上文中説到天道觀的特徵,即爲與佛教否定世界立場作辯論,固而是一肯定實有的立場,其爲形上實有,且爲價值根源,故而主張世界皆依此一具價值意識的形上實體而運行。然其有缺點,即是現實世界實際上充滿了並不依據此一價值立場的行爲事件,故而此一共同的形上實體之價值立場成了只是一强求的結論。[1] 至此,則另有本性論立場以擺脱此一困境。就此而言,筆者以爲,周、張之天道論系統或宇宙論

[1] 《新編中國哲學史(三上)》,頁54—55。

系統,並不缺乏解決此一困境的討論,在周、張系統的基礎上,可藉由本性論及工夫論的命題以補足上述勞先生所提出的天道論的理論困難,只是勞先生未能準確認出其旨。而程、朱之本性論系統,亦非已脱離天道論立場,程、朱之本性論系統,亦仍然保留天道論的立場,而亦有工夫論來補足天道論及本性論的困難。僅就勞先生對天道論的困難的批評而言,關鍵就在没有正視天道論系統利用人性論及工夫論來解決困難。依筆者的定義,人性論近於勞先生所言之本性論,實際上是人存有者的本體論,工夫論幾乎等同於勞先生所言之心性論。[1]

有關本性論之特徵及其困境者,參見其言:

> 持本性觀以肯定世界時,可以不在自然世界之萬象中求形上原理,亦不在此求價值標準;蓋"本性"本非一經驗對象,亦不在實際世界或自然世界中。如伊川之説,萬物各有其性,亦各有其理。即以"萬物實現其理"作爲一價值標準;於是"本性"(即"理")加"充足實現"一觀念,即成爲一切價值判斷之基礎。而"道德生活"及"文化"之意義,亦均可由此決定;蓋"道德生活"即事事如理之生活,而所謂"文化"者,即統指此要求"如理"之活動也。[2]

以上是其特徵,至於困境,其言:

> 然言"本性"之"實現"時,若只就一一性或理、與其相應之事觀之,則似無困難。若就衆多之本性彼此間之關係觀之,則有極嚴重之困難在。此困難可稱爲"本性實現中之衝突問題"。此問題原爲一切"本性論"(Doctrine of Essence)之共同問題。[3]

前此天道觀的困難是現實上有不合於價值根源的事件,理論上的作法即是藉由人性論或本性論以爲個物存有狀態的説明,以及利用工夫論以説明個人如何改進以符合天道論旨。現在,勞先生批評天道論理論有困難,並且,不將宋明儒學理論當作一互相依據的發展系統,而是轉入本性論以避免天道論的困難,然後再找出本性論的困難,而交由心性論來避免之而超越之。由此看來,整個的討論不免有爲證成其"心性論、形上學、宇宙論"解釋系統的鋪陳痕迹。勞先生認爲本性論可以避免天道論的困境之理由在於,本性論没有預設一整體一致的共同的價值根源,而是將肯定世界的任務交由個别存有的本性及其實現而認定之。然而,筆者以爲,宋明儒學中被勞先生定位爲本性論系統的哲學理論,没有不同時預設天道論立場的,也没有不同時發展心

[1] 有關實際上周敦頤、張載如何有天道論也有本性論、心性論旨者,或是有宇宙論、本體論、工夫論、境界論旨者,請參考拙著《北宋儒學》、《南宋儒學》,臺灣商務印書館,2005年、2010年。

[2] 《新編中國哲學史(三上)》,頁55。

[3] 《新編中國哲學史(三上)》,頁56—57。

性論意旨的。也就是說，勞先生對天道論、本性論、心性論的理論類型及其優劣，只能說是一個用來做分析的假定，並不能在哲學史中找到實際的案例，至於其間的優劣，則有討論的空間。依筆者之見，以心性論收攝天道觀及本性論，而爲一完整的儒家實踐哲學體系之建構是合理的，完全可以同意。但是，若要硬性分開三者，以作爲哲學史的詮釋，則是不能成功的。以下討論之。

勞先生以爲本性論有其困難，故而需有心性論以爲克服，其言：

> 以"本性之實現"爲價值基礎時，面對本性實現間彼此之衝突，即將發覺價值標準難於定立。而此困難若不能克服，則"世界之肯定"亦難建立。[1]

依據勞先生的定義，論於本性論時，對世界是持肯定的態度，不從整體的共同價值根源之天道論處說時，即轉從個別理想存有狀態之本性論處說，以生命爲實現個體的本性爲理想，從而使世界及存在有其價值以肯定之。然而，個別生命之本性實現之間卻有互相生殺之衝突，如肉食性野獸之爲生存而殺戮之行爲。此一問題，在朱熹處即以動物稟氣有限，不能推其性善之理以說明之，故而寄希望於人類，至少人類稟氣均勻，人類獨可以實現天道的理想，至於動物的限制，儒家確實不能處理之。但是，勞先生的解決也不是訴諸道佛理論以爲解決，[2]而是訴諸儒家心性論系統以超克此困難，而所謂的超克，則是著重在另一問題上，亦即個別之理之實現問題上，勞先生於此處之說明頗費曲折，筆者以爲不甚清晰，關鍵就在，勞先生主張，本性論主"性即理"，而此理之存有性地位問題，須爲超經驗之存有，且有一定之內容，如此一來，便有現實不一的困難，其言：

> 理似只能歸於一主體活動，作爲其活動之方式；而說此理之有或存有，即必須繫於一主體之自主性而言之。否則，兩種要求不能滿足。[3]

前此說本性之實現有在不同個體間之衝突之缺點，此處則是說本性之實現有其無法僅依本性即理之立場以爲完成，而須另設一主體性自由之立場方可，故而需走上心性論。其言：

> 總之，"本性觀"雖較"天道觀"爲簡淨明白，不受宇宙論因素之干擾，但其理論效力不足自立。所具之兩類困難……即"實現問題"與"存有地位問題"……皆必須轉賴一心或主體之觀念以求解決，則不難看出，就理論標準方面言之，"本性

---

[1]《新編中國哲學史(三上)》，頁57。

[2] 筆者以爲，訴諸佛教的輪迴生命觀可以解決此一問題，亦即有情衆生有其無止境的輪迴生命史，物種間之殺戮會在無止境的輪迴中回歸公平，物種中之殺生亦爲種種生命的體驗，一切物種以充分體驗而證入如來。如此仍保全佛性天道觀矣。

[3]《新編中國哲學史(三上)》，頁60。

觀”之理論效力,低於“心性論”。[1]

文中說天道觀有宇宙論因素,顯見,天道觀是宇宙論同型的理論,而本性論則是形上學同型的理論。然,本性論又有兩種困難,且須心性論以爲解决。筆者以爲,勞先生談本性論時,是一方面割裂本性論與天道論,好像本性論可以不預設天道論而有其獨存,[2]另一方面是漠視本性論系統中的工夫論,好像談本性論系統者都忘了要進一步談工夫論。其實不然,天道論的困難,本性論救之可也,但本性論是救之而不是排斥之,换言之,本性論仍預設前此之天道論系統的立場。至於本性論之實現的缺點,就是要靠工夫論以救之,然而,孔孟以降的儒學系統,《孟子》、《大學》、《中庸》、《易傳》、周敦頤、張載、二程、朱熹,没有一家不談論工夫論者。談工夫論而爲心性論旨此説筆者完全可以接受,但要説程朱只談本性論,不及心性論,其有實踐之缺失未及補救,則筆者不同意。[3]

(三)心性論旨之優越性討論

在勞思光先生所著《新編中國哲學史(三上)》第二章之 B、C、D 三節分别討論宋明儒學所依據之經典、興起之歷史環境及面對之問題等。其中,對於心性論與上述諸哲學類型的關係又有更多的討論,實際上這個問題才是勞先生談宋明儒學及朱熹哲學的真正關鍵問題,因此還有一些更深入的論旨需要追究。

就依據之經典問題,勞先生即是主張,孔孟之外,《中庸》、《易傳》皆是形上學、宇宙論的著作,周、張、程、朱依據之,故而亦是形上學、宇宙論的類型。這是依據經典以説之。就理論而言,勞先生提出的質疑是,第一,《中庸》、《易傳》之宇宙論、形上學是否是孔孟之心性論之發展的完成?第二,就理論之效力而言,孔孟之心性論是否必須發展至《中庸》、《易傳》之形上學、宇宙論方有較高之理論效力?[4]

就第一個問題言,勞先生的處理是先嚴分主體性與客體性兩種哲學問題,並定位孔孟心性論是談主體性問題的哲學,因此,若是《中庸》、《易傳》以主體性進路收攝天道觀及本性論,或周、張、程、朱以主體性收攝天道論及本性觀,則可以説他們也是主體性哲學的發展。但是,勞先生斷然否定《中庸》、《易傳》及周、張、程、朱是以主體性收攝客體性,而認爲它們都是另走客體性哲學之路,以替代主體性哲學之路,故而不

---

[1] 《新編中國哲學史(三上)》,頁 61。

[2] 勞先生自己也説:“若就個别哲學家而言,宋儒中持‘本性論’者,多半同時亦保留一部分‘天道觀’,但此是另一問題。兹純就理論本身著眼,則此二型理論自屬不同。”(《新編中國哲學史(三上)》,頁 84)顯然,這一套心性論、本性論、天道觀的系統,只能説是勞先生自訂的分析類型,自有其方法論意義,但不能説是哲學史的文本詮釋的理想工具。

[3] 關於周敦頤、張載、二程、朱熹的工夫論或心性論旨問題,請參見拙著《北宋儒學》及《南宋儒學》,臺灣商務印書館。

[4] 《新編中國哲學史(三上)》,頁 66—67。

能説是孔孟主體性哲學的發展。就此説而言,筆者反對。在這個問題上,筆者反而願意接受牟宗三先生的處理模式。牟宗三先生明講《易傳》、《中庸》是孔孟心性論之調適上遂的發展,其言:

> 客觀地自"於穆不已"之天命實體言性,其"心"義首先是形而上的,自誠體、神體、寂感真幾而表示。若更爲形而上地言之,此"心"義即爲"活動"義(Activity),是"動而無動"之動。此實體、性體、本是"即存有即活動"者,故能妙運萬物而起宇宙生化與道德創造之大用。與論孟通而爲一而言之,即由孔子之仁與孟子之心性彰著而證實之。是故仁亦是體,故曰"仁體";而孟子之心性亦是"即活動即存有"者。以上由論孟中庸易傳通而爲一以言宋明儒之主要課題爲成德之教,並言其所弘揚之成德之教之殊特。[1]

牟先生意旨明白,就是主張《中庸》、《易傳》是繼承孔孟心性論旨而向形上學發展的圓滿系統。至於宋儒,筆者也無法接受宋儒是只講客體性哲學而忽視或次級化主體性哲學的理解模式,這是對宋明儒學作理論類别的分辨的方法論問題。筆者以爲,勞先生極力强調主體性哲學優位的立場是没有錯的,但這並不需要就因此建立主體性及客體性的嚴分對立的兩型哲學之分别,主體性的强調就是要談實踐的問題,這是與儒家哲學及中國哲學是實踐哲學的特質直接相關的,既是實踐哲學就要談實踐,否則無所謂完成,亦無所謂證成。不過,説到證成,又是知識論或方法論的問題。勞先生一方面把實踐的問題抬高而强調主體性哲學,另一方面念兹在兹於知識論問題而高舉心性論旨,其實就是爲保住實踐以爲證成,而以工夫論之理論爲孔孟哲學之真諦。其實,證成的問題另有知識論可討論,而此義在中國哲學傳統可以説尚未正式發展,20世紀的方法論系統才是中國哲學的知識論的開始,因此無須以有實踐哲學的心性論旨就視爲是各家哲學體系中能論及證成的優秀理論。而應是以有談實踐的工夫論哲學就是各家各系統的共同主張,至於各家還談了甚麽哲學問題,則各家不同的理論是皆有其功能,且是互相支持,互相依據,逐步發展的,因此,談主體性與談客體性都是互相依賴的,也就是互相收攝的,一方面無須認定《中庸》、《易傳》及周、張、程、朱之客體性哲學不是孔孟主體性哲學的調適上遂之發展;另一方面筆者根本不認爲前者之中没有主體性哲學而只有客體性哲學。以此視之,根本無須有主體性或客體性的對比論爭。

就第二個問題而言,是否心性論的效力有所不足,故須有天道論及本性論的問題。勞先生亦分兩路以討論之。首先第一路是講心性論這種哲學類型不必談天道論

[1] 參見牟宗三:《心體與性體》第一册,正中書局,1968年,頁42。相關討論參見拙著《對牟宗三談宋明儒學之課題與分系的方法論反省》,"傳統中國形上學的當代省思"國際學術研討會,臺灣大學哲學系,2009年5月7—9日。

所涉及的獨立於主體的存有之理。[1] 此説筆者不同意。儒學自是天道性命相貫通的,即由孔孟論之,亦不能説其不論於天、天道、天帝、天命等問題,是勞先生自己定位它們是主體性的哲學而已,説孔孟是主體性哲學是無誤的,因爲孔孟主主體的自覺及自我的實踐,故而是主體性的。但是此套自覺及實踐的理論之整體的完成,是必須預設天道性命的道理的。這就是天道論、本性論在談的問題,也是《中庸》、《易傳》及宋儒據之以發展理論的意義。勞先生以爲這些問題若是要談,亦不出於主體性的立足點,這也是對的。但説這話一方面是方法論問題,一方面是知識論問題,因此可以説《中庸》、《易傳》及宋儒的天道論及本性論在方法論上及知識論上皆是依據於主體性的價值自覺及自我實踐而證立的,但決不能説它們建立了獨立於主體性之外的天道論及本性論,因此它們的理論地位是對孔孟心性論的背離,因而是墮落。總之,筆者主張儒學是必須談天道論及本性論的,當然心性論亦是一不可或缺的理論部分,勞先生所説的心性論、天道論、本性論都是儒學整體的各個部分,不必主張其爲意旨對立的不同類型,而互相排斥之。

第二路是就心性論是否需發展至天道觀才有更高的價值談,[2] 勞先生認爲這有兩個問題存在,參見其言:

> 其一是,倘“天道”只是由“心性”推繹而出之觀念,則在理論上,“天道”本身即無所謂“實有性”;如此則不能有所謂“天道觀”,因不能離“心性”而獨立也。更重要者,是“心性論”畢竟有何理論必要須立一“天道”?“天道”若只依“心性”而成立,則此無“實有性”之“天道”,即成爲一“空名”,除産生許多理論糾結外,並無正面功用;因言“天道”者所認定之種種屬於“天道”觀念之功用,皆可收歸“心性”本身,即無理論根據多立一觀念。總之,若“心性論”須建立一對“存有”之價值肯定,則此肯定只能是心性論本身之一部分,而不能另歸入一“天道觀”也。其二,若就歷史標準言之,則一切講“天道觀”之文件,自《易傳》、《中庸》至於宋儒諸説,並非視“天道”爲次級觀念而繫歸於“心性”者;反之,言“天道”者無不以此“天道”爲最高級之觀念,而以“心性”爲次級觀念;换言之,《易傳》、《中庸》之本旨,並非發展“心性論”以解釋“存有”之價值問題,宋儒承此説者亦不是如此講“天道”。故今日學者倘謂,“心性論”發展出“天道”觀念,乃成爲“圓滿狀態”,則此自是另一説。講哲學史時不可以爲此説即《易傳》、《中庸》之説,亦不可認爲宋儒講“天道”是從此角度立説。蓋此類文件所顯示之理論立場,實乃以“天道觀”統“心性問題”,非以“心性論”立場安頓“天道問題”也。[3]

[1] 《新編中國哲學史(三上)》,頁 68。
[2] 《新編中國哲學史(三上)》,頁 68—69。
[3] 《新編中國哲學史(三上)》,頁 71。

依勞先生之意,所有言説於天道觀的命題立場,無有不是依據於主體性而可出現或成立的,[1]此説誠然,但這是方法論問題或知識論問題的説法,就形上學、世界觀的説法而言,不論所求之得之的方法爲何? 也不論所説是否能被證成? 重點是説出了什麽樣的形上學、宇宙觀以爲世界的真相及生命的真諦。此説,是要進行三教辯證的,甚至是中西哲學争鋒的。説出形上學、宇宙論是一回事,證成是另一回事。所以不能説天道論、本性論無法不依據主體性之自覺而獲得,就以爲言説天道論、本性論没有溢出於言説心性論的理論價值。但是,若是勞先生認爲,天道論、本性論所有言説的命題,都是在心性論中心的系統内也可以被言説,也就是以主體性自覺爲進路而言説天道及本性而爲心性論的更大廣度的完成,那麽,筆者也完全同意勞先生的説法。這就是一套實踐哲學進路的形上學、宇宙論、工夫論、境界論旨而已。問題是,勞先生並没有用心去建立這樣的心性論中心的含天道論、本性觀的系統,他所標榜的陸、王哲學,正是形上學、宇宙論興趣缺乏的系統,他所批評的周、張、程、朱,才是心性論中心的收攝形上學、宇宙論的系統。牟宗三先生就是這樣處理宋明學的,可惜牟先生又陷入另一種獨斷的迷思,亦即依陸王批評程朱之説而否定程朱之學,關鍵在是否直接談實踐哲學,亦即是否直接談工夫論,或是否直接談一種頓悟式的本體工夫論。[2]

在勞先生討論宋明儒學所面對的哲學難題一節中,勞先生又再度以宋明儒學爲面對佛教否定世界的立場,提出肯定世界的主張,而理論的建構則有存有論、形上學、心性論三種模型。[3] 文中又有存有論對比形上學及心性論的使用。細查之,勞先生使用天道論時,較有宇宙論色彩,同樣是强調萬有共同的價值實體,至於使用到存有論一辭的時候,宇宙論色彩更少,但仍然還是有宇宙論色彩,亦是同樣主張萬有共同之價值原理。换言之,天道論及存有論的差距在一重實體義、一重原理義,但兩者都是超越性的最高存有。至於此節之形上學,則即是前幾節之本性論一辭的相同用法。勞先生在此一"心性論、形上學、宇宙論"的架構中,又發展出"心性論、本性觀、天道觀",以及"心性論、形上學、存有論"的架構,可以説勞先生對於自己在討論的假設性模型的義涵屢有用詞的轉移。雖然差别不大,但仍是造成讀者的困擾,因此筆者大膽

---

[1] 參見其言:"天道"之基本特性,原在於表存有與價值之合一。但嚴格言之,此種"合一原則"既不顯現於當前之世界中,亦不表思想上之必然性;所謂"合一",即落在"善"在"存有"中實現説。但此"實現",既非實然,亦非"必然";至多仍只爲一意志之要求,或理想信仰所寄之方向。作爲一方向看,"天道"之"存有地位"即只能取"主體活動義",换言之,所謂"天道"只是主體自己自立自定之方向,並無離主體而獨立之實有性;因若不如此安立,則"天道"之説即處處成爲不可解。然若如此安立,則"天道"又無"心性"外之地位可説。則"天道觀"如何能較"心性論"具更高價值(《新編中國哲學史(三上)》,頁69)? 又見其言:至此,顯然"天道"本身之"存有地位",即只能歸於"應然"。而所謂"應然",不能不植根於主體性或主宰自覺中。换言之,"天道"仍只能是一理想方向,或一信仰;如康德所謂之"設準"。則此種"天道"觀念,仍只能是"心性論"下所定立之觀念;既無獨立地位,何能達成"心性論"所不能達成之"價值"(頁70)。

[2] 參見拙著《對牟宗三以"覺悟説"詮釋朱陸之争的方法論反思》,《國文學報》第53期,2013年,頁149—174。

[3] 《新編中國哲學史(三上)》,頁79。

假定,勞先生的"心性論、形上學、宇宙論",就是"心性論、本性論、天道觀",就是"心性論、形上學、存有論"。在本節討論下的形上學、存有論,勞先生展開了較多的形上學意旨的理論内部問題,但多半是以理氣論的材料以爲討論之依據,因此實已進入了朱熹哲學領域,以下即不再多論,直接討論勞思光先生的朱熹詮釋。

二、對勞思光先生詮釋朱熹理氣論形上學的反思

勞先生談朱熹哲學體系,概分三部分,一爲存有問題,二爲價值問題,三爲文化歷史問題,另有對敵論的專文討論。參見其言:

> 朱氏學説,從理論上著眼,應可分爲三部分討論:第一爲形上學及宇宙論部分;即"理"、"氣"、"無極"、"太極"等觀念,以及由此構成之世界圖像;此屬於"存有問題"(Ontological Problem)。第二爲價值論及道德實踐理論,包括"理"與"欲","心"與"性情"以及格物致知窮理居敬一套工夫觀念;所涉及者爲"應然"問題。第三是由以上兩部分理論決定之肯定世界之態度,此涉及文化觀及歷史觀之問題,而朱氏對佛教之批評亦應繫於其下。[1]

筆者以爲,第一部分和第二部分適成一理論體系的完整架構,亦即形上學問題和工夫論問題的結構,而工夫論命題的依據是形上學。至於第三部分,只是整個第一、二部分理論的背後心理因素。也因此,朱熹並不是勞先生所説的只是一形上學、宇宙論的混合或綜合系統,而是也有勞先生所説的心性論系統,即第二部分談價值論的工夫理論部分。當然,勞先生在詮釋朱熹工夫論的時候,對朱熹之言心之概念有所貶抑,此事在相關章節處筆者將再做討論,筆者之立場是,不能因此否定朱熹有工夫論宗旨,而是必須承認朱熹有心性論立場,所以朱熹不是光有形上學、宇宙論立場而已。勞先生對朱熹三大部分的討論分六小節進行,其中 a、b 二節討論形上學,c、d 二節討論價值問題及工夫論,e 節討論文化歷史觀,f 節討論其他問題。筆者的討論,則將 a、b 二節之形上學問題置於一節討論之,c、d 二節之工夫論置於另一節討論之,再將 e、f 二節及結論另爲一節再討論之。之後,對湖湘學派及對陸象山之爭辯之討論則另待他文。

勞先生於 a 節談"理與氣",就勞先生談朱熹形上學觀念言,參見其説:

> 朱熹之綜合系統,就形態言,乃包含一形上學理論及一宇宙論者;就内容言,則主要爲濂溪及二程學説之綜合,其取於横渠者,不及取於周程者重要。而此系

[1]《新編中國哲學史(三上)》,頁 271。

統中之基本觀念即“理”與“氣”。所謂“理”,指超時空決定之形式及規律,故爲“形而上”者;所謂“氣”,則指時空中之存在所具之質料,故爲“形而下”者。但此處所用“形式”與“質料”,雖是借用亞里斯多德之詞語,若細案之,朱氏之“理”與“氣”並非全等於亞里斯多德之“形式”與“質料”,此點下文當逐步説明。但基本意義上,“理”是取“形式義”,“氣”是取“質料義”,則無可疑。[1]

勞先生定位朱熹是一綜合系統,即意味朱熹不只是天道論也不只是本性觀,而是天道論及本性論綜合之系統,亦即宇宙論、形上學綜合之系統。由此可知,勞先生所謂的宇宙論、形上學、心性論便只是一假設性的模型,並非哲學史詮釋上可以有所對照的有實例的理論。就此而言,筆者要説,朱熹同時也是勞先生所講的心性論的系統,因爲就心性論的要點言,仍然明顯地就存在朱熹的理論中,問題只是,勞先生對於自己的心性論没有將之直接就視爲是工夫論,他仍然將其限定在心性概念的討論中談,所以不能見出朱熹根本就有與孔孟完全一致的成德工夫理論。[2] 至於勞先生强分的心性論、形上學、宇宙論三類型的理論,就只能視爲是哲學分析的假設性模型,而不能作爲哲學史上各家理論的實際分類工具。本文以下的討論,便是依此立場而展開的。

就上文言,勞先生講朱熹有形上學也有宇宙論,筆者同意。至於説朱熹多取於濂溪及伊川,這也是事實。只是,筆者主張,朱熹對於横渠,亦不少取。横渠言於“心統性情”、言於“天地之性、氣質之性”,“善反之,天地之性存焉”等,皆爲朱熹繼承,並發揮於系統中的重要關鍵之處。至於勞先生言於朱熹之理氣説與亞里斯多德潛能、實現説及柏拉圖理型論的同異之討論,筆者没有意見,勞先生的處理堪稱合理,但這也不是勞先生主要用力之場所。

勞先生的討論,首先一個重要問題,是朱熹之理的公共義和殊别義。參見其言:

朱氏與二程言“理”之不同處,在於朱氏確定分劃此二種意義之“理”;所謂共同意義之“理”,在朱子理論中即相當於“太極”。朱氏雖宗伊川“性即理”之説,但朱氏自己用語稍有不同,而認爲“性”字只同於殊别意義之“理”,“太極”或共同意義之“理”則不可稱爲“性”。[3]

勞先生主張,朱熹談理氣決是二物以及理氣不離不雜時之理者,主要是指殊别之理而言,這就是勞先生所立之本性論之模型者。但因朱熹多談太極之理,此時便是指公共之理,而這又接近天道論立場了。至於朱熹説太極作爲萬理之總和,勞先生即質

[1] 《新編中國哲學史(三上)》,頁272。
[2] 參見拙著《南宋儒學》第八章“朱熹其他詮釋傳統的本體工夫論”。
[3] 《新編中國哲學史(三上)》,頁276。

問這究竟是總和義還是總攝義？總和是虛的集合，總攝是實的統一，其云：

> 總上所述，朱熹之言"理氣"，重在"理"之自存性，與理氣在運行中之不離；而"理"兼有共同殊別兩義，僅以殊別義之理爲"性"。此皆其立說之特色。但論及"共同之理"時，究取總攝義或總和義，則立論欠明確；尤其說到物物各具一太極時，其語皆未見精確，其意亦不顯明。[1]

勞先生認爲朱熹所講的太極之理，應是總和之理，但又見到朱熹亦似有爲總攝之理的用法，若是總和之理，則前此所謂天道論及本性觀的種種理論困難，便都仍然無法可解，若是總攝之理，則勞先生又不能在此掌握其爲一價值義的總攝之理，故而認爲朱熹之語欠明而難解。筆者以爲，朱熹之語欠明難解固其然也，然今日之研究者即應爲之疏解、釐清，使其理論清晰可解。就朱熹之理言，既有形式義之理，亦有價值義之理，形式義之理與氣結合而言物物殊別，價值義之理則總萬物共同有之，因此說到太極，主要指此價值義之共同原理，亦即此天地之性者，故有總攝義。當其散殊萬物時，則與氣結合，而有個別事物之個別殊性，即氣質之性者，則此時只能說總和義。如此則總攝、總和兩說皆可通解。且天道論有之，本性論亦有之。至於談到去人欲存天理時，則心性論亦有之矣！當然，這是筆者的詮釋立場，依勞先生的此一質疑，尚有其他更多的理論結果，後文繼續討論之。

勞先生於(b)節談世界圖像，依然是理氣論的主題，但重點落在對價值問題的處理上，而勞先生討論的要點則是氣能違理或不能違理的問題，並主張朱熹在此並未解決此一問題。筆者以爲，朱熹解決了這個問題，而勞先生之所以以爲朱熹未能解決，關鍵仍在勞先生太緊守所謂天道論和本性論的分際，以及和心性論的差異上。參見其言：

> 朱氏論"理氣"之關係，大體上皆言"氣"依"理"而有，依"理"而生萬物，簡言之，即認爲"氣"受"理"之限定，所謂"有此理後方有此氣"；然又有"氣强理弱"之說。[2]

筆者以爲，論萬物出生之前，既有價值義的天地之性，又有形式義的殊別之性，此時理管得氣，至於萬物成形之後，說理管不得氣，主要是就人存有者而言，先天氣稟之存在及後天習氣之干擾，使得人存有者不能爲善，這是事實，也是現象描述，也必須爲這些事實上存在的現象找到形上學的架構以爲說明，這才是負責任的哲學家應有的作法。但是哲學家並不停止於描述現象而給予抽象概念以爲解釋，而是要提出理論

[1]《新編中國哲學史(三上)》，頁 280。
[2]《新編中國哲學史(三上)》，頁 285。

以爲問題之解決。而這就進入了人性論旨及工夫論旨的討論了。就人性論言,依勞先生的用法是本性觀,勞先生注意到朱熹談了形式因之理及質料因之氣,卻未及注意到朱熹所談的共同意義之理的功能,即前小節所談的太極之爲總和義或總攝義者。説總和義亦得,但功效不大,真正的要點在總攝義,即以價值義總攝一切萬物,這正是天道論的基本立場,亦是天地之性一概念的意旨及功能。此處所説之理管不得氣了的話,當然是就萬物已生已成已運行之後而説的,但這是就現象説,就未做工夫以前説,若做工夫,即能變化氣質改變現象而成聖賢而皆循理而行矣,至於人存有者得以自做工夫及必能成功之理論根據,便在太極之理遍在萬物而致物物一太極的天道論命題中,以及就在心統性情的本性論命題中,亦同時存在去人欲存天理的心性論旨中,若不割裂天道論和本性論,也不割裂心性論,則朱熹之理論皆可解矣! 以上是筆者的朱熹解讀,唯勞先生卻仍緊守其别異的立場而批評如下:

> 朱氏之形上學及宇宙論系統,本以濂溪之説爲主要依據,故前論各節,顯然有極濃之“天道觀”色彩;然朱氏畢竟學出程門,故對“本性論”之基本觀點,亦不能捨去。就朱氏自身之意向説,原以爲可綜合濂溪二程之説以成一融貫系統,但此二説中理論立場之客觀衝突,並不能由一主觀意向輕易消除。順“太極”而言陰陽五行及萬物,主理氣運行不離之説,皆是“天道觀”立場;但既强調殊别義之“理”或“性”,則不能不重視氣質之作用,或殊别之理間之不同;此處,“本性論”之觀點即漸居優勢。[1]

此處,勞先生以爲天道論與本性論有基本立場的衝突,簡述其理由,天道論或存有論主張有一價值實體已實存於萬有之中,而本性論主萬有各自有其本性,且可能尚未實現,故而兩者有其内在衝突在。且,天道論不能解釋萬有事實上不依循價值的問題,而本性論則脱離此一立場而逃脱困境,然而,本性論自己卻又不能保證萬有必得實現價值,故而須有心性論之主體性自由意志以爲補救。故而心性論才是理論效力最高的系統。以上是勞先生的綱領。筆者主張,天道論之主天地萬物有其共同價值原理就是本體論哲學的任務,儒釋道皆需言其共有之價值原理,以爲主體實踐之蘄向、目標,且三教之價值各有差異,以此别異三教。勞先生關切的是價值不由主體無法得出,亦無法實踐完成,然,前者是知識論問題,後者是工夫實踐問題,不須因此否定本體論的功能。至於本體論或天道論、存有論之萬有已具備其理之立場與經驗現實不合的現象,則確實需由人性論或本性論以説明之,本性論藉由氣稟之説明,而使萬有之不如理的事實得一本性論之解釋,此解釋不是爲使其脱逃天道論的全體是善

---

[1] 《新編中國哲學史(三上)》,頁 285—286。

之强制性命題立場，而只是説明個别萬有的現實狀態，説明其爲何不依天道論的共同設定而有其個别差異的存在，然而，接下來就由工夫論或心性論以爲此一困境之解決，亦即做工夫以變化氣質而成聖賢，亦即使人存有者符合原先天道論之目的。因而，天道論即價值意識之本體論，以及具體時空之宇宙論，本性論即人存有者之價值意識之本體論或即曰人性論，或人存有者之概念範疇的存有論。而心性論即本體工夫論。筆者的立場是，宋儒各家都在宇宙論、本體論、工夫論甚至是境界論各有建構，只是强調側重的問題面向不同，而不是誰只採取哪一種理論的理想模型，而致有種種缺點，以致有不能解決的問題之困境。因此，朱熹之系統，可以説即是既有天道論也有本性論也有心性論，筆者此一立場，甚至可以在勞先生自己的討論中見出，此説在下節論工夫時即可見出。

前説勞先生主張本性論有一與天道論之衝突在，關鍵即是氣之是否能違理？筆者以爲，這是可以解決的問題，並不如勞先生所説的那麽嚴重。勞先生之説如下：

> 朱氏之"氣"本身另有屬性，於是依此屬性，而有使"理"易於實現或難以實現之不同……此亦承二程之説，於是此處可見"氣"有不受"理"所限定一面……即所謂"理管他不得"或"氣强理弱"之意。由此處展開，則將見"理"與"事"二領域間另有不能通貫處；此與"天道觀"之"徹上徹下"之要求不合，然與"本性論"則反相契合。就朱氏之綜合系統看，在此重要關鍵上，原應作一番嚴格思考，以處理此一問題，但朱氏只匆匆説過，終無確定之安頓或解答。就形上學及宇宙論部分講，此一論點之提出，似只見其破壞系統之完整性及一致性，但朱氏斷不能不留此論點，蓋就價值論及成德工夫講，正須如此安立"未定項"，方能在理論上得一立足點也。總之，究竟"氣可以違理"抑或"氣不能違理"，乃朱氏學説中之兩難問題。朱氏自身並未解決。今在價值論一面看，則不能不以"氣可以違理"爲一基本假定。顧此假定，在形上學及宇宙論方面，則終不能明確安立。學者在此等處，不可强爲朱氏辯護也。[1]

勞先生説學者不可强爲朱熹辯護，但正是這樣的立場就把朱熹的學説給扭曲了，因此仍須一辯。説氣之另有屬性，即是氣質之性，即是形式因之理，其所謂之難以實現之理者正是共同之理、價值之理、天地之性之理者，此時可説天地之性管不得氣質之性，或氣强理弱，此時可以解釋理事之不能貫通處。勞先生認爲這就使天道論的徹上徹下的立場受到否定，但正符合本性論的立場。筆者主張，天道論提出整體存在界的總體意義及價值，以爲終極的貞定，本性論説明個别存有者的殊别差異，以爲現實

[1]《新編中國哲學史(三上)》，頁286—287。

狀態並不圓滿的説明,但在此處仍必須有明確的人性論建構,以爲主體雖有不如理,但必有可如理的本性以及可實踐的主動性之貞定,本性論或人性論建構好了之後,工夫論就可以説得很清楚了,而工夫論當然亦有多種模型可説者,再剩下來的就是做工夫以爲實踐之落實了。因此,並不是有某家理論主本性論,而得與天道論立場正相反者。而是談本性論的系統,必是預設了天道論的理論,而思有以説明現實不如天道理想的原因而已。因此此中並無本性論立場逃脱了天道論的系統的缺點之事,反而正是本性論繼承天道論而有了更詳細的發揮,而這正是一套完整的理論必須要有的互助性結構。

勞先生又説,此一本性不能依理的假定,卻是爲了成德工夫不得不有的立場。此説,頗爲扭曲。筆者以爲,現實人性之紛亂不齊是一事實,本性論説明現象存有的狀態,人性論建構人之必能成聖的理由,工夫論説明做工夫的方法,境界論説明成聖的境界狀態。因此並不是本性論中説現實未如理的立場是爲了成德工夫不得不有的定位,而是成德工夫的立足點就是針對尚未成德的人存有者的努力的活動,因此要説成德,就要説如何做工夫,要説如何做工夫,就要説人存有者必有及必能做工夫的人性論依據,要説人性論就要依據天道論以爲最高之宗旨。既説了天道論,並不等於衆人皆已實現成聖,相反的卻常常是乖離得很,因此要先説明人的現象狀態,這就是理氣論説現象不齊的背景,其目的就是在天道論的理想下説明爲何存有者會有種種的殊别不齊,先把現象交代清楚,則理想的人性論才得依理想的天道論而能説清楚,從而工夫論也就能説清楚了,從而做工夫以達境界也就可以説了。

總之,勞先生以上的討論意見,都頗爲曲折,關鍵就在他建立了三套各自分立的理論模型,實際上,哲學史是逐步接續發展的,哲學理論是互相補足也互相依據的,就同一個學派内部而言,需有種種不同功能的哲學理論以爲整體圓滿的建構,各家之間容或偶有衝突,也常是因爲只見到不同的問題而致生的誤解而已。當代學者宜爲傳統哲學疏解糾紛,而不是再建立新説以落實衝突,此舉,只能説是建構了當代學者的自己的哲學,而不能説是針對傳統做正確的文本詮釋了。

三、對勞思光詮釋朱熹心性論及工夫論的反思

勞先生於第(C)節處討論理欲關係問題,其言:

> 在形上學宇宙論範圍中,朱熹之"理"與"氣"相配,而爲兩大基本觀念;在涉及善惡問題及工夫理論時,則有"理"與"欲"兩觀念相配,而構成其思想之主脈。所謂"理"與"欲"即"天理與人欲"之簡稱。"天理"仍與形上學中之"理"相承,"人欲"則歸於"氣質",亦可説仍與"氣"觀念相應也。價值論之第一問題,當爲"善

惡"問題;此包括"善惡"本身之意義問題,及世界中之"善惡"如何可能之問題。關於"善惡"之意義問題,朱氏雖未作明白界定,但其意是以合乎天理爲"善",則甚爲顯然。[1]

勞先生所説的涉及善惡或工夫問題者,其實就是心性論議題。勞先生以孟子學爲心性論之典範,其中首須性善論旨,其次則是養氣工夫。雖然勞先生强調性善論以自覺心講,重點在主體性的價值自覺,但自覺之内涵就是善的這一點,仍是必須堅持的。也正因此,爲何自覺的必是善的,就成了儒學家必須再爲追究的問題,於是有《中庸》、《易傳》的形上學立場以言説整體存在界的善意志原理。也因此宋儒張載、程頤、至朱熹都在這個問題上繼續深化處理,不只是要處理善的問題,也必須處理爲何會有惡的問題。勞先生談的理欲關係即是對惡的説明及超克,説明惡不是要主張惡,更不是要合理化惡,説明惡仍是在性善論的立場上研究惡的發生,以求有以超克,目的仍在超克此惡。惡作爲一現實上實際存在的狀態必須有以説明,才能找到超克之道,也才有正確的工夫可言。勞先生以理欲問題實際上還是理氣問題,此誠其然,這就是天道論、本性論、心性論都是同一套概念範疇在處理的,也就是同一套理論在處理的,這裹並没有只是天道論,或只是本性論,或只是心性論的問題。善惡問題在天道論處定位爲全善,這是實踐哲學及宗教哲學都需定位的本體論問題,至於現象不齊,就由本性論或人性論去做分殊之界定,之後就可以談工夫論。其實,勞先生在(c)、(d)兩節的論次就是如此,只是,受限於天道論及本性論的思路,勞先生對朱熹没有少批評而已。最主要的批評還是共同之理與分殊之理的矛盾問題,參見其言:

先就共同之理説,後就殊别之理説。若案朱氏之説,則此處所謂"其理亦只有許多",確是就"共同之理"言;换言之,即以爲"殊别之理"乃"共同之理"受氣之限制而生出。但如此説時,顯然與"物物各具一太極"之言有衝突,故問者即舉此言之;朱氏之答覆只説"以氣言之,則不能無偏";此並未解決問題。蓋若説物受氣限制即只能有"殊别之理",則"物物各具一太極"之説,仍不能成立。所謂"以理言之,則無不全",此"理"字若指共同之理,則其"全"只在其自身中;落在具體之物上既必受限制而"只有許多",即不能稱之爲"全"。於是,不能説"物物各具一太極"。倘此"理"字指殊别之理,則所謂"全",只是此物之此理之"全",根本亦非"太極"。更不能説"物物各具一太極"。總之,朱氏此處立論,本身即大成問題。[2]

[1]《新編中國哲學史(三上)》,頁287。
[2]《新編中國哲學史(三上)》,頁288—289。

勞先生在此處的批評,有點纏繞。筆者以爲,以理有多種層次,即可解決。因此,既有共同之理的價值意識層次,也有殊别之理的形式因、目的因原理的層次,任一個物皆既有總體共同的價值意識原理因在,也必有個别殊異的形式目的因原理在,如花草樹木鳥獸蟲魚,可以有正德、利用、厚生的共同價值原理,亦即爲人所用以成大同世界的共同目的,也可以有爲各種器物或食物的個别形式目的因原理。如此物物各具一價值義的正德、利用、厚生之太極原理即可説,而各物自身之形式因、質料因之差異亦皆可説矣。

其實對於這些問題,朱熹的處理已經很徹底了,勞先生亦藉朱熹的文字爲其説明如何解決人物之别及人與人之間的差異的問題,其言:

> 總之,此一思路是認爲"人"之"氣"與"物"之"氣"有正偏之異;故"人"所具之"殊别之理",即依其"得其正"一義,而與"共同之理"合一矣。[1]

勞先生討論朱熹的話,主張人得其正,故而殊别與共同合一,勞先生此處所説的合一應予疏解,否則意旨不明。筆者以爲,應該是説人人先天具有共同之性善之價值原理,若能經過後天的努力培養,完全克服氣稟的限制及習氣的束縛,則性善之理便得全部呈顯,因此,合一必是做了工夫以後的事。此處,對於人之是否必有此一努力之動力問題,勞先生即主張在朱熹所言之性理結構中已落實之,其言:

> 此即所謂人之"氣質之性"是也。依此,則"人"作爲一類看,是得"氣之正"者,故有實現共同之理之能力……此能力亦即是人之"性"或"理"(此是"殊别"與"共同"合一處);但人作爲個别存在看,則人雖有此能力,仍未必能充足實現此能力;其實現或不實現,又仍歸在"氣"上。總之,仍是"理"管不住"氣"也。但朱氏原説"氣"由"理"或"太極"而生,何以"氣"如此不受理之統馭?换言之,既是"太極"爲萬有之本,何以此世界中處處有"惡"或"違理"之事象?此點朱氏不能作確定答覆。[2]

文中明講人有實現共同之理的能力,此能力即是人之性或人之理。筆者前説,共同之理必是價值意識的原理,即仁義禮智誠善等,此説諦當,人有性,性即理,此性即理即指天地之性而言者,即人所有之天地之性本身即得爲一有主動的動力在,因而此一問題得以解決,則勞先生特别重視的心性論旨已思過半矣。换言之,在朱熹的系統中實已深入心性論旨所需要的重要理論立場了。

勞先生此處另爲關切的問題是,人雖有此主動向善之能力,但未必定能成功,關

---

[1]《新編中國哲學史(三上)》,頁 289。
[2]《新編中國哲學史(三上)》,頁 289—290。

鍵在受氣稟限制，但爲何氣能不受理之管束呢？勞先生認爲此一問題朱熹没有能回答清楚。筆者以爲，朱熹當然回答了，答案就是氣稟結構使共同之理之呈現有難易之别矣，這也正是對命運差别問題的解説，只是其説是否令勞先生滿意而已？雖然如此，勞先生還是同意朱熹哲學中，人之實現天理並非能否的問題，而只是難易的問題，换言之，能力已具，只待努力是，其言：

> 人之氣既有不同，則其善惡亦不同；但此只是就秉賦之差異説。嚴格説，人之能否實現天理，雖受氣質影響，但其影響只是難易問題，並非可能不可能之問題。伊川曾强調氣質縱惡，只要不自暴自棄，終可克復；是就氣質惡者亦可能爲善説。朱氏則强調另一面，以爲氣質佳者，亦可能爲惡。[1]

努力即是去人欲、存天理，人則是既能循天理亦能循人欲的，也因此而有工夫之可説，其言：

> 依以上剖析，可知朱氏學説中，"天理"爲自存及恒常之"有"；人因氣質之阻限，或不能實現天理於心念行爲中，此是道德善惡問題之根源；而其具體落實處，即在人是循理抑或是逐欲；故朱氏理論中之"道理之二元性"(Ethical Duality)(此爲一切道德理論中所必須具有者)，或"善惡問題"，即落在"天理"與"人欲"一對觀念上。所謂"人心"與"道心"之分别，亦在於此。……此所謂"滅人欲"，並非消滅"情"之意，只指滅其"不正"或"不循理"者言。能滅人欲，則天理自然顯現。[2]

説到這裏，已不見勞先生對朱熹理論還有甚麽批評了，其實，這正是儒學理論從形上學、存有論進路討論人存有者的存有結構之最後結論之處。不談存有結構則已，要談，不管是以天道論、本性論、人性論、本體論、存有論、形上學之何種名義，就是根本是善的，至後天氣聚成形之後才有不善之可能，但也只是可能，而不是就是惡，必在人欲過度中才爲惡，但因根本是善，因此只要努力下去，則人人終能成功成聖。此且不僅儒家如此，佛教存有論論於人性者亦是如此，只要將天理换作佛性，人欲换作習氣即得。所以，朱熹的天道論也好、本性論也好，以上諸説就是天道論、本性論要建立的系統，系統既明，即可談工夫論，工夫論即心性論，勞先生嚴爲三分的系統，在朱熹哲學處皆已通通具備。

筆者一直主張，勞先生所説的心性論就是儒家的本體工夫，只是勞先生提升之以爲即是和宇宙論、形上學有别的第三種理論，筆者不以爲然。理論都是互相繼承依據而關聯在一起的。因此在講天道論、本性論的程、朱系統中也可以看到工夫論，講工

---

[1]《新編中國哲學史(三上)》，頁 290。
[2]《新編中國哲學史(三上)》，頁 292。

夫論就是講到了心性論,因爲工夫就是心在作用的,心以性善之性爲蘄向而作的本體修養工夫的。

勞先生在(d)節處講了心性情與成德工夫。其言:

> 朱熹之工夫理論原可分兩部分。第一部分爲對於自覺活動及心靈能力之了解,主要見於對"心"、"性"、"情"等觀念之解釋;第二部分則爲對成德之努力過程及關鍵之主張,主要包括"窮理"、"居敬"、"格物"、"致知"諸說。……朱氏之"心"觀念,主要之特色在於以"心"爲屬於"氣"者,故"心"與"性"迥不相同。[1]

有工夫論就是有心性論,儒家的工夫無不是心性概念中心的,盡心知性、存心養性,即便是言於主敬、存誠等等亦都是心性之所爲,筆者曾進行過概念分類的討論,主張言於本體工夫論者,有以存有範疇概念説者即是盡心、存心、正心、盡性、立命、養氣、持志等;有以價值意識概念説者,即是存誠、行仁、行義、爲善、誠意等;有以操做型定義爲之者即是主敬、收斂、慎獨、主一、主静、涵養、察識等;當然也有以具體活動概念説之者,如修身、齊家、治國、平天下、讀書、科舉、做官等。總之,都是儒家的工夫論,只看用甚麼類别的概念爲進路而説之而已,[2]其實都是心性在作用的,故而可以説是心性論,其實就是工夫論。

勞先生言朱熹工夫論之心性情者,嚴格説其實是朱熹的存有論、形上學、人性論、本性論者,即是朱熹在定位人存有者的存有結構,針對要進行道德實踐活動的人性主體的存有結構做説明,真正説到工夫論者,則確實是主敬、格物、致知、窮理諸説。其中,對於心性情的架構,勞先生有批評的意見,而筆者欲爲朱熹辯護,至於主敬、格致諸説,勞先生的討論十分中理,也落實了朱熹心性論旨應有的深度。

對於朱熹論心,勞先生謂:

> 蓋朱氏之"理"或"性",純作爲一形上實有看,而"心"則是萬有中之靈覺能力;故"心"在此意義下並無超越義,而只有經驗義,自與"性"或"理"不同。……就"心"本身屬於"氣"言,"心"即可以與理合,可以不與理合,换言之,在朱氏學説中,"性"或"理"乃"善"觀念之根源,故決不能説"性"或"理"有"不善",但"心"則可以是善或不善。……此皆謂"心"乃能善能惡者,蓋在朱氏用語中,"心"只表能作具體活動——如思、行皆是——之能力,而本身無建構性又非超驗主體,故本身不含規範;另一面"理"則是規範或"是非標準"。於見心之活動合於理即善,不合於理即惡;故"心有善惡"。[3]

---

[1] 《新編中國哲學史(三上)》,頁292—293。
[2] 參見拙著《中國哲學方法論》,臺灣商務印書館,2013年。
[3] 《新編中國哲學史(三上)》,頁293。

"心"與"理"雖非本來合一,但所謂成德成聖之學,即是要做工夫之學,做工夫則須落在"心"上講,使"有善惡"之二"心"去其惡,而成爲純善,即是所謂"聖人之心"。上文中勞先生説朱熹之心並無超越義而只有經驗義,故而心可有善或不善,而心不含規範,規範是理之作爲,心之善惡決定於合於理或不合於理,所以當心在做工夫時即是心之去惡而善,以合於理,以成"聖人之心"。筆者以爲,勞先生説心之只經驗非超驗之説不必成立。朱熹言心統性情,而性即理,故而心中先天地具共同之太極性善之理,故而必可發爲行動而求善成聖,其靈覺能力即含具此項關鍵功能,此一理論設計早已清明,關鍵是人有未做工夫而受氣稟及後天習氣影響下的有善有惡的狀態,以及做了工夫以達聖境的純善全然呈現的狀態之别,而其必可成聖的依據即在必有先天之理而超驗地具於心中,所以勞先生説朱熹之心爲氣之精爽故而非具超驗義者,筆者不同意。説心爲氣之精爽是要回答人存有者的物質形體義的存在的問題,但此存在已有太極天理本性之賦命其中,故心可提起性理以爲純善之工夫。正是朱熹之如此處理,故而言於心之工夫時,話語流暢,勞先生並引朱熹之語,而謂其言之幾與象山同者,參見勞先生言:

> 此説單獨看,幾令人疑爲象山陽明之作;然朱氏如此强調"心"之地位,實仍只就工夫言;不碍"理"在其系統中爲最高實有也。[1]

其實,朱熹就人性實存現狀説此心,故有善有不善,但任一存有皆稟受天地之性,即天理,即共同之理,故而有其規範,但此一規範,亦在人身上,嚴格言之,即在心之本體中,故不可謂心無規範,否則性或理之規範義如何落實? 如何進行運作? 説到底,都是同一個心在做的,如此規範才有地方去落實。因此筆者反對勞先生説朱熹之心只有經驗義没有超越義、不能爲規範、不是超驗主體之説,若不是心在做工夫? 則誰在做工夫呢? 難道是理是性嗎? 則理與性作爲一存有它們是掛搭在哪裏呢? 難道一個人心中既有心之經驗存有而另有性與理的超驗的主體在主導嗎? 若是這樣,這超驗的性與理也就是心了,但這就落入了語意約定的泥淖裏了,所以就是一個心,有超驗的主體性即其天理者在,又有賦氣成形之氣稟限制,故而有過度之惡,主體心即需做工夫以復其純善。故朱熹言於聖人之心時,莫怪乎勞先生以爲幾爲象山語。其實,象山直接就做工夫時説心的狀態,甚至是工夫完成時之主體境界狀態,故而此心必是純善無惡的,且爲超驗主體,因此,朱陸之間言於心者,要看是就哪一個問題的層面説,而不是朱陸的理論有根本型態的差異甚至對立在。

勞先生接著便對朱熹言於心性情關係的架構進行解釋,在勞先生的討論中,無

---

[1] 《新編中國哲學史(三上)》,頁 295。

法見出朱熹的理論有任何不對之處,則朱熹的"心性情論"究竟是天道論呼?本性論呼?心性論呼?筆者以爲,在勞先生自己的説明中,已將之引爲心性論了。參見其言:

> "學"及"工夫"既皆落在"心"上説,然則如何方能使"吾之心"成爲"聖人之心"?依朱氏"理欲"觀念看,自是須使此心完全循理而動;蓋"心"之是否循理,完全在"動"處説。於此,遂可轉至"情"觀念;因朱氏原以"心之動"釋"情"也。……故言"心"時,其本性乃所謂"性",而其動處即是"情";如此,則"心"以"性"及"情"爲其兩面,故張横渠所言"心統性情"一説,最爲朱氏所贊許。……心就"性"一面言,即是覺"理"之能力;故無不善。其發處成爲具體活動,即是"情"。"情"則可以合理或不合理,此處乃有善或不善之問題。於是所謂"學"或"工夫",皆須以使心之所發皆能合理爲目的;换言之,在"心"上所講之工夫,又在"情"上落實。此是在工夫論中講"心、性、情"之主要理論綫索。[1]

從上文可見,朱熹理論的合理處全在勞先生的陳述中表露無遺,這不就正是繼承孟子性善論立場的存有論發展嗎?程朱之爲孔孟的嫡傳,扎扎實實。總之,談心性情概念是談主體結構的存有論,真正要談工夫論者,朱熹的命題就是程頤的兩句話爲綱領:"涵養需用敬,進學在致知。"此即是主敬的本體工夫,與格物致知的工夫次第觀,參見勞先生言:

> "心、性、情"之説,只提供朱氏工夫理論之大綫索,若具體實踐過程,則須通過"窮理"、"居敬"、"致知"、"格物"等説以展示之。[2]

勞先生説心性情是提供綫索,所謂綫索是何事?勞先生未能定位好。筆者主張,談心性情甚至理氣道物等等,都是存有論,都是概念範疇的存有論,是對存有範疇進行概念定義及關係約定,這是實踐哲學及思辨哲學都必須要共同處理的問題,亦即對於最大類項的概念作系統定位,這才能進入命題的細節,而這類的工作,就是形上學的工作,説爲存有論更適合,因爲正是對於存有範疇的概念作定義的工作。定義好了以後,可以談宇宙論、本體論、工夫論、境界論,當然,談這些問題時也可以有其他的概念來加入,那就是各學派自己的經驗世界的知識詞彙了。勞先生以窮理、居敬、致知、格物四概念説朱熹的工夫論,其實就是兩類,談本體工夫的主敬一類,與談工夫次第的格物致知一類,至於窮理,亦是格物致知的項目。牟宗三先生不察,把窮理與理氣論直接聯繫,把窮理工夫視爲談理氣的思辨哲學,於是工夫落入抽象思辨而不及具體

[1]《新編中國哲學史(三上)》,頁 295—296。
[2]《新編中國哲學史(三上)》,頁 297。

經驗,謂之歧出。[1] 然而,勞先生倒没有這樣的連結,筆者認爲,勞先生對朱熹工夫論的兩條路綫把握得甚爲精準,唯一問題只是,勞先生仍未將之直接視爲就是心性論旨。其實,就其中之所論,就是心性論旨在談的問題及主張的模式,勞先生受限於心性論、本性論、天道觀的架構,故而認爲朱熹於心概念所談的工夫理論固然甚佳,卻仍是以理概念爲系統的最高項目,筆者認爲,這真是不必要的意見。關鍵在於,就什麼問題而談,以及一家理論依什麼標準而分類。若是談存有論,朱、陸皆須是天理、天道爲最高範疇;若是談工夫論,朱、陸都是心在做工夫的,都是心爲主體性的自覺之範疇;若是談理論分類,則天道論、本性論、心性論並不是三套不相統屬的理論,不宜作爲各家系統的分類標準。

以下,討論勞先生談朱熹的居敬工夫,其言:

> 兹先就"居敬"問題,略加析述;"窮理"可與"格物"、"致知"合論。朱氏論"敬"之語,大抵與所謂"察識"及"涵養"之問題有關。此點涉及朱氏與"湖湘學派"之異同,後節另有論述。此處只就其言"敬"之語略作討論。朱氏論"敬",主張貫動静而言"敬";蓋通常由"敬以直内,義以方外"二語爲據者,多以爲"敬"只就未發處説,既發於外,則應屬於"義"之問題。[2]

上文即顯示勞先生定位朱熹工夫論綱領的準確性,即是以窮理格物致知爲一項,以居敬配合涵養察識爲一項。以下先論居敬。勞先生以之爲貫内外的工夫,其言:

> 本來所謂"敬",指意志狀態上之工夫言,即伊川所謂"涵養"之事。朱氏如此説法,則以"敬"分體用,以未發所涵養爲體,既發之省察爲用;於是"敬"乃成爲貫内外之工夫,且又爲格物、致知等工夫之動力條件。[3]

筆者甚爲同意勞先生的詮釋,問題在於,敬非只一形式義的工夫,敬非無涉價值自覺的工夫。敬就是以儒家誠善仁義禮知之價值的自覺下所做的居敬、警凜、收斂、謹畏等等義涵的工夫,可以説就是盡心工夫的操作型定義,所以已經預設價值自覺,並貫通未發已發,因爲未發涵養也是個敬,已發察識也是個敬,未發已發分别的是主體面對的情境,但只要是做工夫,就是心神的收斂警凜,這就是敬,"又敬不違",所以敬等於是在做純粹化主體意志的工夫,而這就是本體工夫的操作型定義了。

朱熹論於工夫,重視這個未發涵養之敬,另一項,則是工夫次第中的先知後行義,

---

[1] 參見拙著《對牟宗三批評朱熹與程頤依〈大學〉建立體系的方法論反省》,《哲學與文化》第 423 期,2009 年,頁 57—76;《朱熹形上思想的創造意義與當代争議的解消》,《臺大哲學論評》,2007 年,第 33 期,頁 15—89;《對牟宗三以"覺悟説"詮釋朱陸之争的方法論反思》,《國文學報》第 53 期,2013 年,頁 149—174。

[2] 《新編中國哲學史(三上)》,頁 298。

[3] 《新編中國哲學史(三上)》,頁 298。

可以説兩項都是對入手處的講究。幾乎當代所有討論朱熹的學者,都不能在工夫次第問題上强調。其實,談格物致知就是八目之次第中的先行者,“物有本末,事有終始,知所先後,則近道矣”。所以格物致知就是爲了達到修齊治平,因此,没有哪家的儒者可以不走這條工夫之路,論於次第,必是先知後行。至於所有的工夫都需要純粹化主體意志,這也是當然,而强調純粹化主體意志,就是主敬、立志、致良知等命題在處理的,王陽明强調於此,將本是講次第的《大學》格物致知轉回講純粹化主體意志的本體工夫理論上去,故有格除物欲以致良知於事事物物之解,其實是對《大學》文本的錯解,就此而言,朱熹守《大學》言次第之路而解讀,而勞先生對朱熹意旨的理解亦是朱熹原意,未受陽明影響,也未受牟宗三先生依陽明之解而更進一步之影響。其言:

> “敬”是偏於意志一面之工夫;若就認知上説,則有“窮理、格物、致知”。[1]

談認知就是《大學》言於先知後行之認知活動,故而窮理亦屬其内。勞先生對此處的討論,最能掌握《大學》原意格致誠正修齊治平的内聖外王宗旨。其言:

> 依此文件觀之,格物窮理之目的,在内則欲達成“吾心之全體大用”之“明”,在外則欲達成對貫通之理之掌握。於是,“致知格物”只是同一層面之工夫,而目的最後仍以“致知”爲重,蓋“大學”原文所謂“致知在格物”,本以“致知”爲目的,是通過“格物”以完或“致知”也。至於何以要“致知”,則如“大學”所言,即落在“誠、正、修、齊、治、平”上。故總而言之,“窮理格物”是下手工夫,其目的在於明吾心之全體大用;吾心大用既明,乃可内成其德(誠、正),外成文化;即通常所謂“内聖外王”之道也。此中“修身”自又是另一關鍵;但朱氏於此未特作討論。因此處是述朱氏之説,非講“大學”,故不詳論。觀朱氏“格物致知”之説,最須注意者是:朱氏雖就思解一面言“知”,與日後陽明之以道德自覺言“知”不同;但“格物”仍非求取經驗知識之意,且“格物”之目的並非求對經驗世界作客觀了解;與經驗科學之爲求知而求知實不相同。是以,無論贊成或反對朱氏之學説,凡認爲朱氏之“格物”爲近於科學研究者,皆屬大謬。[2]

勞先生明謂,窮理屬格物致知,又,格物致知是下手處,最終是修齊治平。又明講與王陽明以道德自覺言之者不同,但朱熹之知仍不是求取經驗之知。以上諸義,都是筆者贊同的立場。惟就所知之内涵,究屬何義?勞先生更細節討論於下:

> 若欲細微處再進一步看,則朱氏之言“格物”是“凡天下之物”皆須“格”;故其下手工夫是在一一物上窮理;而最後目的在求“豁然貫通”,故其歸宿又是落在

[1] 《新編中國哲學史(三上)》,頁299。
[2] 《新編中國哲學史(三上)》,頁300—301。

> “共同之理”上。由此,朱氏以爲“殊别之理”與“共同之理”皆不可偏忽,故在“大學或問”中,反覆言之;其主旨不外强調“殊别之理”必須窮究,否則不知物物性情之異;而“共同之理”應包括物我而言,不可只向外物求;又“格物窮理”亦不可只反求諸身等等。兹不備述。總之,朱氏所持之假定是:就物物上窮理,包括自身在内,最後可以掌握“貫通”之理。而掌握貫通之理而又確知萬物殊别之理時,即内可成己,外可成物。[1]

勞先生還是没有細講出所知者何事,但已把他先前使用架構中之共同之理及殊别之理都説出來了,依勞先生之分别,殊别之理是存有物的形式、目的因原理,亦含質料因原理,共構理氣論。而共同之理,勞先生始終没有講死,只以爲是太極,筆者之意,即是共同價值原理,只有價值原理才能講共同原理而爲太極,價值以外涉及個物特性者皆已是殊别之理了。就此而言,不論是殊别之理或是共同之理,對朱熹的格物窮理而言,都還少了一個環節,那就是治理天下事務之知識,所以朱熹之格物致知所致者,既有聞見之知的經驗知識義,又有德性之知的價值原理義,朱熹不必須區隔這些領域,因爲在治理天下的環節中,它們都是必須的。以上是筆者的詮釋,也正是這樣的差異,使得勞先生還會就外王的客觀化問題批評朱熹,認爲朱熹對此全未注意。其言:

> 以治平之事,爲皆落在格物上,原是“大學”之旨;朱氏顯然全信此説。至謂“各有一至極道理”,而又引“仁”、“敬”等説之,則是取“本性論”立場;其下説“萬物之理皆不出此”,又是指“共同之理”或“太極”言。而斷言“窮得道理,則施之事物莫不各當其位”,則實即以一切文化活動爲全依一“心”之直接發用者。以哲學術語説之,朱氏蓋對“主體性之客觀化”問題全未覺察;一切文化制度問題只看作道德問題之延長。所謂“衆多主體之並立領域”,朱氏未嘗悟到。此是朱氏之學之局限,亦宋明儒學之局限所在也。[2]

以上立場,筆者不能同意。筆者以爲,勞先生解析太過,治國平天下的目的下之格物致知自然是要知道治理的知識的,於是格物致知窮理的内涵中即包括外王知識的講究,既是社會人文知識的追求,也是自然物理性知識的追求,更是主體實踐的反身之求,朱熹未有一一細分,但皆全部包括這些,朱熹不是政治制度家,也不是實業家,古代人的知識也没有做這許多的分類,説朱熹分類不精者可,説朱熹全然不注意及者則不可。若批評朱熹將客觀化問題只做道德問題之延展,則豈不正是説朱熹等

---

[1] 《新編中國哲學史(三上)》,頁302。
[2] 《新編中國哲學史(三上)》,頁302—303。

於王陽明了。然陽明亦非如此,朱熹亦非如此,説朱熹如此猶爲不宜。

勞先生最後有一段總結的話談朱熹整個系統,筆者以爲十分諦當,除最後對外王工夫客觀化不足之批評筆者有意見以外。其言:

> 朱氏就"大學"而立其實踐工夫理論,自"格物窮理"下手,以求"致知"之完成,由此而成己成物,説爲一直接展開之過程。若與"心、性、情"諸説相連而觀之,則"心"由氣稟所限,每不能"明",於是"情"不得正,遂有"惡"出現;但"心"之"性"或"理"原是能照見"共同之理"及"殊别之理"者,故能下工夫使"心"能"明"則即能實現"心"之"本性",而以理馭情,如此即是"成德"。而如何使"心"能"明"?則是實踐工夫之内部問題。朱氏於此言"窮理格物"及"致知"。"致知"完成即"吾心之全體大用無不明";"全體大用"即"心"之"性"。此心既明,則向外展開可成就一切文化;即由"修身"至"平天下"一段活動是也。至於向外展開之活動,是否自成一領域,因而自有特性,則朱氏未嘗用心。朱氏依"大學"之説,視向外展開爲直接無阻之過程;雖在成敗上,朱氏自知"内聖"不必能"外王",但並不以爲"外王"或"向外展開之過程"中另有"工夫"可言也。朱氏之工夫理論,到此綱領已明。此雖是朱氏一家之説,然在中國思想史上,則影響甚爲久遠也。[1]

筆者以爲,勞先生爲朱熹所整理的這些工夫論綱領,十分精確,其實正是心性論所需的理論環節,如果勞先生自己不要把心性論賦予太多論辯的功能,以及將心性論設定爲具有解決實踐性問題的優位性,則朱熹這些理論都是心性論範疇内的佳品,不能拒絶。筆者認爲,心性論就是工夫論,而朱熹正是有工夫論的,勞先生講的朱熹的工夫論就比牟宗三先生講的正確且清楚多了,此處没有許多無謂的纏繞與錯誤的批評。

四、勞思光對朱熹批評佛教的討論及對朱熹的總結意見

勞思光先生以肯定世界的立場講儒家,而以捨離世界的立場講佛教,此外,對佛教的定位以佛教亦是一心性論立場説之,此義,筆者已於《勞思光先生道佛詮釋的方法論探究》一文中討論。[2] 簡言之,筆者不贊成勞先生以心性論定位佛教,筆者主張佛教是一完整的有宇宙論、本體論、工夫論、境界論的哲學體系。至於捨離世界的立場,是就世界觀定義而言,而此定義又決定於佛教的宇宙論,若就佛教的宇宙論言,佛教亦無捨離它所自爲定義的所有世界,只相對於儒家所關切的現實經驗世界而言,表

[1] 《新編中國哲學史(三上)》,頁303。
[2] 收録於《勞思光思想與中國哲學世界化學術研討會論文集》,頁25—54。

面上有捨離的立場。對於勞先生佛學論點，並非本文主題，此暫不深入。至於勞先生談朱熹的佛教立場，主張朱熹對佛教非常無知，甚至連基本常識都没有。此一批評，筆者無從爲朱熹辯白，直接承認勞先生所言甚是。

勞先生認爲朱熹對佛教的意見只是就一般流行的禪學話語而説者，此説亦是。其中有對朱熹以入禪而批評象山之語，勞先生反對甚力，其言：

> 朱氏持一存有義之形上學觀念，組成一綜合系統，而不知"主體性"問題之哲學意義。於是，凡言"主體性"而不限於以經驗義説"心"者，在朱子即皆視爲"禪學"；此蓋在理論標準與歷史標準兩面均犯錯誤。蓋就理論標準言，則朱氏此種綜合系統中内含之背反問題及其他内在困難，不唯乃朱氏所未能解決者，且亦是朱氏所未完全見到者；而以"主體性"爲中心觀念之系統——如"心性論"，即可以避免此種困難。再就歷史標準言，禪宗之説，本屬佛教之一支，其强調"主體性"，並非弊病所在；今因反佛教之故，便以禪宗代表佛教；又以反禪之故，便反對强調"主體性"之一切言論，此則朱氏學説中之大病矣。至於肯定世界，則確爲儒學精神方向所在，亦儒佛之辨之樞紐問題所在。然建立對世界之肯定，並不必然依賴朱氏此種形上學理論；純由"心性論"立場，亦可以建立一肯定世界之理論。[1]

勞先生認爲朱熹持形上學系統而不知主體性哲學，以談主體性而不於經驗處談者即是入禪，此朱熹對象山批評之道理，故而連帶朱熹亦反主體性哲學。筆者以爲，這些話只是勞先生陷於自家系統的結論。筆者不同意朱熹没有主體性的觀念，説心的主敬工夫即是在説主體的活動，若説要提出心性論以優於天道觀、本性論才是重視主體的話，那這些並不是宋儒心中的哲學問題下的理論立場，這是當代知識論或方法論的問題下的理論立場。朱熹就是都有勞先生所説的天道論、本性論、心性論的各種理論型態的。至於批評象山入禪之説，實在是朱陸兩人爲學風格的差異所致，朱以陸之入禪實指其儒學工夫不扎實，而非能謂象山是禪，更不是對主體性價值自覺的本體工夫有任何的否定，因爲這也是朱熹自己的立場。[2]

最後，勞先生以肯定世界之立場也可以透過心性論爲之，此説直是把心性論和天道論、本性論劃分爲不相繫屬的不同哲學了，此一立場，在其結語處又再做了一次發揮。勞先生以朱熹之天道論中所提之太極概念，必爲萬物之所依，然萬物竟不依理而行，此未定項在天道論中未能處理。故而朱熹又延伸戰場至本性論立場，而本性論即是以價值實現在自我本性中爲已足，遂擱置共同原理，天道論的缺點是規避了，但個物彼此之間的本性衝突卻發生了，於是道德問題不能解決，遂亦非儒學應持之立場。

---

[1] 《新編中國哲學史(三上)》，頁 308—309。
[2] 參見拙著《南宋儒學》第十二章"鵝湖之會與朱陸之争"。

於是勞先生提出心性論旨,只談主體實踐,實踐了就是證成了天道論及本性論中的普遍原理,以此而言,朱熹並没有心性論,只有天道論及本性論,而朱熹雖兼有天道論及本性論,但對兩者本身涉及的理論困境皆未能解決。參見其言:

> 故簡言之,朱氏綜合"天道觀"與"本性論"之説而組成一綜合系統,但"天道觀"及"本性論"兩面之理論困難,朱氏皆未能解決;至於二者所共有之困難,在朱氏系統中不唯不能解決,反而更形嚴重。然則,朱氏之系統未可説爲有超邁前人之理論成就也。[1]

筆者以爲,天道論之理論困難不在於現實有未如理之事實,此一事實,言於任何型態之天道論者無有不知,至於對此一問題的處理,則是藉由存有論以説明爲何在全體是天理所籠罩的現象中有不如理的個案之發生,即如説爲何人會有惡之理論建構者,這一部分説明之後,便對於人如何去惡向善就有存有論架構可以説明了,於是有工夫論出。前此天道論之功能即在於人存有者之實踐工夫之必然可能之保證。就朱熹理論而言,勞先生以爲其未有邁於前人之成就,筆者以爲,就周、張、二程所開發之義理系統言,除了明道所論朱熹不能繼承之外,周、張、程頤的理論朱熹都能統合於他自己的系統中而有更爲細節的發揮。至於認爲周、張、程頤的理論是天道論和本性論,故而有其理論内部的困難,筆者認爲,這只是勞先生個人强分天道、本性、心性三種型態之理論的解釋架構下才會有的意見,此三者,其實就是一路互相依據並同時發展的理論創作而已。天道論確立之後,本性論就好説了,而本性論亦不應如勞先生所認定的,就只是針對個物的自性做確認以待實現,而不論共同原理者,這是郭象之型態,郭象乃無道體之論者,然持本性論者皆繼承天道論而來,只是爲天道論項下個物之如何悖理的事實給一形上學存有論的説明而已,目的不在脱離天道論,反而是在爲天道論做細節的補充。之後,言於工夫論的命題便可一一出之。就此而言,堅持心性論優於本性論、天道論的勞先生,便對於朱熹的工夫論有不當的批評,其言:

> 若落在成德工夫問題上説,朱氏以"心"爲得氣中最靈或最正者,因此,即以"能見共同之理"作爲"心"之殊别之理;由此一面將"心"視爲屬於"氣"者,另一面又將"心"與"理"安頓於一種本然相通之關係中;此原是朱氏立説之善巧處。但"心"既有昏明(清濁)之異,則須有一工夫過程以使"心"能實現其"本性"(即所謂"全體大用"),於是有"致知窮理"之説。此處理論之困難在於工夫開始於"大用"未顯之時,故即在心能見共同之理之先,然則此時以何動力推動此工夫?蓋心倘是"昏",則此昏心何以能求自身之"明"?蓋朱氏之"心"既屬於"氣",即不能有超

[1]《新編中國哲學史(三上)》,頁 317。

驗之主宰力;其始動時必全受"氣"決定也。伊川論變化氣質,認爲下愚亦可移;是仍强調"自由意志"或某一程度之"主宰性";朱氏以"心"爲"氣",而此"氣"又可以昏,可以濁,於是工夫之動力遂成問題。[1]

勞先生於上文中集中批評朱熹之心以氣言,故而有昏愚之弊,因此對於如何必然去惡向善之動力尚有一缺乏不足之處。筆者以爲,勞先生説朱熹之心與共同之理有一相通之處時,即已是朱熹爲心安立了向善的動力了,不唯朱熹,所有儒學系統中自孟子以降之性善論者皆是以性之善爲此實踐動力的安立項,否則言性善何用?言善皆非謂衆人皆已善,而是説衆人皆有本然之性善使其可以體知,也可以發動之而終成善。陸王系統中言於實踐動力者亦須是依據此一性善本性論或性善天道論才能確信主體必可有此自覺,故性善論之天道論及本性論有其功能,而朱熹已在系統中落實了此一立場,即其言於"心統性情"者及言於"性即理"者。此皆提供內在動力的理論。至於心之爲氣存有之義者,通所有儒學家都必須是此一立場。除非其不論人存有者之存有性,若論存有性,無人不是形氣結構之存有,工夫是人在做的,人做工夫是心在做的,説心就是在説人,在説人之主宰者,則人是氣之形構而成,心即是氣之精爽,此説當然無疑。勞先生説朱熹言心屬氣故有經驗義,無超越義,非一超驗之主宰。筆者以爲,"心統性情"之性者、理者即是心之超驗性,但心必是及於人存有者的主宰,心不能不是氣之精爽,工夫不能不是人之活動,論於人之工夫活動即不能不從氣形結構之主宰心説出,其有昏蔽之可能,但也有自覺之理性,端視人之當下一念是否覺悟自主而已,是依理還是依耳目口鼻之欲而已。因此朱熹的理論中並不缺乏動力,只是朱熹之心不能不由氣形結構而出,而這根本也是所有儒學體系言於心概念者皆然之實況。

結　　語

勞先生以一系説談宋明儒學史的發展,反對二系三系説。二系説爲理學、心學,三系説以牟先生爲對象説之。勞先生説二系及三系皆缺乏絶對標準以絶對分立,此説甚善,筆者同意。但是,勞先生自己卻仍堅持有三型的差異,即其心性論、本性論、天道論的三型,筆者以爲,此三型的差異亦未必能爲哲學史的實例,因此就文本詮釋而言頗有困難。三型與三系之作爲解釋架構一樣是有困難的。

對三型的界定言,勞先生主張天道論之困難爲價值與現實之差距,本性論不主此一立場,故避開天道論困難,但有本性衝突及本性實現的困難,故而需要心性論以救之。筆者以爲,本性論補天道論未及言者,心性論補天道論及本性論之未及言者,三

[1] 《新編中國哲學史(三上)》,頁317—318。

者同條共構,互相支持。故而各家互補。若不割裂三型,則各家理論都是互相預設而共構爲一大儒學傳統,此時再説其彼此之高下時就不那麽需要了。可惜,勞先生還是嚴分三型且論究高下,勞先生主張,心性論不需要天道論、本性論來上升或補足。因爲後兩者所能談的東西都自身不能實現及實證。筆者以爲,實現是工夫論問題,心性論就是預設天道論及本性論的工夫論。至於實證,這是知識論問題,不是哲學體系的結構的問題。此外,勞先生對於學界主張天道論更爲圓滿、效力更高之説亦持反對立場。但筆者認爲,關鍵不在究竟是天道論還是心性論的效力爲高,而是要去分清楚天道論、本性論、心性論的理論功能,因爲任一套哲學體系都是包含以上三型的理論在内的,因此不能因爲反對天道論效力更高,就否定心性論預設了天道論及本性論。

對朱熹詮釋而言,勞先生認爲朱熹的理氣關係有困境,爲何理管不得氣?朱熹不能説明。筆者以爲,朱熹已解決。先天之性善之理,與後天之氣稟結合而有氣質之性之理,而人之未生之前天理純善,已生之後有過度之惡,故而惡是發生在人之活動中,但只要人願意做工夫,即可恢復全善。此義即是説明,本性論就是爲了説明天道論未及言説的部分,爲後天之理管不得氣給一解釋,以保住先天之理仍是純善的立場。

勞先生另對朱熹之言太極之理及物物一太極之説法有所反對,勞先生區分共同之理及殊别之理,以爲此兩者難以謀合,故而物物一太極不可能。這就是依據勞先生主張的天道論和本性論的内在衝突而説的,天道論説一切皆善,但本性論需有善惡未定項,以保留成德工夫爲可能,故而此一未定項就對統體太極之理有所背離了。筆者以爲,將本性論作爲天道論的補足系統,並且在實務上就是同一套理論,就不會有這個衝突了。因此物物一太極指其天地之性的部分,但具體個物還有氣質之性以及氣稟,這是同一套理論,而不是有天道論與本性論扞格的現象。勞先生又討論共同之理是總攝義還是總和義的問題?筆者以爲,就價值義論之則爲總攝,是以共同之理總攝一切事務之理,即是性善之天理萬物共同。至於就形式、目的、質料、動力等之理言之,則爲總和,是對殊别之理的總和。此二義皆存在朱熹言太極之理的意旨内。

勞先生討論朱熹之心性情及工夫論問題,其實這些正是勞先生所説的心性論意旨的。勞先生以心性情是一綫索,談自覺的問題之可能,其實就是心性論旨。勞先生又於此批評朱熹之心是氣之精爽之説,主心既是氣則會有昏蔽之時,故而缺乏實踐的主動力,以及不能有超越性而爲經驗性,並且仍是理爲最高存有。筆者認爲,朱熹説心統性情及性即理時心已具天理,因而已有實踐動力義。

勞先生談朱熹的工夫論旨有二項,即程頤之涵養與致知二義,筆者完全贊同。勞先生於談主敬時言及主敬貫動静,及作爲格致之動力,此説,已證朱熹之心爲有動力矣!因爲主敬就是心在主敬的,做工夫的主體永遠是心。説敬爲貫動静,爲意志工夫,爲格致之動力條件,這都説明了主敬説即是心性論矣!

勞先生以朱熹所談之格致爲認知工夫,但卻批評朱熹不察主體性客觀化的問題,對外王問題疏忽。其實,大學八目之先知後行之知,已合聞見之知與德性之知,本不必另外說工夫。

勞先生以朱熹批評陸象山之言於主體性之話語爲禪,認爲朱熹不識主體性。筆者以爲,朱熹是對陸象山的人身攻擊,批評其工夫不到位,而非對主體性自覺的工夫之不識不解。

最後,勞先生太遷就三型的典範以爲文本詮釋之工具,然其並非真有相應之實例,故而對哲學史詮釋不力。勞先生又太割裂三型的關係,以爲理論的優劣高下,故而在方法論運用上不恰當。

以上對勞思光先生談朱熹理論的種種反思,皆是以筆者所提出的四方架構方法論工具所做的思考,應能解釋勞先生的意見,又能化解勞先生對宋儒的種種高下評比之失誤,以此改進對宋明儒學的當代理解,又推進中國哲學方法論的使用效力。

A Methodological Reflection toward the Interpretation of Zhu Xi's Philosophy by Lao Siguang

Du Baorui

This article aims to discuss Lao Siguang's opinion about Zhu Xi's philosophy. Lao Siguang had an interpretational structure to introduce Song-Ming Neo-Confucianism and thought there was a developing movement passing through it. Zhou Dunyi and Zhang Zai constructed Cosmology (theory of heaven), Cheng Yi and Zhu Xi built metaphysics (theory of nature), and Lu Xiangshan and Wang Yangming made the theory of mind and nature. Since the Confucian philosophy was just the theory of mind and nature, the Song-Ming Neo-Confucianism did not go back to Confucian philosophical tradition until Lu-Wang system. In this article the author thinks that to separate those three theoretical system is not reasonable. Cosmology includes metaphysics and theory of mind and nature. Metaphysics contains cosmology and theory of mind and nature. While Lao Siguang cut the connection between these three systems, strangely he suggested that the theory of mind and nature could absorb the theoretical function of cosmology and metaphysics, which above is against in this article by the author.

In Lao Siguang's interpretation of Zhu Xi, he was not only talking about metaphysics but also discussing the theory of towards the Sage which, in the author's understanding, was just the theory of mind and nature. Basically, theory of mind and nature is itself a theory of practice. Zhu Xi talked about it quite a lot and never lesser or worse than Lu Xiangshan and Wang Yangming. If it was not in the case that Lao Siguang intentionally discriminated those Song-Ming philosophers' theories, then Zhu Xi's philosophy should not be looked down like this.

Abstract: Zhu Xi, Wang Yangming, theory of mind and nature, cosmology, metaphysics

杜保瑞,臺灣大學哲學系教授,bauruei. tw@yahoo. com. tw

附:審查意見摘要

此文爲深具個人色彩的學術論著,作者對勞思光詮釋朱熹哲學的成果進行了方法論的反思,這些反思皆涉及到勞思光研究中國哲學的根本看法與理論使用,亦即作者文中所謂之"心性論中心的中國哲學方法論"和"建設性文化肯定論的中國哲學詮釋史觀"。作者從自己的哲學主張出發,對此皆予以反對。故此文表面上雖以勞思光的朱熹詮釋爲對象,但實際上是作者對勞思光中國哲學觀點及理論的全面對諍。而此對諍只要言之有理,亦自有其理趣,甚至能促使吾人對朱熹哲學,乃至整個中國哲學的基本問題做一番深入的反思,則其價值之鉅,自不在話下。但誠如作者批評勞思光的,謂其建立了三套各自分立的理論模型,因而"只能説是建構了當代學者的自己的哲學,而不能説是針對傳統做正確的文本詮釋了"。於此,作者高舉"正確文本詮釋"做爲評判的標準,勞思光因只是"建構自己哲學",而未能對文本做出正確的詮釋,故其對朱熹哲學,甚至整體中國哲學自然也不能做出正確的詮釋。

作者既標舉"正確文本詮釋"以爲評判的標準,與此相應的,作者也應提出及使用符合正確詮釋文本的判準、方法或原則來評判勞説之不當,如其文獻引用或解讀之不當,年代先後之舛誤或客觀事實之忽略,概念術語之誤解或學説理論之扭曲等,但作者通篇文章鮮及於此,而是另以作者所主張的所謂"宇宙論、本體論、功夫論、境界論"的四方架構來看待勞説,實際上也是以另一套哲學來抗衡勞思光的這套以心性論爲中心的中國哲學方法論。也正因爲如此,此文除了作者自己的論著外,很少引用他人的研究成果。而且通篇皆出之以其和勞思光對諍的方式敘述,故"筆者以爲"、"筆者主張"等用語充斥全文,至少達七十二次之多,平均一頁出現兩次以上。

由此來看,此文本質上也是以"建構自己哲學"的方式來評判勞思光的説法和詮釋中國哲學。既然同是以建構一己哲學的方式來詮釋中國哲學,到最後就只能訴諸對二人哲學體系的高下優劣來做評判了。如果從"建構自己哲學"的方式來詮釋中國哲學,則作者的做法可説是成功的。但若從"正確文本詮釋"的方式來評判勞思光對包括朱熹哲學在内的中國哲學的詮釋,則作者的做法不免仍存有不少的仁智之見。哲學史同時要兼顧歷史與文獻的判準,和哲學與理論的判準,但孰先孰後? 孰高孰下? 這的確是個值得深思的重要課題。以一套理論來衡量或取代另一套理論,不免有"此一是非,彼亦一是非"之歎。但只憑文獻或考據的方式亦不可能解決所有哲學史的問題。或許擺在吾人眼前的問題是: 在評判既有的哲學史成果之前,是否先要建立一套可以兼顧歷史與文獻的判準和哲學與理論的判準之較爲完善的評判方法論?

作者回應

筆者同意審查人的意見,指出筆者也是提出一套自己的架構以替代勞先生的架構,因此筆者的架構也需受到檢驗。其實,勞先生的架構及詮釋結果和唐君毅、牟宗三、馮友蘭也是不同的,審查人上述的批評對勞思光先生也是成立的,勞先生也没有費盡力氣一句句地批駁馮友蘭的不是,而是直接提出自己的解讀,至於筆者的本文,則至少是直接針對勞先生的詮釋意見做了直接正面的對諍,至於參考其他學者的意見之説,這卻是筆者無力再爲之事了,但筆者同時仍有許多文章討論其他學者的朱熹詮釋意見,如牟宗三、方東美、唐君毅皆有專文討論,只能説限於篇幅未在本文呈現,倒不是筆者完全不顧他人的詮釋。無論如何,謝謝審查人的肯定並推薦刊登。至於筆者的討論是否比勞先生的詮釋更爲明晰準確,筆者期待聆聽學界的公評。

魏晉玄學研究的回顧與反思

——以大陸學界爲主軸

王威威

【提　要】 自湯用彤起,大陸的魏晉玄學研究逐漸確立了其研究的範式,有其比較一致的問題、研究對象、敘述方式和研究思路,也取得了很多爲多數學者所接受的共識。本文選取魏晉玄學的主題與特徵、魏晉玄學的形成、魏晉玄學的分期及分派、魏晉玄學與經典解釋、魏晉玄學的地位和影響五個魏晉玄學研究的宏觀問題對以大陸學界爲主的魏晉玄學研究情況作出總結,揭示出對於這些問題的研究所存在的困境,並提出了解脱困境的可能出路,尤其關注未來魏晉玄學研究的方法和方向問題。

【關鍵詞】 魏晉玄學　主題　特徵　解釋學

魏晉玄學上承先秦兩漢哲學,下啓隋唐佛學和宋明理學,對文學藝術、士人心態、生活習俗均有重要的影響,在中國哲學史、思想史和文化史上具有重要的地位。學術界一般認爲現代的魏晉玄學研究開始於 20 世紀三四十年代。湯用彤先生於 1938 年至 1947 年所寫的關於魏晉玄學的八篇論文和一篇講演記録稿於 1957 年結集爲《魏晉玄學論稿》出版。該書闡述了魏晉玄學産生、發展的綫索,探討了玄學的思想淵源、玄學的本質特徵、玄學的方法、玄學的派别、玄學與佛學的關係等問題,奠定了魏晉玄學研究的基礎。陳寅恪先生對魏晉玄學研究亦有重要貢獻。其論文《逍遥游向郭義及支遁義探源》指出《人物志》所討論的問題是清議中的具體問題,而變爲抽象理論問題,是清議與清談的區别所在。其文《陶淵明之思想與清談之關係》(1945)體現出治魏晉南北朝思想史應追究其家世信仰和魏晉清談以自然與名教關係爲主題的觀點。此外,馮友蘭先生的《中國哲學史》下册(1934)用兩章討論了玄學思想,容肇祖先生的《魏晉的自然主義》(1935)、劉大傑先生的《魏晉思想論》(1939)、賀昌群先生的《魏晉清談思想初論》(1947)亦是有代表性的研究成果。錢穆先生於 1945 年至 1957 年發表了《記魏晉玄學三宗》、《郭象〈莊子注〉中之自然義》、《王弼郭象注易老莊用理字條録》、《王弼論體用》等論文,後收入《莊老通辨》。唐長孺先生的《清談和清議》、《魏晉才性論的政治意義》和《魏晉玄學之形成及其發展》,收入《魏晉南北朝史論叢》(1955)。牟宗三先生的《中國哲學十九講》中有《魏晉玄學的主要課題以及玄理之内容與價值》一講,《才性與玄理》(1962)是其魏晉玄學研究的代表作。20 世紀 80 年代以來,大陸地區的魏晉玄學研究呈現出極其繁榮的景象,相關學術專著大量問世。其中,有關於魏晉玄學的整體研究,有關於魏晉玄學派别和人物、思想的研究,有關於魏晉玄學與儒、佛、道關係的研究,有關於魏晉玄學與文學藝術關係的研究以及關於魏晉玄學與社會政治關係的研究。[1] 此外,尚有中國哲學史、中國思想史研究著作中的魏晉玄學部分,研究論文更是數不勝數。本文選取若干魏晉玄學研究的宏觀問題,以大陸學界爲主軸(亦涉及少數有代表性的港臺學者的觀點)對魏晉玄學研究情況作一回顧和總結,以期發現既有研究中存在的問題、困境和呈現出的新方向,探尋未來魏晉玄學研究的可能出路。

一、魏晉玄學的主題與特徵

魏晉玄學究竟探討什麽問題而使其與衆不同? 這是魏晉玄學的主題問題。關於這一問題的回答主要有以下幾種:

第一種觀點以本末有無問題爲魏晉玄學的主題。湯用彤先生講:“夫玄學者,乃本體之學,爲本末有無之辨。”[2]認爲玄學論辯的主題是本末有無問題。馮友蘭先生認爲:

> 玄學中有三個主要的派别,實際上是兩個主要派别,就是“貴無論”和“崇有論”。從字面上就可以看出來,它們的辯論的主題是關於“有”和“無”的問題。[3]

他所理解的“有”和“無”的問題是共相和殊相、一般和特殊的關係問題。湯一介先生

---

[1] 關於魏晉玄學的整體研究有湯一介先生的《郭象與魏晉玄學》(1983),許抗生先生主編的《魏晉玄學史》(1989),王葆玹先生的《玄學通論》(1996),孔繁先生的《魏晉玄談》(1991),徐斌先生的《魏晉玄學新論》(2000),余敦康先生的《魏晉玄學史》(2004),康中乾先生的《魏晉玄學》(2008)等;關於魏晉玄學派别和人物、思想的研究有王葆玹先生的《正始玄學》(1987),余敦康先生的《何晏王弼玄學新探》(1991),高晨陽先生的《阮籍評傳》(1994),王曉毅先生的《王弼評傳》(1996)、《郭象評傳》(2006),楊立華先生的《郭象〈莊子注〉研究》(2010),康中乾先生的《從莊子到郭象——〈莊子〉與〈莊子注〉比較研究》(2013)等;關於魏晉玄學與儒、佛、道關係的研究有許抗生先生的《三國兩晉玄佛道思想簡論》(1991),洪修平、吴永和先生的《禪學與玄學》(1992),高晨陽先生的《儒道會通與正始玄學》(2000),田漢雲先生的《六朝經學與玄學》(2003),王曉毅先生的《儒佛道與魏晉玄學形成》(2003),朱漢民先生的《玄學與理學的學術思想理路研究》(2012)等;關於魏晉玄學與文學藝術關係的研究有孔繁先生的《魏晉玄學和文學》(1987)等;關於魏晉玄學與社會政治關係的研究有羅宗强先生的《玄學與魏晉士人心態》(1991),李建中、高華平先生的《玄學與魏晉社會》(2003),江榮海先生的《玄學及其對政治影響之研究》(2010)等;關於魏晉玄學的專題研究有康中乾先生的《有無之辨——魏晉玄學本體思想再解讀》(2003),許建良先生的《魏晉玄學倫理思想研究》(2003)等。

[2] 湯用彤:《魏晉玄學論稿》,上海古籍出版社,2005 年,頁 47。

[3] 馮友蘭:《中國哲學史新編(中)》,人民出版社,1998 年,頁 401。

繼承湯用彤先生的看法,並進一步解釋説:

> "魏晋玄學"作爲一種哲學思潮,它討論的中心問題是"本末有無"問題,也就是"無"和"有"的關係何者爲"本",何者爲"末",即無名無形的"道"(形而上的"道")與有名有形的"事物"(形而下的"物")之間的關係問題。[1]

第二種觀點以自然與名教的關係或儒道關係爲魏晋玄學的主題。牟宗三先生認爲,魏晋玄學主要的課題是"會通孔老"的問題。魏晋是弘揚道家的時代,但當時的名士也並不抹殺孔子的地位,這就引出自然與名教表面上有衝突的問題。老莊重視自然,儒家重視名教,因此這也就是儒、道二家是否衝突的問題。[2] 他所説的"會通孔老"也就是會通名教和自然的問題。龐朴先生也認爲:"名教與自然之辯,是魏晋玄學的核心。"[3]余敦康先生亦提出:

> 玄學的主題是自然與名教的關係。道家明自然,儒家貴名教,因而如何處理儒道之間的矛盾使之達於會通也就成爲玄學清談的熱門話題。[4]

第三種觀點以天人關係爲魏晋玄學的主題。蕭萐父、李錦全主編的《中國哲學史綱要》提出"玄學所探討的中心問題仍然是天人關係問題",但是玄學家們提出有無、體用、本末、一多、言意、動静以及自然和名教等範疇,賦予了天人關係問題以新的涵義。[5]

第四種觀點以人爲魏晋玄學的主題。李澤厚認爲:

> 人(我)的自覺成爲魏晋思想的獨特精神,而對人格作本體建構,正是玄學的主要成就。[6]
>
> 人格主題是"無"的哲學的本質。[7]

玄學的主題是人的主題,其本體論是人格本體論。楊國榮則融合了自然與名教和人的主題兩種觀點,認爲:

> 魏晋時期,辨析名教與自然成爲理論熱點。名教代表的是社會的普遍規範,自然則與個體的自性相聯繫,因此,名教與自然之辨背後所藴含的,乃是人的主題。[8]

---

[1] 湯一介:《郭象與魏晋玄學》,北京大學出版社,2009年,頁50。
[2] 牟宗三:《中國哲學十九講》,上海古籍出版社,2005年,頁179。
[3] 龐樸:《名教與自然之辨的辯證進展》,載湯一介、胡仲平編:《魏晋玄學研究》,湖北教育出版社,2008年,頁345。
[4] 余敦康:《魏晋玄學史》,北京大學出版社,2004年,頁1。
[5] 蕭萐父、李錦全主編:《中國哲學史綱要》,外文出版社,2000年,頁225。
[6] 李澤厚:《中國古代思想史論》,天津社會科學院出版社,2003年,頁182。
[7] 李澤厚:《中國古代思想史論》,頁185。
[8] 楊國榮:《群己之辨:玄學的内在主題》,《哲學研究》1992年第12期。

第五種觀點以本性爲魏晉玄學的主題。許抗生先生一直支持以有無問題爲玄學主題的觀點：

> 玄學的主題應是“有無之辯”，它比“名教與自然”的關係問題顯得更爲重要，更爲根本些。[1]

但他在其主編的《魏晉玄學史》中提出：

> 玄學基本上回答了這樣兩大問題，即宇宙的本性與人的本性的問題。[2]

他於2000年發表的《關於玄學哲學基本特徵的再研討》中，則明確提出玄學哲學的普遍共性應是討論宇宙萬物的自然本性論問題。[3] 王曉毅先生認爲，魏晉是追求個性自由的時代，而玄學的主旨是强調人性“自然”，本性問題是玄學思辯的出發點和歸宿。[4]

面對各種争論，一些學者强調各種觀點之間並不矛盾：

> 把有無關係作爲玄學的主題與把自然名教作爲玄學的主題其實只是一體兩面，只是角度不同。自然爲本、爲無，這種無不是虛無空洞；名教爲末、爲有，而有無本末這種玄學的本體論實質上是對於自然名教關係所作的哲學論證。玄學家們也正是通過有無本末之辨建立起一套本體之學，用來論證自然與名教之關係，力求把它們結合起來，使之圓融無礙。天人關係是中國文化的核心内容，但在歷史發展的不同階段，它的表現形式是不一樣的。魏晉玄學，吸取了道家思想，從本體論這一角度來討論天人關係，以天爲自然，同時又堅持儒家的人生價值、文化價值與社會理想，以人爲名教。因而魏晉時期，天人關係的具體形式也就是自然與名教的關係。[5]

康中乾在總結關於魏晉玄學的根本特徵和主題的各種觀點後提出有無之辨可以統禦各種問題：“用以統禦諸問題的玄學的主題就是本末有無之辨的宇宙本體論問題。”[6]

由於對魏晉玄學的主題理解不同，對魏晉玄學的本質特徵就有了不同的看法。以有無問題爲主題，則將魏晉玄學視爲本體論。湯用彤先生指出玄學的本質特徵是宇宙本體之學：“夫玄學者，乃本體之學。”[7]

---

[1] 許抗生：《談談玄學中的“名教與自然”問題和“有無”之辯的關係》，《孔子研究》1994年第3期。
[2] 許抗生等：《魏晉玄學史》，陝西師範大學出版社，1989年，序言頁3。
[3] 許抗生：《關於玄學哲學基本特徵的再研討》，《中國哲學史》2000年第1期。
[4] 王曉毅：《儒釋道與魏晉玄學形成》，中華書局，2003年，導言頁2—3。
[5] 啓迪：《“兩岸談玄”綜述》，《孔子研究》1994年第3期。
[6] 康中乾：《有無之辨——魏晉玄學本體思想再解讀》，人民出版社，2003年，頁30。
[7] 湯用彤：《魏晉玄學論稿》，頁47。

(漢代)其所探究不過談宇宙之構造,推萬物之孕成。及至魏晋,乃常能棄物理之尋求,進而爲本體之體會。捨物象,超時空,而研究天地萬物之真際。[1]

湯一介先生分析了玄學、形而上學、宇宙論、本體論的意義,認爲:

它(魏晋玄學)所討論的中心爲"本末有無"問題,即用思辨的方法來討論有關天地萬物存在的根據的問題,也就是説表現爲遠離"世務"和"事物"形而上學本體論的問題。[2]

這一看法得到了衆多學者的支持,本體論和宇宙論的區别也長期被看作魏晋玄學與漢代哲學的根本區别。

而將自然與名教的關係作爲主題,則會將魏晋玄學視爲一種社會政治哲學。余敦康先生説自己將湯用彤魏晋玄學爲本體論的看法向社會政治領域延伸,試圖證明玄學本質上是一種以本體論的哲學爲基礎的内聖外王之道。[3]

許抗生先生在《三國兩晋玄佛道思想簡論》一書中認爲魏晋玄學以宇宙的本體之學爲其哲學的基本特徵。[4] 但他在其主編的《魏晋玄學史》中提出:

玄學乃是一種本性之學,即研究自然(天地、萬物)與人類社會(人)的本性的一種學問。[5]

爲了融合"本性之學"與"本體之學"的差異,他解釋説:

玄學所講的本體,指宇宙萬物存在的根據,宇宙萬有是現象,其存在的根據則是"無",也就是宇宙萬有的本性。[6]

但他在《關於玄學哲學基本特徵的再研討》一文中提出,除了何晏和王弼主張"以無爲本"的宇宙本體論外,嵇康和阮籍並不討論有無和本體問題,向秀和郭象更是反本體論的。因此,用宇宙本體論來概括玄學哲學的基本特徵似有缺陷,玄學的基本特徵應是本性論。[7] 黄聖平先生將這一觀點應用於郭象研究中,完成了專著《郭象玄學研究: 沿著本性論的理路》。王曉毅先生認爲,玄學的主旨是强調人性"自然",本性問題是玄學思辯的出發點和歸宿,因而魏晋玄學應該是"性"本體哲學。[8]

雖然有學者强調關於魏晋玄學主題和特徵的各種争論並不衝突,試圖以此化解

---

[1] 湯用彤:《魏晋玄學論稿》,頁 39。
[2] 湯一介:《郭象與魏晋玄學》,頁 11。
[3] 余敦康:《何晏王弼玄學新探》,方志出版社,2007 年,頁 1。
[4] 許抗生:《三國兩晋玄佛道思想簡論》,收入《老子與道家》,宗教文化出版社,2012 年,頁 524。
[5] 許抗生等:《魏晋玄學史》,序言頁 2。
[6] 許抗生等:《魏晋玄學史》,序言頁 3。
[7] 許抗生:《關於玄學哲學基本特徵的再研討》,《中國哲學史》2000 年第 1 期。
[8] 王曉毅:《儒釋道與魏晋玄學形成》,導言頁 3。

矛盾，但卻容易掩蓋這一爭論的重要意義。現在看來，湯用彤先生以本末有無問題爲魏晉玄學的主題，將魏晉玄學的本質特徵概括爲本體論，這一觀點並沒有被根本動搖，但不同觀點的提出值得重視。首先，關於中國哲學是否具有西方哲學那樣的本體論的質疑一直伴隨著中國哲學研究。西方學者的質疑，體現出其西方文化中心的立場，而近些年來中國學者對中國哲學本體論的質疑，則與中國哲學主體性的自覺相關。近些年來，越來越多的研究者提出以西方哲學的概念、問題直接來闡釋中國哲學所帶來的對中國哲學的誤解，而"本體"受到的質疑頗多，很多學者指出本體論、形而上學等傳統西方哲學概念並不適合中國傳統思想。那麼，以本體論作爲魏晉玄學的本質特徵就需要重新思考。其次，本體論作爲探討萬物存在根據的學問，是否能體現魏晉玄學思想的共同特徵？本末有無問題是否是所有魏晉玄學家共同探討的問題？許抗生先生"本性論"的提出就來源於這樣的思考和相反事實的存在。再次，以本體論概括魏晉玄學的本質特徵，又必需回答本體論是否是魏晉玄學獨具的特性的問題。確實如張岱年先生所講，對萬物存在根據問題的討論在先秦哲學中就已存在，張先生同樣承認魏晉玄學爲本體論，但他認爲中國古代本體論的創始者是老子，老子以道爲天地萬物存在的依據，魏晉玄學是先秦哲學中本體論的進一步發展。[1] 一些學者爲了堅持魏晉玄學相對於先秦哲學的突破，雖然承認宇宙生成論和本體論在先秦哲學中已經存在，但又强調在先秦哲學中，比如在《周易》和《老子》中，本體論的思想是和宇宙生成論的思想糾纏紐結在一起，尚未完全獨立分化出來。[2] 而筆者認爲，在先秦哲學中，萬物的生成問題和根據問題就已經是明確的兩個問題，對於這兩個不同問題的解決方式和表達方式均不相同。[3] 另一方面，湯用彤先生以本體論和宇宙論概括魏晉玄學與漢代哲學的根本差别，但也確實如一些學者所講，魏晉玄學中有無之辨也不只是本體論，仍涉及宇宙論的問題，或者至少留有宇宙論的痕迹，而漢代哲學中亦有本體論。最後，以有無問題作爲魏晉玄學的主題，以本體論作爲魏晉玄學的本質特徵，或者將其視爲衆多問題中最根本的問題而以其統攝其他問題，有遮蔽其他問題的可能，尤其可能造成對魏晉玄學家的人生理想和現實關懷的忽視。

以名教與自然的關係作爲魏晉玄學的主題同樣面臨問題。對於名教與自然之辨能否貫穿魏晉玄學的始終，也就是這一問題是否爲魏晉玄學共同討論的中心問題，楊立華就提出，在王弼和郭象等人的文本當中都没有提及"名教"一詞，更没有二者相對出現的例證。名教和自然作爲對立的概念出現，僅見於嵇康《釋私論》中的"越名教而任自然"，而其含義是"不因通常的是非標準而隱藏自己内心的所思所感"，而不是以

[1] 張岱年：《魏晋玄學的評價問題》，《玄學筆談(一)》，《文史哲》1985 年第 3 期。
[2] 參見余敦康：《魏晋玄學史》，頁 88。
[3] 王威威：《莊子學派的思想演變與百家争鳴》，人民出版社，2009 年，頁 74—76。

自然對抗名教。因此,他認爲以名教與自然之辨爲核心的魏晉玄學的敘述是在這一誤讀基礎上被虛構出來的。[1] 王弼和郭象等人的文本當中都没有提及"名教"一詞,自然與名教没有相對出現雖然不能直接證明二人作爲魏晉玄學最有代表性的人物並没有探討這一問題,至少可以證明二人並没有將這一問題明確爲他們欲直接討論和解決的問題,這已與將這一問題作爲玄學主題的地位不相稱。另一方面,如果説名教和自然之辨是儒家的倫理規範與道家之自然關係的争論,這一論題也並非魏晉玄學所獨有的問題,而是在先秦時期儒家思想廣泛傳播的過程中就已出現。例如在《莊子》外、雜篇中,已出現棄絶仁義聖智,認爲仁義禮應本於人性自然等不同的發展趨向,被看作王弼調和名教與自然的一例,他解釋《論語·學而》的"孝悌也者,其爲仁之本與"爲"自然親愛爲孝,推愛及物爲仁也",這實際與《莊子·天地》的"愛人利物之謂仁"、"端正而不知以爲義,相愛而不知以爲仁"思路是一致的。

由上可見,魏晉玄學的主題和本質特徵問題仍需繼續討論而無法定於一尊,或者我們應該考慮暫時懸置對於這一問題的探討,壓抑尋找一致性的衝動,而回歸到每個玄學家自身的問題意識,從不同的主題切入,多角度、多面向地展現魏晉玄學的思想魅力。

二、魏晉玄學的形成

魏晉玄學被看作不同於漢代哲學的新的學術風氣和思想潮流,但任何思想都不是憑空産生的,那麼魏晉玄學是怎樣形成的,漢代哲學演變爲魏晉玄學的原因何在?這也是魏晉玄學的研究者十分關注的問題。對於魏晉玄學形成問題的研究有兩條路徑,一條是探尋思想發展的内在理路,一條是探討社會政治變遷的影響。社會政治變遷主要用來解釋思想變化的問題,而思想發展内在理路的路徑所要解決的問題包含兩個方面:一是從差異的角度,探討思想内在的變化如何促成了漢代經學向魏晉玄學的演變;另一個方面是從延續的角度,探討先秦兩漢的思想對魏晉玄學的形成提供了怎樣的思想資源。

從思想發展的内在理路來看,學者們的討論主要包含以下方面:

第一,魏晉玄學根植於漢代經學的發展。湯用彤先生提出:

> 漢魏之際,中華學術大變。然經術之變爲玄談,非若風雨之驟至,乃漸靡使之然。經術之變,上接今古文之争。魏晉經學之偉績,首推王弼之《易》,杜預之

[1] 楊立華:《郭象〈莊子注〉研究》,北京大學出版社,2010年,頁29。

《左傳》,均源出古學。[1]

> 夫性與天道爲形上之學,儒經特明之者,自爲《周易》。王弼之《易注》出,而儒家之形上學之新義乃成。新義之生,源於漢代經學之早生歧義。遠有今古學之争,而近則有荆州章句之後定。[2]

漢代經學本身的今古文之争已藴含新義産生的可能性,而漢魏之際,今文經學衰落,重訓詁和義理的古文經學興盛,在荆州發展並被立爲官學,對玄學的産生有直接影響。林麗真先生總結荆州學風的特質及其對王弼思想的啓發有四點:《周易》見重、並及《太玄》是荆州學風的表現;荆州八帙的内容與玄理有相通之處;荆州學派繼續鄭玄經學的簡化運動,删剗浮詞,芟除煩重;荆州學風喜張異議,不守舊説。[3] 王曉毅先生詳細研究了荆州官學的興衰和特點,指出古文經合法立於官學,使删繁就簡、重視義理的學風進一步發展,促進了黄老形名學的興起,荆州官學保存了東漢進步思想的精華,使新生的合理因素發展壯大,影響了三國鼎立後思想文化發展的方向,最終通過客居該地的山陽王氏家族,以家學傳統的形式影響了王弼,促進了魏晉玄學的誕生。[4] 康中乾先生則從漢代經學繁瑣形式與簡約内容的角度來討論,認爲魏晉玄學是對漢代經學的繁瑣形式的否定。而漢代經學的繁瑣形式是儒學被定於一尊的必然結果,而繁瑣的形式卻表現了内容上的簡約和精深,内容的簡約使經學具有一定程度的開放性,藴含了魏晉玄學産生的可能。[5]

第二,魏晉玄學是老莊道家思想發展的産物。《老子》和《莊子》作爲魏晉玄學所重視的經典,其思想對魏晉玄學的影響是不容置疑的。勞思光先生指出道家思想至漢以後分裂爲三部分,第一爲其尋求超越的思想,這一部分遭受歪曲,而成爲求"長生"的道教,第二爲其否定禮制的思想,這一部分被人襲取其皮相,而逐漸形成漢末魏初之放誕思想,其後遂發展而成爲魏晉的清談,第三爲其"守柔"的技術觀念,這一部分成爲政治上的權術思想。[6] 討論"玄學"的根源,應知魏晉名士的清談,基本上都是這一支以"放誕生活"爲特徵的變形道家思想的具體表現。[7] 王曉毅先生認爲,"老莊"人性自然的思想逐漸滲入知識分子的生命本體之中,而引起傳統人格的裂變,使漢代經學文化薰陶下的禮樂文化型的士大夫,變爲禮玄雙修的魏晉玄學名士。[8]

第三,魏晉玄學是黄老道家思想發展的産物。許抗生先生認爲正始玄學是兩漢

[1] 湯用彤:《魏晉玄學論稿》,頁 69。
[2] 湯用彤:《魏晉玄學論稿》,頁 70。
[3] 林麗真:《王弼》,《中國歷代思想家(魏晉南北朝)》,九州出版社,2011 年,頁 125—127。
[4] 王曉毅:《儒釋道與魏晉玄學形成》,頁 47—54。
[5] 康中乾:《魏晉玄學》,人民出版社,2008 年,頁 22—24。
[6] 勞思光:《新編中國哲學史(二)》,廣西師範大學出版社,2005 年,頁 22。
[7] 勞思光:《新編中國哲學史(二)》,頁 121。
[8] 王曉毅:《儒釋道與魏晉玄學形成》,頁 25。

以來道家思想(黄老學)發展演變的産物。[1] 他梳理了從漢初的黄老學到西漢末年的嚴遵、揚雄、桓譚、東漢的王充、仲長統的思想發展綫索,並得出了西漢時期的黄老思想已經爲王弼玄學思想的産生提供了大量的思想資料的結論。同時,他認爲,兩漢尤其是東漢時期,老子學已經演變爲時代的風尚。[2] 同樣以道家黄老學爲魏晋玄學形成的原因,但王曉毅展示出不同的綫索。他認爲,漢魏之際的黄老學不是漢初黄老之學的簡單重複,而是在復興黄老的旗幟下活躍於漢末的社會批判思潮、早期道教和魏初形名法術中崇尚真實自然的時代精神,表現爲形名學與養生術兩個主要方面,最終分别成爲何晏、王弼貴無本體論與嵇康、阮籍元氣自然論的思想來源。[3]

第四,魏晋玄學是漢末魏初名理學發展的産物。唐長孺先生認爲,形名之學本與道家無名相關,追求名理最後必然要歸宿到無名;另一方面,由於君權的削弱,皇帝成爲虚位,於是從綜合名實轉向提倡無爲,基於這兩個原因,名理學歸本於道家而形成了玄學。[4] 湯一介先生從才性問題、有無問題、一多問題、聖人問題四個方面來探求"名理之學"向玄學發展的内在邏輯,認爲:

> "才性問題"是要給人性找存在的根據;"有無問題"是要給天地萬物找存在的根據;"一多問題"是要給社會(當然是指封建社會)找存在的根據;"聖人問題"則是給當時人們的理想人格找根據。從這幾個方面構成了一個總問題,就是宇宙人生的存在的根據何在?……問題既已提出,就必然要從哲學上予以回答,因此有何晏、王弼等玄學家對這些問題作了哲學論證,而魏晋玄學生焉![5]

牟宗三先生認爲魏晋玄學是道家的復興,道家玄理至此得到充分發揚。牟宗三作爲現代新儒家的代表,尤其重視心性之學,其探討魏晋學術之産生也從人性論入手:

> 魏晋之玄理,其前一階段爲才性……"才性"者,自然生命之事也。此一系之來源是由先秦人性論問題而開出,但不屬於正宗儒家如《孟子》與《中庸》之系統,而是順"生之謂性"之"氣性"一路開出。[6]

所以,牟宗三的《才性與玄理》第一章以"王充之性命論"爲中心,"上接告子、荀子、董仲舒,下開《人物志》之'才性',而觀此一系之原委"。[7]

第四,魏晋玄學綜合了漢魏之際的諸子之學。湯用彤先生講:

---

[1] 許抗生:《三國兩晋玄佛道思想簡論》,收入《老子與道家》,頁529頁。
[2] 許抗生:《三國兩晋玄佛道思想簡論》,收入《老子與道家》,頁529—535。
[3] 王曉毅:《黄老復興與魏晋玄學的誕生》,《東嶽論叢》1994年第5期。
[4] 唐長孺:《魏晋玄學之形成與發展》,《魏晋南北朝史論叢》,中華書局,2011年,頁310—311。
[5] 湯一介:《郭象與魏晋玄學》,頁24—25。
[6] 牟宗三:《才性與名理》,廣西師範大學出版社,2006年,原版自序之二頁2。
[7] 牟宗三:《才性與名理》,原版自序之二頁2。

"新學"的生成有兩個主要因素：（一）研究《周易》、《太玄》等而發展出的一種"天道觀"；（二）是當代偏於人事政治方面的思想，如現存劉劭《人物志》一類那時所謂"形名"派的理論，並融合三國時流行的各家之學。[1]

平叔具有法家精神。選人各得其才，則亦善名家之術。至若輔嗣著書，外崇孔教，内實道家，爲一純粹之玄學家。然其論君道，辨形名，則並爲名家之説。[2]

余敦康先生認爲：

貴無論玄學的最爲直接的思想淵源來説，它所繼承的就是這個時期的諸子之學。[3]

這個時期的諸子之學都是圍繞著共同的時代課題進行探索，雖然解答的方案各不相同，卻都包含著合理的内核，只是衆説紛紜，莫衷一是，迫切需要從理論的高度來揚棄。何晏、王弼的貴無論的玄學就是漢魏之際的諸子之學的理論總結和思想演變的必然歸宿。[4]

我們不能把玄學簡單地歸結爲儒道兼綜，或者以道解儒，而要充分地估計到它的複雜性。玄學是這個時期的各種思想的全面總結，培育玄學的思想因素也是多層次、多方面的。[5]

第五，關於佛教對魏晉玄學形成的影響，湯用彤先生明言：

玄學的産生與佛學無關，因爲照以上所説，玄學是從中華固有學術自然的演進，從過去思想中隨時演出"新義"，漸成系統……佛教非玄學生長之正因。反之，佛教倒是先受玄學的洗禮，這種外來的思想才能爲我國人士所接受。不過以後佛學對於玄學的根本問題有更深一層的發揮。所以從一方面講，魏晉時代的佛學也可以説是玄學。[6]

這一觀點被大部分魏晉玄學的研究者所接受。但吕澄先生提出，支謙翻譯《大明度經》應在公元 222 至 241 年間，此後正是王、何宣導新義的時期，兩種思想發生交流，玄學受般若的影響，並不是不可能的。以"得意忘象"爲例，《易經》説"言不盡意"、"立象盡意"，王弼取《莊子・外物》的"得意忘言"加以引申，提出"得意忘象"、"得象忘言"的命題。王弼特别提出"忘象"，很有可能受到了般若"無相"的啓發。但這一點在王、何

[1] 湯用彤：《魏晉思想的發展》，《魏晉玄學論稿》附録，頁 106。
[2] 湯用彤：《魏晉玄學論稿》，頁 14。
[3] 余敦康：《何晏王弼玄學新論》，方志出版社，2007 年，頁 33。
[4] 余敦康：《何晏王弼玄學新論》，頁 34。
[5] 余敦康：《何晏王弼玄學新論》，頁 43。
[6] 湯用彤：《魏晉思想的發展》，《魏晉玄學論稿》附録，頁 109。

的著作中没有明文説到。[1] 杜繼文先生提出,支婁迦讖譯《般若道行品》早於玄學開創六十多年。何晏、王弼提出並要解決的主要玄學問題,"有"與"無"的關係(包括"動"與"静"問題),"名"、"言"的作用,"名教"與"自然"的關係(包括"情"與"性"的問題),早期般若學通過對佛經的翻譯和注釋,已經有了同以後玄學相類似的提法。早期般若學對於玄學可能發生的影響,主要在於喚起抽象理論思辨的興趣。[2] 洪修平先生提出如下觀點: 何晏、王弼的核心命題"以無爲本"可能是在般若學"本無"等思想影響下完成的;《道行經》的譯者使用了"自然"這一概念,討論佛之功德與自然之關係,這與玄學所討論的名教與自然的關係問題有契合之處;言意之辨,固可溯源於漢魏間的名理之學,然而佛教的影響也不容忽視;般若學的真俗二諦説、本無自性説等與玄學的本末體用説、以無爲本説也具有某些相通之處。[3] 王曉毅先生則通過分析早期玄學的創始人之一何晏寄養的曹氏家族會受到佛教文化影響,比較何晏《無名論》與東漢佛教譯經在"無所有"概念運用上的異同,指出何晏是繼佛經之後第一個明確運用"無所有"表示宇宙本體的中國哲學家,何晏早期的宇宙哲學在佛教的影響下出現了既不同於傳統也不同於佛教的本體論變形。而這種從事物自身思考其存在和完善内在依據的新思路,啓發了王弼本體論的形成。[4] 王曉毅還進一步分析了佛教般若學對西晋玄學三大流派的影響,認爲這一時期的佛教般若學並未參與玄學理論的主題建構,但影響了玄學的思維方式。[5]

從社會政治變遷的角度研究魏晋玄學的形成也頗受重視。黄巾起義、九品中正制實行、正始改制、高平陵政變等歷史事件受到關注,曹魏集團和司馬氏集團的鬥争常被作爲研究的切入點。概括來講,對於社會政治變遷與魏晋玄學形成的作用有兩種不同的解釋方向,一種認爲魏晋玄學的産生是基於爲現實政治進行理論論證的目的;一種認爲魏晋玄學的産生是對現實政治的批判。唐長孺先生認爲,漢末魏初,曹操的政權要求恢復專制統治,取消地方分裂形勢,要求建立强大的政權有效地鎮壓人民,這就産生了名理之學,由此發展了曹魏的名法之治。魏末晋初,義軍被鎮壓,地方大族的勢力又在擴張,曹魏集團内也變成新的貴族,而司馬氏掌握政權,這樣就從名理之學發展爲無名、無爲的政治理論。[6] 馮契先生認爲:

> 由於黄巾起義的衝擊,再由於統治階級言行不符,名實相違,自己對名教的

---

[1] 吕澄:《中國佛教源流略講》,中華書局,1979年,頁33—34。
[2] 杜繼文:《早期佛教般若學和貴無派玄學的關係》,《中國佛教與中國文化》,宗教文化出版社,2003年,頁237—252。
[3] 洪修平:《佛教般若思想的傳入和魏晋玄學的産生》,《南京大學學報》1985年增刊。
[4] 王曉毅:《儒釋道與魏晋玄學形成》,頁54—65。
[5] 王曉毅:《儒釋道與魏晋玄學形成》,頁275。
[6] 唐長孺:《魏晋玄學之形成與發展》,《魏晋南北朝史論叢》,頁299—300。

> 破壞,這就造成了漢末的名教危機。爲了挽救名教所面臨的危機,魏晉統治階級需要尋找新的哲學武器以代替已遭到致命打擊的儒學神學。於是他們便試圖以老莊解釋儒經,把《老子》、《莊子》、《周易》這三本書抬出來(這就是所謂三玄),從中去尋找名教的形而上學即玄學的根據,並用"玄談"來替他們腐朽的生活方式作辯護和掩飾。這樣,以何晏、王弼爲代表的玄學就應運而生了。[1]

許抗生先生認爲,何晏、王弼的玄學是曹魏集團鬥争進入白熱化,爲了維護曹魏政權的統治所提供的一套政治謀略與哲學思想。阮籍、嵇康的老莊學則是在司馬氏集團操縱了曹魏政權後,爲了反對司馬氏利用虛僞的儒家名教進行篡逆活動的思想。郭象的玄學是爲司馬氏的兩晉政權服務的。[2] 王葆玹先生則對這樣的觀點提出質疑,認爲研究魏晉玄學形成的政治背景應將注意力轉向改制事件上,何晏等正始玄學家的改制運動是正始期間與玄學對應的主要政治事件,在玄學政治背景中應處於核心位置。此外,尚有士庶之辨(兩晉南北朝時期士族、庶族對立的格局及其等級規定),九品中正制度(魏晉南北朝時期實行的選舉制度),名士及清議等因素。[3] 楊立華先生認爲:

> 魏晉新學風的産生雖然是各種條件和要素的複雜綜合的結果,但其根本的動力還是源於現實的政治派分以及與之相聯的價值取向的衝突。……魏晉新學之所以會以老莊思想爲底蕴,其實是由兩股力量促成的:其一是曹魏政治集團内部一直以來備受壓抑的名士群體以老莊無爲批判曹魏的刑名法術之學;另一股力量則是曹魏政治集團當中游離於權力核心的一批士人,以老莊之曠達對抗司馬氏之禮教。[4]

羅宗强先生則認爲以玄學的産生是一種政治需要的觀點過於牽强,玄學思潮産生的根本原因在於現實生活的需要,是漢末以來士人心態轉向自我的産物,是個性覺醒的思潮的一種理性思索。[5]

魏晉玄學形成的原因、思想的來源一直是魏晉玄學研究中的重要問題,多位學者指出漢魏之際是先秦諸子的復興時期,尤其是法家和名家受到重視,墨家、縱横家、兵家思想均有發展,因此,從内在思想理路的角度探討魏晉玄學的形成必然涉及魏晉玄學與漢代經學、老莊道家、黄老道家、名家、法家、佛教之間的複雜關係。近些年來,有學者對其中的部分問題作了更具體、更深入、更全面的專門研究,對兩漢經學、老莊道

[1] 馮契:《中國古代哲學的邏輯發展(中)》,東方出版中心,2009年,頁354。
[2] 許抗生:《論魏晉時期的諸子百家學》,《中國哲學史研究》1982年第3期。
[3] 王葆玹:《正始玄學》,齊魯書社,1987年,頁33—35。
[4] 楊立華:《郭象〈莊子注〉研究》,頁26。
[5] 羅宗强:《玄學與魏晉士人心態》,天津教育出版社,2005年,頁289。

家、黄老道家到魏晋玄學的發展脈絡進行梳理,取得了衆多有益的研究成果。但是,法家、名家對魏晋玄學的影響多只講到其對探討名實關係的名理學形成的影響,唐長孺先生就認爲:

> 初期名理學家大抵由檢察名實,特别是由考察人物以至於循名責實使人位相稱,因此與法家相近。一到稍後,便轉入了道家。[1]

似乎名理學産生以後,名家、法家的作用就可以忽略了。直至今日,學者們也並未切實地研究漢魏之際的名理學和其後的玄學與先秦名家、法家的理論有怎樣直接的聯繫,使魏晋玄學綜合了諸子之學的結論缺乏證據和説服力,因而有學者對於這樣的觀點提出反駁。牟宗三先生否認魏晋的名理與先秦名家的關係。他認爲《人物志》就内容來看,似與先秦名家之形名學完全無關。漢魏間的政論,重名實,只是政治上的實用,而且重名實不必是名家,儒、法、道皆談名實。而"名理"之意並非形名、名實本身之理,也不是"邏輯"之意,而是"理論"或"義理"之意。所以這個"名理"與先秦名家絶無關係。[2] 牟宗三先生認爲先秦名家講形名、名實,而並無"名理"一詞。魏初品鑒人物、論才性,而史志亦列之於名家,當時稱爲"名理",這是"名理"的最早出現。[3] 當然,馬王堆漢墓出土的《黄帝四經》中有"名理"一篇,可證"名理"早已出現,而此"名理"探討的確實是名實關係問題,並提出了"循名究理"的思想。但是,關於形名、名實關係的討論在先秦時期確實並不是名家的專利。楊立華先生直接批評湯用彤先生在何晏、王弼身上找到所謂名家和法家的影響頗爲牽强。他認爲王弼對法家的批評是毫不掩飾的,從玄學家對法家的一般態度看,將魏晋新學視爲名、法、儒、道各家思想的綜合是很難成立的。[4] 實際上,法家對正始玄學、竹林玄學、西晋玄學的影響可以找到更切實的證據。如郭象講"物各有性"的主要體現是萬物各有不同的能力,因此,"各適其性"的"自爲"實際上就是"各當其位"、"各施其能","各適其性"的"自爲"就是"無爲",所以君臣可以"上下無爲"。這一思想受到韓非思想的影響。韓非在《揚權》中講:"夫物者有所宜,材者有所施,各處其宜,故上下無爲……皆用其能,上乃無事。"韓非承認不同的物和人具有各自不同的能力,認爲各處適合其能力的位置,就可以上下均無爲,這一觀點應該對郭象有直接的啓發,而且,"上下無爲"的表達方式在《四庫全書》所録文獻中只出現於《韓非子》、郭象《莊子注》以及對二者的引用中。所以,名家與法家對魏晋玄學的産生和發展的影響不能流於粗疏的論斷,也不能簡單地否定,

---

[1] 唐長孺:《魏晋玄學之形成與發展》,《魏晋南北朝史論叢》,頁 310。
[2] 牟宗三:《才性與玄理》,頁 201—202。
[3] 牟宗三:《才性與玄理》,頁 218。
[4] 楊立華:《郭象〈莊子注〉研究》,頁 15—16。

而應切實地尋找先秦名家、法家的文獻和魏晋玄學文本的直接聯繫。

此外,關於佛教對魏晋玄學的産生有無影響的問題仍需尋找更多的直接證據,畢竟,我們看到的魏晋玄學所討論的主要論題,有無之辨、言意之辨、才性之辨、一多之辨等均可在先秦思想中找到源頭。同時,雖然學者們提出證據證明佛教般若學經典的翻譯和傳播早於玄學的産生,但佛教作爲一種外來思想傳入我國,首先是在老莊道家思想的基礎上被接受的,早期佛經的翻譯和注釋,借用了很多老莊的概念,如“道”、“無”、“有”、“動”、“静”、“無爲”、“有爲”、“無形”、“無名”、“無知”、“自然”、“樸”等。也就是説,在中國傳播的佛教已經包含了道家思想的元素,而魏晋玄學的開創者何晏、王弼也是祖述老莊,所以,魏晋玄學的産生是固有思想演變的結果,還是受到外來佛教的刺激,確實是很難説清的問題,正因如此,大部分學者論證佛教對玄學産生的影響均强調“有可能”、“非常可能”而已。

從思想發展的内在理路研究魏晋玄學形成原因的困難在於,魏晋玄學與漢代經學的問題意識、方法、本質特徵上的差異被强調,也就是説,魏晋玄學相對於漢代經學來講是一種思想的突變,但對其思想來源的探討就是要找到魏晋玄學與舊有思想的延續關係,那麽,我們就必須回答思想的繼承如何能導致突變的發生? 實際上我們很難得出由於這些因素的存在而必然産生玄學的答案,所以有的學者會更强調突變發生的原因在於外在於思想的社會政治因素,甚至認爲魏晋玄學的産生出於歷史的偶然。[1] 前文在討論魏晋玄學的主題和本質特徵時已經指出,被看作魏晋玄學標誌的主題和特徵並不是魏晋玄學所開創,而是産生於先秦並一直在漢代延續,在既有的研究成果下,我們應該一定程度上弱化對魏晋玄學特異性、魏晋時期思想的突破和斷裂的强調,對魏晋玄學與漢代乃至先秦諸子思想關係的研究不應該只是爲了解決魏晋玄學爲什麽會産生的問題,而應致力於釐清從先秦諸子思想經兩漢到魏晋玄學的思想發展綫索。

三、魏晋玄學的分期及分派

關於魏晋玄學的分期,主要有兩段論、三段論、四段論、五段論幾種,因爲多數研究者認爲不同時期的玄學家的思想特點呈現差異,而相同時期的玄學家的思想特點較爲接近,所以分期問題同時也成爲分派問題。

兩段論一般將何晏、王弼及其後的玄學視爲一個階段,而將之前的才性之辨時期視爲一個階段。如勞思光先生認爲,玄學可分爲“才性”和“名理”兩派。才性派重於

[1] 參見余敦康:《何晏王弼玄學新探》,頁 38—39。

談論"才性",品評人物,以劉劭的《人物志》爲代表;"名理"派喜歡討論形上學問題,依託《易經》或《老》、《莊》,亦涉及儒學其他典籍,此派以何晏、王弼、郭象爲代表。[1]

主張三段論的學者較多。如馮友蘭先生認爲魏晋玄學第一階段是貴無論,第二階段是裴頠的崇有論,第三階段是郭象的無無論。[2] 錢穆先生將魏晋玄學分爲三派,一爲何晏、王弼,二爲阮籍、嵇康,三爲向秀、郭象。[3] 蕭萐父、李錦全也持三段論,以何晏、王弼爲代表的"正始玄學"爲第一階段,嵇康、阮籍、樂廣和裴頠爲第二階段,郭象爲第三階段。[4] 許抗生先生在《老子與道家》一書中提出三階段的觀點,即魏正始年間何晏、王弼的老學,魏末以阮籍、嵇康爲代表的老莊學,及西晋時期郭象的莊子學。[5] 高晨陽先生認爲魏晋玄學第一時期爲正始玄學,以何晏、王弼爲代表,第二時期爲竹林玄學,以阮籍、嵇康和向秀爲代表,第三時期爲元康玄學,以郭象爲代表。[6]

湯用彤先生持四段論,即正始時期、元康時期、永嘉時期和東晋時期,東晋時期亦可稱爲"佛學時期"。[7] 許抗生先生在《三國兩晋玄佛道思想簡論》一書中提出四階段的觀點,即正始玄學、竹林玄學、元康年間的郭象玄學及東晋玄學,東晋玄學以張湛的《列子注》和佛教玄學爲代表。[8] 湯一介先生在其《郭象與魏晋玄學》初版時將玄學劃分爲四個階段,正始時期、竹林時期、以裴頠和郭象爲代表的元康時期、以張湛爲代表的東晋玄學。但在其後的修訂版中提出這四階段並不完整,應將僧肇看成玄學發展的第五階段。[9] 莊耀郎先生亦持四段倫,即以何晏、王弼爲代表的創始期,以阮籍、嵇康爲代表的分裂期,以向秀、郭象、裴頠爲代表的轉變期,以列子書、張湛爲代表的衰退期。[10]

考察關於魏晋玄學分期的各種不同看法,我們發現,其中關鍵的問題有以下幾點:

(一) 魏晋玄學從哪裏開始的問題,主要在於名理之學是否屬於魏晋玄學的争論。湯用彤先生指出回溯魏晋思潮的源頭,要從漢末三國説起。[11] 也就是説,《人物志》的名理之學是魏晋玄學的源頭,是前玄學時期。前文所討論的魏晋玄學的形成問題

---

[1] 勞思光:《新編中國哲學史(二)》,頁 123—149。
[2] 馮友蘭:《中國哲學史新編(中)》,頁 412。
[3] 錢穆:《莊老通辨》,三聯書店,2002 年,頁 309。
[4] 蕭萐父、李錦全主編:《中國哲學史綱要》,頁 226—228。
[5] 許抗生:《老子與道家》,收入《老子與道家》,頁 458。
[6] 高晨陽:《論魏晋玄學派系之別與階段之分》,《山東大學學報》1999 年第 4 期。
[7] 湯用彤:《魏晋思想的發展》,《魏晋玄學論稿》附録,頁 109—110。
[8] 許抗生:《三國兩晋玄佛道思想簡論》,收入《老子與道家》,頁 542。
[9] 湯一介:《郭象與魏晋玄學》,頁 103—104。
[10] 莊耀郎:《魏晋玄學釋義及其分期之商榷》,《鵝湖雜誌》1992 年第 6 期。
[11] 湯用彤:《魏晋思想的發展》,《魏晋玄學論稿》附録,頁 110。

亦多將名理學視爲魏晋玄學的思想來源。勞思光先生兩段論的觀點則把探討才性之辨的名理之學這一時期亦看作魏晋玄學的一個重要發展階段。更有學者認爲玄學應追溯到嚴遵、揚雄、鄭玄,並提出漢代玄學的説法,認爲魏晋玄學是玄學發展的鼎盛期。[1] 這一問題實際與前文所講的魏晋玄學的本質特徵有直接的關係,對其本質特徵的理解不同,則其指稱的對象亦不相同。如果以本體論爲魏晋玄學的特徵,那麽,以《人物志》爲代表的才性之辨雖然相對於漢代清議已由具體的品評人物進入到抽象的才性問題的討論,但畢竟尚未達到本體論的層次。而如果從人性論、人格主題的角度進入,才性之辨就具有重要的地位。牟宗三先生認爲魏晋的玄學,通常亦稱清談、名理,但清談、名理不單指玄學一面而言,像《人物志》那樣的著作和竹林七賢那樣的生活情調也包括在内。而從"學"方面言,則玄學稱爲"玄學名理",而《人物志》則稱爲"才性名理"。"玄學名理以王弼、何晏爲首,向秀、郭象隨之。才性名理以《人物志》開端,下賅鍾會之《四本論》。"[2] 牟先生以玄學名理指稱我們一般所説的魏晋玄學,但他十分重視才性名理這一發展階段,從《才性與名理》這一書名可見一般。

(二) 魏晋玄學的發展階段的内在邏輯問題。玄學的分期體現出時間的綫索,但首先和對魏晋玄學主題的理解相關。研究者多依照對魏晋玄學主題的不同理解,劃分出不同的發展階段,並探討不同發展階段之間的内在邏輯。尤其主張三分法的學者多提出對於特定的主題,不同的發展階段體現出正、反、合的發展邏輯。如馮友蘭先生以如何看待有、無問題爲標準將玄學分爲三個階段,貴無論是肯定,裴頠的崇有論是否定,郭象的無無論是否定之否定。[3] 他認爲阮籍和嵇康是在社會思想方面講貴無,也屬於貴無階段。[4] 湯一介先生也認爲他所説的魏晋玄學的五階段實際上可以歸爲三個階段,即王弼(經過嵇康、阮籍、向秀、裴頠)——郭象(經過張湛、道安)——僧肇。這個圓圈從哲學思想的發展看是螺旋上升的:"貴無"——"崇有"——"非有非無",是一個正——反——合的發展過程。[5] 唐長儒先生根據對儒家名教的態度將玄學家分爲正統派和非正統派。正統派中先有主張"名教本於自然"的何晏和王弼,後有主張"名教即自然"的裴頠和郭象,中有主張自然與名教對立的非正統派嵇康和阮籍。[6] 龐樸先生認爲,夏侯玄、何晏、王弼論證"名教本於自然",嵇康、阮籍將

[1] 參見江榮海:《玄學及其對政治影響之研究》,黑龍江人民出版社,2010 年,頁 6。
[2] 牟宗三:《才性與玄理》,頁 37。
[3] 馮友蘭:《中國哲學史新編(中)》,頁 414。
[4] 馮友蘭:《中國哲學史新編(中)》,頁 413。
[5] 湯一介:《郭象與魏晋玄學》,頁 104。
[6] 唐長孺:《魏晋玄學之形成與發展》,《魏晋南北朝史論叢》,頁 311—323。

名教與自然對立而高揚“自然”,郭象則完成了名教與自然重新統一的工作。[1] 蕭萐父、李錦全以名教和自然的關係爲劃分標準,認爲“正始玄學”以自然統禦名教,論證“名教本於自然”,第二階段爲嵇康和阮籍的“名教不合自然”論、樂廣的“名教不離自然”和裴頠的崇有論,郭象論證了自然與名教理論上的一致性,爲第三階段。[2] 余敦康先生以名教與自然的關係爲玄學的主題,認爲玄學家關於這個問題的討論經歷了正一反一合的過程:

> 正始年間,何晏、王弼根據名教本於自然的命題對儒道之所同作了肯定的論證,這是正題。魏晋禪代之際,嵇康、阮籍提出了“越名教而任自然”的口號,崇道而反儒;西晋初年,裴頠爲了糾正虚無放誕之風以維護名教,崇儒而反道,於是儒道形成了對立,這是反題。到了元康年間,郭象論證了名教即自然,自然即名教,把儒道説成是一種圓融無滯、體用相即的關係,在更高的程度上回到玄學的起點成爲合題。[3]

高晨陽先生認爲:

> 可以把魏晋玄學分爲兩系,其發展過程劃爲三個階段。第一時期爲正始玄學,以何晏、王弼爲代表,此爲老學系,屬於“貴無論”玄學。第二時期爲竹林玄學,以阮籍、嵇康和向秀爲代表,此爲莊學系。……第三時期爲元康玄學,以郭象爲代表,屬莊學系,“獨化論”玄學的成熟形態。[4]

王曉毅先生認爲性本體是玄學本體論的特點,而從正始玄學開始、經竹林玄學、到元康玄學集大成者郭象是一個從宇宙本根解構與“性”本體建構的過程。[5]

對玄學發展規律的展示似乎讓思想的發展明朗化,但我們會發現其中所存在的不和諧因素。在以有無之辨爲標準所構建的三段論中,阮籍、嵇康的安置會出現問題,馮友蘭認爲阮籍和嵇康是在社會思想方面講貴無,也屬於貴無階段,實際非常牽强。另外,馮友蘭將裴頠視爲對王弼貴無論的否定,玄學發展的第二階段,蕭萐父、李錦全、余敦康等將裴頠與阮籍、嵇康同視爲名教與自然關係理論中的第二階段,亦有學者並不將其納入玄學發展的階段。李中華先生就明確提出,裴頠反對魏晋以來以老莊思想爲核心的玄虚之論,主張尊儒興教,裴頠不是玄學家,而是一位深諳儒學思想的儒家學者。[6] 楊立華也認爲:

---

[1] 龐樸:《名教與自然之辨的辯證進展》,載於湯一介,胡仲平編:《魏晋玄學研究》,頁 360—369。
[2] 蕭萐父、李錦全主編:《中國哲學史綱要》,頁 226—228。
[3] 余敦康:《魏晋玄學史》,頁 1。
[4] 高晨陽:《論魏晋玄學派系之别與階段之分》,《山東大學學報》1999 年第 4 期。
[5] 王曉毅:《儒釋道與魏晋玄學形成》,導言頁 3。
[6] 李中華:《中國儒學史》(魏晋南北朝卷),北京大學出版社,2011 年,頁 92—93。

> 裴頠的《崇有論》是固有的儒家思想對魏晉新學風的反彈，而不是魏晉玄學發展的一個階段。[1]

並進一步指出：

> 既然如此，認爲郭象的本體論是對王弼的貴無思想和裴頠的崇有之論的綜合，也就無從談起了。[2]

而以名教和自然的關係爲標準，郭象在大部分學者觀點中處於“合”的階段，應持“名教即自然”的思想。姑且不説郭象並未使用名教的概念，郭象所讚賞的是因任萬物之自爲的無爲政治，聖人的無心無爲會因應世而有種種外在表現，即“無爲之迹”，“無爲之迹”被有爲者所崇尚，聖人本無仁義之心，後世卻誤以爲“無爲之迹”是仁義之心的表現，因而去效法仁義之治，仁義被崇尚，自然就會喪失，儒家的仁義之治與無爲之治並不一致，名教與自然也並不一致。梳理思想發展的脈絡，探尋思想演變的規律，對哲學史、思想史的研究有重要的意義。但是，思想的發展非常複雜，並不像我們所想象地那般整齊劃一，因此，我們會發現，發現規律與構造規律是並存的，無論有意無意，都可能出現切割甚至歪曲材料來印證特定規律的問題。正如陳寅恪所説：

> 今日之談中國古代哲學者，大抵即談起今日自身之哲學者也；所著之中國哲學史者，即其今日自身之哲學史者也。其言論愈有條理統系，則去古人學説之真相愈遠。[3]

這是未來的魏晉玄學研究應該注意的。

（二）魏晉玄學到哪裏結束的問題。關於這一問題的爭論焦點在於兩個問題：東晉玄學的問題和玄學與佛學的關係問題。主張三段論的學者多認爲魏晉玄學至西晉郭象而結束，至此玄學的問題已經得到了解決。如唐長孺先生認爲玄學發展到郭象就已經完成了它的任務，可是還有一點餘波。[4] 馮友蘭先生認爲：

> 郭象以後，出現了《列子》和張湛的《列子注》。《列子》是一部拼湊的書，《列子注》也没有提出什麽新的論點，這不能算是玄學發展的一個階段，只能算是一個尾聲。[5]

高晨陽先生認爲：

---

[1] 楊立華：《郭象〈莊子注〉研究》，頁 93。
[2] 楊立華：《郭象〈莊子注〉研究》，頁 93。
[3] 陳寅恪：《馮友蘭〈中國哲學史〉審查報告一》，載於馮友蘭：《中國哲學史》，華東師範大學出版社，2000 年，頁 432。
[4] 唐長孺：《魏晉玄學之形成與發展》，《魏晉南北朝史論叢》，頁 323。
[5] 馮友蘭：《中國哲學史新編（中）》，頁 414。

> 以郭象爲代表的元康玄學是與正始玄學相對待的另一個理論高峰,它的產生標誌著玄學的終結。[1]

余敦康先生的態度稍温和,認爲從某種意義上說,郭象的"獨化論"意味著玄學的終結,在郭象以後,中國的思想進入了佛玄合流的時期。[2] 而主張四段論的學者則將東晋玄學列入。康中乾先生認爲三段論和四段論之争體現出治哲學史和治思想史的學者的區別。[3] 但我們會發現主張三段論的有治思想史者,主張四段論的也多有治哲學史者。但這種觀點提示我們,二者的分别確實與一般所認爲的治哲學史者和治思想史者思維方式的區别有關,即重思想發展的邏輯和重思想發展的歷史的區别。主張三段論者多强調思想發展的"正—反—合"的邏輯,就特定的主題來講,"合"的階段是對前兩階段的超越和升華,也意味著問題的解决,既然特定的玄學問題已經解决,玄學也就就此結束了。前文已經指出這種邏輯所出現的問題。另一方面,很多學者指出不將東晋列入玄學發展階段的原因是這一時期的思想的理論價值不大。魏晋玄學的研究也確實一直偏重於三國西晋時期。從玄學思想創立、發展的角度來講,這一偏重是有道理的,但如果從思想所產生的影響的角度來看,東晋時期卻是我們應該重視的。

前文曾討論佛教的傳入與玄學形成的關係,佛教是否影響玄學的形成仍有争議,但玄學影響佛教的發展則是肯定的,争議就在於佛教依靠玄學發展的時期是否屬於玄學,或者如果屬於玄學,佛教發展到什麼階段方脱離玄學。湯用彤先生將佛學納入玄學體系之内,以東晋的佛學時期爲玄學發展的第四階段。許抗生先生同樣將佛教玄學作爲玄學發展的最後階段,同時又强調佛教玄學雖代表玄學發展的最後階段,實際已屬佛學的範疇。許先生認爲,將兩晋佛教稱爲佛教玄學化時期基本上符合歷史實際。佛教與玄學的相通之處體現在以下幾個方面:(1) 當時佛教所討論的問題,基本上也是玄學所討論的本末有無的問題。(2) 佛教哲學對本體論問題的回答,也援用或發揮了玄學的回答。(3) 佛教哲學的認識方法也採用了玄學的"得意忘言"的方法。(4) 當時佛教名僧的風度儀表舉止等,亦具有名士的風度。同時,佛玄結合也呈現出階段性,許先生將其分爲三個階段:般若學玄學化時期、三論學與玄學結合時期及涅盤學與玄學結合時期。在般若玄學化時期,不論是道安的本無宗還是支遁的即色宗,其哲學思想均屬於玄學,此時的佛教還没有形成自己獨立的哲學體系,只能依附於玄學而發展。而在鳩摩羅什入關、三論學與玄學結合時期,則突出了佛教哲學的固有特點,玄學的性質有所減弱。而道生的涅盤學興起後,佛教逐步擺脱了玄學的影響,直

[1] 高晨陽:《論魏晋玄學派系之别與階段之分》,《山東大學學報》1999 年第 4 期。
[2] 余敦康:《魏晋玄學史》,頁 385。
[3] 康中乾:《魏晋玄學》,頁 48。

至隋唐時期各種佛教宗派的創立,佛教哲學朝著獨立發展的道路前進。[1] 戴璉璋以《肇論》爲依據探討了玄佛關係,認爲無論是詞語運用上抑或是思維模式上,僧肇都從玄學那裏有所取資,這是般若玄學化的表現,但從玄、佛的宗趣上看,僧肇能謹守分際,没有混同玄、佛。表現在: 般若與玄智都無知而無不知,但僧肇只凸顯般若蕩相遣執的特性,未曾把玄智"返無以全有"的作用混雜到般若中;涅槃與逍遥都無爲無不爲,但僧肇只凸顯涅槃寂滅超度的特性,未曾把逍遥"各安其性"的作用也混雜到涅槃中。[2] 我們看到,學者們對這一問題的回答一方面探尋佛教與玄學的相通之處,同時亦强調佛教與玄學的差異。清晰地展現玄學與佛教之間的關係對思想史研究的價值應該大於是否將其作爲玄學的發展階段的争論。

四、魏晋玄學與經典解釋

魏晋玄學家構建玄學體系經常通過經典注釋的形式,很多學者給魏晋玄學所下的定義均是以"三玄"即《老子》、《莊子》、《周易》爲研究對象,所以從經典解釋的角度研究魏晋玄學是非常重要的途徑。

湯用彤先生强調新學術的興起依賴於新方法的發現,他認爲魏晋玄學的新方法是"得意忘言",他也關注到魏晋玄學的方法首先是用於經籍的解釋。[3] 馮友蘭先生認爲玄學的方法是"辨名析理"。[4] 湯一介先生認爲魏晋玄學的哲學方法是"言意之辨",而"辯名析理"同樣是玄學家共同採用的方法。[5] 王曉毅先生認爲這些方法並不矛盾:"辨名析理"是其邏輯思維方式;"本末體用"是其解决本質與現象關係的哲學思路;"得意忘言"是其解釋經典的工具。[6] 關於魏晋玄學方法的探索爲後來學者對經典解釋方法的研究打下了基礎。

1990 年余敦康先生發表《中國哲學對理解的探索與王弼的解釋學》一文,提出了"王弼的解釋學"問題。他指出,王弼的玄學思想所依據的經典與何晏一樣,主要是《周易》、《老子》和《論語》。但何晏只提出了某些重要的玄學論點,而王弼則建立了一個完整的體系,是由於何晏在解釋經典的方法上存在著缺陷,而王弼在《周易略例》和《老子指略》中則對方法問題進行了深入的研究,突破漢人藩籬,找到了一個按照新的時代需要全面地解釋這幾部經典的方法。王弼根據他所確立的"崇本息末"、"盡意莫

---

[1] 許抗生:《三國兩晋玄佛道思想簡論》,收入《老子與道家》,頁 671—673。
[2] 戴璉璋:《玄智、玄理與文化發展》,中研院中國文哲研究所,2002 年,頁 345。
[3] 湯用彤:《魏晋玄學論稿》,頁 19—37。
[4] 馮友蘭:《中國哲學史新編(中)》,頁 404。
[5] 湯一介:《郭象與魏晋玄學》,頁 4。
[6] 王曉毅:《儒釋道與魏晋玄學形成》,導言頁 6。

若象,盡象莫若言"、"得意在忘象,得象在忘言"的解釋學原則,立足於真正的理解,以《老》解《易》,又以《易》解《老》,使這兩部分屬儒道兩家並就其原文而言存在許多矛盾的經典,改變了原來的學派屬性而結成一種互補關係,共同構成貴無論玄學的有機組成部分。王弼的《老子注》和《周易注》完美地繼承發展了蘊含於原文中的思想,是值得後人仿效的解釋學的典範。[1]

湯一介先生認爲中國歷史上有注釋經典的傳統,魏晋玄學家或用"得意忘言"、"寄言出意",或用"辯名析理"的方法。他進一步提出如果我們對中國歷史上的經典注釋方法加以梳理,也許可以總結出一套中國傳統的解釋學的方法和理論,以豐富流行於西方的解釋學。[2]

周光慶先生認爲,王弼通過重新解釋《老子》,成功地融合儒道兩家思想,從中闡發出新的本體論哲學。他概括了王弼所創建的解釋方法論的內涵、性質與功用:辯名析理與得意忘言——相輔相成的語言解釋方法;崇本息末與崇本舉末——自上而下的解讀模式;觸類而思與復守其母——相互依存的心理解釋途徑。三者各有分工,各有所宜,而且相互貫通,相互發明,初步形成了一套新穎而完整的經典解釋學體系。[3]

劉笑敢先生將王弼和郭象作爲兩種不同的經典解釋模式的代表。王弼的《老子注》是順向詮釋的代表作,而郭象的《莊子注》是逆向詮釋的代表作。逆向的詮釋指其作品主要以個人的精神和理論表達爲定向,其中基本方向違背了原作精神或基本上否定了原作精神;順向的詮釋指其作品的思想方向和精神與原作基本一致。從老子到王弼,從修飾性的"無"到概念化的"無";從"有生於無",到"道"就是"無";從道生萬物,到"以無爲本";從"無之以爲用",到"以無爲用";從"守母存子",到"崇本息末",思想有發展,又順理成章,這種演變相當順暢。從莊子的生天生地之道,到郭象的了無所有之道;從莊子的萬物在道之作用下的自生,到郭象的排斥任何本根作用的自生;從莊子追求宏大的氣魄,到郭象大小無别的論證;從莊子的超越之逍遥,到郭象的安於現實之逍遥;從莊子認真修養而實現的突破世俗束縛的精神自由,到郭象人人安於性分即可滿足的逍遥;從探討多元的、相對的價值標準,到肯定內在的、絕對的自足之性;從《莊子》的自然之性到郭象的社會之性和仁義之性,都説明郭象的基本概念、思想、理論是對莊子原有概念、思想、理論、目標和追求的基本否定。[4]

田永勝先生的《王弼思想與詮釋文本》探討了文本的約束與詮釋者的前見、詮釋的客觀性與主觀性的問題,提出應通過對比文本的字面意思和詮釋話語的意思,比較文本

[1] 余敦康:《中國哲學對理解的探索與王弼的解釋學》,《孔子研究》1990年第3期。
[2] 湯一介:《郭象與魏晋玄學》,頁322。
[3] 周光慶:《王弼的〈老子〉解釋方法論》,《中國社會科學》1998年第3期。
[4] 劉笑敢:《經典詮釋中的兩種定向及代表作——王弼〈老子注〉與郭象〈莊子注〉》,《中國哲學史》2002年第1期。

的概念和詮釋者所用概念,比較文本的命題與詮釋話語的命題,參考詮釋者的其他著作,結合詮釋者的生活方式、人生態度,來區别注釋中的文本思想與詮釋者的思想。[1]

臧要科先生的專著《三玄與詮釋——詮釋學視域下的魏晋玄學研究》以西方詮釋學爲參照體系,對魏晋時代的詮釋思想進行了方法論層面和本體論層面的發掘。他認爲,作爲一個整體的魏晋詮釋思想,其共同的詮釋特徵是詮釋經典時有强烈的現實關懷,表現出詮釋學的實踐性和應用性。魏晋詮釋所突出的是在經典的基礎上對文本的理解,在理解過程中,他們對理解的方法進行了一定的關注,並進行了相應的探索。魏晋士人還把對於經典思想的理解上升到本體論的層面。正始玄學對經典的詮釋被提升到本體論的層面;竹林玄學的特色是在體驗式理解的基礎上,用生命踐履對經典的理解;郭象的詮釋傾向是在詮釋經典時向真實存在的回歸。[2]

魏晋玄學多通過對《老子》、《莊子》、《周易》、《論語》等經典的注釋來表達思想、建構體系。對玄學家們的經典注釋有兩種研究思路。一種思路是通過這些注釋來理解經典之意,以經典爲主,這一研究思路一方面會將注釋者的思想作爲經典文本的思想以致帶來對經典思想的誤解,或者因爲發現注釋者的注釋明顯不合於經典文本而將其視爲對文本思想的歪曲從而忽略甚至否定注釋者的思想和價值,所以馮友蘭先生在 1927 年發表《郭象的哲學》一文,就强調郭象的《莊子注》就是郭象的哲學,而不是只注釋《莊子》還歪曲了莊子的原意。對第一種思路的否定産生了另一種思路,這一思路突出注釋的主體性,將注釋視爲獨立的思想體系去研究,也就是説將王弼的《老子注》看成王弼的思想,將郭象的《莊子注》看作郭象的思想。但這一研究思路容易割斷注釋與文木木身的關係,忽視了注釋者的問題意識、概念思想必然受到文本本身思想限制的事實,從而將注釋完全看成注釋者原創的、獨立的思想。可喜的是,逐漸有學者開始注意這一問題,而去探討注釋者的思想與經典思想之間的關係,如湯一介的《郭象的〈莊子注〉和莊周的〈莊子〉》,李增的《向郭注〈莊〉與老莊思想之比較》等文。而近些年的研究思路則在研究方法上自覺地借助西方解釋學的理論,將玄學家的注釋與文本本身看作一個"視域融合"的過程,探討注釋和文本之間的同異關係,探討玄學家注釋文本的方法和意圖,探討玄學家的理解如何形成等問題,爲魏晋玄學研究提供了新的方法、新的角度、新的思路。

自覺地引入西方解釋學的理論來研究魏晋玄學經典解釋問題所帶來的新突破,讓我們進一步思考魏晋玄學的研究方法問題,尤其是如何借用西方哲學的研究方法的問題。同其他的中國哲學研究領域一樣,現代的魏晋玄學研究從開始時起就在自覺運用

[1] 田永勝:《王弼思想與詮釋文本》,光明日報出版社,2002 年,頁 42—68。
[2] 臧要科:《三玄與詮釋——詮釋學視域下的魏晋玄學研究》,河南大學出版社,2009 年,頁 211—212。

西方哲學的方法。如馮友蘭先生用古希臘哲學家巴門尼德的“存在”來解釋郭象的“獨化”,借用赫拉克利特的“萬物皆流”解釋郭象的宇宙常變説;用共相與殊相、一般和特殊的關係來解釋無和有的關係;湯用彤先生以西方哲學爲參照,將魏晋玄學視爲本體論,建構起魏晋玄學研究的範式;陳來先生用黑格爾的“純無”、“規定了的無”、“純有”、“規定了的有”、“存在”來討論魏晋玄學的無和有,認爲被玄學視爲本體的無相當於黑格爾所謂“純無”,而玄學中的“有”不同於黑格爾的“純有”,而大體相當於他的“存在”。[1] 但如前文所言,近些年來,關於中國哲學研究方法的問題受到學術界的廣泛關注,尤其是借用傳統西方哲學的學科分類、概念術語來研究中國哲學的方法所帶來的對中國哲學的裁剪、誤讀和歪曲受到很多學者的批判,甚至有學者提出中國哲學研究應完全排斥西學而回歸到經學與子學的傳統中去的主張。對此問題,張祥龍先生發表《中國哲學研究方法的多元化》一文,反對只用傳統西方哲學的基本方法來指導中國哲學的研究,而主張方法上的多元化,尤其希望研究者們關注那些能大致平等對待中國古代思想的研究方法,比如現象學方法、解釋學方法、結構主義方法、非還原論的分析哲學方法、實用主義方法等。[2] 確實,在魏晋玄學研究中,解釋學方法的應用所帶來的欣喜讓我們了解,不是不要與西方哲學對話,而是要找到與我們自身的思想傳統相契合的對話者。

在解釋學的方法之外,學者們亦嘗試用現象學等方法研究魏晋玄學。如康中乾先生用現象學的方法研究郭象的“獨化”論,認爲郭象的“獨化”説並不是簡單地描述存在者的自然而然的存在現狀,而是對存在者之存在本質的一種現象、顯現或顯示,即對存在者之存在的所以然本質的“展露”和“敞開”。[3] 關於魏晋玄學研究,我們都在尋找新的突破,而新方法的應用對研究的突破有重要的意義,而現代西方哲學方法爲我們提供了多種選擇的可能性,我們仍需在其中不斷尋找、嘗試可以比較契合魏晋玄學研究的新方法,以打開魏晋玄學研究的新局面。

五、魏晋玄學的地位和影響

(一) 魏晋玄學的地位

此處所説的魏晋玄學的地位,指魏晋玄學在其産生的時代所處的地位,一方面是魏晋玄學在魏晋思想中的地位,另一方面是魏晋玄學在官方的地位。其中的核心問題實際是魏晋玄學與魏晋儒學的關係,何者爲魏晋思想的主流,何者爲官方學術。對於這一問題有如下幾種回答:

---

[1] 陳來:《魏晋玄學的“有”“無”範疇新探》,《哲學研究》1986 年第 9 期。
[2] 張祥龍:《中國哲學研究方法的多元化》,《中國人民大學學報》2003 年第 2 期。
[3] 康中乾:《有無之辨——魏晋玄學本體思想再解讀》,頁 260。

1. 魏晋玄學是魏晋思想的主流,亦是官方哲學。在探討魏晋玄學形成的原因問題時,很多學者們認爲魏晋玄學産生的原因之一就是儒學的衰落,爲了維護門閥士族的統治特權和經濟利益,統治階級總結漢代儒家思想的利弊得失,重新尋找和建立了新的統治思想,就是玄學。如方立天先生講:

> 漢代經學與魏晋玄學是我國前期封建社會中先後兩種形態不同的地主階級官方哲學,在中世紀歷史舞臺上統治人民思想長達五六個世紀之久,並且長期地影響了後來我國哲學思想的發展。[1]
>
> 我國前期封建社會中官方哲學從漢代經學到魏晋玄學的演變有其自身思想的内在發展邏輯和批判繼承關係。[2]

2. 魏晋玄學在社會上層思想中占主流,但儒家思想在地方上占統治地位。何兹全先生説,談起魏晋玄學就似乎魏晋南北朝只有玄學,儒學已經湮滅了,歷史情況並非如此。西晋儒家仍然相當盛行。西晋玄學之盛,盛在洛陽,在洛陽又只盛在世家大族、社會上層之間。洛陽之外,世家大族之外仍舊是儒家的天下,中小地主仍然崇信儒家。五胡十六國時的北方少數民族政權亦尊崇儒家。可見儒家思想在地方上占統治地位。把魏晋玄學的地位看得太高不合乎實際。[3]

3. 魏晋的官方學術仍是儒學。任繼愈先生主編的《中國哲學發展史》講道:

> 孔融、劉表以及三國的領導人進行文化建設,都把儒家的經學放在頭等重要的地位,這是和兩漢傳統一脈相承的。由此可以看出,儒家的經學在漢魏之際仍然具有深厚的影響,是當時的思想的主流,在恢復正常的封建秩序方面,能夠發揮其他各家所無法取代的作用。[4]

王曉毅先生亦指出,魏晋思想界是多元的,玄學思潮無疑是主旋律,但儒家經學一直立於官學,玄學科目則於劉宋時期才立於官學,儒家政治理論仍然是治國的指導方針,即使從注經數量看按照漢儒方法注經的也遠遠超過玄學方法的注經。可以斷言,終魏晋之世,儒家的官方哲學主導地位一直没有根本動摇。[5] 江榮海先生認爲:

> 玄學思潮只是社會思潮,雖然包涵若干政治因素,但它並不是與儒學對立而成體系理論,不可能成爲統治階級的指導思想。我們遍讀《三國志》、《晋書》,遍讀《全三國文》、《全晋文》,無論是從大臣的奏疏、君主的詔令、帝王自己的行爲

[1] 方立天:《漢代經學與魏晋玄學——論我國前期封建社會中官方哲學的演變》,《哲學研究》1980年第3期。
[2] 方立天:《漢代經學與魏晋玄學——論我國前期封建社會中官方哲學的演變》,《哲學研究》1980年第3期。
[3] 何兹全:《魏晋南北朝的儒學》,載於《論中國傳統文化》,三聯書店,1988年,頁314—315。
[4] 任繼愈主編:《中國哲學發展史》(魏晋南北朝),人民出版社,1988年,頁50。
[5] 王曉毅:《魏晋玄學當代研究略論》,《東嶽論叢》1992年第3期。

> 等,都無法得出玄學是統治階級指導思想的印象。相反,給人的結論卻是:即使在玄學興盛的魏晉,統治階級的指導思想仍然是儒家强調的綱常,仍然是儒家的經學。[1]

關於魏晉玄學地位的争論實際關係到對魏晉學術形態的重新思考,尤其提醒我們不能將魏晉玄學作爲魏晉思想的同義語,如湯一介、孫尚揚在《魏晉玄學論稿》的導讀中提出"也正是從湯用彤開始,學界才統稱魏晉思想爲魏晉玄學"。[2] 我們不能將魏晉玄學看作魏晉思想的全部,而應將其視爲魏晉思想中的一種潮流,甚至其是否是魏晉思想主流的問題仍然需要討論。我們尤其要關注對魏晉儒學的研究,進一步探討魏晉玄學與魏晉儒學的關係。此外,如果我們認可魏晉玄學在魏晉時期並非官方學術的觀點,又關係到探討魏晉玄學形成原因的思路,如果其非官方,那麽,從統治者的需要的角度去探尋其形成的原因就是不適當的。

(二) 魏晉玄學的影響

魏晉玄學的影響是多方面的,學者們對這一問題的研究也著實下了很大的功夫。在哲學史、思想史方面,很多學者探討了魏晉玄學對佛教哲學的影響,研究成果非常豐富,也有很多學者指出了魏晉玄學對宋明理學的影響,朱漢民先生的專著《玄學與理學的學術思想理路研究》專研這一問題。在中國文化史上的影響也備受關注,魏晉玄學對文學藝術的影響是重點的研究領域。湯用彤先生的《魏晉玄學和文學理論》探討了這一問題,認爲魏晉南北朝文學理論的重要問題的解決實際上都是以得意忘言爲立論基礎。[3] 近些年來探討這一問題的專著非常多,其中孔繁先生的《魏晉玄學和文學》具有代表性,該書探討了玄學與文學批評、文學理論、文學創作、遊仙詩、玄言詩、山水詩、田園詩、音樂藝術等方面的關係,比較全面地揭示了玄學對文學藝術的影響。

關於魏晉玄學的影響問題,筆者所要强調的是魏晉玄學對現實政治的影響。關於魏晉玄學與政治的關係,多數研究成果偏重於社會政治現實對玄學形成、演變的影響,認爲觀點不同的玄學思想或者是爲現實政治需要進行理論論證或者是對現實政治弊端的抨擊,而較少關注相反的方向即魏晉玄學對現實政治的實際影響。現代的魏晉玄學研究雖然肯定魏晉玄學在文化、思想、哲學上的貢獻,但魏晉玄學對現實政治的意義並沒有擺脱傳統的"清談誤國"的陰影。這與學者們對魏晉玄學的研究偏重

---

[1] 江榮海:《玄學及其對政治影響之研究》,頁177。
[2] 湯一介、孫尚揚:《〈魏晉玄學論稿〉導讀》,載於湯用彤:《魏晉玄學論稿》,頁4。
[3] 湯用彤:《魏晉玄學和文學理論》,《中國哲學史研究》1980年第1期。

於抽象思辨的理論而對内含於玄學中的現實關懷和政治理想缺乏關注有關。李建中、高華平認爲玄學的政治主張是以道家的簡易無爲,行儒家的治平事功。[1] 魏晋玄學時期比較成功地實行了玄學簡易無爲政治主張的是那些大權在握的宰輔,如東晋的王導、庾亮、桓温、謝安等人。没有任何急進的改革或大刀闊斧的變更,“簡易之政”、“無爲而治”卻使魏晋四分五裂的政權延續了二百年。[2] 徐斌先生提出,魏晋玄學從本質上説是積極入世的哲學,所謂清談絶非出世的幻想,而是要有針對性地革除名教弊端,創建出玄學家自己的理想社會和理想人格。[3] 玄學的治國主張最早出現於王弼、何晏關於上德社會的描述中,君主“無爲而治”,群臣“便民省費”,百姓淳樸守真,共同維護社會秩序的和諧。[4] “正始改制”和“東晋中興”是玄學政治理論實踐的體現。“正始改制”有三個要點: 改革九品中正制,調整政府行政結構,簡化官場繁文縟禮,使人們看到玄學家要做的事情是革除名教的虚僞與繁瑣,實現爲政的“事簡業修”、“民物獲寧”。[5] 東晋時期有“正始玄學”、“無爲而治”的承接與運用,也有中朝玄學“内聖外王”的影響與落實,二者並行,造就了維持大體而又自由寬鬆的政治局面。[6] 當然,亦有學者仍然堅持玄談誤國的觀點。江榮海先生提出了玄學對現實政治産生影響,也就是誤國的若干途徑: 玄學清談中的品題人物,對一個具體人物能否順利步入仕途、走上政治舞臺有至關重要的作用,也就是説,名士們的品題主導朝廷的用人,當然就對現實政治有切實的影響;玄學清談形成的浮華交會的風氣造成“浮華政治”;浮華之風衍變成的官不事事風氣,影響到正常的社會秩序、興教化民,更關係到戰時的實力對比和人民生命財産的安全。[7]

魏晋玄學的産生本就有解决現實政治問題的目的,也對當時的政治産生了實際的影響,其對現實政治的影響無論是正面還是負面的,有學者重視這一問題是非常可喜的現象。誠然,我們對古代思想的研究應首先回歸到文本本身和文本形成的時代,通過釐清文本自身的思想脈絡和文本形成的時代背景確定其固有的問題意識。我們應儘量避免用現成的研究框架裁剪文本,甚至爲了論證某些規律而歪曲對文本思想的理解。另一方面,我們處於現時代研究古代思想,又必須面對現時代的問題,以實現傳統思想的當代發展,並爲現實問題的解决提供思想指導。而魏晋玄學的研究在這一方面還是比較欠缺。我們可以首先關注魏晋玄學在魏晋時期對社會、對現實政

[1] 李建中、高華平:《玄學與魏晋社會》,河北人民出版社,2003 年,頁 140。
[2] 李建中、高華平:《玄學與魏晋社會》,頁 150—158。
[3] 徐斌:《魏晋玄學新論》,上海古籍出版社,2000 年,頁 4。
[4] 徐斌:《魏晋玄學新論》,頁 278。
[5] 徐斌:《魏晋玄學新論》,頁 147—157。
[6] 徐斌:《魏晋玄學新論》,頁 282。
[7] 江榮海:《玄學及其對政治影響之研究》,頁 261—262。

治的影響,進而發掘其對現代社會和現代政治的價值,比如思想自由,個性解放與尊重,“簡易之政”,“無爲而治”,其現代意義仍然有待發掘。賀昌群先生就曾經以現代西方政治學原理來解釋郭象的無爲政治:

> 現代政治學之原理,以爲政府之事業,當漸次減輕,使人們能各自爲治,各自經營,故政府最終之目的爲放任主義。政府之權力,必使人民能養成自動自立之精神,無需政府之誘導,而自能各守其義務,各盡其職責,又無須政府之禁遏,而自能不侵他人之權利,不害社會之安寧,夫如是則政府之事業可縮至極狹隘之境地,是謂“無爲”。[1]

這樣的解釋似乎並非傳統思想的本義,卻是傳統思想與西方對話,傳統思想的問題轉化爲現代問題的有效途徑。中國傳統文化與西方文化雖屬於不同的文化傳統,古代社會與現時代有著古今的差别,但是,人類社會卻仍然有著中西、古今所共同面對的問題。傳統思想的活力就在於它能夠在新的時代獲得新的發展,在新的時代能解決新時代的問題。魏晋玄學的研究應更加有意識地尋求與西方思想、現代社會可以對話和溝通的問題,進而探討魏晋玄學對問題的解決方式對解決現時代問題的意義。

結　　語

由上可見,自湯用彤起,大陸的魏晋玄學研究逐漸確立了其研究的範式,有其比較一致的問題、研究對象、敘述方式和研究思路,也得出了很多多數學者所接受的共識。近些年來,學者的研究或者在這樣的範式之内,就舊有的問題進行更深入、更細緻的研究,發現更多的材料,避免出現一些粗疏的論斷,在這一過程中亦提出一些新的觀點。另有學者直接對這一范式提出根本的質疑,希望超越舊有的問題,打破既有的被幾代學者建構起來的研究框架,甚至提出魏晋玄學研究已經結束的觀點。同時,我們也發現,大陸、香港以及臺灣地區的魏晋玄學研究的問題意識、研究思路有較大的差異。整體來看,大陸的研究者更重視體系的建構,港臺的研究更偏重於特定的人物和問題。受到篇幅和所選問題的限制,本文不能將更多的港臺研究成果納入,而日本、韓國、新加坡、歐洲和美國學界的研究成果更未涉及。而這些研究成果亦是我們將來的研究所應該關注的。他者的存在對於我們反省自身非常有益,讓我們自覺地去澄清一些我們自以爲不言自明實際卻模糊不清的觀念,破除一些根深蒂固的成見,打破我們習以爲常、日益僵化的研究思路。我們或是站在巨人的肩膀上,或是帶著腳

---

[1] 賀昌群:《魏晋清談思想初論》,商務印書館,1999年,頁101。

鏈舞蹈,解構不易,建構亦難,我們唯有在反思中不斷前行。唯不能忘,我們的研究必須回歸文本,回歸他們那個時代;面向世界,面向我們的時代。

A Review of the Research on the Metaphysics of Wei and Jin Dynasties

Wang Weiwei

Abstract: The research on the Metaphysics of Wei and Jin Dynasties in mainland gradually established its research paradigm since Tang Yongtong. Centred on problems such as its themes and characteristics, its formation and different stages, its relationship with classical interpretation, and its position and influence, this paper summarizes the current studies, reveals the difficulties, and puts forward the possible solutions, especially focusing on the research direction and method of Metaphysics of Wei and Jin Dynasties.

Keywords: Metaphysics of Wei and Jin Dynasties, subject, characteristics, hermeneutics

王威威,華北電力大學思想政治理論課教學部副教授,wwwang@pku. org. cn

《形而上學》Z 卷的形式與實體

——兼與 M. 弗雷德 & G. 帕兹克商榷

吕純山

【提　要】本文首先從 M. 弗雷德 & G. 帕兹克認爲形式與實體同一的觀點出發，對他們的觀點一一進行了分析和批駁，認爲《形而上學》Z 卷中的實體(οὐσία)概念與形式(εἶδος)概念並非絶對相同，因爲形式作爲實體，是個别的，是這一個(τόδε τι)，同時，形式作爲普遍定義的對象，是普遍的，它具有雙重的特性。本文進一步指出，形式的普遍性問題在 Z 卷並没有得到澄清，亞里士多德在 Λ 卷和《論靈魂》B 卷分别以兩種方式解釋了形式的普遍性，一種是以類比的方式，一種是以擴展現實概念的方式。

【關鍵詞】實體　形式　個别性　普遍性

引　言

亞里士多德在《形而上學》Z 卷中討論什麼是實體(οὐσία)以及如何對實體進行定義的問題，並認爲形式(εἶδος)是第一實體，且因爲它是本質(τί ἦν εἶναι)而成爲定義的對象，並且在論述過程中尤其是 Z7 之後用實體直接指代第一實體或形式，於是在許多研究者看來，實體概念是與形式概念直接等同的，從而把 Z 卷的實體與定義問題就轉化爲形式的個别性和普遍性問題，這幾乎是所有研究者的思考路徑，無論是下文要詳細討論的認爲形式是個别的的 M. 弗雷德 & G. 帕兹克，[1]還是認爲形式就是種的著名的 G. E. L. 歐文和 D. 波斯圖克，[2]認爲形式是對質料的普遍謂述的 F. 雷維斯，[3]或者

[1] M. Frede & G. Patzig, *Aristoteles 'Metaphysik Z': Text, Übersetzung und Kommentar*, 2 vols, C. H. Beck, 1998.

[2] G. E. L. Owen, "Particular and Genera", *Logic, Science and Dialectic*, edited by Martha Nussbaum, Gerald Duckworth & Co. Ltd., 1986; *Aristotle's Metaphysics: Books Z and H*, translated with a commentary by D. Bostock. Clarendon Press, 1994.

[3] Lewis (1985, 1991), 轉引自 M. V. Wedin, "PARTisanship in *Metaphysics* Z", *Ancient Philosophy* 11 (1991): 361, Mathesis Publications.

認爲形式不是普遍的(*universal*)而是共同的(*common*)的 A. 寇德,[1]以及其他研究者。但是,在筆者看來,恰恰因爲研究者對實體與形式這兩個概念的混淆,人爲地造成了文本理解上的困難。亞里士多德的確一直强調實體的個別性(*τόδε τι*)和分離性(*χωριστὸν*)特徵,筆者對這一觀點無任何的異議,這一點也是筆者與 M. 弗雷德 & G. 帕兹克觀點一致的地方。但是,正如亞里士多德在 Z3 明確表示的,實體是包括形式、質料、二者的複合物(或稱爲個別事物)三種對象的。雖然亞里士多德在 Z7 之後經常用實體指代第一實體,也就是形式,但是,實體概念與形式概念並不是等同的,形式僅僅是實體之一。同時,在亞里士多德的信念之中,知識和定義顯然具有普遍的意義,而定義的對象就是本質,實際上在 Z 卷他以大半的篇幅論證的就是,第一實體(即形式)是本質。這裏出現的一個問題就是,既然定義是普遍的,那麽作爲其對象的形式,究竟是否與作爲實體的形式一樣具有個别性特徵? 還是因此而具有普遍性特徵? 這就是研究者争論不休的問題。而在筆者看來,這是亞里士多德在 Z 卷提出卻没有解決的問題。而要正確理解亞里士多德在 Z 卷的論證思路,必須注意到實體與形式這兩個概念的區别,形式不僅具有存在論上的個别性,還是人定義、表達的對象,有一個語言的維度,而在這一維度,它是普遍的。這樣,由《形而上學》B6 所提出的實體的個别性和知識的普遍性之間的矛盾,進而定義的普遍性問題(因爲定義是知識的本原)實際上在 Z 卷尖鋭地集中於形式概念之上。因此要正確把握形式與實體、形式與定義這兩種關係,掌握這一卷的論證思路、綫索及結構,否則將對理解這一卷産生决定性的錯誤。本文對這個問題的討論將基於對 M. 弗雷德(Michael Frede) & G. 帕兹克(Günther Patzig)的《亞里士多德〈形而上學〉Z 卷: 文本、翻譯和注釋》(*Aristoteles 'Metaphysik Z': Text, Übersetzung und Kommentar*, 1998,以下簡稱《Z 卷注釋》)一書中所堅持的形式是個别性的質疑的觀點之上。他們直接針對前人所解釋的形式是普遍的或者既普遍又個别的觀點,鮮明地提出了形式是個别的觀點,並且是在形式是實體的意義上,把二者絶對等同起來,本文要對他們的觀點進行詳細具體的考察。本文還要指出,亞里士多德在 Z 卷固然充分而詳細地論證了形式作爲第一實體的個别性,並堅持實體的個别性思想而絶不動摇,卻没有明確論證形式的普遍性,也没有解釋它如何普遍,因此也造成了這一卷的複雜性。而他並非根本没有就這一問題進行解釋,有兩個文本對這一問題有説明,一個是《形而上學》Λ3—4,利用類比來解釋形式的普遍性,另一個是在《論靈魂》B1—2,利用進一步區分兩種現實概念來解釋。因此,在筆者看來,實體的個别性和形式的個别性和普遍性在亞里士多德這裏都得到了澄清。

[1] A. Code (1984, 1986), 轉引自 M. V. Wedin, "PARTisanship in *Metaphysics* Z", *Ancient Philosophy* 11 (1991): 361.

一、對 M. 弗雷德 & G. 帕兹克關於形式觀點的反駁

《範疇篇》和《形而上學》ZH 卷都强調了實體是終極主體,是個别的(τόδε τι)和分離的,而形式是第一實體,是個别事物之所以是實體的原因和本質,它也是最有個别性和分離特徵的。對於實體的個别性問題筆者已有一系列論文發表,在此僅簡單指出,無論是《形而上學》Δ8,1017b26 最後一句的强調("實體就以兩種方式被説……那可以是這一個和分離的存在的東西,每一個個别事物的形狀和形式便是這樣的東西。")還是 Z3 的重申,無論是 Z4—6 對個别事物與本質同一的强調,還是 H1 對形式、質料和個别事物是實體的再次形而上學定位,以及 Λ3 對它們的第三次描述,甚至是《論靈魂》B 卷開篇的表述,都以最明確不過的文本和有力的論證向我們昭示了這一點。在形式是實體的意義上,它的確是個别的,形式與質料的關係即在於形式對質料構成一種謂述關係,使後者個别化,成爲一個實存的個别事物。在形式與實體的同一性關係問題上,最爲堅定的就是 M. 弗雷德 & G. 帕兹克。在他們《Z 卷注釋》的長篇前言中不僅專辟一章論證形式的個别性,就形式的普遍性的説法進行了反駁,並且很詳細地給出了形式是個别的的十個理由;在此基礎上甚至對這一卷中極富争議的問題都進行了解釋。下文我們將展開對 M. 弗雷德 & G. 帕兹克觀點的分析。

(一) 關於形式是個别的觀點

M. 弗雷德 & G. 帕兹克在對 Z 卷的翻譯和注釋一書的長篇前言中不厭其煩地羅列了形式是個别的如下十個理由:

1. 首先,亞里士多德在《形而上學》Λ5,1071a27—29 説到,在相同種下的事物形式是不同的。

2. 亞里士多德多次表明形式是一個"這一個"(τόδε τι)(《形而上學》Z3,1029a28—29;Δ8,1017b25;H1,1042a29;Θ7,1049a35;Λ3,1070a11、a13;《論生滅》A3,318b32),根據亞里士多德,τόδε τι 是一個個别事物而且數量上是一(《範疇篇》5,3b10—4),所以形式是個别的。

3. 多次表明形式作爲終極主體(Z3,1029a3;H1,1042a28—29),而作爲終極主體只能是個别的。

4. 一定是認爲形式是個别的,因爲普遍的形式,是没有時間性的,因爲亞里士多德是堅定不移地相信種的永恒性的。

5. 亞里士多德不止一次地這樣説,個别的對象就是對象的形式,生物就是生物的

靈魂(Z10,1035a7—9,1036a16—19;Z11,1037a7—9;H3,1043a29—b4)。但是這只可能當形式涉及一個個別事物的時候才是如此。亞里士多德也在Z6說過,"本質"在一定的意義上是事物本身。但是這一點也只有在它本身是個別的才能是。但是如果"本質"和形式是相同的,那麼形式也必須是個別的。

6. 形式在自然物那裏是其本性(Z17,1041b30;Z7,1032a24—25)這句話中兩個對象並不涉及一個相同的形式,而是,在第一個對象之中的形式剛好只是和第二個對象之中的形式相同(ὁμοειδής,*formgleich*),而形式也只是各自是對象自身的。

7. Z11,1037a6—7亞里士多德説到人和生物,作爲普遍的被理解,它們來自質料和形式的複合物,如果這個被普遍理解的話。但是人只能普遍地理解形式,如果它不是已經等於普遍的,而是同樣是個別性的。

8. 亞里士多德不止一次地斷言(Z13,1038b10),實體是屬於自身的,事物的實體就是它自身。假如蘇格拉底的形式也是他的實體,那麼這個形式也是屬於蘇格拉底自身而且並不與所有其他的人分享。

9. 亞里士多德已經表明,没有實體能由普遍者而生成(Z13,1039a15)。

10. 如果形式是普遍的,那麼亞里士多德不需要修正他的知識是普遍事物的知識的意見。但是他在M10修正了B6,1003a6及以下提出問題,它不是普遍的因此只是個別事物本身的知識。[1]

在這些理由中,第1、2、5條理由也是筆者所認可的,因爲的確在這些理由中形式與實體是在同一意義上被表述的,也就是説形式在實體的意義上都是個別的,是τόδε τι。當然,我們知道,並不是所有學者都同意形式是個別的這一説法。當代持形式是普遍的觀點的學者大多區别了形式與種,而他們的論證都回避不了與M.弗雷德 & G.帕兹克的對話。其中,M.V.威丁(M. V. Wedin)的觀點最有代表性,他曾在1991年的文章《〈形而上學〉Z卷中的個别形式主題的支持者》(*PARTisanship in Metaphysics Z*)中,專門就M.弗雷德 & G.帕兹克的《Z卷注釋》一書進行了評論和反駁。他重點針對他們對Z1、Z3、Z8、Z10—11、Z13以及定義問題的觀點進行了論證。他認爲,個别的形式是不存在的,即使存在,個别形式也不是第一實體,因爲它不能作偶性的主體,第一實體或實體化的形式雖然不是種,卻可以是種形式(*species form*),也就是普遍的複合物或種的形式。[2] M.V.威丁的《亞里士多德的實體理論》(*Aristotle's Theory of Substance*)一書是2000年出版的著作,[3]也是與M.弗雷德 & G.帕兹克對話的

[1] M. Frede & G. Patzig, *Aristoteles 'Metaphysik Z'*, *s.* 50—54.
[2] M. V. Wedin, "PARTisanship in *Metaphysics* Z", *Ancient Philosophy* 11 (1991).
[3] M. V. Wedin, *Aristotle's Theory of Substance: The Categories and Metaphysics Zeta*, Oxford University Press, 2000.

結果。M. V. 威丁認爲《形而上學》Z4,1030a11 充滿争議的"γένους εἶδος"[1]應該翻譯爲"屬的形式",也就是整卷所討論的中心概念,這就是作爲一個特定種類的形式的"本質",也就是 Z 卷中的實體,是原因,並認爲這個實體其實就是定義中的 *formal differentiae*(形式的種差),而作爲實體的形式行使一種根本的解釋功能而這種功能要求形式是普遍的。[2] 而在筆者看來,M. V. 威丁無論是 1991 年的種形式概念還是 2000 年的屬形式概念,都過分强調了形式在定義中的作用,而忽視了 Z 卷的主題更在於論證什麽是實體,且實體被多次强調是 τόδε τι。他所説的種形式或屬的形式概念,且不説種形式概念是杜撰,即使γένους εἶδος也出現在充滿争議的文本中,如果這個詞是核心概念,很難想象整卷中只出現一次,而且恐怕也與大多數的其他文本相抵牾。Z12 説到的實體或形式,是最後的種差,形式和種差是對等關係,並非形式的種差。因此 M. V. 威丁的觀點實際上的影響力也不大。對於 M. 弗雷德 & G. 帕兹克的觀點的批評,M. 伯恩耶特强調的是他們是綫性而不是非綫性地閲讀 Z 卷。[3] 而因爲研究者們都把實體概念與形式概念等同起來,無論他們的觀點如何針鋒相對,他們的預設卻是一樣的,而這一點正是要反駁的觀點。那麽,下文我們言歸正傳,繼續分析 M. 弗雷德 & G. 帕兹克的其他各條理由,它們並不是毫無疑義的。

首先,理由 3 認爲終極主體一定是個别的,因此形式是終極主體的話,就一定是個别的。這樣的理解實際上是把終極主體和個别性直接等同的結果,但是恐怕文本中没有證據表明亞里士多德的終極主體與 τόδε τι 是等同的。無論在《範疇篇》還是《形而上學》中,亞里士多德都暗示了終極主體標準的寬泛性。在《範疇篇》中,按主體標準,種和屬尚且屬於第二實體,但按照實體是 τόδε τι 的説法,種屬概念就被排除了。在 Z3,當經過剥離論證後得出質料是第一實體這一亞里士多德不願得出的結論時,他推出 τόδε τι 和分離性,説這是更爲合適的實體標準,從而排除了質料。最爲明顯的證據在 Θ 末尾,個别事物和質料分别作爲終極主體,當終極主體同時也是 τόδε τι 時,謂述就是一些實體範疇之外的屬性;當終極主體是質料或質料性事物時,謂述就是形式和 τόδε τι。换句話説,τόδε τι 和分離性是比終極主體更爲嚴格的實體標準。進一步來説,亞里士多德固然在 Z3,1029a3 和 H1,1042a28—29 没有否定形式是終極主體,但並没有肯定地論證形式與終極主體之間的關係。因此這條理由的説服力不强,也即終極主體並不必然是個别的。我們上文提到的 M. V. 威丁反駁 M. 弗雷德 & G. 帕兹克的觀點時,也指出因爲個别形式不是偶性的主體,所以不是第一實體。但是,從 Θ

[1] M. 弗雷德 & G. 帕兹克認爲這裏的 εἶδος 與 Z12,1038a5 相似,應該被理解爲種差(Bestimmung einer Gattung mittels einer specifischen Differenz)。見 M. Frede & G. Patzig, *Aristoteles 'Metaphysik Z'*, s. 66.

[2] M. V. Wedin, *Aristotle's Theory of Substance: The Categories and Metaphysics Zeta*, pp. 7—8, 237—246.

[3] M. Burnyeat, *A Map of Metaphysics Zeta*, Mathesis, 2001, p. 14.

末尾的文本中我們看到,因爲主體本身就是雙重意義的,偶性的主體是個別事物或質料形式的複合物,而不是形式,形式的第一實體地位並不是依靠是否爲偶性的主體,而是作爲事物的本質或原因,因此他的反駁並不成立。

理由4把普遍的形式和種等同起來。這也是傳統觀點上認爲形式是普遍的那些研究者的做法,認爲形式的普遍性就體現在它是種概念之上。但是,顯然,如亞里士多德在Z10,1035b27—30和Z11,1037a6—10所説,種是把個別的人如蘇格拉底的個別的形式和質料普遍看待後産生的概念,是一種普遍的複合物,這個概念本身是包含有形式和質料在内的。而形式是與質料相區别的,也是在描述中分離存在的,因此相同的形式並不等同於相同的種。

理由6認爲Z17,1041b30和Z7,1032a24—25形式作爲本性,如果兩個事物本性相同也抹殺不了形式是 *τόδε τι* 的特點。實際上對Z7—8思想的解釋也是M. 弗雷德 & G. 帕兹克釋義的一個重要特色。他們没有從這裏讀出普遍性的問題,他們認爲"如下一點對他(指亞里士多德——筆者注)的理論是根本的:對於一個事物的形式的本身的陳述對於同類的對象總是循著同樣的式子進行的。在這個意義上一個種下的事物擁有相同的形式(參看Z7,1032a24)。一個事物的形式的陳述像這樣因此適合這個種下的所有事物,在這個意義上是普遍的。"[1] 簡言之,他們承認同一種下事物的形式相同而不承認普遍,或者説,承認陳述在方式上的普遍性,卻否定在對象上的普遍性。然而這裏的解釋與普遍的定義明顯衝突,因爲亞里士多德明確説過:"普遍的(*καθόλου*)我是指,能自然地述説許多事物的東西,個别的(*καθ' ἕκαστον*)則不能——舉例説,人是一個普遍的人,卡里亞斯是一個個别的人。"(*De Int*. 7,17a39—b1)形式既然是謂述質料的,即使個别事質料不同,如果形式是相同的,那麼相同的形式將要謂述不同的對象,既然形式謂述一個以上的對象,難道不符合普遍的定義嗎?

而對於第7條理由,其表述是含糊的,如果形式是個别的,以什麼方式保證得到普遍的理解呢? M. 弗雷德 & G. 帕兹克强調形式的個别性,同時也不否認定義的普遍性,他們以定義僅僅是方式的普遍來保證形式作爲定義對象的普遍性。但是,我們如何在對著蘇格拉底這個人的時候定義了人,也是他們没有進一步解釋的問題。下面對於這個問題還會有進一步的解釋。

第8和9條理由實際上是M. 弗雷德 & G. 帕兹克堅持形式是 *τόδε τι* 的最爲根本的認識,也就是説,他們把形式與實體兩個概念直接對等起來,認爲亞里士多德談論實體就是在談論形式。他們顯然認爲Z13中的實體也指涉形式。但是,這一點也是筆者要鄭重指出來的,恰恰在Z13隆重地針對普遍者是否實體進行詳細論證的章節,

[1] M. Frede & G. Patzig *Aristoteles 'Metaphysik Z'*, s. 55.

亞里士多德没有一次提到形式！他所否定的不是實體的普遍者是屬、種以及柏拉圖的理念這些概念，因而並没有否定形式，故以 Z13 對實體的斷定直接等同於形式，是值得商榷的做法。

對於第 10 條理由，筆者認爲該説法欠妥，因爲《形而上學》M10 對於知識可以是潛在的又是現實，既是普遍的又是個别的這種説法，並不是對 B6 所提問題的修正而是對問題的深化，他們的理解是知識只能是個别的，這顯然是誤解。M10 是進一步明確的回答，利用潛能和現實兩個概念解釋了實體的個别性和知識的雙重性：知識都是既普遍又個别的，一般而言的知識是普遍的，但個别的對象使其個别化，針對一定對象的知識就是個别的。

(二) M. 弗雷德 & G. 帕兹克其他的一些争議觀點

M. 弗雷德 & G. 帕兹克在他們的 Z 卷注釋本中鮮明地堅持形式的個别性，竭力反對形式的普遍性或者既個别又普遍的説法。除了以上密集地列舉的認爲形式是個别的十個理由，他們還對一些容易産生歧義的段落也一一給出了自己的解釋，那麽我們來詳細分析一下這些解釋，看是否完全没有争議。

首先，他們認爲 Z8 最後一句話中的 εἶδος 應該翻譯爲種，認爲卡里亞斯與蘇格拉底僅僅是種上相同。

> 而當我們有了整體，這樣的一個形式(τὸ τοιόνδε εἶδος，*die Form von dieser Art*[1])在這些肉和這些骨骼之中，這就是卡里亞斯和蘇格拉底；他們因爲他們的質料而不同(因爲質料是不同的)，但在種上是相同的(ταὐτὸ δὲ τῷ ἔδει，*dasselbe aber sind sie der Spezies nach*)；因爲他們的種是不可分的(ἄτομον γὰρ τὸ εἶδος，*denn die Spezies ist nicht weiter teilbar*)。(1034a5—8)

M. 弗雷德 & G. 帕兹克認爲亞里士多德在這裏强調了種上的同一性(*Artgleichheit*)，對於最後這段話中的 εἶδος，他們理解爲了種而不是形式，因爲這樣的話 τοιόνδε 就可以避免被誤解，也就是説可以在數量上是一個形式，在蘇格拉底和在卡里亞斯身上由於不同的質料而現實化，雖然他們也承認允許理解爲内在的形式。[2]但是在筆者看來，M. 弗雷德 & G. 帕兹克把這段話中第一個 εἶδος 翻譯爲形式(*Form*)、後來兩個翻譯爲種(*Spezies*)的做法不符合翻譯規律，因爲既然 εἶδος 是與質料相對的一個詞，翻譯爲種没有道理，更何況前半句話中的 εἶδος 已經翻譯爲形式了，

---

[1] M. 弗雷德 & G. 帕兹克的德語譯文，這段話中其他德語譯文同上。M. Frede & G. Patzig, *Aristoteles 'Metaphysik Z'*.

[2] M. Frede & G. Patzig, *Aristoteles 'Metaphysik Z'*, s. 148.

他們這樣做的唯一目的就是爲了保證形式的個別性。亞里士多德在這裏的文本中的確没有用 τόδε τι 來描述形式，而用 τοιόνδε 來形容，强調事物的生成是“這樣的(τοιόνδε)形式”進入質料而生成“這一個”(τόδε τι)的，τόδε τι 指涉個別事物，[1]也並没有其他文本支援這一章中的 εἶδος 有種的意義。進一步來説，對於這裏的 τοιόνδε 我們認爲與 Z7 第一次出現的對 εἶδος 進行描述的 τοιόνδε 有相同的意義，表示的是種屬，但是形式如何是種屬，與前文一樣，亞里士多德並没有解釋。而且，他没有區分從描述的角度談到的 τοιόνδε 的形式，和作爲實體的 τόδε τι 的形式。但是既然之後還有一半的篇幅，我們可以暫時不要下結論。

其次，關於定義的普遍性問題，這個問題與我們剛才提到的第 7 條理由相關。他們認爲，亞里士多德在定義問題上遵從於柏拉圖主義者，堅持定義是普遍事物的定義，並明確定義是關於形式的，這樣似乎在形式那裏涉及普遍者的某一個種作爲定義的對象。[2] M. 弗雷德 & G. 帕兹克承認這些説法對他們的解釋來説是極大的困難。但是，他們的化解方法是，這個困難是亞里士多德理論中自己設定的，而且他解決了這個問題，解決的方式就是，他們認爲當亞里士多德斷定一個定義是普遍者的定義的時候，在亞里士多德心目中的東西不是説有一個普遍的對象如種，而是相反，定義的普遍性僅僅是指普遍有效性，也就是説，適合於同一種下所有的對象，在這個意義上定義能夠是普遍事物的定義，而不是因此人或者人的靈魂是普遍的事物。[3] 簡言之，M. 弗雷德 & G. 帕兹克所强調的是作爲定義的對象形式依然是個别的，但是對個别形式的定義可以普遍地適用於同一種下的所有事物，方式上達到了普遍。對於他們這樣的觀點，M. V. 威丁舉出了亞里士多德在《後分析篇》中的例子以作證明：“假如 s 知道每一個 G 是 F 而且 a 是 G，亞里士多德煩惱於是否 s 能被説知道 a 是 F(或者，甚至，我猜測，G)。他回答到，嚴格來説，s 知道的不是這樣的東西，而是普遍地知道(*know universally*, *katholou epistatai*)a 是 F。看起來普遍地知道 a 是 F 並不是實際地知道任何關於 a 的事情。而是會知道，如果任何事物是 G，那麼那一事物就是 F。因此，普遍地知道 a 是 F 就是潛在地擁有著一種知識——a 或任何其他别的事物碰巧是 G 的知識。因此，普遍者的知識不需要牽涉到任何在形而上學上令人感興趣的實際存在物，而是涉及知道某物應用於，或者將會應用於許多個別事物身上。同樣地，對於定義：對種中的某一個别事物的形式的説明也是對其他事物的那些形式的説明。”[4]然而，在筆者看來，無論是 M. 弗雷德 & G. 帕兹克的解釋還是 M. V. 威丁對

[1] 有學者認爲 *tode ti* 和 τοιόνδε 兩個對立意義的詞都形容形式，但是這樣的理解無法解釋亞里士多德爲什麽同時用了相反的詞卻並不作出説明。

[2] M. Frede & G. Patzig, *Aristoteles 'Metaphysik Z'*, s. 50—54.

[3] M. Frede & G. Patzig, *Aristoteles 'Metaphysik Z'*, s. 50—54.

[4] M. V. Wedin, “PARTisanship in *Metaphysics* Z”, *Ancient Philosophy* 11 (1991)：381.

他們觀點的辯護,都並不徹底。如果我們下定義的對象是蘇格拉底的靈魂,我們可能會描述這個靈魂的特徵,那麽究竟哪些特徵也適用於其他人呢? 如何保證在描述這個靈魂時我們説的都是普遍性的特徵從而適合於任何人呢? M. 弗雷德本人在後來的一篇文章中就這樣解釋如何進行定義:"只是在對事物的一般的説明中,我們才忽略了本原的具體性,因爲它們的具體性同它們所要解釋的東西没有任何關係。例如,如果我們想要對蘇格拉底有一個説明,不是就它是蘇格拉底來説的,而是就他是一個人來説的……對蘇格拉底真實的對於所有人都是真實的……絲毫不涉及一個人的任何普遍形式或者一個普遍的'人'。"[1]"正因爲如此,一個人對於具體的事物便具有真正一般或普遍的知識。"[2]M. 弗雷德堅持形式的個别性,堅持我們是從定義蘇格拉底的靈魂來定義人的靈魂。但是,究竟我們應該如何把蘇格拉底的形式看作人的形式呢? 實際上他並没有進行解釋。筆者認爲他的論證貌似雄辯卻並不具有很强的説服力,因爲亞里士多德在這個問題上並没有進一步解釋他究竟是通過定義蘇格拉底的靈魂而定義人的靈魂,還是通過其他方式。在《後分析篇》和《論題篇》中他對種差的劃分已經證明是没有結論的,因爲無法解釋種差的集合如何構成實體。而他在 HZ 卷並没有更多筆墨在分類法的定義之上,也就是説,定義的對象是人還是蘇格拉底的靈魂這樣的問題根本没有困擾他,因爲重新闡釋了 *αἱ διαφοραί*(種差、差異)的意義,不再從分類法進行思考,而是引入了潛能現實和質料形式概念,用這兩對概念來對實體進行定義。

第三,關於知識的普遍性問題。M. 弗雷德 & G. 帕兹克認爲亞里士多德由於堅持知識的普遍性,所以作爲存在的最後原則的首要實體也一定是普遍的。既然,在他們看來首要的實體,也就是形式,是個别的,那麽必須要改變有關知識的觀點,也就是在 B6,1003a5 及以下而且在 M10,1087a15—25 表達的觀點: 實際的知識總是個别事物的知識,同時普遍的知識是"根據可能性"的知識。[3]

我們知道 B6,1003a5—14 提出了一個問題: 如果本原是普遍的(*καθόλου*),那麽實體就不會存在;然而實體是 *τόδε τι*,那麽關於它就没有知識,"因爲一切事物的知識都是普遍的(*καθόλου γὰρ ἡἐπιστήμη πάντων*)"。[4] 在這段話中,亞里士多德堅持實體的個别性和知識的普遍性之間的矛盾,認爲二者構成了對立。同時,作爲提綱的 B 卷,

---

[1] M. Frede, "Intooduction", M. Frede and D. Charles ed., *Aristotle's Metaphysics Lambda*, Symposium Aristotelicum, Clarendon Press Osford, 2000, pp. 1—52. 本篇經聶敏里譯成中文,收入聶敏里選譯:《20 世紀亞里士多德研究文選・亞里士多德〈形而上學〉Lambda 卷導論》,華東師範大學出版社,2009 年,頁 313—359。此處中文引文見聶敏里選譯:《20 世紀亞里士多德研究文選・亞里士多德〈形而上學〉Lambda 卷導論》,頁 334。

[2] 聶敏里選譯:《20 世紀亞里士多德研究文選・亞里士多德〈形而上學〉Lambda 卷導論》,頁 334。

[3] M. Frede & G. Patzig, *Aristoteles 'Metaphysik Z'*, s. 50—54.

[4] 希臘文本爲 W. Jaeger 版,下同。

也規定了後文要討論的問題——如何協調兩者之間的矛盾。《形而上學》M10 中,亞里士多德在知識的普遍性和個別性的觀點上有了變化,認爲知識既可以是普遍的,也可以是個别的,擴展了知識的特點以協調與實體之間的矛盾:

> "因爲知識(ἡἐπιστήμη),正如懂得(τὸ ἐπίστασθαι),有雙重含義,一方面作爲潛能(τὸ μὲν δυνάμει),另一方面作爲現實(τὸ δὲ ἐνεργείᾳ)。潛能作爲質料是普遍的和無規定的,屬於普遍和無規定的事物,現實則是有規定的並屬於有規定的事物,作爲這一個,它屬於某一這一個。"(M10,1087a15—18)

讓我們來分析 M. 弗雷德 & G. 帕兹克在這個問題上的觀點。首先,他們從他們一貫的立場——存在與語言不作區分,認爲亞里士多德在這兩個領域保持著絶對的一致性——出發,認爲如果知識是普遍的,那麽首要的實體必須是普遍的;既然首要的實體經過論證是個别的,那麽就必須改變知識的性質,也就是説,必須有對於首要的個别實體的個别知識,那麽,從潛能和現實的理論出發,知識可以是現實的和個别的,那麽普遍的知識就只能是根據潛能而來的知識。而在筆者看來,他們的解釋偏離了亞里士多德解釋的原意,他們過多强調了個别實體的個别知識,而没有意識到亞里士多德在這裏所説的知識的雙重性,或者更有可能是肯定了知識的普遍性,也一定程度上承認了它的個别性。因此,與其説亞里士多德改變了對知識的看法,不如説是深化了知識概念。亞里士多德强調存在與語言的一致性,也試圖用相同的術語來描述實體和定義,但是在形式既作爲實體,又作爲定義的對象問題上,因爲處於兩個不同的領域而呈現出不同的特徵,他對於作爲定義對象的形式的描述並不絶對等同於實體。文本中所出現的對形式的兩個修飾詞 τόδε τι 和 τοιόνδε 的矛盾即表明了這一點(下文會詳細分析)。M. 弗雷德 & G. 帕兹克没有意識到形式本身的特徵也被亞里士多德擴展了。應該説,在亞里士多德所面對的實體的個别性和知識的普遍性的矛盾,更尖鋭地體現在了既作爲第一實體又作爲定義這一知識本原的對象和構成的角色身上。

二、形式的普遍性:在文本中的表述

以上我們討論了 M. 弗雷德 & G. 帕兹克關於 Z 卷一些關鍵問題的觀點,指出他們把形式與實體問題直接等同,强調了形式作爲實體的個别性的方面,卻忽視了形式作爲普遍定義的對象具有不同的特徵,它是 τοιόνδε,是普遍的,而這一點亞里士多德並没有在 Z 卷論證成功。亞里士多德在 Z7 第一次肯定形式是靈魂中的描述和知識,並没有用 τόδε τι,而用了一個與其相反的詞 τοιόνδε。我們一定要注意到,他並不是從事物存在的角度來談論形式的,而是從我們如何描述的角度提出問題的。因此,作爲實體的形式,和作爲定義對象的形式或描述中的形式,具有不同的特徵。

然而,在這樣第一次對形式進行詳細論證的文本中,也直接地顯現了這個問題的複雜性。余紀元認爲 Z 卷的矛盾就是 τόδε τι 和 τοιόνδε 的矛盾,並且是互相否定的觀點,所以整個 Z 卷是無結果的。[1] 然而,我們要指出的是,雖然在這兩個限定詞都放在形式概念上的確造成了很大的争議,但是 τόδε τι 是實體,τοιόνδε 不是實體卻是亞里士多德篤信不疑的一個觀點。對於 τοιόνδε 的理解,一部分學者認爲表示"這樣的"(*such*)的意思,如 M. 弗雷德 & G. 帕兹克,可以表示同一種下形式相同的意思;另一部分學者堅持認爲這個詞就是"這類"的普遍性的詞,就是指種屬,而這樣理解的另一個最爲明顯的證據就在 Z13,1038b34:"普遍屬性不會是實體。共同的稱謂都不能表示 τόδε τι,而只能表示 τοιόνδε。"下面我們從文本中來理解。

第一次把形式與 τοιόνδε 聯繫起來,是在關於如何描述事物的上下文之中:

> 銅球是什麼? 我們從兩方面來描述,我們描述質料説它是銅,描述形式説它是這樣的一個形狀(τό εἶδος ὅτι σχῆμα τοιόνδε),而形狀就是它所隸屬的最初的屬(τοῦτό ἐστι τὸ γένος εἰς ὅ πρῶτον τίθεται),那麽,這個銅球在它的描述中有質料。(1033a2—5)

對於這段話,大部分的注釋並没有足夠重視。W. D. 羅斯注釋本的翻譯中只有簡單的一句話:"*In defining a bronze circle we state both its matter and its form.*"他認爲其他語句是錯放到這裏的。他反對説這裏的屬(γένος)與質料有關,也反對指屬加種差這樣的説法,而認爲只是表達了質料在銅球的定義之中。[2] M. 弗雷德 & G. 帕兹克在這裏的解釋是,亞里士多德是要暗示,在一個銅球這裏描述可以被兩種方式所表述:考慮到這個球所由來的礦石,但是也考慮到球的球形,這是一個確定的形狀,所以可以肯定屬"形狀"通過形式"球"被創造且組織它的質料。[3] 但是在筆者看來,W. D. 羅斯認爲是錯放的理解有幾分武斷,M. 弗雷德 & G. 帕兹克把形狀和形式分開來解釋,理由也並不充足,事實上亞里士多德經常是把形狀和形式混同使用的,如 Z3,1029a2 以及 Δ8,1017b25。但是,正如這幾章並没有像其他章節明確地否定種屬這種類概念與實體與形式的關係一樣,在這幾章中亞里士多德似乎表現出認爲我們描述形式的時候,就表達爲一種類概念,就是種,在這裏他用了"最初的屬"。

Z8 仍然用 τοιόνδε 來描述形式,認爲 τοιόνδε 的形式進入一定的質料之中,"這一個"看起來是"這樣的"(τόδε τι, ἀλλὰ τὸ τοιόνδε σημαίνει),"當它作爲生成的事物時,是

[1] Jiyuan Yu(余紀元), *The Structure of Being in Aristotle's Metaphysics*, Kluwer Academic Publishers, 2003.
[2] W. D. Ross, *Aristotle's Metaphysics*, Vol. 2, Oxford University Press, 1924, p. 180, 185.
[3] M. Frede & G. Patzig, *Aristoteles 'Metaphysik Z'*, s. 123.

‘這個這樣的’(ἔστι τόδε τοιόνδε)”(1033b21—24)。亞里士多德肯定了形式是 τοιόνδε,也就是説,一個具體事物的形式和“這樣的”形式是相同的,“這樣的”形式是可重複的或直接説是普遍的。亞里士多德在這裏用了“這樣的”(τοιόνδε)來形容形式,引出了形式究竟是個别的還是普遍的這樣的大問題。M. 弗雷德 & G. 帕兹克堅持他們形式是個别的觀點,認爲 τοιόνδε 僅僅表達了同一種下形式的相同。而在筆者看來,他們的解釋力度過强了。從文本上看,Z7—9 被公認爲後插入的,它們的插入固然有十分的必要性和重要性,與其他文本基本是契合的,然而卻依然不能否認它的突兀以及在一些細節問題上的模糊性,如第一次出現 τοιόνδε 的上下文中屬(γένος)和種(εἶδος)概念不區分,卻肯定了 τοιόνδε 表示的是種屬上的普遍性。然而,εἶδος 所指涉的形式和種概念的表述也是含混的,那麼如果我們所討論的描述中的形式,是否即在談論種概念?

但是,種概念,我們上文已經提到,像亞里士多德在 Z10—11 所講的,和屬概念一樣,都是普遍地看待個别的形式和個别的質料而産生的,種概念本身就是包含有形式和質料在内的,而形式,雖然在可感事物中不與質料相分離,但在描述中是與質料相區分而存在的,所以形式與種是兩個不同的概念。這裏,亞里士多德用 τοιόνδε 以及種屬概念來解釋形式,在筆者看來,並不是他最終的觀點,甚至筆者大膽猜測,或許在寫作 Z7—9 期間,他還没有進一步澄清二者的關係,他肯定了形式從描述角度來講的普遍性,並用種屬來表達,但後來又區分了形式與種屬,不能不説這一階段的思想不是最終的明確思想。因爲在後來他所論述的形式的普遍性並不限於同一種之内,而是萬物本原意義上的類比同一性。因此可以説,亞里士多德在 Z7—9 雖然首次明確了形式的普遍性特徵,但在如何普遍的問題上,還没有更具説服力的解釋,只是與已有的種屬的普遍性相比擬,從而在形式和種的關係問題上造成了模糊不清的狀況,引起了後世永遠的紛争。

M. 魯克斯(M. Loux)這樣來表達形式的特點:“形式並不享有存在上的自主性。它們既不生成也不消滅;它們也不經歷其他種類的變化。因之,它們不具有我們所能以爲是的一個歷程。它們在根本上是可陳述的實在。它們並不獨立存在;它們僅僅作爲陳述别的某個東西的詞項存在。如亞里士多德所説,它們是些‘這樣的’,而不是些‘這一個’。它們不是可以被揀出來和指出來的東西;它們甚至不是像它們的質料一樣的表面上的對象。相反,它們是一塊質料之如何,是質料所是的方式;僅當存在著某種以那種方式而存在的質料,它們才存在。所以,儘管實體性形式具有一種可分離性,但是存在著另一種只有複合的個别事物才有的可分離性。它們還是真正的統一體,……一個主謂詞統一體。”[1] M. 魯克斯强調了實體内部結構中形式對質料的

[1] [美] 克里斯多夫 · 希爾兹主編,聶敏里譯:《古代哲學》,中國人民大學出版社,2009 年,頁 198。

謂述,强調形式的根本特徵是可陳述的實在,甚至形式没有質料的表面的實在性。而在我們看來,我們固然承認形式作爲一種對質料的謂述具有可陳述的實在性,這是它作爲靈魂中的知識和描述的一個角色,是這樣的(*τοιόνδε*)。但是,也正是在對質料謂述的角色上,亞里士多德强調了形式是 *τόδε τι*,最明確的文本就在於 Θ7 最後,因爲正是形式賦予了質料以確定性和個别性,成爲一個個别事物,從而使後者具有了表面的 *τόδε τι* 特徵,因此形式絶不僅僅是可陳述的一種實在,它完全具有存在上的自主性,否則就是對它是第一實體這個説法的否定。形式不僅是現實的 *τόδε τι*,而且是事物的存在狀態和本性,是質料的目標和事物的本質。在語言和實在兩個領域中,形式都是極爲重要的一個概念,它既是語言的陳述,也是一種實在,這也決定了它的雙重角色,成爲溝通個别實體與普遍知識的關鍵樞紐。在語言與實在的關係問題上,筆者認爲亞里士多德更多地强調它們的嚴格對應性,他並不認爲這是兩個不同的領域,他試圖用同樣的術語去謂述它們,即使它們有不同的特徵,也最終用潛能和現實化解了矛盾。

三、如何普遍

《形而上學》Z 卷成功地論證了作爲第一實體的形式的個别性,並論證了形式作爲實體既是事物的本質,又是事物的原因,而且形式也是在本質和原因的意義上成爲第一實體。同時,亞里士多德肯定了定義的普遍性,肯定了定義的對象是形式而不是質料。但是亞里士多德没有在 Z 卷成功論證的就是形式同時也是普遍的,以及如何普遍。M. 弗雷德 & G. 帕兹克肯定定義的普遍性體現於方式上而不是對象上,但是他們的解釋並没有文本的支援。實際上亞里士多德對於 Z 卷没有解釋的這個問題在後來的 Λ 卷和《論靈魂》都進行了進一步的發揮,在這兩處用兩種方式説明形式的普遍性。

在 Λ4—5 指出,只有通過類比的方式,我們才能普遍地説或者在普遍的描述上包括形式在内的原因是相同的:

> 不同事物的原因與本原在一種意義上都是不同的,但在另一意義上,如果是普遍地和類比地説,它們對於所有事物都是相同的。(Λ4,1070a31)在同一種下個别事物的原因是不同的,無論你的形式、質料和動力因,都是不同於我的,但是在普遍的描述上是相同的。(Λ5,1071a27—28)

實體是本體論的一個概念,而形式不僅如此,因爲涉及定義和邏各斯,涉及我們的認識這一維度,一旦形式成爲了我們表述的對象,那它與作爲實體的個别形式就是不同的。我們看到,Λ4 的首句,指出形式、質料和其他本原,由於任何事物都可以分析爲這些本原,儘管它們彼此不同,卻可以類比地説,是相同的,其普遍性體現於我們的表達上。同樣地,Λ5 的這句話也表達了同一種下的形式等本原在我們的描述中,是相同的,或者説,是普遍的。但是我們也要指出這句話的模糊之處,這裏所説的“在普遍的描述上”,究竟是指種定義(由屬加種差構成)還是僅僅指我們説到它們的時候?如果是種定義,那麽,這裏亞里士多德没有解釋的一個問題就是,萬物本原在類比意義上就是相同的,如何區别於同一種下事物本原的相同?

《論靈魂》在擴展現實概念的意義上進一步表達了形式的複雜性:

> 我們説到某種存在物實體,……第二種是形狀和形式,它是正適合被稱作爲 τόδε τι 的,……形式是現實的——在兩種方式上,第一就像知識(ὡς ἐπιστήμη),第二就像思考(ὡς τὸ θεωρεῖν)。(《論靈魂》B2,412a6—10)

在《形而上學》中形式與質料是和現實與潛能對等的,現實這一概念並没有提示有兩層意義。而在這裏,形式作爲現實,有兩種方式,也即現實有兩層意義,亞里士多德用知識和思考來比喻,也就是説現實在一種意義上就像是擁有知識而不用,而另一種意義就是實際進行思考。在《論靈魂》B5 他進一步區别潛能和現實,並依然用知識和思考來比喻。他説,如果一個人擁有知識或擁有語法知識,那麽他就是潛在地有知識的人,而一旦已經在思考,已經實際地知道一個個體的事物 A 時,那麽他就是現實的有知識的人。而對於潛能,他進一步描述説,一種是可能向相反方向轉變的可能性,完全的可能性,而另一種是擁有所培訓的知識卻並没有在使用它(B5,417a21—417b1)。或者一個用 δυνατός 來表示,另一個用 ἕξις 來表示,前者表示比如孩子都有的能力,後者表示所培訓的知識的能力。也就是説,現實和潛能都有兩層意義,而第一層意義上的現實與第二層意義上的潛能是相同的,都是 ἕξις,指擁有某種能力而不實際應用。而在靈魂的定義之中,恰恰是這樣的現實概念:“靈魂是潛在地具有生命的一個自然軀體的第一種現實。”(《論靈魂》B2,412a28)這個靈魂定義是一個普遍的靈魂定義,而不是專屬於植物、動物或者人的。那麽,我們來看這個定義中究竟什麽保證了它的普遍性?按亞里士多德在《形而上學》H6 的説法,定義要求形式、質料、潛能和現實四個概念共同構成,而既然這四個概念在類比的意義上都是萬物的本原,它們具有普遍性,那麽在靈魂的這個概念之中,靈魂、軀體分别相當於形式和質料,這是形式質料在生物界的使用,另外就是潛在和現實,並且特别强調了是第一種現實,是没有具體表現出來的靈魂的潛在能力。於是在這個框架式的定義中,並没有針對任何個别事物,没有個别性,而是普遍地適用於任何有軀體和靈魂的生物體。

那麽,是否可以這樣來了解:作爲 τόδε τι 的形式,是指的實體,是一種現實,是第二層次的現實,就是類似於已經在思考的現實,比如我們説蘇格拉底的靈魂,就表現爲蘇格拉底在生活中所展示的一切;當我們要在定義中或在描述中表達形式時,我們無法或根本没有必要詳細描述蘇格拉底的一切,因爲他會死,我們的描述和定義對於這樣個别的事物的描述没有任何意義,定義或描述是要有一定的普遍性的,也就是我們要描述的形式要具有普遍性。唯有保證定義對象的普遍性,才能達成定義本身的普遍性,從而也説明知識的普遍性。

總之,在筆者看來,實體的個别性和知識的普遍性這對矛盾,亞里士多德是以這樣的方式解決的:他通過對既作爲實體又作爲知識本原的定義的對象——形式——的思考,肯定形式既是個别的又是普遍的,同時定義和知識也是既個别又普遍,關於後者亞里士多德在《論靈魂》B卷説到具體的個别事物使知識現實化、個别化,作爲定義對象的形式是普遍的,雖然這種普遍性並非種屬意義上的類的普遍性。但是,亞里士多德的確没有進一步闡述究竟爲什麼定義必須是一個種之下的或者説爲什麼一個種之下事物的普遍定義是相同的。不過,可以肯定的是,種是一種保證,是定義的一種範圍而非對象,同一種下的事物如人這個種下的個别人各有各的形式。

結　論

通過與M.弗雷德 & G.帕兹克的對話,我們指出他們所堅持的實體就是形式,就是個别的觀點值得商榷,並就他們的具體觀點一一進行了討論。我們肯定實體的個别性,肯定形式作爲實體也是個别的,然而,形式不僅作爲實體是個别的,同時作爲定義的對象它又是普遍的,肯定了它同時作爲實體和定義對象的雙重特性,並指出亞里士多德没有在《形而上學》Z卷對形式如何普遍的問題進行討論,但是在Λ卷和《論靈魂》分别進行了深入的討論,指出形式的普遍性既體現於我們對它進行表述的類比意義上,同時也是類似於潛能的一種現實,在定義中我們表達的就是這樣一種形式和現實。亞里士多德從來没有説實體不是個别的,也没有説作爲定義對象的形式一定是個别的,他只是在中心卷没有能夠解決所有問題而已,雖然第一實體是形式且實體是*τόδε τι*我們認爲是Z卷明確的結論。而形式因爲既溝通實體,又溝通定義,既具有前者個别性的特徵,又具有後者普遍性的特徵,所以擁有雙重角色。

Form and Ousia in *Metaphysics Z*: Discussing with Michael Frede & Günther Patzig

Lv Chunshan

Abstract: Firstly, this paper talks over the view of M. Frede and G. Patzig, that the two concepts of substance and form in *Metaphysics* Z are identical. This paper then thinks that both concepts are not absolutely equal after denying it. Because form is not only separate substance, which is a this, but also is the object of the universal definition, which is universal. It has dual roles, and also has double characters. This paper further points out that the universality of form has not demonstrated in Book Z, but in Book Λ volumes and *On the Soul* been clarified. Where it is interpreted in two ways, the one is by analogy, and the other is by augmented reality.

Keywords: substance, form, universal, individual

吕純山,天津外國語大學歐美文化哲學研究所講師,chunshanamu@sina. cn

附: 弗雷德及其實體觀 朱清華

弗雷德(Michael Frede,1940—2007)是當代著名的古希臘學者。他作爲一個德國人而長期執教於美國大學,先後在加州大學伯克利分校和普林斯頓大學執教20年之久,於1991年返回歐洲,在牛津大學執掌哲學史教席。2005年在牛津退休後,移居希臘的雅典。2007年在愛琴海游泳溺水而亡。此一事件雖令人不勝惋惜,换個角度,這也算是柏拉圖和亞里士多德所描繪的靈魂回歸故土。弗雷德以英語和德語寫作。他著名的《亞里士多德〈形而上學〉Z卷: 文本、翻譯和注釋》(*Aristoteles 'Metaphysik Z': Text, Übersetzung und Kommentar*, 2 vols, co-edited with Günther Patzig, 1988)即是以德文寫成。

弗雷德在爲他的《古代哲學論文集》(*Essays in Ancient Philosophy*, the University of Minnesota, 1987)所寫的序言中説,對於"何謂哲學?"回答這個問題的

一個途徑,就是去看過去的思想,學習古代哲學。這不是説將古代的那些哲學家當成一個個的範例,把他們按順序排列在哲學史中,就成了哲學。而是在無限豐富的歷史中去考察,發現這些哲學家的思想真正意味的是什麽。這並非泛泛而談,而是基於他的一個哲學信念。在他看來,哲學史就其本質而言,不是理智逐漸增長、對一系列恒久的問題在哲學上作出日益令人滿意的回答的歷史。而是對人類恒常面臨的那些問題的不同看法,這些看法既有成功的也有失敗的,並且失敗經常比成功更有影響。人類的思想就是依賴於哲學史,依賴於過去的思想的。但是哲學史卻常常首先被看做一系列成功思想的歷史,並且它還在繼續進步,没有什麽真正值得從過去學習的。事實上,只有從哲學史中我們才能理解任何哲學觀點,無論是現在的還是過去的。因爲所有的思想都是依賴於哲學史的。如果我們不依靠思想史而能理解某個當代思想,在弗雷德看來,這並不意味著它不依賴於思想史,事實上它可能如此嚴重地依賴於思想史,以至於在將來不靠思想史我們就不再能理解它。

弗雷德説,除了研究思想史,還有什麽更好的方式能夠讓人學會以完全不同的方式看待事物,去欣賞不同的立場的價值和缺陷呢?比起當代的哲學觀點,哲學史家有更多可信賴之處。他發現出新的觀點,對舊觀點的支持或反對的理由,可能還爲那些起初看似不合理的觀點發現了很好的支持理由。所以,哲學史家恰好處在這樣一個位置上,能夠診斷出所謂哲學史的發展實則是一個錯覺,雖然在當代這種發展觀念被認爲是完全合理的。他認爲,哲學史家真正嚴肅地將過去的哲學家作爲哲學家,因而哲學史家甚至可以判斷出,哲學史在決定性的環節已經走向了歧途。

弗雷德對古希臘哲學有精深的研究。他對亞里士多德形而上學的研究已成經典。他用著名的"忒修斯之船"來論述形式的作爲最終實體。忒修斯的舊船因爲逐漸朽壞而漸次更替了所有的船板,他稱這艘船是 Theoris I。而假若有一個匠人收藏了所有的舊船板,而後用它們以原來的排列造了一艘新船,稱爲 Theoris II。那麽這兩艘船哪個才是原來的船?顯然是 Theoris I。因爲它不僅具有原來大致的構造,而且還有一個可以追溯的歷史。所以,對於船的個别性和同一性而言,材料不是充分條件,也不是必要條件。對一個個别事物而言,形式(eidos)才是它的 tode ti(這一個),而質料只是潛在的 tode ti。

不過歷史上就存在的一個争議是,形式到底是個别的,還是普遍的?亞里士多德在多處强調了形式作爲實體的個别性。但形式(eidos)作爲事物的種類,又是普遍的。弗雷德以這種方式來解決這個問題:在《形而上學》的本體論中,種和屬不是實體。它們也不是亞里士多德提出的諸範疇中的屬性。它們是同類事物的形式上的共同規格(specification)。這些規格連最小的細節都是完全相同的。可見,弗雷德否定形式(eidos)是普遍的,作爲實體,只存在個别的形式。而種和屬不是實體。這顯然排除了亞里士多德《範疇篇》中將種和屬作爲第二實體的説法。

呂純山博士的論文《實體與形式》批評弗雷德將形式僅僅作爲個體,而忽視了形式作爲普遍性的一面。而她認爲,亞里士多德的形式既是個體又是普遍的,二者能夠相容。對亞里士多德的這一重要問題領域,貢獻了自己的看法和論證。

亞里士多德的“本原研究”

劉　鑫

【提　要】本文以亞里士多德“四因説”爲研究對象，意在揭示“四本原”在整個亞里士多德形而上學中的奠基意義。通過對四本原内部結構的分析，意在展示四因的必然性，即在其體系内部不可能出現第五因。通過詳盡的文本分析進一步明確亞里士多德的論證思路及其基本哲學原則。

【關鍵詞】四因　四本原　本原研究

一、形而上學從“本原研究”開始

衆所周知，亞里士多德整個形而上學研究是從“本原研究”（ἀρχὴπραγματεία, Ursache-Forschung，就是通常所説的“四因説”[1]）開始的——無論以“形而上學”（τὰ μετὰ τὰ φύσικα）命名的“第一哲學”還是“物理學”（φυσικὴ）都以“本原研究”爲開端。值得注意的是，亞里士多德並没有直接提出自己的觀點，而是依據一定的邏輯結構逐步羅列前人對此問題的看法，在與前人論争的過程中提出自己的主張。[2] 本文就將重點放在形而上學的開端“本原研究”上，著重關注兩個問題：第一，亞里士多德的形而上學爲什麽要從“本原研究”開始，這一研究本身有什麽意義，它要解決怎樣的問題；第二，在亞里士多德的體系中爲什麽一定是“四本原”，這四個本原是依據怎樣的内在

---

[1] ἀρχὴ πραγματεία, Ursache-Forschung，就是我們通常所説的“四因説”——這裏不取這個譯名，主要是因爲這個通用的説法並不準確。“原因”這個概念容易讓人聯想到近代“因果關係”意義上的“原因”；而亞里士多德對於ἀρχὴ的探究首先是要説明個别事物生成、變化的根據，所以本文全篇將其稱之爲“本原研究”。

[2] 這個論斷主要是針對《物理學》A、B卷來講的——在《物理學》的前兩卷亞里士多德根據一定的内在原則，按一定的順序（形式因-質料因-動力因-目的因）引出四本原，這個内在的劃分原則和引出順序就是這篇文章的論證重點。《形而上學》A卷是在已經找到四本原的基礎上，以此爲基礎來批判前人的研究，遵循的是另一個順序：質料因-動力因-形式因-目的因。用一句話來總結就是：《物理學》對於四本原的引出遵循的是“邏輯順序”——這個我們將在下面的論證中詳細展開，而《形而上學》遵循的則是“歷史順序”。

原則相互區分開來的。爲了解決第一個問題,讓我們先從亞里士多德的“十範疇”説起。

(一) 亞里士多德的“十範疇”

在《範疇篇》第 4 節一開始,亞里士多德提出了“十範疇”,每一個概念單獨被言説時就構成了範疇,即本質、數量、性質、關係、空間、時間、狀態、屬性、作用和承受。[1]根據亞里士多德自己的説法,範疇應當是最本己的(καθ'αὑτὰ)言説“存在”(τὸ ὄν)的方式。[2]。這裏本己的言説(καθ'αὑτὰ, per se)和伴隨的言説(κατὰ συμβεβηκὸς, per accidens)是相對的,意即不是伴隨而來的,而是本身就具有的。比如説蘇格拉底站在這裏,那麼他必然有其本質(οὐσία)——是有理性的動物;有量的規定性(ποσόν)——他必然有一定的重量;有質的規定性(ποίον)——比如,他很聰明;也必然要同其他人或物發生關聯(πρός τι)——他是柏拉圖的老師;他也必定處於一定的空間、時間中(ποὺ, ποτὲ)等等。不管是從上面的例子還是從亞里士多德自己舉出的例子,[3]我們可以明顯地看出,範疇絶不僅僅是語言結構,它同時也是存在結構,即有多少種言説存在的方式,就有多少種存在方式;[4]亞里士多德是想藉助言説方式來展現存在方式。

從希臘文詞性上來看,第一個範疇(οὐσίαν)是名詞;中間五個原本都是疑問代詞(ποσόν, ποίον, πρός τι, ποὺ, ποτὲ);最後四個是動詞不定式(κεῖσθαι, ἔχειν, ποιεῖν, πάσχειν)。除了四個動詞形態的範疇/謂詞,其實前六個範疇分别指示了六種提問方式[5]:即人們可以分别對數量、性質、關係、時間和空間提問。而第一個本質範疇(οὐσία)其實就是傳統的蘇格拉底-柏拉圖式的“本質問題”(τί ἐστιν)的答案。例如當我問:蘇格拉底是什麽?那就應當回答:是人(ἄνθροπως 這才是這裏講的 οὐσία)[6]而不是類似白色之類的偶性。因此在這六個問題之中,本質問題是最核心的。[7]

(二)“本原研究”的奠基意義

除了四個動詞形態的範疇,其餘六個可以歸結爲六個問題,即 τί ἐστιν, ποσόν, ποίον, πρός τι, ποὺ, ποτὲ ;而其中又以本質問題爲核心。爲了回應傳統的本質問題,

[1] 參見 *Categoriae* 4, 1b25—27: τῶν κατὰ μηδεμίαν συμπλοκὴν λεγομένων ἕκαστον ἤτοι οὐσίαν σημαίνει ἢ ποσὸν ἢ ποιὸν ἢ πρός τι ἢ ποὺ ἢ ποτὲ ἢ κεῖσθαι ἢ ἔχειν ἢ ποιεῖν ἢ πάσχειν。

[2] 參見 *Metaphysica* Δ7, 1017a22—23: καθ' αὑτὰ δὲ εἶναι λέγεταλ ὅσαπερ σημαίνει τὰ σχήματα τῆς κατηγορίας。

[3] 參見 *Categoriae* 4, 1b27—2a4。

[4] 亞里士多德在《物理學》A 卷第三節中,恰恰是利用這一點來批判巴門尼德“存在是一”的論斷的,詳見 *Physica*, 186a22—186b14。

[5] 參見 Aristotle, *Categories and De interpretatione*, translated with notes and glossary by J. L. Ackrill, Clarendon Press, 1963, S 78—79。

[6] 參見 *Categoriae* 4, 1b28。

[7] 第一範疇對其他範疇的優先性可參見 *Metaphysica* Z1, 1028a13—1028b2。

亞里士多德没有從概念/理念出發,而是從生成出發,試圖爲個體事物的本質給出一個答案。换句話説,亞里士多德提出了一個新的問題,來試圖解決個别事物的是其所是,即 δία τι——個别事物從何而來的問題。本原研究中關注的正是單個具體事物如何生成,亞里士多德用四因來回應這個問題,即個别事物是由形式因、質料因、動力因和目的因共同作用而成。在四本原的作用之下,具體事物被生成,因此個體實體(τόδε τι)就是《範疇篇》中所説的"第一實體"。[1] 當問一個東西本質是什麽的時候,回答應當是相應的類别(εἶδος)或種屬(γένος),比如"蘇格拉底是什麽?",答案應當是人或動物。因爲這二者才是蘇格拉底的本質,本質問題所對應的答案恰恰是"第二實體"。[2]

亞里士多德的研究從具體事物出發,追問其本質,但在追問之中個體才是更根本的,如果没有某個具體事物,人們無法追問它的本質。因爲"本原研究"的兩大類對象,[3]自然生成物以及技藝製造物都是生成的結果:没有生成就没有具體事物;没有具體事物,我們就無法追問事物的本質;没有這一本質追問,我們就無法設想更高層的實體——類和種。亞里士多德整個"本原研究"遵循的是一條"奠基性原則":[4]即没有生成就没有個别事物,没有個别事物就没有類,没有類就没有種(διά τι→τόδε τι→τί ἐστιν→εἶσος→γένος)。[5] 雖然個體作爲"第一實體"是其他一切的基礎[6]——即具體事物爲本質以及其他一切偶性奠基,因爲無論本質也好,偶性也好,都必須依附於具體事物之上;然而這個作爲一切基礎的個體實在還有一個前提,那就是生成結構,因爲没有生成就不會有"本原研究"的對象自然物和製造物。所以總結一下:第一實體(τόδε τι)爲第二實體(εἶδος, γένος)奠基,而生成結構(διά τι)則是第一實體的前提。

(三)"本原研究"要解決的問題

通過上面的論述我們可以看到,整個"本原研究"對於生成結構的分析,其實是爲"本質問題"奠基的努力,即首先通過生成得到具體事物,然後再追問其本質。我認爲,亞里士多德整個形而上學的研究之所以選擇這樣一個開端,除了這樣一個奠基的努力之外,還有另一個原因,即亞里士多德要解決柏拉圖"理念論"所面臨的困境,這是柏拉圖後學都必須要面對的問題。

---

[1] 參見 *Categoriae* 5, 2a11—12:οὐσία δέ ἐστιν ἡ κυριώτατά τε καὶ πρώτως καὶ μάλιστα λεγομένη。

[2] *Categoriae* 5, 2a 14—16:δεύτεραι δὲ οὐσίαι λέγονται, ἐν ὅις εἴδεσιν αἱ πρώτως οὐσίαι λεγόμεναι ὑπάρχουσιν, ταῦτά τε καὶ τὰ τῶν εἰδῶν τούτων γένη。

[3] 關於"本原研究"追問的對象,我將在四本原完全展開之後,在第三部分再做詳細説明。

[4] 關於這部分敘述即可以參考《範疇篇》第5節,亞里士多德自己説的非常清楚;也可以參考 Simplicuis《範疇篇》注本:Simplicius Cilicius, *Simplicii In Aristotelis Categorias Commentarium*, ed. by Karl Kalbfleich, Berolini, 1907, S. 75—85,那裏有更詳細的展開,特别是 S. 85, 9—14 行。

[5] 例如,没有生成,就没有一個個具體的人;如果没有一個一個具體的人,就不會有"人"這個 εἶδος;如果没有人以及其他類似的 εἶδος,就不會有"動物"這個 γένος。

[6] *Categoriae* 5, 2b5—6:μὴ οὐσῶν οὖν τῶν πρώτων οὐσιῶν ἀδύνατον τῶν ἄλλων τι εἶναι。

柏拉圖在《巴門尼德篇》第一部分(Platon, Parmenides, 130a—134e)系統展示了“理念論”所面臨的六個主要困境。[1] 最後一個,也是老巴門尼德口中最嚴重的一個,就是“兩個世界的分離問題”[2],即理念和經驗事物之間相互不依賴:理念不依賴於經驗事物,經驗事物也不依賴於理念。理念的規定性來自理念之間的關係;而經驗事物的規定性則來自經驗事物之間的關係,理念和經驗事物之間毫無關聯。理念和經驗事物之間的關係問題,也就是“一和多”(ἕν - πόλλα)的關係問題,即作爲多的經驗事物被作爲一的理念所統攝;[3]這個問題同時也是“普遍和特殊”(καθόλου - καθ' ἕκαστον)的關係問題,因爲理念就代表了普遍性,而經驗事物是其不完滿的個別實現。亞里士多德則通過“四本原”即生成結構來解決“一與多”、“普遍和特殊”的關係。

亞里士多德本原學説中所講的生成不是自然哲學家所講的元素(水、火、土、氣)的相互生成或者相反性質(黑和白;冷和熱)之間的相互轉化。亞里士多德意義上的生成特指自然物的生成,例如人生人;或者製造物的被製造完成,例如用青銅造一座雕像。[4] 當我們仔細觀察這兩類例子就會看到,亞里士多德其實將生成視爲一個把普遍性(καθόλου)賦予個體性(καθ' ἕκαστον)之中的過程:一個人的出生一方面承載了他作爲人的普遍性,即有理性的動物、雙足直立;另一方面每個人又有其特殊性,即相貌不同,性情有差異等等。一座赫爾墨斯雕像一方面承載了一定的普遍性,即都是赫爾墨斯的模樣;另一方面每座雕像在顔色上、大小上又有差異。亞里士多德以自然物和製造物兩類對象爲出發點,從生成的角度解決了柏拉圖所面臨的理念與經驗對象、一與多、普遍與特殊的關係問題——這就是“本原研究”的另一個意義。

二、亞里士多德的“四本原”

上面我們看到亞里士多德“本原研究”的意義所在:一方面由於理論出發點的不同(亞里士多德不像柏拉圖從追問倫理德性的本質出發進行研究;而是從具體的生成物出發),内在地決定了亞里士多德必須爲其本質追問(τί ἐστιν)進一步奠基,即追問具體個別事物從何而來(διά τι)。另一方面“本原研究”内在的生成結構打通了柏拉圖那裏分離的兩個世界,溝通了理念世界和經驗事物;亞里士多德以自然物生成(植物的生長、動物的繁衍)和製造物被重複製造(製造赫爾墨斯的雕像)的方式,展現出形式如何進入質料,普遍性如何孕育於個體性之中。

---

[1] 不少研究者(例如陳康)認爲,《巴門尼德篇》中所展示的所謂的對於“理念論”的攻擊,其實不是柏拉圖自己的學説,而是麥加拉學派的觀點——我在這裏暫且不討論這個問題,只敘述文本内容。

[2] 參見柏拉圖《巴門尼德篇》133a9—134a3。

[3] 參見 *Metaphysica* A9, 990b6—8.

[4] 亞里士多德在《物理學》中最常舉的例子就是:人生人,用青銅製造雕像或者用木材造牀。

澄清了意義問題之後,我們將進一步追問,爲什麼在亞里士多德的體系中一定是"四本原"(即四因)? 這四個本原又是根據怎樣的内在原則被區分開來? 通過這部分的論證我們將看到,在亞里士多德這裏只可能是"四本原",絶不存在第五個;並且這四個本原不是他總結前人研究而得出的經驗性結論,[1]而是根據一定的邏輯原則,一步一步推演出來的。我認爲,亞里士多德思路總的來説是這樣的: 首先區分形式因和質料因;形式因和質料因的内在結構,即作用-承受(ποιεῖν - πάσχειν)決定了必須有動力因;而動力因又被亞里士多德設定在一個特定的框架内,因爲生成運動必須有終點,由此引出了目的因。下面我們先來看形式因和質料因是如何被引出和區分開來的。

(一) 形式因和質料因

1. 亞里士多德意義上的形式因和質料因

亞里士多德雖然在《物理學》A、B 卷和《形而上學》A 卷都提到了"四本原"(即四因),但這兩個文本的功能不同。《物理學》的前兩卷其實是他在與前人辯論的過程中一步步引出"四本原";而《形而上學》A 卷則是在現有結論的基礎上(即已經找到了四本原[2]),以此爲根據對之前的哲學家/哲學流派進行歷史性批判。我們的目的是要探索"四本原"是如何被引出和劃分開來的,因此這部分論證將以《物理學》作爲主要文本依據。但在真正進入文本、探索亞里士多德的思路之前,還有必要對亞里士多德的論證方法做一個澄清,因爲它直接影響到對於文本的解讀。

《物理學》A 卷關於形式因和質料因的論述有一個非常顯著的特點,即同《範疇篇》類似——亞里士多德都試圖通過語言結構(λόγος)展示存在結構(不是具體物體實存意義上的存在;而是本質上的存在,即事物的内在結構)。正如我們在《範疇篇》中看到的,十範疇絶不僅僅只是十個高級概念(Oberbegriffe);這十個概念實際上代表了最普遍的十種存在方式(例如,或者以本質的方式存在,或者以數量、狀態的方式存在,或者只在關係中才存在等等);在《物理學》關於形式因-質料因的探討中,亞里士多德實際上還是使用了這一方法,他意圖尋找生成得以可能的存在結構(形式-質料),但在文本敘述中使用的卻是語言模型。

我們明確了亞里士多德的論證方式(即通過語言結構展示存在結構),現在就可以進入文本,看看他究竟是怎樣把形式因和質料因引出來的。亞里士多德的思路大體來説是這樣的: 首先批判了梅利索斯(Melissos)和巴門尼德(Parmenides)關於"存

[1] Ross 就持這個觀點,可參見 Aristotle, *Metaphysics*, translated by Williams D. Ross, Clarendon Press, 1924, S. 126。

[2] 《物理學》是經過將近兩卷的探索才在 B 卷第 3 節引出"四本原";而《形而上學》則只是經過了 A 卷前兩節的一個"引入"就直接提出"四本原",然後在這個基礎上批判之前的哲學觀點。文本中,亞里士多德自己也説得很清楚,可參見 *Metaphysica* A3, 983a33—983b4。

在是一且不動"(ἓν καὶ ἀκίνητον, Physica, Buch A, Kapitel 2－3) 的觀點(本文的第三部分我們將再次回到這個問題,進一步澄清爲什麼整個巴門尼德批判對於亞里士多德的"本原研究"至關重要);接下來亞里士多德批判阿納克薩哥拉斯(Anaxagoras)關於"存在是一且動"(ἓν καὶ κίνητον, Physica, Buch A, Kapitel 4)的觀點;並由此作爲過渡[1]進入了其他自然哲學家關於對立(ἐναντία)的討論(Physica, Buch A, Kapitel 5),亞里士多德高度評價這一原則,並且提出一個非常重要的結論: 所有的自然生成物或者本身就構成對立或者由相對立的原則生成而來[2](第三部分我們還將再次回到這個結論,看看它在亞里士多德那裏到底意味著什麼);第 6 節和第 7 節亞里士多德開始敘述自己的觀點,我的詳細論證也從這裏開始。

我們從一個細節進入,即在這兩節中(尤其是第 7 節)亞里士多德做了一個重要的術語轉化,我認爲這是亞里士多德有意爲之,因爲這一轉化對後面的論證至關重要: 第 5 節中的對立(ἐναντία)在第 7 節中以對立性質(ἀντικείμενον) 的形式出現。這兩個概念看上去很相似,但在這裏二者內涵和外延差別很大,這一術語的轉變標誌著亞里士多德正式擺脱了自然哲學家的思維模式,開始進入自己的研究軌道。從文本中我們很容易看到,對立/相反(ἐναντία)所意指的範圍遠遠大於對立/相反性質(ἀντικείμενον)。亞里士多德在第 5 節中將先蘇哲學家所提出的各種類型的相反/相對全部羅列出來,統稱爲 ἐναντία,其中包括本體上的相對與性質上的相對混雜:火和土,亦即熱和冷,存在和非存在,亦即充實和空虛;性質上的相對: 疏鬆和緊密;位置上的相對: 上與下,前與後。[3] 而ἀντικείμενον 完全拋棄了本體意義上的相對,更不涉及位置上的相對;只涉及性質上(ποίον)的相對,從亞里士多德舉的例子就可以很明顯地看出來,相反性質指的是懂音樂的和不懂音樂的。[4] 亞里士多德正是要通過從 ἐναντία (Kapitel 5)到ἀντικείμενον (Kapitel 7)這樣一個術語轉化,將整個論證朝他自身的哲學原則上引導。

亞里士多德先是接受自然哲學家的説法,認爲一切由對立(ἐναντία)構成;然後他將這一對立做了改造,將其限制在性質(ποίον)的範圍之内,因此對立在亞里士多德這裏被設定爲相反性質(ἀντικείμενον);然而相反的性質,比如熱和冷不能彼此相互作用,

---

[1] 如果一切都是 ἄπειρον,那麽就會得出: 如果一切是無定,那麽一切就可以從一切而來——人可以從黑色而生成,黑色也可以從桌子生成——亞里士多德認爲這是荒謬的,一個東西只可能從其相反者而來,比如黑色從白色而來,熱從冷而來。由此亞里士多德過渡到了對於 ἐναντία 的討論。

[2] 參見 *Physica*, 188b25—26: ὥστε τάντ' ἄν εἴη τὰ φύσει γιγνόμενα ἢ ἐνdντία ἢ ἐξ ἐναντιων。這個結論的前半部分針對的是水、火、土、氣這四種自然元素,根據《生成與毁滅》(De generatione et corruptione)中的論述,亞里士多德認爲這四種元素雖然兩兩構成對立(水-火,土-氣)但卻是相互生成的。後半部分針對的是自然物和製造物。

[3] 參見 *Physica*, 188a19—26。

[4] 還有很多非常明顯的例子,可參見 *Physica*, B190b13—15, 190b30—32。

它們需要一個基底作爲第三者,以便二者能在其上相互轉化。[1] 如果相反性質(ἀντικείμενον)還有本體上的意義,例如水和火,那麼作爲第三者的基底(ὑποκείμενον)是推不出來的,因爲水和火自身就可以作爲基底,不需要第三者。

我們跟著亞里士多德的思路,從對立性質(ἀντικείμενον)出發,推出作爲基底的實體(ὑποκείμενον),因此亞里士多德説"本原是二":作爲生成變化基底的實體和相反的性質;因爲前者數量上爲一,而後者作爲相反,數量上爲二,[2]因此也可以説"本原是三"。總結一下就是,從"質"的角度講,本原爲二:即基底和相反的性質;從"量"的角度講,本原爲三:因爲基底數量爲一,而相反的性質數量爲二,合起來就是三。

亞里士多德從對立(ἀναντία)的問題域出發,通過相反性質(ἀντικείμενον) 推出作爲基底的實體(ὑποκείμενον),從而得出"二本原"或者"三本原"的結論;但是當我們再仔細觀察一下亞里士多德的論述就會發現,這裏所説的"二本原"其實並不是我們要找的"形式因"和"質料因"。雖然亞里士多德在這裏宣稱尋找本原,並且得出"二本原"或"三本原"的結論,但實際上並不是。對立性質-奠基者(ἀντικείμενον - ὑποκείμενον)這一結構雖然能够同形式-質料(μορφὴ - ὕλη)構成類比,但從根本上講二者是不同的:前者考察相反的偶性在個體實在上的變化;後者表述的則是個體實體如何生成。如前面所言,在考察物理性質的變化時,亞里士多德在論證中使用了語言分析的方法:

> [...] ὅτι γίγνεται πᾶν ἔκ τε τοῦ ὑποκειμένου καὶ τῆς μορφῆς. σύ γκειται γὰρ ὁ μουδικὸς ἄνθρωπος ἐξ ἀνθρώπου καὶ μουσικοῦ τρόπον τινά. διαλύσεις γὰρ τοὺς λόγους εἰς τοὺς λόγους τοὺς ἐκείνων. [...]ἔστι δὲ τὸ μὲν ὑποκείμενον ἀριθμῷ μὲν ἕν, εἴδει δὲ δύο. -Vgl. *Physica* A7, 190b19—23

每一個個體事物都是由奠基者和形式生成而來。比如懂音樂的人是由人和懂音樂的組合而來;而"懂音樂的人"這一表達分裂爲這二者各自的表達,即"人"和"懂音樂的"。因此奠基者數量上爲"一";在形式上爲"二",即人既可以是懂音樂的,也可以是不懂音樂的。在這裏亞里士多德用語言結構分析來闡明偶性在實體上的變化。就像一個表達"懂音樂的人"由主詞"人"和謂詞"懂音樂的"組合而成一樣;一個具體的變化也必須有一個奠基者"人"和能够相互轉化的性質"懂音樂的"和"不懂音樂的"。一方面爲運動、變化奠基的實體不是生成中的質料(ὑποκείμενον≠ὕλη),因爲質料是個别實體的組成部分,它和形式共同搆成個别事物。另一方面構成對立的偶性也不是本質屬性(ἀντικείμενον≠μορφὴ/ εἶδος),無論懂音樂還是不懂音樂都不是人的本質屬性。

---

[1] 參見 *Physica*, 190b33—35: ὑπ' ἀλλήλων γὰρ πάσχειν τἀναντία ἀδύνατον. λύεται δὲ καί τοῦτο διὰ τὸ ἄλλο εἶναι τὸ ὑποκείμενον. τοῦτο γὰρ οὐκ ἐναυτίον。

[2] *Physica*, 190a 20—23: ὅτι δεῖ τι ἀεὶ ὑποκεῖσθαι τὸ γιγνόμενον, καὶ τοῦτο εἰ καὶ ἀριθμῷ ἐστιν ἕν, ἀλλ' εἴδει γε οὐκ ἕν. τὸ γὰρ εἴδει λέγω καὶ λόγῳ ταὐτόν.

因爲作爲偶性的屬性(ποίον)和本質屬性(εἶ δος)在範疇體系中有一個根本的區别,正是由於這一根本差異導致即使亞里士多德在這裏使用了表示本質屬性的概念(μορφὴ, εἶ δος),我們都不能在本質屬性的意義上來理解,而必須將其理解爲偶性,理由如下。

在《範疇篇》中亞里士多德强調,作爲本質屬性(εἶ δος)也是一種質的規定性(ποίον);[1]但是這兩種屬性有一個根本的區别,即一般意義上的“質”是允許相反/對立的,[2]比如説“懂音樂的”和“不懂音樂的”這兩個相反的性質就算不能同時,但也可以分時間先後出現在同一個人身上,比如説我以前不懂音樂,現在懂了。相反性質(ἀντικείμενον)就屬於這類一般意義上的“質”(ποίον),即可以在不同的時間出現在同一主體之上。但是本質形式(μορφὴ, εἶ δος)不允許相反/相對[3],因爲它一旦轉變就不再是自身了。比如“人的形式”和“馬的形式”是一對相對的形式,但是在任何情況下一個人都不可能擁有相對的“馬的形式”。從這個區分我們可以更加清楚地看到,亞里士多德提到的相反性質(懂音樂的,不懂音樂的)不是人的本質屬性;只是可以在同一主體之上相互轉化的偶性,在語言結構中是可以謂述同一主語的相反謂詞。由此我們可以看到,亞里士多德在這裏討論的並不是一個具體、個别事物如何生成,即本質形式如何進入質料;而是一個質的變化所需要的條件,即相反的性質在同一主體上出現、相反的謂詞謂述同一個主語。

目前的結論就是:相反性質-奠基實體(ἀντικείμενον - ὑποκείμενον)這個結構不是我們要找的形式-質料結構(μορφὴ - ὕλη),這個看似悲觀的結論其實對我們而言卻也有積極的啓發——即亞里士多德的論證結論雖然不可以直接用;但他的論證思路卻可以借鑒。我們可以根據前者的研究思路來探究推出後者的方法。

我們回顧前面説過的,亞里士多德先有了相反的性質,然後認爲必須有一個不同於這二者的第三者,作爲它們的基底,這樣相反的性質才能够在其上轉化。用語言結構描述,即在一個有意義的表達中,謂詞(懂音樂的)需要一個主語(人)作爲基底,從而使得表達得以可能。類似的,亞里士多德應該先有了形式,然後在此基礎上推出質料。一方面形式作爲本質屬性也是一種性質,只是不允許相反/相對。既然可以從相反性質推出必須有個基底(ἀντικείμενον→ὑποκείμενον);那麽我們同樣可以從本質屬性出發,推斷出它也必須有一個託底的質料(μορφὴ→ὕλη)。另一方面,在柏拉圖傳統之下,無論倫理德行還是具體事物的本質都應在其形式之中;而亞里士多德的形式(μορφὴ)在我看來應該是從柏拉圖中後期的模型(παραδεῖγμα)轉化過來

[1] 參見 *Categoriae* 5, 3b10—23: [...] τὸ δὲ εἶ δος καὶ τὸ γένος περὶ οὐσίαν τὸ ποιὸν ἀφορίζει, -ποιὰν γάρ τινα οὔσίαν σημαί νει, 3b19—21。
[2] 參見 *Categoriae* 8, 10a12—25。
[3] 參見 *Categoriae* 5, 3b24—32。

的。也就是說在生成問題上,亞里士多德繼承柏拉圖的傳統,即事物的本質在於其形式,而不在於其經驗存在。因此,亞里士多德應該先有了形式,然後考慮到作爲作用者(ποιεῖν)的形式必須有一個與其相對應的基底,能够接受其作用(πάσχειν)——這就是質料。

2. 形式因和質料因劃分的内在根據

上面我們根據亞里士多德的相反性質-奠基實體(ἀντικείμενον - ὑποκείμενον)結構,類比的推斷出質料-形式(μορφὴ-ὕλη)的來源和結構;下面再來講一下這一結構劃分的内在根據。我先寫出一個框架,然後再來詳細解釋一下:

μορφὴ-ἐνεργεία-ποιεῖν

ὕλη-δύναμις[1] - πάσχειν

質料-形式這一對概念雖然不是亞里士多德的獨創,但是把它們作爲對立概念來使用,確是從亞里士多德開始的。亞里士多德的形式(μορφὴ)繼承了柏拉圖理念的"獨一性",即同一類事物只有一個形式和"不變性",只要是同一個事物,那麼它的形式/本質就不變。然而亞里士多德從製造物和自然物的生成問題出發,把形式置入動態之中,因此形式不僅具有規範性,更具有動態性(ἐνεργεία),[2]即形式必須始終"在作用之中"(ἐν-εργεία, im-Werk-sein),動態的、對於質料起規範作用(ποιεῖν)的才是亞里士多德意義上的"形式"。

我們再來看形式的對立概念質料。亞里士多德在許多地方也將質料(ὕλη)稱之爲奠基者(ὑποκείμενον),[3]後面我們會看到 ὕλη 只是 ὑποκείμενον 的一個含義。這個概念被引入亞里士多德的"本原研究"至少依據以下兩個原則。第一個就前面討論過的"奠基性"原則,即没有生成就没有個别事物;没有個别事物就没有類,没有類就没有更高級的種。在這裏引入質料遵循同樣的原則,因爲亞里士多德首先要討論的不是對一個事物的言説,而是一個具體事物實實在在的生成問題,而生成本身没有質料是不可能的;單純的形式造不出任何東西。這是第一個原則,這個原則通過將質料在奠基(ὑποκείμενον)的意義上理解,即作爲個體事物生成的物質基礎。除此之外,質料的引入還遵循了另一個原則——即"承受性"原則。一切的承受(πάσχειν)都要以作用(ποιεῖν)爲前提(語言結構也類似,一切的被動態以主動態爲前

[1] ὕλη 其實被規定爲 δύναμις οὖσα(參見 *Metaphysica* Θ8, 1050b27),即具體的質料必須擁有特定的能力(Vermögen),以便形式可以作用於其上。ὕλη 和 στέρησις,亦即 δύναμις 和 τὸ δυνάμει ὄν 的區别, 在這裏就不展開論證了。ὕλη 和 στέρησις 的區别,可參見 *Physica*, A9; δύναμις 和 τὸ δυνάμει ὄν 的區别,可參見 *Metaphysica* Θ1, 3, 4.

[2] 參見 Simplicius Cilicius, *Simplicii in Aristotelis Categorias Commentarium*, ed. by Karl Kalbfleich, S. 302, 304, 306。

[3] 參見 *Metaphysica* A3, 983a29—30。

提);没有作用,就無所謂承受。從這一點我們可以清楚地看到,事實上質料不是一個自身獨立的概念,只有在形式的作用下(μορφὴ-ποιεῖν),才可能出現質料的承受(ὕλη-πάσχειν)。換句話説,質料必須通過形式才能得到規定,必須通過形式才能够被言説。因此在這個意義上亞里士多德才説“質料是通過類比而被認知的”,意思是它只有在與形式(μορφὴ)或者個體事物(τόδε τι)的關係中能得到規定性。[1] 質料雖然是生成結構中不可或缺的物質基礎,但是它作爲被動的承受者只在形式的主動作用下才有意義,因此在亞里士多德形式-質料的結構中前者本體上、邏輯上都是優先的。[2]

上面我們講清楚了形式-質料這一結構内在的劃分依據,一方面形式在生成中起主動作用;另一方面質料接受形式的規定性——作用-承受(ποιεῖν-πάσχειν)的功能性差異才是形式-質料得以劃分開來的内在根源。[3] 下面我將藉助作用-承受這個基本結構解釋一個非常重要的概念,即 ὑποκείμενον。亞里士多德所有的重要概念都是有多重含義的(Metaphysica Δ 就是最好的證明),ὑποκείμενον 也不例外;在 Metaphysica Γ 的第 2 節,亞里士多德在談到概念多義性的基礎上,還强調這多重含義是指向一個基本含義的(πρὸς ἕν)。[4] 我在這裏之所以要藉助作用-承受這個結構來解釋 ὑποκείμενον,主要的意圖也在於在展現概念多義性的基礎上,找出多重含義所共同指向的“一”。

ὑποκείμενον quasi ὕλη-μορφὴ

ὑποκείμενον 的第一個含義就是我們上面所説的與形式相對的質料;[5]作爲基底的質料不僅是生成的必要條件,並且是與作用者(ποιεῖν)形式相對的承受者(πάσχειν)。

ὑποκείμενον quasi Substrat-συμβεβηκός ὑποκείμενον quasi Subjekt-κατηγορία

ὑποκείμενον 第二個含義又可以從兩個層面展開。本體論上來講,指的是“作爲託底的存在”,與其相對的是可以相互轉化的偶性。在這樣一個事態“懂音樂的人”之中,人作爲個别實體就是偶性“音樂性”託底的存在(Substrat)。[6] 另一方面,從語言

[1] 參見 *Physica*, 191a6—14: ἡ δὲ ὑποκειμένη φύσις ἐπιστητὴ κατ' ἀναλογίαν. ὡς γὰρ πρὸς ἀνδριάντα χαλκὸς ἢ πρὸ ς κλίνην ξύλον ἢ πρὸς τῶν ἄλλων τι τῶν ἐχόντων μορφὴν ἡ ὕλη καὶ τὸ ἄμορφον ἔχει πρὶν λαβεῖν τὴν μορφήν, οὕτως αὕτη πρὸς οὐσίαν ἔχει καὶ τὸ τόδε τι καὶ τὸὄν。

[2] 這裏可參考 *Metaphysica* Z3,那裏講得更清楚。

[3] 這部分論述的文本依據,可參考 *Physica*, 189b 11—16: καὶ ἔοικε παλαιὰ εἶναι καὶ αὕτη ἡ δόξα, ὅτι τὸ ἕν καὶ ὑπεροχὴ καὶ ἔλλειψις ἀρχαὶ τῶν ὄντων ε'ισί, πλὴν οὐ τὸν αὐτὸν τρόπον , ἀλλ' οἱ μὲν ἀρχαῖοι τὰ δύο μὲν ποιεῖν τὸ δὲ ἓν πάσχειν, τῶν δ' ὑστέρων τινὲς τοὐναντίον τὸ μὲν ἕν ποιεῖν τὰ δὲ δύο πάσχειν φασὶ μᾶλλον;或者 *Physica*, B 8, 191a34—191b4。

[4] 參見 τὸ δὲ ὄν λέγεται μὲν πολλαχῶς, ἀλλὰ πρὸς ἕν καὶ μία τινα φύσιν καὶ οὐχ ὁμωνύμως, *Metaphysica* Γ, 1003a 33—34。

[5] 參見 *Metaphysica* A3, 983a29—30。

[6] 參見 *Categoriae*, 1a20—1b6。

角度看,與事態對應的表達"人是懂音樂的",在句子中託底的是作爲主語的"人"。因此,一個句子的主語(Subjekt)也可以稱之爲託底的(ὑποκείμενον)。[1]

上面我們看到了 ὑποκείμενον 的三個含義:質料、個別實體和主語,下面我們來進一步探究下這個概念的核心含義。ὑποκείμενον 按照拉丁文可以翻譯爲"subiectum, substratum, substantia"——不管是從希臘文還是從拉丁文翻譯,我們可以看到這個概念至少有以下兩個特點:一是 ὑπο-κείμενον(sub-iectum)這個概念本身就預設了另一概念,即 ὑποκείμενον 雖然是託底的,但其含義取決於它所託的東西(κείμενον);它之所以從本質上來講就是多義的,根本上取決於與它相對的概念,即"對……而言是託底的,爲……託底"。除了"奠基性"這個特點以外,這個概念還有一個特點,即"承受性"。一方面從語言角度講,不論希臘文(ὑποκείμενον)還是拉丁文(subiectum),這個概念從構詞上都是分詞的被動形式;另一方面在作用-承受(ποιεῖν-πάσχειν)這個框架下更明顯:ὑποκείμενον 作爲質料要承受形式的作用;作爲存在意義上的託底者(Substrat),要承受偶性的作用;作爲表達意義上的主語(Subjekt),[2]要承受範疇的謂述。也就是說,ὑποκείμενον 作爲被作用者總有一個作用者與其相對。總而言之,ὑποκείμενον 至少有質料、個別實體、主語三重含義;而這三種含義都指向一個核心,即"奠基性"和"承受性"。

(二)動力因和目的因

上面我們從《物理學》A 卷第 7 節出發,通過對"對立性質-奠基實體"(ἀντικείμενον-ὑποκείμενον)這一變化結構/謂述結構的分析,類比的推斷出形式-質料(μορφὴ-ὕλη)這一生成結構;並且推導出其深層根據,即作用-承受(ποιεῖν-πάσχειν)這一對立。其實在亞里士多德整個"本原研究"(即生成結構分析)中,形式-質料這一對對立的劃分是最根本的;這一結構其實是動力因-目的因進一步劃分的根據。簡而言之,形式-質料這一對結構中的兩個基本要素不能靜止不動,互不相關;形式必須在作用質料,而質料必須承受。換句話説,這二者必須相互發生關聯;而相互作用得以可能的動力就是"動力因"。對於亞里士多德而言,使得形式進入質料的動力不僅是"動力因",同時也是整個生成活動的開端;而這一生成不僅要有開端,還必須有一個終結,生成活動的完成就是"目的因"。[3] 下面我們來關注這二者的確切含義,以及劃分依據和深層根源。

---

[1] 參見 *Categoriae*, 1a20—1b6。

[2] Subjekt 這個概念正如它的希臘文和拉丁文詞源一樣,本身是被動的含義;在近代哲學中,託底的東西由外在實在轉化爲内在主體;相應的這個概念的含義也由被動轉化爲主動——這其實近代哲學的一個非常根本的轉變。

[3] 關於四本原兩次劃分,也可參見 Bonitz 的説法,但他只給出説法,没有任何論證,見 Hermann Bonitz (Übers.), *Aristoteles' Metaphysik*: Griechisch-Deutsch, Bücher I(A)-IV(E), Meiner, 1989, S. 275。

1. 亞里士多德意義上的動力因和目的因

關於亞里士多德這裏“動力因”和“目的因”的確切含義,我還是先寫出一個框架,然後再來詳細解釋一下:

ἀρχὴ τῆς γενέσεως[1]-ὅθεν

ἀρχὴ ὡς τέλος-οὗ ἕνεκα

“動力因”顧名思義,就是形式-質料這一框架得以動起來的根據。動力因是生成的本原(ἀρχὴ τῆς γενέσεως),而生成則包括動植物生成(γένεσις διὰ τὴν φύσιν)[2]和製造物被製造完成(ποιήσις ἀπὸ τέχνης)。[3] 因此,所謂“動力因”探討的就是所謂的“生成運動”由何開始、從何而來,即 ὅθεν。

在亞里士多德整個“生成結構”的分析中,正如質料作爲形式的缺乏以潛在(δυνάμει)的方式存在;[4]形式應處於作用之中(ἐν-εργεία);作爲動力因,其存在方式則有一定的目的性(ἐντελέχεια),[5]而目的的實現同時也是生成運動的完成。生成既要有開端(ἀρχὴ τῆς γενέσεως),也要有終結(ἀρχὴ ὡς τέλος),它始終處於一個有待完成的框架之中,即朝向特定目的的生成:ἐν-τελέχεια(ἐν-τέλος)。亞里士多德將生成活動置於“開端-終結”這一框架之内,我們由此獲得了“動力因”和“目的因”。也只有在這個意義上才可以説動力因和目的因構成對立(ἀντικειμένη),[6]因爲從概念本身的原始含義出發,動力因特指自然物或者工匠,對應的目的因指的則是被生成出來的自然物或者被製造出來的人造物——這二者之間顯然不構成對立關係。但是在這兩個概念的引申含義上,即動力因特指生成的開端,而目的因標示結尾,在這個意義上才構成對立。

亞里士多德這裏所講的目的因(τέλος)有雙重含義。首先,它是整個生成運動的結束,也就是形式進入質料這一過程結束了,最終形式規定了質料,一個具體物體産生,它擺脱了質料無規定性的狀態,進入一定的確定性中,即擁有了一定的形式、規定性。因此 τέλος 首先是在完成的意義上講的,亦即一個自然物(動物、植物)生長完成或製作物被製造完成,達到自身的邊界(ἔσχατον, πέρας)。[7] 然而對於亞里士多德而言,τέλος 的含義還不僅僅如此。一個簡單的事實在於,比如一張桌子被製造出來,製造本身(即把桌子的形狀賦予木料)不

[1] 參見 *Metaphysica* Z8, 1033a25。

[2] 參見 *Metaphysica* Z7, 1032a26。

[3] 參見 *Metaphysica* Z7, 1032a27—28。

[4] 參見 *Physica*, B1, 193b6—8:καὶ μᾶλλον αὕτη φύσις τῆς ὕλης. ἕκαστον γὰρ τότε λέγεται ὅταν ἐντελεχείᾳ ᾖ , μᾶλλον ἢ ὅταν δυνάμει。

[5] 參見 *Physica*, B1, 193b6—8:καὶ μᾶλλον αὕτη φύσις τῆς ὕλης. ἕκαστον γὰρ τότε λέγεται ὅταν ἐντελεχείᾳ ᾖ , μᾶλλον ἢ ὅταν δυνάμει。

[6] 參見 *Metaphysica* A3, 983a30—32:... τρίτην δὲ ὅθεν ἡ ἀρχὴ τῆς κινήσεως, τετάρτην δὲ τὴν ἀντικειμένην α'ιτίαν ταύτῃ, τὸ οὗ ἕνεκα καὶ τἀγαθόν, τέλος γὰρ γενέσεως καὶ κινήσεως πάσης τοῦτ' ἐστίν。

[7] 參見 *Physica*, 194a32。

是這個製作行爲的最終目的;它真正的目的是使用,[1]因此 τέλος 就有了目的論的含義,即 οὗ ἕνεκα(um... willen,爲了……的目的);亞里士多德還是用了 ἄγαθον, βέλτιστον 這類表達,都是爲了表明,具體事物生成的 τέλος 不僅僅是具有了一定的規定性(πέρας),更是在生命活動中(動物、植物)或者在使用中(製造物)達到或完善自身的德性——邊界/規定性(πέρας)和善好(ἄγαθον)就是這裏所説的"目的因"即 τέλος 雙重含義。

2. 動力因和目的因劃分的内在依據

ἀρχὴ τῆς κινήσεως-ἐξ οὗ-Anfang

ἀρχὴ ὡς τέλος-ἐις ὅ-Ende

如果説"動力因"探討的是具體事物在生成開端"從何而來"(ἐξ οὗ[2])的話;那麼"目的因"探討的就是具體事物在生成結束時的"到哪裏去"(ἐις ὅ[3])——它們一個探討的是生成的開端(即動因);一個探討的是生成活動的結束(即結果)。在開端處,質料缺乏形式上的規定性,當得到某種動因時(εξ οὗ), 整個生成運動開始(Anfang);而在整個生成或者製造過程完成時(例如植物或動物生長完成,或者製造物被製造完成),質料最終進入了某種特定的形式上的規定性(ἐις ὅ),也就是説質料最終獲得某種特定的形式。生成製造就是根據某種作用力(動力因),形式(形式因)最終被賦予了質料(質料因),得到了一個具體事物(目的因)的過程。

另外,上面我們看到了形式-質料的深層結構是作用-承受——它們一個主動作用,一個被動承受,這二者構成一組對立;動力因-目的因的深層結構則是"從何而來-到哪裏去"(ἐξ οὗ-ἐις ὅ)——一個作爲開端,一個作爲終結,這二者也構成了一組對立。也就是説四本原其實是由兩組對立構成的,這個結論對於我們最終探討四本原的本質以及在亞里士多德體系中絶不存在"第五本原"意義重大(這個問題我將在第三部分詳細展開)。

總　結

綜上所述,我們在第一部分闡明了"本原研究"在亞里士多德"形而上學"體系中的地位和意義:即一方面亞里士多德承接柏拉圖,以生成結構解決了柏拉圖"理念論"所面對的理念與經驗事物,一與多,普遍與特殊的關係問題。無論是自然物的生成還

[1] 工匠要製作的不僅僅是一張桌子,而且是一個能用、好用的桌子。

[2] ἐξ οὗ 同樣的表達,亞里士多德有時也用在描述"質料因"上,例如 *Physica*, 194b24—25。ἐξ οὗ 在質料因那裏,指的是一個具體事物從質料的意義上"從何而來";而 ἐξ οὗ 在動力因的意義上使用,則指的是一個具體事物得以生成動力上的原因。

[3] 參見 *Physica*, 194b18。

是製造物的被造完成都是一個形式寓於質料,普遍進入特殊的過程。“本原研究”不僅僅具有以上的歷史意義,在亞里士多德自身的體系中,它也佔有很重要的地位,“本原研究”所涉及的生成分析(διά τι)是亞里士多德整個形而上學核心問題、本質問題的(τί ἐστιν)基礎。因爲亞里士多德形而上學從自然物和製造物出發,這二者都被視爲合成物(σύνολον),即質料與形式的結合,他們首先必須經過生成(γιγνέσθαι)才能够存在(εἶναι)。只有個體事物生成出來、真正進入存在之後,我們才能够探究它的本質(εἶδος),以及對本質的規定性(τὸ τί ἦν εἶναι)。

在第一部分探明了“本原研究”的意義之後,我們在第二部分重點分析了四本原彼此劃分開來的内在依據。首先,形式因-質料因根據“作用-承受”(ποιεῖν-πάσχειν)這一對立被區分開來;然後,形式和質料之間必須發生關聯,而促使二者相互作用起來的原因就是動力因;生成不僅要有開端,並且要有終結,因此根據“從哪裏來-到哪裏去”(ἐξ οὗ-εἰς ὅ)原則,我們又可以得到兩個本原,即作爲生成運動開端的動力因和作爲終結的目的因。以上簡要地回顧了一下前兩部分的主要内容,第三部分的論述其實是要在前面論證的基礎上,進一步追問“本原研究”的理論前提、對象以及四本原的本質。下面就分這三個部分來展開論證。

(一) 本原研究必要的理論前提

前面我們已經説清楚了,亞里士多德整個“本原研究”探究的其實是一個生成結構(自然物的生成或者製造物的被造完成)所需要的四個必要條件。在四本原之中,形式和質料的劃分是奠基性的,也就是説必須有作用-被作用這一對對立,生成運動才有可能進行。這一點表明了本原研究涉及的生成必須預設作用與承受這一組對立,在植物、動物之中,即便這組對立不那麽明顯,但是還是要設定的,即在生物自身内部一分爲二,自身既是作用者,也是被作用者。這就是本原研究的第一個理論前提,即生成活動要得以可能必須預設一組作用與被作用的對立,也就是要預設“二”。

雖然形式-質料的劃分在生成活動中是奠基性的,但這也只是生成得以可能的必要條件,而非充分條件。因爲這兩者要能够發生關聯,必須要有動力因的推動,否則就成了柏拉圖《巴門尼德篇》中所批判的,形式是形式,經驗事物是經驗事物,二者各不相關。换句話説,形式-質料這個結構必須是動態的,這二者雖然一個主動作用,一個被動承受,構成對立;但它們並不是各自站在一端,互不相關的對立,這一對立恰恰是在二者的關聯中建立起來的。在亞里士多德的體系中形式必然要與質料發生關聯,從而導致整個結構不是静止不動的,而是動態的,也正是在這個意義上,我們可以説本原研究就是生成分析。這就是本原研究的第二個理論前提,即它從根本上預設了整個體系是動態的,形式必須進入質料。

上面我們分析清楚了"本原研究"(即生成分析)的兩個理論前提,第一預設了存在是二(δύο),嚴格意義上講,預設了存在中必須有一種能够互相作用的對立(ἐναντίον. ποιεῖν-πάσχειν);[1]第二預設了整個體系是一個動態的體系,必須能够動起來。從這裏我們就能够清楚地看到,爲什麽説亞里士多德對於愛利亞學派(主要是巴門尼德)的批判在其生成分析中具有決定性的地位,因爲愛利亞學派的説法剛好同亞里士多德整個生成分析的兩個理論前提完全矛盾。

愛利亞學派的基本觀點是"存在是一且不動"(ἕν καὶ ἀκίνητον),這直接同亞里士多德生成分析的兩大前提相矛盾,即存在是二(δύο),並且這兩個對立(ἐναντίον)之間必須能够動態的發生關聯(κίνησις)。也正是在這個意義上,亞里士多德想要全面展開他的本原研究,就必須首先批駁愛利亞學派,證明存在是二(δύο)並且能够運動(κίνητον)。基於同樣的原因,亞里士多德緊接著批駁了 Anaxagoras 一切是無定(ἄπειρον)的觀點,[2]因爲 Anaxagoras 雖然承認存在是動的,但他仍然堅持存在是一的觀點(即一切是無定),不承認對立,這樣的話一切從無定中來,歸回於無定中去,這仍不是亞里士多德意義上的生成。從這裏就可以看出,《物理學》A 卷的章節安排頗有邏輯性:亞里士多德先從離他自己理論前提最遠的愛利亞學派"存在是一且不動"的觀點批駁起(第 2—3 節,因爲愛利亞學派的説法與亞里士多德生成分析的兩大前提都矛盾);然後批駁 Anaxagoras 一切是無定的觀點(第 4 節,因爲 Anaxagoras 承認存在是運動的,至少滿足了生成分析的一個前提);從第 5 節開始引入自然哲學家關於對立的討論,這已經非常接近他自己的理論前提了;第 6—7 節將對立(ἐναντίον) 轉化爲他自己對立性質(ἀντικείμενον)在此基礎上推出奠基的實體(ὑποκείμενον),我們可以類比的推出形式-質料結構。由此可以看清亞里士多德整個生成分析是以"對立"和"運動"爲基礎的。

(二) 本原研究的對象

從上面的敘述我們可以看到,整個本原研究即生成結構分析要以"對立"和"運 動"爲兩大基本前提;亞里士多德意義上的生成過程其實就是形式-質料這一基本對立相互發生作用的過程,即形式進入質料。根據動因的不同,形式進入質料這一模式可以生成兩類事物: 一類是動因在内,最終生成植物或動物;另一類是動因在外(比如工匠),最終得到製造物。由於兩類事物都是由質料和形式合成的,因此本原研究的對象即個體事

---

[1] 這也是亞里士多德在《物理學》A 卷第 5 節高度評價自然哲學家提出 ἐναντίον 這一原則的原因。

[2] 亞里士多德重構的 Anaxagoras 的觀點,參見 *Physica*, 187a26—187b7;亞里士多德反駁參見《物理學》A 卷第四節。

物其實是“合成物”(σύνολον);探討的則是兩類合成物得以生成的四個根據。在《物理學》和《形而上學》中,亞里士多德以四本原學説解釋自然物(特指動物、植物)和製造物的生成根據及生成過程;在《生成與毀滅》中他更進一步運用“形式進入質料”,確切的講“作用-承受”這一模型來解釋水、火、土、氣四種基本元素的生成與相互轉化。

(三) 四本原的本質

前面我們講清楚了本原研究的理論前提,即對立和運動;以及本原研究的對象,即兩類合成物通過形式進入質料而生成。下面我們再來具體探究一下,本原研究中的四本原的結構。

前面我們曾經提到一個重要結論,就是亞里士多德在《物理學》A 卷第 5 節中提出來的,即:

> ὥστε πάντ' ἄν εἴη τὰ φύσει γιγνόμενα ἤ ἐναντία ἤ ἐξ ἐναντίων .-Vgl. *Physica* A5, 188b 25—26[1]

所有的自然生成物或者自身就構成對立,或者由對立原則生成而來。我們認爲這句話中前後兩個對立(ἐναντία)含義不一樣: 前一個指的是水、火、土、氣這類自然物,或者黑、白、冷、熱這類性質,亞里士多德不僅承認它們的存在,還將它們視爲對立的存在,前者在實體意義上對立;後者是性質上的對立,必須依附於一定的實體。後一個從對立原則而來(ἐξ ἐναντίων)指的並不是上面所説的這些,因爲無論是把水-火這樣的對立實在融合還是把黑-白這樣的性質相結合都產生不出來真正的存在物來,因此這裏的從對立而來指的實際上是形式-質料的對立,也即是説通過這二者的結合,即動物把自然種類的普遍性寓於一個個體之中或者工匠把桌子的形式賦予木料,從而產生出個別事物來。

通過上面的説法,我們可以看到形式-質料這個結構確實是一組對立,對於這一點亞里士多德在文本中雖然没有明確和直接的表達,但對形式-質料的深層結構作用-承受,他卻明確地説這二者是一組對立:

> τὰ δ'ἄλλα ἐναντία λέγεται τὰ μὲν [...], τὰ δὲ [...], τὰ δὲ τῷ ποιη τικὰ ἤ παθητικὰ εἶναι τῶν τοιούτων.-Vgl. *Metaphysica*, 1018a 33

動力因-目的因這一結構,亞里士多德是非常明確地指出,這二者是一組對立,[2]因爲

---

[1] 參見 *Metaphysica* E, 1005a3—5: πάντα γὰρ ἤ ἐναντία ἤ ἐξ ἐναντίων。

[2] 參見 *Metaphysica*, 983a 31: τετάρτην δὲ τὴ ἀντικειμένην α'ιτίαν ταύτῃ;參見 *Physica*, 195a 10—12: ἀλλὰ τὸ μὲν ὡς τέλος τὸ δ'ὡς ἀρχὴ κινήσεως. ἔτι δὲ τὸ αὐτο ἐναντίων ἐστιν。

這一結構的内在根源在於從哪裏來-到哪裏去,即動力因表示生成運動的開端,而目的因指示其結束,在這個意義上二者構成一組對立:

> ἀντικείμενα λέγεται ἀντίφασις καὶ τἀναντία καὶ τὰ πρός τι καὶ στέρησις καὶ ἕξει καὶ ἐξ ὧν καὶ ε'ις ἅ ἔσχατα αἱ γενέσεις καὶ φθοραί. -Vgl. *Metaphysica*, 1018a 20—22

上面我們看到了,形式-質料作爲作用-承受(ποιεῖν-πάσχειν)是一組對立; 而動力因-目的因作爲從哪裏來-到哪裏去(ἐξ οὗ-εἰὅ)是另一組對立——由此我們找到了四本原的本質,即四本原是兩組對立。在這個基礎上,我們就可以得出結論,在亞里士多德本原研究的體系中一定是四本原,不會出現第五個;因爲這四個本原的引出奠定在兩組對立的基礎上,由對立而產生的四本原從理論内部決定了不允許有第五個。

在前面論證的基礎上,我們來試著重構一下亞里士多德整個本原研究的思路。一方面,亞里士多德承接柏拉圖的問題域,從普遍與個別的問題出發,試圖解決柏拉圖那裏面臨的理念世界與經驗世界二分的問題。另一方面,亞里士多德轉變了研究對象,理論出發點由倫理德性轉向個别生成物(即作爲動植物、製造物的合成物),試圖通過生成結構的分析解決普遍與特殊的關係問題;同時爲他自身理論内部的本質追問奠基。除了繼承柏拉圖的問題域之外,亞里士多德在生成分析中,一定程度上還是繼承了柏拉圖"理念論"的思路,即在四本原的劃分過程中, 亞里士多德還是先有了形式的概念,不過亞里士多德的形式不是柏拉圖静止不動的理念;而是必須發揮主動作用的作用者。作用者自身就要求有一個相對應的被作用者,即質料。亞里士多德生成分析有兩個基本前提,即"對立"和"運動", 形式-質料這一根本對立只滿足了前一個條件;這個結構要能够動起來,還必須要有動力因的作用,因此引出了第三個本原。然而生成運動不僅要有開端(即動力因)還要有終結,因爲這一生成運動始終朝向一定目的,由此就引出了第四個本原,即目的因。由作爲"作用-承受"的"形式因-質料因"這一基本對立出發, 推出作爲"開端-結束"的"動力因-目的因"——四本原其實是按照一定的邏輯結構所引出的兩組對立。從這裏我們就可以得出結論,在亞里士多德本原研究中, 絶不可能出現第五本原,因爲這是整個體系的基本原則,即對立原則所不允許的。

不僅如此,我們還可以進一步看到,正如本文重點論述的,《物理學》A、B 卷按照兩組對立原則,依據"形式因→質料因→動力因→目的因"的順序引出"四本原"——根本上來説遵循的是"邏輯原則"。而《形而上學》A 卷則是在"四本原"已經找到的前提下,[1]按照"質料因→動力因→形式因→目的因"這樣的順序對於之前哲學家或哲

---

[1] 參見 *Metaphysica* A3, 983a33—983b1: τεθεώρηται μὲν οὖν ἱκανῶς περὶ αὐτῶν ἡμῖν ἐν τοῖς περὶ φύσεως。

學流派進行了亞里士多德式的批判——根本上來説遵循的是"歷史原則",因爲從歷史上看,以質料解釋世界的自然哲學家顯然出現在以形式解釋世界的柏拉圖之前。無論亞里士多德以"邏輯原則"還是以"歷史順序"重構他之前的哲學研究成果,重要的是這一切都不是經驗性的"歷史總結";而是亞里士多德依據自身哲學原則所作出的"邏輯推演"或"歷史批判"。

Aristotle's Research on the Principles

Liu Xin

Abstract: Aristotle's doctrine of the four causes is taken as subject of research in this article, in order to show how fundamental the doctrine is in Aristotle's *Metaphysics*. Through the analysis of the inner structure of four causes, man can see that it is necessary there are only four of them. That means, it is not possible that another fifth shows up. The original text will be analysed precisely in order to reveal Aristotle's train of thought and his basically philosophical principle.

Keywords: four causes, four principles, research on the principles

劉鑫,德國海德堡大學哲學系博士候選人

馬里墉論作爲第一哲學的現象學

鄧　剛

【提　要】 本文論述了當代法國現象學家馬里墉關於現象學作爲第一哲學的觀點。在馬里墉看來,雖然傳統哲學中關於第一哲學的各種嘗試,都歸於失敗,但現象學由於其自身的自明性和嚴格性,卻有可能重新使得第一哲學成爲可能。現象學作爲第一哲學之所以可能,關鍵在於現象學原則是否成立,爲此,馬里墉論證了他所提出的"還原越多,給予就越多"的現象學第四原則何以成立。

【關鍵詞】 第一哲學　現象學　還原　給予　現象

胡塞爾一生始終堅持一個理想:"哲學是一門嚴格的科學"。[1] 胡塞爾"試圖要恢復哲學最本源的觀念: 即自柏拉圖給予明確闡述以來已成爲歐洲哲學和科學基礎的那種觀念。"[2]如果説在胡塞爾之後,"作爲嚴格科學的哲學"這一理想,遭到了海德格爾等現象學家的揚棄。那麼一定程度上,當代法國哲學家、現象學新秀馬里墉(Jean-Luc Marion)[3]繼承了這一理想,但卻賦予了全新的含義。馬里墉認爲,現象學是當今最有效的哲學形態,最能解決理論問題。他説:

> 在我們這個時代,現象學在最大程度地保證了哲學的角色。事實上,在尼采以倒轉的方式窮盡並完成了形而上學的全部可能性,並終結了形而上學之後,和其他的理論創新比起來,只有現象學能夠開創一個新的開端。[4]

胡塞爾曾著有《作爲嚴格科學的哲學》,認爲最嚴格意義上的科學只能是作爲現

[1] 關於這一點,在關於胡塞爾的傳記和論著中,已經多次被提及。參見倪梁康:《現象學及其效應》,三聯書店,1994 年,頁 11;胡塞爾著,倪梁康譯:《哲學作爲嚴格的科學》,商務印書館,1999 年,譯者前言;德布林著,李河譯:《胡塞爾思想的發展》,商務印書館,1995 年,頁 96。

[2] 胡塞爾著,張延國譯:《笛卡爾式的沉思》,中國城市出版社,2002 年,編者導言頁 2。

[3] Jean-Luc Marion 其姓 Marion 也常被漢語學界學者譯作馬里翁。高宣揚教授將在其多部著作和論文中將其姓譯作馬里墉,更爲貼近法文發音。本文茲採用馬里墉譯名。

[4] 《還原與給予》(Jean-Luc Marion, *Reduction et donation*, Paris, PUF, 2004),法文本第 7 頁。

象學的哲學,這種現象學不僅自我奠基,而且也爲一切科學奠基。但是,隨著當代科學技術的迅猛發展,各種自然科學似乎都能夠自我奠基,而無需訴諸哲學,將自身當作科學的原則或者基礎的"第一哲學"似乎已經終結了,就如同形而上學的終結。隨著結構主義、後現代主義的興起,倒是哲學本身與非哲學的界綫越來越模糊了,在海德格爾、拉康、德里達、福柯、列維·斯特勞斯等人的哲學中,我們越來越多地發現哲學與其他學科互相滲透、互相交叉,尤其是文學、社會學、人類學、心理學等學科的内容越來越多地進入哲學領域。在這樣一個多元化、相對主義的背景之下,如果誰仍然堅持"哲學是一門科學"、"第一哲學"這樣一類要求,難免會顯得不合時宜。但是馬里墉卻背道而馳,在 2001 年發表的《論溢出》(*De surcroît*)一書的第一章[1]就明確提出,現象學就是第一哲學。

一、哲學史中的三種"第一哲學"

馬里墉首先指出,哲學必須具有某種第一性(la primauté)。他很清楚地意識到,當今社會之中哲學在學科體系以及知識體系中所處的困境,因此他也明確指出:作爲一切自然科學或社會科學的原則或者基礎,這樣一種"第一哲學"已經失去其合法性。首先,這是因爲任何一門科學,都具有某種自治性,不需要借助哲學,而且隨著實證科學的發展,幾乎任何一個可研究的領域都已經變成了實證科學的對象,結果問題變成了是否可能還留有一個專屬於哲學的領域。科學並不需要向哲學證明其合法性,相反,從實證科學的角度來看,哲學作爲科學的合法性卻是極爲可疑的。其次,當代科學都是自我論證,自我定位的,並不需要什麼一般原則。每一門科學都根據自己的需要和自己的假設來向前推進,而從不宣稱達到了某種確定的結果。

但是,哲學必須堅持某種第一性,否則,不僅哲學作爲"第一哲學"將會消失,而且哲學作爲哲學也將會消失。問題並不在於論證哲學是不是具有某種第一性,而在於哲學應該採用何種第一性。只有通過具體地考察哲學史上所堅持過的"第一性"的類型,才能回答哲學是否仍然應該堅持某種"第一性"的問題。於是,馬里墉轉入哲學史的考察,認爲必須區分哲學史上的三類"第一性",也即三種不同的"第一哲學"。

首先還得從古希臘説起。亞里士多德在《形而上學》卷 E 中區分了三種理論學術,三個不同的領域:(1) 物理學;(2) 數學;(3) 神學。理論學術優於其他學術,而理論學術之中又以第一哲學爲最高等級。[2] 第一哲學研究的是最高的不動的獨立的

[1] 《論溢出》(Jean-Luc Marion, *De surcroît*, Paris, PUF, 2011),頁 1—33。

[2] 三種學術之劃分,參見《形而上學》E1, 1026a 29—31。中譯參見亞里士多德著,吴壽彭譯:《形而上學》,商務印書館,1997 年,頁 75—76。

實體(ousia),但其前提在於：ousia 是能夠被普遍化的,而且必須至少有一個 ousia 事先被給予。對於這個不變動的 ousia,哲學史上曾作出怎樣的理解？ousia 進入拉丁語後,被譯爲“實體”(substantia)或“本質”(essentia),這兩種翻譯都導致人們無法進入亞里士多德之所思。笛卡爾就已經指出,當把 ousia 理解爲實體,則無法設想一個脱離其述謂(prédications)的實體,然而,爲人們所認識的實際上只是其述謂或者其屬性(attributs),而不是其實體本身。如果我們把 ousia 不是理解爲實體,而是理解爲本質,同樣也會導致理論上的困境。經歷了從笛卡爾,途經洛克、休謨等人,直至 20 世紀如維特根斯坦等對本質概念的嚴厲批判,本質這個概念已經完全站不住腳。如果我們退回到亞里士多德,就亞里士多德的意義上來理解 ousia,這個意義上的 ousia 將存在者之存在還原到在其自身的在場(présence),並以這種在場爲第一位的,但這種在場已經包含了某種存在之理解,即存在者之存在必然顯現爲在場,這正是德里達所批評的“在場形而上學”。因此,基於 ousia 之理解而建立的“第一哲學”將是站不住腳的,因此如果存在某種“第一哲學”,也許有必要在亞里士多德之後的哲學史中來尋找。

如果説關於“第一哲學”的第一種理解是一種 ousia 之學,那麽第二種理解則是形而上學,馬里墉以聖託馬斯爲例。聖託馬斯在不同意義上賦予同一門科學三個不同的名字:“就其考慮的是預先存在的實體而言,它被稱爲神聖科學或者神學。就其考慮的是存在者和存在者生成的東西而言,它被稱爲形而上學。就其考慮的是萬物的原因而言,它被稱爲第一哲學。”[1]這樣,三者實爲同一門科學,但可以從不同角度加以研究。亞里士多德所理解的形而上學研究的是“作爲存在者的存在”,在聖託馬斯那裏,形而上學(metaphysica)一詞是在兩個意義上被理解的：其一,存在論(ontologie);其二,存在—神—論(onto-théo-logie)。但很明顯這兩種理論在今天看來都很成問題：直至 18 世紀,存在論所研究的並非作爲存在者的存在者,而是被認識到的存在者。而所謂“存在—神—論”,由於它與神學的第一性混雜在一起,明顯不能滿足“第一哲學”之要求。至於這門科學的第三個名稱“第一哲學”,被理解爲關於“事物的諸原因”的研究,並根據一種原因的等級序列而建立了一門“原因”的科學。上帝既是一切被造物的原因(存在的根據),也是萬物的存在者性質(étantité)和存在(esse)的原因(存在論的根據)。在聖託馬斯看來,原因不需要 ousia,而是作爲純粹的“存在”(pur esse)而發揮作用。這樣,似乎能夠保證需要哲學的“第一性”。但是,作爲一個形而上學概念,“原因”和其他形而上學概念一樣未能逃脱從笛卡爾開始的現代哲學的批判,“原因”被看作是“單純本性”(natures simples,笛卡爾)或者“知性概念”(康德);

[1] 轉引自《論溢出》,頁 8。

不能在可能經驗之外對這些概念作超越地使用,結果"原因"既不能抵達成上帝,也不能保證"第一哲學"。更爲嚴重的是,"原因"並不能保證任何一種"第一性",因此"原因"概念本身,就事先得以原因和結果之間的對立爲前提,也就是説事物的實存(existence)先於因果性,因爲得先有事物的實存才有可能將某物看作原因或者結果。總而言之,基於"原因"來理解"第一哲學"也是不成功的。

第三種"第一哲學"起源於笛卡爾,並在現代哲學中得以發展,它將"第一性"理解爲"意向"、"認識"的第一性。笛卡爾通過他的形而上學沉思之中,首先通過方法論的懷疑來論證了我思(cogito)的第一性,再從我思出發論證了上帝的存在,然後再以上帝爲根據,論證世界的存在和知識的確定性,從而形成了一種新型的"第一哲學"。他不再使用某種 ousia 來定義第一哲學,而是奠基於某種純粹認識活動的優先性。與之類似,康德的先驗哲學同樣賦予人的先驗認識能力以優先性。"意向的第一性不僅允許重新建立'第一哲學',而且還能建立起對於存在論以及形而上學的新理解——關於一般存在者的認識的科學。……這種意向的第一性無疑建立起了某種'第一哲學'。"[1]然而,即便這樣一種哲學,最終仍然無法逃脱墜入虛無主義之命運。賦予意向活動、賦予認識活動以優先性,也就是賦予"自我"(Je)以優先性,由此將可以引申出兩個觀點。第一,自我必須要成爲一個先驗自我,作爲伴隨一切我思活動的純粹的我思(cogito)。這就必須要將先驗自我與經驗自我區分開來,去掉一切經驗性的東西,這樣先驗自我就只留下了純粹的先天認識形式,例如康德那裏的"先驗統覺"。這樣,將不可避免地導致唯我論的困境,以及身心兩分的難題。第二,意向的第一性,也許意味著任何一個自我都不具備優先性,認識其實是"無名"的,没有指定的主體的。認識的發展,只是知識自身的自我發展而已,而自我只是知識得以産生、發展的場所而已。能夠被認識、被思考的東西依賴於時間與主體間性,因此更重要的是其邏輯結構和形式。經驗自我只不過重複了這些結構和形式罷了,而不存在任何的第一性。由此看來,第三種"第一哲學"仍然是無法成立的。

二、現象學作爲"第一哲學"

那麽,既然以上三種形態都無法保證"第一哲學"的合法性,是否就要放棄"第一哲學"這一追求了呢? 在馬里墉看來,放棄"第一哲學"的追求,也就是意味著放棄哲學。因此,關鍵在於尋找另一條出路,在他看來,胡塞爾的現象學爲我們提供了"第一哲學"的第四種可能。

---

[1] 《論溢出》,頁 13。

胡塞爾在1923—1924年的課程後來成書出版,題爲《第一哲學》。在這本書中,胡塞爾一開始就説:

> 當我重新採納亞里士多德創造的這個表達方式時,我恰好就是從它不常使用這種情況中獲得了很大的預期好處,即它在我們心裏只唤起字面的意義,而不唤起歷史上留傳焉的東西的多種多樣沉澱物……[1]

胡塞爾並不費勁去探討"第一哲學"這一術語的歷史沿革,而只是從字面上來理解它,於是"第一哲學……它一定是這樣一種哲學,它在以它們的全部和整體而構成哲學這門學問的諸一般哲學中,恰好是第一的"。[2] 接下來,胡塞爾將科學理解爲有目的、有秩序的構成物,處在科學本身的最高目的理念的指導之下,而全部真理構成的一個有序的整體需要一個理論上的開端,於是就進一步將第一哲學理解爲"一種關於開端的科學學科","這個學科應該先行於其他一切哲學學科,並從方法上和理論上爲其他一切哲學學科奠定基礎"。[3] 對此,或許我們必須在先驗現象學的視域之中加以理解。在《觀念I》中,他寫道:"現象學按其本質必定以'第一'哲學自任,並提供手段來實行一切所需的理性批判。"[4]在《觀念I》76小節,胡塞爾指出,通過現象學還原爲我們解放出來一個先驗意識的領域。這個領域是一個具有"絶對"(absolu)特徵的領域,乃是"元一範疇"(Urkategorie, proto-catégorie),一切其他範疇皆基於其上。一切範疇理論之出發點,應該是"内在之物"與"超越之物"的區分,正是二者的區分與聯繫,奠定了現象學與其他科學的聯繫的基礎。從絶對的内在的先驗意識出發,由簡單到複雜、由低階到高階,逐步將作爲超越的"本質"範疇建構出來,也即建構成一門"形式本體論"。只有基於這樣一種形式本體論,各門科學作爲"實質本體論"的組成部分才能從根本上得到闡明。

胡塞爾之後,海德格爾、薩特等人,大都將"第一哲學"視作"形而上學殘餘"而拋棄。只有勒維納斯堅持第一哲學的説法,不過在他那裏,第一哲學的座椅交給了倫理學。在《總體與無限》一書的序言中,勒維納斯寫道:

> 本書將區分總體的觀念與無限的觀念,並肯定無限觀念在哲學上的第一性。並將講述無限如何在同與異的關係中産生……[5]

在現象學是第一哲學這一點上,馬里墉是與胡塞爾、勒維納斯一脈相承的。但是,對

[1] 胡塞爾著,王炳文譯:《第一哲學》,商務印書館,2006年,頁32。
[2] 胡塞爾著,王炳文譯:《第一哲學》,頁32。
[3] 胡塞爾著,王炳文譯:《第一哲學》,頁33。
[4] 胡塞爾:《觀念I》,63節,中譯本見胡塞爾著,李幼蒸譯:《純粹現象學通論》,商務印書館,1997年,頁163。
[5] 《總體與無限》,法文版頁11(Levinsa, *Totalité et infini*, Paris, Livre de poche, 1990)。

於現象學作爲"第一哲學"以及現象學如何可能作爲"第一哲學",馬里墉的理解不同於胡塞爾與勒維納斯。且讓我們嘗試跟著馬里墉的思路,來看現象學意義上的"第一哲學"是如何生成的。

首先,馬里墉基本上是在胡塞爾的意義上來理解"第一哲學"的。他指出,如果將第一哲學理解爲作爲其他科學的奠基,這個意義上的第一哲學似乎已經消失了,因爲哲學無法保證這一奠基。但是,哲學必須堅持"第一性",或者至少堅持某種類型的"第一性",只有這樣哲學才有活力;否則,不僅哲學作爲相對於其他科學的"第一哲學"將會消失,而且它作爲哲學也將消失。哲學就其本質來説就應該是"第一哲學"。因此,關鍵在於這是怎樣的"第一性"。馬里墉將它表述爲這樣一個問題:哲學是否擁有一個專屬於自身的領域,不屬於任何科學,也不爲任何其他科學所産生;但另一方面卻又是一切其他知識的可能性條件?[1] 從這個意義上來講,"第一哲學"應該是一門開端的科學。而尋找一個開端,也就是確定一個現象學原則(principe),principe 一詞本來就有開始、開端的意思,因此被用來解釋希臘詞 arche(本原)。這個作爲開端的原則本身應該是絶對自明的,於是我們的問題就在於,如何找到和確定一個這樣的能夠絶對爲自身奠基並爲其他知識奠基的現象學原則。

但是,如果説胡塞爾充分地體現了現代理性主義精神,執著地爲現象學尋找一個固定的開端,馬里墉則採取了顯得頗爲後現代主義的立場,雖然追求開端,但獲得一個開端之後往往馬上加以否定,從來都不追求固定的開端,而總是在這樣一種求/舍、肯定/否定、建構/解構、綜合/分析、解釋/再解釋的創造性遊戲之中,使現象學分析不斷地深入,直至現象本身得以如其所是地被"給予"出來。他寫道:"現象學最初和最後的悖論在於,它採取一個開端是爲了丢掉這個開端。"(Le paradoxe initial et final de la phénoménologie tient précisément à ceci qu'elle prend l'initiative de la perdre.)[2] 現象學和一切嚴格科學一樣,總是必須取得一個儘可能源始的開端;但是,與一切形而上學不同的是,現象學並不始終堅持這個開端,而是儘可能早地丢掉這個開端,以便尋找更源始的開端,從而讓事物的自身顯示出來。因此,這樣一個開端只是一個方

[1] 《論溢出》,頁 3—4。

[2] 《存在著給予:論一種給予性現象學》(Jean-Luc Marion, *étant donné: essai d'une phénoménologie de la donation*),頁 15。"存在著給予"譯自法文書名 *étant donné*(既定的被給予),未曾譯爲從字面上更容易讓人想到的"被給予的存在"、"被給予的存在者"之類,乃是爲了更貼近作者原旨。在法語日常用法中,étant donné 常常用作從句引語,表示一件事情已經發生,已經爲人所知。作者在該書的前言中指出,存在著(étant)不是一個實體詞,不可理解爲與存在(l'etre)相對的存在者(étant),也不可理解爲拉丁文詞"存在"(ens)。在"存在著被給予"(étant donné)這個書名中,"存在著"(étant)應該被理解爲一個動詞,一個爲他者提供保證的動詞。"存在著給予"(étant donné)就意味著"被給予者已經被給予,完完全全地、不可逆轉地被給予"(le donné s'est bel et bien déjà et irrévocablement donné),重心不在 étant,而在 donné,要强調的是現象在顯現自身之前,總是已經有某物被給予,而且是現象自我給予,並且這種自我給予仍然在不斷進行。漢譯難以全面地表面法文原文的豐富含義,本文中權且譯作"存在著給予"。

法論的開端,但必須有一個開端,或者説至少有一個開端被給予,否則現象就没有可以顯現的視域(horizon)。正是在這種尋找更源始的開端的不斷的得與失之中,現象自身才有可能被逐步揭示出來。

正是由於這一困境,導致現象學特别重視方法問題。在馬里埔看來,現象學的方法並不是爲了達到某種不可懷疑性(indubitabilité)或者確定性(certitude)(這是科學的任務),而只是保證事物的出現(apparitions de la chose)的不可懷疑性,使事物能自身顯明。因此,現象學方法是對現象的建構(constitution),而不是對現象的建設(construction)或者綜合(synthèse)。[1] 建構只是一種"意義給予"(donner-un-sens, Sinngebung),它只是對於現象已經自行給予的意義加以確認。因此,現象學並非一種先天的方法,而是緊隨在現象之後。還原(réduction)正是這樣一種方法,還原將一切設定加以懸置,從而讓意識體驗能夠儘可能地使現象自行顯明。因此還原最終是爲了取消還原,使現象顯示自身,從而無需還原。因此,還原這一方法,是一種"反一方法"(contre-méthode),即一種爲了取消方法的方法。要通達最源初的、自身給予的現象,必須要有一個切入口。因此方法論上的原則問題就被提出來了:是否能指定一種現象學的原則,它採取開端就是要去掉這個開端?不過,問題的關鍵仍然在於如何達到現象的自身顯明(manifestation de soi),因此現象學原則的問題也就在於是否有可能形成一個第一原則,它可以最終達到自身顯明。

在現象學的歷史上,曾經出現過三種現象學原則的表達。

(一)"有多少顯現,就有多少存在"(Autant d'apparaître, autant d'être)。[2] 這個原則在"顯現"與"存在"之間構建了一種成比例的關係,認爲二者有一種對應的關係,這樣顯現就具有了某種第一性的性質,變成了存在的唯一面孔。但是,問題在於:顯現本身在此仍然是未被規定的,顯現完成了什麼?而且,這一原則也没能説明通過何種操作,才能達到現象本身的顯現。因此,仍然有必要在此基礎上加以深究。

(二)"回到事物本身"(Zu den Sachen selbst, droit aux choses mêmes)。[3] 這一原則已經對"事物"(chose)有所設定,將"事物"設定爲可支配的(disponible)和可通達的(accessible)。這樣,"事物"就不應在經驗的意義上來理解,而應理解爲"事態"。這一原則有兩個問題,第一,事物本身,這個"本身"已經被確定,即事物的同一性(identité)已

[1] 建構不同於建設,建設(construction)是一種建築術,一種製作(poesis),製作出一個本來没有的東西;而建構,則只是將既有的材料加以組合,以便於其中確認既有的因素。建構也不同於綜合,在康德那裏,綜合是借助感性的先天形式(時間、空間)和知性的先天範疇對感性雜多加以整理,使之由無序的材料變成有序的經驗,從而可以被認知。因爲在馬里埔看來,在胡塞爾的現象學中,"被動綜合"先於"主動綜合"。

[2] 《論溢出》,頁 18;《存在著給予》,頁 19。亦參見胡塞爾:《第一哲學》,II,33 節,中譯本下卷頁 92"有多少假象,就有多少對存在的預示";《笛卡爾式的沉思》,46 節,中譯本頁 141"假相有多少,存在就有多少";海德格爾著,陳嘉映、王慶節譯:《存在與時間》,三聯書店,2000 年,參見第 7 節,頁 42。

[3] 《論溢出》,頁 19;《存在著給予》,頁 20。另參見《觀念 I》,19 節,中譯本頁 75—77。

經被確定,那麼這個"同一性"是根據什麼來確定的呢?第二,這一原則仍然没有説明通過何種原則,可以達到事物本身。

(三)"一切原則的原則"。胡塞爾如是表述:

> 每一種原初給予的直觀都是認識的合法源泉,在直觀中原初地(可以説是在其機體的現實中)給予我們的東西,只應按如其被給予的那樣,而且也只在它在此被給予的限度之內被理解。[1]

毫無疑問,這一原則具有絶對的自明性,並且將現象性從一切形而上學中解放出來,使現象自行顯現;除了直觀之外,任何東西都不影響現象的顯現。因此,顯現,僅僅依賴於直觀,而不依賴於充足理由律,也不依賴於先天認識條件。但是,這一切也是有條件的,其代價在於"直觀成爲現象性的唯一尺度"。在馬里墉看來,這導致了以下幾個結果:(1)直觀本身變成了一種"先天"(a priori),在直觀之外没有任何給予。(2)這一原則假定了,某些號稱顯現的東西缺乏"合法的權利";直觀的定義已經包含了缺乏的可能。(3)一旦承認有這種缺乏的可能,就必須區分缺乏與充盈的關係,研究這種缺乏是跳躍式的還是循序漸進的,研究充分的直觀與缺乏的直觀其區别何在。但是胡塞爾並没有解決這個問題。(4)直觀仍然是現象性的一種限制。直觀使一個對象(objet)被看到;對象意味著一種相對於意識的超越性。因此,直觀所充實的,只是對象性(objectité)範圍之内的現象,也即是相對於對象性意識而言的超越之物。固然,"一切原則的原則"達到了某種"自身顯明"(manifestation de soi),但問題在於,是否一切現象的顯明都必須借助於"直觀"才能完成?充實直觀是否已經窮盡了顯現的一切形式?直觀是受限於對象性,還是應該在顯現的更大可能性中展開?對此,胡塞爾本人也表現出猶豫,一方面,胡塞爾認爲應該將顯現從一切"先天"中解放出來;另一方面,胡塞爾又將顯現限制在充實直觀的"對象性"範圍之内。(5)"一切原則的原則"無需"還原",因爲"原初給予的直觀"已經是絶對自明之物,但這卻和現象學的原則相悖,因爲現象學要求一種"反一方法",未經還原的認識,不能算得上是現象學。因此,由於"一切原則的原則"使顯現逃避了還原,顯然無法作爲現象學的第一原則。

馬里墉對現象學的三大原則都分别加以批評,從而引入了他所提倡的第四個現象學原則:"有多少還原,就有多少給予"(Autant de réduction, autant de donation)。[2] 他

---

[1] 《存在著給予》,頁20—21。胡塞爾這一原則的原文,見於《觀念I》,24節,中譯本頁84。此處提到的直觀,不僅僅指的是感性直觀,也包括範疇直觀、本質直觀。

[2] 馬里墉對這一原則的表述,最早見於《還原與給予》一書的結論(參見RD,頁301),但他只是稱之爲一個論題(thèse)或者觀點。昂利在《現象學的四原則》一文中,首先將其上升爲"原則"(principe)。在後來的《存在著給予》一書中,馬里墉接受了昂利的這一講法,把這一觀點上升爲命題。參見《存在著給予》,頁23—29;《論溢出》,頁20—22。

認爲胡塞爾早就已經闡明了這一原理,尤其是在1907年的《現象學的觀念》一書,只是胡塞爾本人並没有將它視作一個原則。例如,胡塞爾説:

> 只有通過還原,我們也想把它叫做現象學的還原,我才能獲得一種絶對的、不提供任何超越的被給予性。[1]
>
> 不僅個别性,而且一般性、一般對象和一般事態都能夠達到絶對的自身被給予性。這個認識對於現象學的可能性來説具有决定性的意義。因爲現象學的特徵恰恰在於,它是一種在純粹直觀的考察範圍内,在絶對被給予性的範圍内的本質分析和本質研究。[2]

這裏,以上兩處引文中的"被給予性"(Gegebenheit),就是馬里墉所用的"給予性"(donation)。[3] 只有通過盡可能徹底的還原,將不合法的"超越"通通加以懸置,才有可能讓事物本身的現象,在其絶對的給予性中自我給予。這樣,一切事物最終被還原到"被給予者"(donné),只有在絶對的本身的自身給予性中被給予的,才是現象學承認的;凡是並非被給予的,都最終被認爲是不合法的,並從而加以懸置。於是,通過這一原則,現象學終於獲得了一個真正的嚴格的開端,從而哲學也獲得了它的真正的嚴格的開端。

不過,這種給予性必須、只能通過還原獲得,但並不是説還原先於給予性。還原只是使真正的給予性得以顯現(manifester)的操作,真正的給予性是絶對的純粹的自我給予,並不需要任何外在的操作來保證。但是,只有通過還原這一操作,這種給予性才能現象化,從而爲自我所接受,自我只是一個受贈者(adonné, récepteur),它不斷地接受現象的給予(donner, geben)。也就是説,只有通過還原,自我給予的現象才會被揭示出來,才會被揭示爲"自我顯現"的現象。通過還原,一步步地達到"被給予"的核心,即純粹的被給予(le pur donné)。但是,一切現象在顯現自身之前,必須已經事先給予自身。因此,這一現象學根本原理是通過還原與給予性以及二者之間錯綜複雜的關係來加以定義的。從這一原則出發,其他三個現象學原則也可以得到完滿的解釋。就原則(一)來説,顯現和存在,二者不過是"給予性"的不同樣式罷了;就原則(二)來説,回到事情本身,就是回到現象最源初的"自我給予性",現象的純粹的被給予;就原則(三)而言,直觀中的被給予,正是給予性最爲明顯、最引人注意的一種樣

[1] 胡塞爾著,倪梁康譯:《現象學的觀念》,上海譯文出版社,1986年,頁40。

[2] 胡塞爾著,倪梁康譯:《現象學的觀念》,頁47。

[3] 馬里墉將Gegebenheit譯成donation,而不譯成donné,或者présence,是有著認真的考慮的。Donné的含義是被動的,"被給予"。présence,"在場",則强調當下的呈現,當下的在場,正是德里達所批判過的"在場形而上學"所用過的術語。donation兼有二義:一爲un acte de se donner,自我給予的行爲;二爲le fait donné,被給予的事實。因此donation一詞,兼顧了主動與被動,尤其是能夠凸顯給予這一行爲,並非來自於外,而是現象本身"自我給予"(se donner)。

式。純粹現象本身,並不依賴於直觀,而僅僅依賴於自身。因此,某些現象雖然自行給予,但没有相應的直觀充實。如果説直觀有某種特權,那麽並不在於直觀能夠充實意向,而在於它是一種給予性的直觀,其權威來自給予性。

馬里墉認爲,他以"有多少還原,就有多少給予性"這一原則爲基礎建立起來的現象學,既滿足了胡塞爾關於哲學是一種嚴格科學的理想,同時又能滿足"第一哲學"的要求。他寫道:"因此,通過其確定性及其普遍性,給予性自行升格爲無條件的原則。因此依據現象學,可以有一種'第一哲學'。"[1]於是,此處的關鍵問題就在於,"有多少還原,就有多少給予性",這一原則本身究竟是如何成立的?

三、現象學第四原則

米謝爾·昂利(Michel Henry, 1922—2002),另一位法國當代著名的現象學家曾撰文討論馬里墉的《還原與給予》一書,並給予了高度評價,指出後者提出的現象學第四原則乃是對現象學的一個巨大貢獻。他寫道:

> 第四條原理則是晚得多的時候才由馬里墉在其著作《還原與給予》中規定的,然而其重要性對現象學的整個發展都有所影響,它是這種發展的隱蔽的但始終起作用的前提。這條原理表述爲:"還原越多,給予就越多"。[2]

馬里墉在1997年發表的《存在著給予》一書中,深化了對第四原則的思考並加以更爲系統的表述。馬里墉將一切現象都最終歸給爲給予性,那麽,給予性這個概念究竟意味著什麽?實際上,這個概念是充滿歧義的,既意味著一種行爲(給予),也意味著這種行爲所導致的遊戲活動(送禮、受禮、禮物等),甚至還包括施動者與受動者,包括給予的方式。馬里墉指出,他之所以選擇這個概念,正是因爲這種多義性,給予性並不因爲這種多義性而變得含義模糊,而是變得含義豐富。

在法語用法中,給予性(donation)主要有兩個含義:第一,給予這一行爲。第二,給予這一事實,這一事件。作爲一個現象學術語,這個詞有時被用來翻譯胡塞爾的被給予性(Gegebenheit)一詞;當然,相對於胡塞爾的Gegebenheit一詞,馬里墉是在更廣泛的意義上使用donation這個術語的。胡塞爾是在兩個意義上來理解Gegebenheit,一是指被給予之物,二是被給予的特徵,前者指給予這一行爲給出的東西,後者指給予這個行爲本身,胡塞爾並未對二者進行明晰的區分,有時他使用Gegebenheit一詞

---

[1]《論溢出》,頁26。

[2] 米謝爾·昂利:《現象學的四原則》(M. Henry, *Phénoménologie de la vie*, I, *De la phénoménologie*, Paris, PUF, 2003),頁77—78。此處所引譯文録自王炳文譯《現象學的四條原理》,《哲學譯叢》1993年第1期。

時同時具有以上兩種含義。法文譯者一般都譯作被給予(donné)、在場(présent),都僅僅局限於這一層含義,而失去了第二層含義,也就是使現象能活潑潑地顯現出來的"給予"行爲。因此,在馬里墉看來,唯有使用 donation 一詞,才能同時包含以上兩層意思[1]。

必須要區分被給予(le donné)與被給予物(la donnée),前者指的是現象本身的自行給予,後者指的是現象的自行給予完成之後的痕迹、給出的材料。例如,在繪畫之中,作爲被給予物的,包括繪畫的顔色、畫布等;但這些絶不可混同於繪畫本身,因爲繪畫乃是一種藝術品,繪畫作品既體現了藝術家的創造活動,同時又是欣賞者進行藝術欣賞時的審美對象,因此藝術品並不可被等同於其材料、顔色等等。所以,我們可以將被給予物視作"被給予"的具體展開。其實,馬里墉所關心的並不是將現象都歸結於一個或兩個概念,因爲這樣都終歸是形而上學的思維方式,面對不同的現象,就要通過還原發現不同現象的各自的現象性,並且去揭示現象背後的"被給予"和被給予物之區分,從而最終得以通達現象本身之源頭,那自行給予、自行顯示的生生不息的"事物本身"。

所以,雖然是在給予性這同一個名詞下,不同現象給予的卻是不同的被給予(le donné),關鍵就在於,通過還原,從每種現象極其複雜的被給予物(la donnée)入手,一步一步地不斷深入,直至進入到被給予(le donné)。一定程度上,人們可以説,這種還原已經結合了解釋學的方法了。但是,即使是採用了解釋學方法,他仍然是嚴格地在現象學範圍之内進行的,並且嚴格地依據"給予—還原"的原則進行的。因此,與其説他借用了解釋學方法,不如説他將解釋學整合進了現象學之内。

對於這一新的現象學原則,馬里墉在《存在著給予》一書中,分别從文本、概念兩方面加以闡述。[2]

就文本方面而言,給予性(donation)及其與還原的關係,在胡塞爾 1907 年的《現象學的觀念》一書中可找到支持點。

一、"首先,笛卡爾的我思就需要現象學的還原。在心理學的統攝和客觀化中的心理學現象並不真正是一種絶對的被給予物,只有還原了的純粹的現象才是絶對的被給予物。"[3]現象作爲純粹的被給予,並非現象的單純顯現,而是該現象被還原之後才呈現出來的特徵;僅僅只有還原能夠進入絶對的給予性,並且除此之外還原没有别的目的。

二、"於是現象學的還原這個概念便獲得了更接近、更深入的規定和更明白的意

[1] 參見《論溢出》,頁 28 。
[2] 《存在著給予》,頁 23—29。
[3] 胡塞爾著,倪梁康譯:《現象學的觀念》,頁 11。

義：不是排除實在的超越之物(完全在心理學-經驗論意義上)，而是排除作爲一種僅僅是附加存在的一般超越之物，即所有那些不是在真正意義上的明證的被給予性，不是純粹直觀的絶對被給予性的東西。”[1]因此，超越就不是在實在的意義上來講的，而是從明見的、純粹的給予性來講的：凡不是明見地被給予的，都是超越的。

三、“只有通過還原，我們也想把它叫做現象學的還原，我才能獲得一種絶對的、不提供任何超越的被給予性。”[2]對於任何超越而言，只有通過不斷還原，直至絶對的內在性，這種超越才有可能被轉化爲絶對的給予。

因此，還原與給予之間的這種緊密關係，正是胡塞爾所建立的，從胡塞爾的其他文本之中，還可以找到不少類似的文字。給予性僅僅在被還原的範圍内被給予，而還原也僅僅爲了使得現象能自行顯示，自行給予。任何一個超越的現象，都是基於絶對的內在性而逐步建構起來的，因此越是複雜、越是高級的現象，越是需要多層次的複雜的建構；因此，唯有通過徹底的還原，將這些多層次的建構一層一層、一步一步地拆除、懸置，才有可能讓最原始的現象自行給予出來，才有可能回溯到最源初的內在性。但是，文本的論證顯然是不夠的，文本上的引經據典並不足以論證還原與給予之間的聯繫具有理論上的合法性，因此有必要從概念上加以論證。

在概念層面上，馬里墉認爲，還原與給予之間的聯繫是非常明顯的。他說：

> 還原的征服帶來的直接邏輯結論就是給予的展開：還原永遠只是還原到給予——只是引向給予，並且有利於給予。我們可以理解到，還原在兩個方向上得以完美地施展開來：首先，因爲還原將顯現(l'apparaître)限制在真正的給予的範圍之內；其次，因爲還原引導着顯現者(l'apparaissant)，直至絶對的顯現者(l'apparaissant absolu)，那絶對的被給予(le donné absolu)。還原的作用，就如同一個驅獵官所起的職能(l'office d'un rabatteur)，把可見之物驅向給予性：它將分散的、潛在的、令人迷惑的、不確定的種種可見之物引向給予性，並根據給予性來區分和確定現象性的等級。……這樣，還原到意識自我，回到事情本身，這兩種活動，其實只是標示出從還原到給予的唯一的安排(ordonnancement)的兩個方面：除非通過給予，否則没有什麽能夠在意識自我之中顯現，而且唯有那些能夠在意識之中絶對地被給予之物才能夠最終達到自身的絶對顯現。不通過還原的過濾，就没有給予；不朝向給予，就没有還原。[3]

在這一段頗爲晦澀的引言之中，其關鍵在於以下兩點：一、還原的作用，乃是一

[1] 胡塞爾著，倪梁康譯：《現象學的觀念》，頁13。
[2] 胡塞爾著，倪梁康譯：《現象學的觀念》，頁40。
[3] 《存在著給予》，頁25—26。

個驅獵官,將模糊不清的被遮蔽的現象(獵物)驅向可見的領域,再驅向給予性的領域,因此還原(驅獵)越多,給予性(獲獵)越多;二、還原不僅僅對現象有效果,同時也對進行還原活動的主體有效果,所以通過還原,現象和主體同時發生了轉變。例如發怒之後,對發怒進行反思,在這個活動中,怒成爲一個對象,而主體的怒的程度得到了減輕。還原越多,主體越發現自己的内容越少,發現自己是一個"虚無",發現現象的内容越多,發現現象是不斷溢出從而不斷給予的。從而越是還原,主體越是"無",只能是一個接受者,一個受贈者(adonné);現象越是"有",越是"飽溢現象"(phénomène saturé),越是在主體的意向之外。

四、現象與給予性

如果馬里墉所提出的現象學第四原則得以成立,那麽對於"什麽是現象?"這一根本問題,就必然會形成新的理解,也即在"給予性的視域"之中,總是將現象理解爲"從其自身、如其自身地自行給予"(il se donne soi-même à partir de soi, et se donne en tant qu'elle donne)。

在馬里墉看來,承認現象的現象性,即承認現象有權利和能力從其自身地自行顯現,就必須從給予性出發來理解現象。胡塞爾現象學的一大貢獻,就是擴大了直觀的範圍,從感性直觀擴大到範疇直觀。但擴大不限於直觀,也包括明證性(évidence)的擴大。在胡塞爾的《邏輯研究》中,"明證性本身是一個最完整的相合性綜合的行爲",作爲一個對象化的行爲,其相關物就叫做"真理意義上的存在,或者也可以叫做真理"[1],這裏的真理指的是被意指之物與被給予之物的一致性。爲了讓明證性不僅僅限於觀看(la vue)和目光(regard),讓明證性不至於淪爲一種主觀的知覺或者一種意識的效果,就必須認識到,明證性不只是一種意識狀態,它所給出的要多於某種意識狀態,而是"在其清晰性之中就帶有某種非意識、非體驗、非思的顯現"(elle porte en sa clarté l'apparaître d'un non-conscient, d'un non-vécu, d'un non-pensé)。[2] 因此,明證性總是伴隨著某個異於自身的他者——非明證性(inévidence),即現象自身。因爲如果堅持認爲明證性是一種意識狀態,而現象相對於意識而言是超越的,那麽就會立刻陷入唯我論(solipsisme)。因此有必要引入給予性,將内在的明證性與外在的現象性聯繫起來。因此明證性就是一個場所,一個給予性在其中得以自行給予的場

[1] 胡塞爾:《邏輯研究》,第六研究,38 節。A594/B122,中譯本見胡塞爾著,倪梁康譯:《邏輯研究》,上海譯文出版社,2006 年,頁 121。在《笛卡爾式的沉思》中,胡塞爾區分了兩種明證性,即相合的明證性與確然的明證性,參見該書第 6 節,中譯本頁 23。

[2] 《存在著給予》,頁 32。

所,現象在這個場所之中得到了揭示,乃是現象之顯現的熒幕(l'écran de l'apparaître)。因此,在馬里墉看來,現象學並非始於顯現或者明證性,而是始於揭示(la découverte)。這意味著現象是被掩蔽、遮蓋的,現象原本是"不可見的",而現象學就在於使其"不可見"變得"可見",使"不可見"者自行顯現出來從而被看見。[1]

但是,如何能夠達到"不可見者"的可見?僅有明證性是不夠的,明證性作爲一種明察(Einsicht),僅僅就在意識之中被給予之物加以確認,無法主動出擊。因此就需要"還原",只有通過還原,將"超越之物"(非真正給予的)懸置,從而讓真正的"被給予之物"顯現出來,被明證性明察地加以確認。所以還原並不在於將明證性還原爲意識體驗的內在性,而在於將明證性還原爲接受一切給予的明證性。因此給予性不僅賦予還原以生命,同時也賦予明證性以生命,僅僅只有給予性才能保證現象的現象性。可以說,給予性,是現象最終的合法性根據,而還原則只是達到這種根據的方法,但是除了還原之外,並沒有別的方法可以達到給予性;而且只有經歷了最徹底的還原之後,才能達到現象最終的給予性。

因此,"在還原與給予之間的相關性決定了現象的本質"(la corrélation entre réduction et donation détermine-t-elle l'essence du phénomène lui-même)。[2] 胡塞爾曾指出現象的雙重意義:

> 認識現象學是有雙重意義的認識現象的科學,是關於現象、顯示、意識行爲的認識的科學,在這些認識中,這些或那些對象被動地或主動地顯示出來,被意識到;而另一方面是關於作爲如此顯示出來的對象本身的科學。根據顯現(apparaître)和顯現者(apparaissant)之間的本質的相互關係,現象一詞有雙重意義。[3]

這裏現象是從顯現和顯現者的雙重意義來理解的,二者僅僅在給予性的意義上才顯現,而且二者的相關性也完全取決於給予性。二者只是給予性的兩個模態(mode),也就是説現象被給予的兩種方式。

從給予性出發,可以更好地理解前面提到過的內在與超越的關係。胡塞爾在《現象學的觀念》一書中,區分了兩種內在與兩種超越:第一種是狹義上的內在,指的是內在於意識,所謂超越也就是相對於意識的超越;第二種內在,指的是在明見地具體化的自行給予的範圍之內,即在明見的給予性的範圍之內,而超越的,則指的是並非自

---

[1] 就這一觀點而言,馬里墉是與海德格爾一致的,海德格爾也認爲,現象學就在於使不可見的現象變得可見。參見《存在與時間》,第7節。
[2] 《存在著給予》,頁33。
[3] 胡塞爾著,倪梁康譯:《現象學的觀念》,頁18。

行給予的東西。[1] 馬里墉將這兩種内在分别命名爲實在的内在性(immanence réelle)與意向的内在性(immanence intentionnelle)。如果堅持第一種内在性,即内在於意識、内在於意識體驗,也就是一種純粹自我意識。在這個意義上,最具有確定性的便是"我就是我","A是A",因而是一種通過同一性構建起來的意識,只有符合這種同一性原則的才是現象。在這個意義上,只有抽象的形式科學,如數學才真正符合這一要求。但這樣的一種現象學是貧乏的,將忽略許多現象,並且對於不符合同一性要求的許多現象都將無從理解和解釋。

而對於第二種内在性而言,意識所接受的不僅僅只是意識體驗,不僅僅只是想象之物,它還接受意向的對象。意向性使得顯現與顯現者的對立,成爲給予性範圍之内的對立,從而成爲意向内在性之内的對立。顯現與顯現者的差别,不過是意向性的不同模式罷了。在每一次出現(apparition)之中,現象的兩個方面(顯現、顯現者)都同時湧現出來。所以,一旦有表象(apparence)被給出,就有給予性出現,對象也就有所顯現。因此表象並不遮蔽顯現者,而是揭示顯現者。在馬里墉的理解中,意向内在性的範圍遠大於前一種内在性,不僅包括了前一種内在性,而且也包括一般之物、現象的場(champ)、範疇等等。於是,這就突破了此前我們關於内在與超越之理解,胡塞爾視爲超越之物的東西,在馬里墉這裏被視爲内在之物,因此馬里墉大大擴展了直觀的範圍,從而也就大大擴展了内在性的範圍。

在這個意義上,還原也就應該理解對實在超越的排除,而理解爲對"非明見地給予之物"的排除,通過不斷排除,直到還原到那不可還原之物,也就是純粹的被給予者。就這樣,給予性規定了現象性的所有層次。給予性與還原相聯繫,還原只接受直接給予之物;它建立了現象的兩個方面的相關性,將内在性擴大到意向性的程度,也爲"回到事情本身"確立了唯一正確的現象學標準。總而言之,現象的本質就在於給予性,在於持續不斷地、毫不計較地給予,給予爲一個禮物,甚至我們就可以説:現象,就是禮物。

小　結

馬里墉通過其現象學的第四原則,以及重新理解現象,從而在一定意義上,或者説就馬里墉哲學而言,現象學作爲第一哲學確實是可能的。在馬里墉這裏,現象學作爲第一哲學之所以可能,在於現象學的第四原則之成立。不過,必須指出的是,他所提出的現象學第四原則,儘管引起了廣泛的關注和争議,但遠遠未能成爲現象學界的

[1] 參見胡塞爾著,倪梁康譯:《現象學的觀念》,頁33—34。

共識。特别是,在馬里墉的第四原則之中,似乎在“還原”與“給予”之間有著某種對稱關係,這是很令人詬病的。但不可能否認,他的方法和觀點,仍然給予我們以衆多積極的啓示,從而使我們有可能,不斷地回復到我們自身和回到現象本身,從而在新的哲學視域中重新審視並且驚歎於生生不息、創造無窮的世界本身。

The Phenomenology as the First Philosophy in Jean-Luc Marion

Deng Gang

Abstract: In this paper we study the point of view of Jean-Luc Marion that treats the phenomenology as the primary philosophy. According to Marion, though facing constant failures in founding the primary philosophy with all its former attempts in various traditional ways, the philosophy senses again a possibility in phenomenology with its clearness and its accuracy. The possibility of primary philosophy depends on the principles of the phenomenology. Marion proposed and exposed the Fourth principle for the phenomenology: so much reduction, so much givenness.

Keywords: primary philosophy, phenomenology, reduction, givenness, phenomenon

鄧剛,上海交通大學人文學院哲學系講師,dengphilo@126. com

漢書藝文志索隱(諸子)

余嘉錫遺著　余嗣音整理

李霖、陳侃理、喬秀岩校對　孟繁之覆校

【説　明】余嘉錫先生此稿,初由其孫女余嗣音先生整理,電腦録入。北京大學中國古代史研究中心接受余家捐贈其藏書,余嗣音先生亦以此稿囑託其傳世。中國古代史研究中心由臧健研究員負責接受余家舊藏書,委派喬秀岩、陳侃理、李霖三人校對調整索隱稿。其六藝部分曾分兩次發表於《中國經學》第二輯、第三輯,今與《學燈》編輯部協商,繼續發表諸子部分。目前中國古代史研究中心準備出版余氏舊藏書目録及余先生遺稿,以期儘快出版公佈。此間,多年支持我們工作,盼望遺稿、目録出版之余嘉錫先生兒媳徐孝宛先生、孫女余嗣音先生,於 2010 年、2011 年先後仙逝,令人悲痛。謹此哀悼徐孝宛先生、余嗣音先生。

《漆雕子》十二篇。孔子弟子漆雕啓後。

〖補注〗葉德輝曰:"《説苑》引孔子問漆雕馬人臧文仲、武仲、孺子容三大夫之賢,《家語·好生篇》引作漆雕憑,疑一人,名憑,字馬人。孔子弟子漆雕氏,啓之後,它無所見,或即馬人。"

【索隱】王仁俊《周秦諸子校輯善本敘録》曰:"《家語》引孔子問漆雕憑一節,先載於《説苑》,惟'憑'字《説苑》作'馬人',蓋'馮'字之誤耳。'憑'古作'馮',《易》、《詩》、《爾雅》之'馮河',《左傳》之'馮恃其衆',皆是。《家語》雖不盡可據,《説苑》則碻可信也。馬國翰輯本敘録以爲憑其名,馬人其字,恐未碻。其據此定爲著作之人,且依《説苑》諸書所引輯録,自是可信。"嘉錫案:王説是,葉説非也。

《河間周制》十八篇。似河間獻王所述也。

〖補注〗沈欽韓曰:"《説苑·君道》、《建本篇》有'河間獻王曰'四章。"

【索隱】《金樓子·説蕃篇》云:"劉德字君道,又爲《周制》二十篇。"篇數與此不同。

《公孫固》一篇。十八章。齊閔王失國,問之,固因爲陳古今成敗也。

〖補注〗沈欽韓曰:"《十二諸侯年表》論:'公孫固、韓非之徒,各往往捃摭《春秋》之文以著書。'"錢大昭曰:"閩本問做問。"先謙曰:官本作問,是。

【索隱】《讀書脞録》卷二曰:"《史記·年表》索隱曰:'宋有公孫固,無所述。此固蓋齊人韓固,傳《詩》者也。'志祖案:傳《詩》者轅固,非韓固,亦不可稱公孫,且不與荀、孟、韓非同時。《漢書·藝文志》儒家有《公孫固》一篇,正戰國時人,與《史記》合。《索隱》之説謬矣。"臧庸《拜經日記》卷六説略同。

《平原君》七篇。朱建也。

〖補注〗先謙曰:建有傳,當次下《高祖傳》後。

【索隱】《七略》之部次群書,於一家之中,又自爲類别,初不盡以時代爲先後,觀《六藝略》可知。當時自有微意,今不可得而悉考。《補注》之説非也。沈家本《諸史瑣言》卷六,至以爲戰國時之平原君,而謂"朱建也"三字爲後人妄增,尤謬。沈濤《銅熨斗齋隨筆》卷四謂:"書既爲建所作,不應廁魯連、虞卿之間。蓋後人誤以爲六國之平原君,而移易其次第。"《補注》之説蓋本於此。

《高祖傳》十三篇。高祖與大臣述古語及詔策也。

【索隱】殷芸《小説》(《説郛》本)内有"漢高祖手敕太子"四首,注云:"漢書高帝敕",而《漢書》無其文。以《續談助》中所引殷芸《小説》内"晋敕"、"宋武手敕"例之,此條亦當作"漢高帝敕",衍一"書"字也。疑當在《高祖傳》十三篇之内。《古文苑》亦載之,蓋即采之《小説》也。《隋書·經籍志》云:"梁有《漢高祖手詔》一卷,亡。"

《公孫弘》十篇。

【索隱】《西京雜記》卷三云:"公孫弘著《公孫子》,言刑名事,亦謂字直百金。"《志》著録弘書在儒家,而《雜記》謂其言刑名事。蓋《雜記》多葛洪臆造,不足爲據。

儒家者流,蓋出於司徒之官,助人君順陰陽,明教化者也。游文於六經之中,留意於仁義之際。

【索隱】《韓詩外傳》五云:"儒者,儒也。儒之爲言無也,不易之術也。千舉萬變,其道不窮,六經是也。若夫君臣之義,父子之親,夫婦之别,朋友之序,此儒者之所謹守,日切磋而不舍也。"

以上儒家

《太公》二百三十七篇:《謀》八十一篇,《言》七十一篇,《兵》八十五篇。

〖補注〗沈欽韓曰:"《隋志》:《太公陰謀》一卷(梁六卷),《太公陰符鈐録》一卷,《太公伏符陰陽謀》一卷。《舊唐志》:《太公陰謀》三卷,又《陰謀三十六用》一卷。《隋志》:《太公金匱》二卷(《舊唐志》三卷),《太公兵法》二卷,又《兵法》六卷(梁有《太公雜兵書》六卷),又《三宫兵法》一卷。(又《禁忌立成集》二卷,《枕中記》一卷。)《秦策》蘇秦'夜發書,得《太公陰符》之謀',《齊世家》'後世之言兵及周之陰權,皆宗太公爲本謀',是《太公》之書尚矣。《志》云'謀'者,即《太公》之《陰謀》。'言'者,即《太公金匱》。凡善言書諸金版,(《群書治要》引《武韜》:"太公云云,文王曰:善。請登之金版。"又《文選注》:"《太公金匱》曰:詘一人之下,申萬人之上。武王曰,請著金版。")《大戴記・踐阼篇》、《吕覽》、《新書》、《淮南》、《説苑》所稱皆是。'兵'者,即《太公兵法》。《説苑・指武篇》引《太公兵法》最其先,亦《管子》書中所本耳。"

【索隱】黄以周《子敘》卷一《太公金匱敘》,可與沈氏説互證。

《鬻子》二十二篇。名熊,爲周師,自文王以下問焉,周封爲楚祖。

【索隱】《意林》一周廣業注:"案《文心雕龍・諸子篇》云:'鬻熊知道,而文王諮詢,餘文遺言,録爲《鬻子》。子氏肇始,莫先於兹。'政言熊爲諸子之權輿也。然曰録其遺文,則固非出熊手矣。晁昭德《讀書志》據序稱熊見文王年已九十,其書不應有三監、曲阜時事。考《史記・楚世家》:'鬻熊事文王,早卒。其子熊麗生熊狂,熊狂生熊繹。熊繹當周成王時封於楚。'夫熊既早卒,而所封又其曾孫,安得監殷時尚存。而賈誼《新書》乃復有成王問鬻子之文,豈得謂所録盡熊之遺言乎。蓋《漢志・鬻子》兩見,其二十二篇列道家,别有《鬻子説》十九篇列小説家,班氏自注云'後人所加'。劉昫《唐志》亦在小説類。則安知漢以來所傳,不雜出小説家耶。"

《筦子》八十六篇。師古曰:筦讀與管同。

【索隱】《史記・管晏傳》正義引《七略》:"《管子》十八篇,在法家。"《人物志・流業篇》云:"建法立制,彊國富人,是謂法家,管仲、商鞅是也。"陶憲曾曰:

"案《史記正義》引《七略》云'《筦子》十八篇,在法家',似《管子》原在法家,班新入之道家。而《志》法家不云出《管子》,何也?《志》、《略》篇數不相應,或《略》析十八篇入法家耶?"

《蜎子》十三篇。名淵,楚人,老子弟子。師古曰:蜎,姓也,音一元反。

〖補注〗王應麟曰:"《史記》'環淵,楚人,學黄、老道德之術,著上下篇',《索隱》、《正義》皆無注。"今案《文選·枚乘〈七發〉》'便蜎、詹何之倫',注云:'《淮南子》:'雖有鉤鍼芳餌,加以詹何、蜎蠉之數,猶不能與罔罟争得也。'宋玉與登徒子偕受釣於玄淵。《七略》:'蜎子,名淵。'三文雖殊,其人一也。

【索隱】皮錫瑞《師伏堂筆記》卷一云:"齊稷下有環淵。環蜎音近,蓋即其人。"

《關尹子》九篇。

〖補注〗錢大昭曰:"高誘注《吕覽》云:'關尹,關正也,名喜,作道書九篇。能相風角,知將有神人,而老子到,喜説之,請著《上至經》五千言,而從之游也。'九篇者,一《宇篇》,二《柱篇》,三《極篇》,四《符篇》,五《鑒篇》,六《匕篇》,七《釜篇》,八《籌篇》,九《藥篇》也。"沈欽韓曰:"張湛《列子注》云:'關令尹喜,字公度。'"

【索隱】《吕覽·不二篇》云:"關尹貴清。"案:錢氏所舉九篇之名,出宋人僞撰《關尹子》,不足據。

沈氏引《列子注》,説與《莊子·天下篇》音義引或説同。

《列子》八篇。

〖補注〗錢大昭曰:"高誘注《吕覽》云:'列子、禦寇,體道人也,壺子弟子。'"

【索隱】《吕覽·不二篇》云:"子列子貴虚。"

《田子》二十五篇。名駢,齊人,游稷下,號天口駢。

〖補注〗錢大昭曰:"《吕氏春秋》云'陳駢貴齊',高誘注云:'陳駢,齊人也,作道書二十五篇。貴齊,齊生死,等古今也。'田、陳古通用。"

【索隱】錢氏引《吕氏春秋》,見《不二篇》。

《莊子·天下篇》曰:"豪傑相與笑之曰:'慎到之道,非生人之行而至死人之理,適得怪焉。'田駢亦然,學於彭蒙,得不教焉。"陸德明《莊子音義》云:"田駢,齊人也,遊稷下,著書十五篇。《慎子》云:名廣。"

《鶡冠子》一篇。楚人,居深山,以鶡爲冠。

【索隱】《御覽》五百十引袁淑《真隱傳》曰:"鶡冠子或曰楚人,隱居幽山,衣弊履穿,以鶡爲冠,莫測其名,因服成號,著書言道家事。馮煖常師事之,煖後顯於趙,鶡冠子懼其薦己也,乃與煖絶。"

《捷子》二篇。

〖補注〗錢大昭曰:"《史記·孟荀傳》作'接子'。接、捷古字通。"葉德輝曰:"《元和姓纂·入聲·二十九葉》'捷'下引作'三篇',又引《風俗通》云:'郲,公子捷菑之後,以王父字爲氏'。又'接'字下引《三輔決録》云:'接子所箸書十篇'。是捷子與接子爲二。邵思《姓解》一'捷'下引《三輔決録》作'接昕子',與《姓纂》引異。然則捷子、接子,疑非一人。"

【索隱】《文苑英華》卷五百十一有《持論攻擊判》云:"慎到遇接子於路,因持論遂攻擊,人謂之狂生,自云非狂生。"此雖借題行文,疑亦出自古書,接子與慎到正同時人,故有相攻擊之事。

《鹽鐵論·論儒篇》云:"湣王矜功不休,百姓不堪。諸儒諫不從,各分散,慎到、捷子亡去,田駢如薛,而孫卿適楚。"案:此足以補《史記·孟荀列傳》所未言,且可證接子與捷子爲一人。惟孫卿適楚,《史記》在齊襄王時,此謂在湣王時,蓋取其便於行文,不暇分别言之也。

《姓纂》亦作"接子昕",不作"所"。《姓解》"接"下引《決録》,而'捷'下則云"《漢書·藝文志》有捷子著書一篇",葉説誤。《古今姓氏遥華韻·癸集八》引《三輔決録》云"接子昕著書十卷"。

《鄭長者》一篇。六國時。先韓子,韓子稱之。師古曰:《别録》云:"鄭人,不知姓名。"

〖補注〗陶憲曾曰:"釋慧苑《華嚴經音義》下引《風俗通》云:'春秋之末,鄭有賢人,著書一篇,號鄭長者。謂年高德艾,事長於人,以之爲長者也。'"

【索隱】《御覽》五百十引袁淑《真隱傳》曰:"鄭長者隱德無名,著書一篇,言道家事,韓非稱之。世傳是長者之辭,因以爲名。"《鹽鐵論·箴石篇》云:"丞相史曰:'吾聞諸鄭長孫曰:君子正顔色,則遠暴嫚;出辭氣,則遠鄙倍矣。'"張敦仁《考證》曰:"'孫'當作'者'。下文全在《論語》中,不稱曾子者,當時之學尚黄、老,而桑大夫尤輕儒故也。"

右道三十七家,九百九十三篇。

【索隱】《初學記》卷二十三引周滕王《逌道教實花序》云:"《漢史》外載道有三十七家,九十三篇",蓋脱"九百"二字。

以上道家

《鄒子》四十九篇。名衍,齊人,爲燕昭王師,居稷下,號談天衍。

〖補注〗王應麟曰:"《史記》:'騶衍深觀陰陽消息而作怪迂之變,《終始》、《大聖》之篇十餘萬言,其語閎大不經云云。燕昭王身親往師之。作《主運》。'又見《司爟》注鄭司農引。"

【索隱】《鹽鐵論・論儒篇》曰:"鄒子以儒術干世主,不用,即以變化始終之論,卒以顯名。"又曰:"鄒子之作變化之術,亦歸於仁義。"案:鄒子初學儒術,此《史記》所未言也。

《韓非子・飾邪篇》曰:"鑿龜數筴,兆曰大吉,而以攻趙者,燕也。劇辛之事,燕無功而社稷危;鄒衍之事,燕無功而國道絶。"案:據此,似衍嘗爲燕攻趙。

案《劉向傳》云:"淮南王有《枕中鴻寶苑秘書》,書言神僊使鬼物爲金之術及鄒衍重道延命方。""重道延命"蓋亦《鄒子》篇名,知神僊之學實出於陰陽家,故《史記・封禪書》記燕、齊方士必推本鄒子也。《抱朴子・遐覽篇》自言所受於其師鄭君之書,有《鄒生延命經》,蓋即鄒衍之"重道延命方",亦可見鄒子書中多神僊家之言矣。《北堂書鈔》卷九十七引劉畫(原誤作畫)《鄒衍别傳》云:"鄒子博識,善敘事,有禹、益之鴻才。"衍著子書,而劉晝譬之禹、益者,蓋謂其所敘瀛海九洲之事,有類乎《山海經》耳。

《南公》三十一篇。六國時。

〖補注〗王應麟曰:"《項羽紀》:'楚南公曰:楚雖三户,亡秦必楚也。'《正義》曰:'虞喜《志林》云:'南公者,道士,識廢興之數,知亡秦者必於楚。''徐廣云:'楚人也,善言陰陽。'《真隱傳》:'居國南鄙,因以爲號,著書言陰陽事。'"

【索隱】《御覽》卷五百十引《真隱傳》曰:"南公者,楚人,埋名藏用,世莫能識,居國南鄙云云。"

《將鉅子》五篇。六國時。先南公,南公稱之。

〖補注〗葉德輝曰:"《元和姓纂・十陽》引《漢志》云:'六國時,將鉅彰箸子書五篇',是唐時《志》文明言將鉅名彰,今疑有奪字。"

【索隱】皮錫瑞云:"案《莊子》言,墨子'以鉅子爲聖人'。將鉅子當是治墨學者,墨子敬天明鬼,與陰陽家相近。”嘉錫案:此説未可信。《通志·氏族略》云:“將具氏:姜姓。《英賢傳》,齊太公子將具之後,見《國語》。”又云:“將鉅氏:即將具氏之譌也。《漢藝文志》,六國時將具子彰,著書五篇云云。”然則將鉅本作“將具”,安得以爲墨家之鉅子。今《姓纂》亦作“將具彰”,葉氏引作“將鉅”,亦誤。《廣韻·九魚》引《藝文志》云:“古有將閭子,名菟,好學,著書。”其所引《藝文志》自是《漢志》,而本《志》無將閭子,疑將閭即將鉅。但云名菟,與《姓纂》不同。《莊子·天地篇》云:“將閭葂見季徹曰:‘魯君謂葂也曰,請受教。辭不獲命。’”《釋文》云:“‘葂’,字亦作菟,音免,又音晚,郭音問。將閭葂,人姓名也。一云姓將閭,名菟;或云姓蔣,名閭葂也。‘魯君’,或云定公。”據《釋文》所言,則非六國時人,且陸亦不引《漢志》爲證,疑《廣韻》誤也。

《五曹官制》五篇。

〖補注〗沈欽韓曰:“《五曹算經》云:‘一爲田曹,地利爲先。既有田疇,必資人力,故次兵曹。人衆必用食飲,故次集曹。衆既會集,必務儲蓄,次倉曹。食廩貨弊,相交質,次金曹。’”

【索隱】按《五行大義·論諸官篇》引翼奉云:“肝之官尉曹,木性仁,尉曹主士卒,宜得仁。心之官户曹,火性陽,户曹主婚道之禮。肺之官金曹,金性堅,主銅鐵。腎之官倉曹,水性陰凝藏物,倉曹冬收也。先王以冬至閉關,不通商旅,慎陰無也。脾之官功曹,土性信,出稟四方,功曹事君以信,授教四方也。”《五曹官制》既著録於陰陽家,則自當是以五行配五曹,如翼奉所説。沈氏所言《五曹算經》,非其義也。

于長《天下忠臣》九篇。平陰人,近世。師古曰:劉向《别録》云:“傳天下忠臣。”

〖補注〗陶憲曾曰:“長書今不傳,其列陰陽家,自别有意恉,後人不見其書,無從臆測。王應麟《困學紀聞》乃以此詆劉歆抑忠臣,過矣。”

【索隱】憲曾《靈華館叢稿》卷一,此條“臆測”句下、“王應麟”上,有:“俞理初云:‘傳天下忠臣而入陰陽家,其中蓋有若紂時太史、夫差時公孫聖等占驗。’見《癸巳類稿·六壬書跋》。案:《春秋繁露·五行對篇》:‘下事上,如地事天也,可謂大忠矣。’又云:‘木名春,火名夏,金名秋,水名冬。忠臣之義,孝子之行,取之土,土者五行最貴者也。’《五行之義篇》亦云:‘五行者,乃忠臣、孝子之行也。’忠臣之義,或取諸此。”嘉錫案:章炳麟《太炎文録》卷一有《説于長書》一篇,亦引《春秋繁露》,與陶氏説同。

陰陽家者流,蓋出於羲和之官,敬順昊天。

【索隱】《書·堯典》云"乃命羲、和,欽若昊天",此作"敬順"者,孔傳解"曰若稽古"云"若,順也",又解此句爲"敬順昊天"。《史記·曆書》云:"顓頊乃命南正重司天以屬神,命火正黎司地以屬民。堯復遂重、黎之後,不忘舊者,使復典之,而立羲和之官。明時正度,則陰陽調,風雨節,茂氣至,民無夭疫。"

以上陰陽家

《李子》三十二篇。

〖補注〗葉德輝曰:"近人黄奭有輯本。"

【索隱】《吕覽·勿躬篇》引《李子》。

《游棣子》一篇。

【索隱】宋鄧名世《古今姓氏書辨證》卷十九云:"《英賢傳》曰:'游梓子著書一篇,言法家事。'按:此豈非《藝文志》游棣子,誤棣爲梓乎?"

法家者流,蓋出於理官。

【索隱】劉毓崧《通義堂集》卷十有《法家出於理官説》二篇,其上篇極精,當采。

以上法家

《惠子》一篇。名施,與莊子並時。

〖補注〗葉德輝曰:"《莊子·天下篇》云:'惠施多方,其書五車,其道舛駁,其言也不中。'"

【索隱】沈欽韓曰:"《莊子·天下篇》:'惠施之口談,自以爲最賢。南方有倚人焉曰黄繚,問天地所以不墜不陷,風雨雷霆之故。惠施不辭而應,倡爲萬物説。説而不休,猶以爲寡,益之以怪。由天地之道觀惠施之能,其猶一蚉一寅之勞者也。'莊、惠相友,其稱之者如此。"嘉錫案:"'説而不休','益之以怪',此其所以多方也。"

《黄公》四篇。

【索隱】沈欽韓曰:"《文選注》三十四:'《黄子》曰:駿馬有晨風、黄鵠,皆取鳥名焉。'"

以上名家

《尹佚》二篇。周臣,在成、康時也。

〖補注〗王應麟曰:"《左傳》稱'史佚有言'、'史佚之志'。《晋語》胥臣曰'文王訪於辛、尹',注:'辛甲、尹佚皆周太史。'《説苑·政理篇》引'成王問政於尹逸'。尹佚,周史也,而爲墨家之首,今書亡,不可考。《吕覽·當染篇》:'魯惠公使宰讓請郊廟之禮於天子,天子使史角往,惠公止之,其後在於魯,墨子學焉。'意者,史角之後託於佚歟。"

【索隱】孫詒讓《墨子後語》上云:"《漢志》墨家以《尹佚》二篇列首,是墨子之學出於史佚。史角疑即尹佚之後也。"

《我子》一篇。

〖補注〗葉德輝曰:"《元和姓纂·三十三哿》引《風俗通》云:'我子,六國時人,箸書號《我子》。'"

【索隱】邵思《姓解》卷一云:"古賢者我子,著書五篇。"

墨家者流,蓋出於清廟之守。

【索隱】諸子十家,其九家皆言出於某官,獨墨家言"出於清廟之守",故《四庫提要》卷一百十七謂不解其爲何語。今案荀悦《漢紀》卷二十五,於"劉向校中秘書"下敘諸子源流,全同《漢志》,而此句正作"清廟之官"。唐趙蕤《長短經·正論篇》轉録《漢志》,《廣弘明集》卷八、《佛祖通載》卷十一載北周釋道安《二教論》引《藝文志》,均作"官"字。知唐以前古本如此,"守"字乃宋以後刻本之誤。

《吕氏春秋·當染篇》曰:"魯惠公使宰讓請郊廟之禮於天子,桓王使史角往,惠公止之,其後在於魯,墨子學焉。"嘉錫案:魯請郊廟之禮,而周使史角往者,其故有二:一則古之史官職掌典籍,《周官》五史並隸宗伯,故韓宣觀書太史氏,以爲"周禮盡在魯矣";老子爲周柱下史而孔子問禮焉。史角職司所繫,故賫之以往也。一則史官既掌典禮,而祭享之禮爲國之大事,以史官主之。汪中《述學·左氏春秋釋疑》曰:"有神降於莘,惠王問諸内史過,過請以其物享焉。狄人囚史華龍滑與禮孔,二人曰:'我太史也,實掌其祭。'然則史固司鬼神矣。"其説是也。魯請郊廟之禮,而史角實往,因掌其祭焉。墨子學於史角,故曰出於清廟之官。汪氏謂《周官》之大祝、喪祝、甸祝、司巫、宗人,皆司鬼神,而見於載籍者曰瞽史,曰祝史,曰史巫,曰宗祝巫史,曰祝宗卜史。此所謂清廟之官者,此類是矣。

《漢書·公卿百官表》云,太常屬官有諸廟寢園食官令長丞、太祝令丞,景帝更名太祝爲祠祀,武帝更名曰廟祀。此即漢之清廟之官也。觀其名曰太祝,則仍是祝宗、祝史之流矣。《續漢·百官志》有高廟令一人,世祖廟令一人,先帝陵每陵園令一人。劉毓崧《通義堂集》卷十一有《墨家出於清廟之官》三篇,其上篇可采。

以上墨家

《秦零陵令信》一篇。難秦相李斯。

〖補注〗陶紹曾曰:"信,令名。《文選·吴都賦》劉淵林注引秦零陵令上書云:'荆軻挾匕首,卒刺陛下,陛下以神武扶揄長劍以自救。'疑即此篇文也。"

【索隱】按:洪亮吉《曉讀書齋二録》卷下引此《志》及《吴都賦》注,以爲零陵令有上始皇書,又有難李斯書,非是。當以陶説爲正。

《待詔金馬聊蒼》三篇。師古曰:《嚴助傳》作膠蒼,而此《志》作聊。《志》、《傳》不同,未知孰是。

〖補注〗錢大昭曰:"《廣韻·三蕭》'聊'下云:'亦姓。《風俗通》有聊蒼,爲漢侍中,著子書。'據此,則作膠者非。"

【索隱】宋王觀國《學林》卷三云:"按《廣韻》'聊'字:'落蕭切。語助也。亦姓也。《風俗通》有聊蒼,爲漢侍中,著子書。又有聊氏,爲潁川太守,著《萬姓譜》。'以此觀之,則《藝文志》云'聊蒼'者是也。膠姓亦有膠鬲,當是班固假借用字。然聊、膠二字音與義皆不同,於假借爲難合。惟姓與名雖有假借字,當專呼爲一音。朝、鼂、晁,宓、伏、服,雖三字而一音,袁、爰二字亦同音。若夫聊、膠二字乃兩音,則於假借爲難合矣。"按:觀國説在錢氏前而加詳,錢説或即出於此。

從横家者流,蓋出於行人之官。

【索隱】《通義堂集》卷十一《從横家出於行人之官説》上篇釋從横之名極精,中下篇亦可與章實齋《詩教》上篇"戰國之文多出於《詩》教"一節相發明。

《淮南子·要略》云:"晚世之時,六國諸侯,谿異谷别,水絶山隔,各自治其境内,守其分地,握其權柄,擅其政令,下無方伯,上無天子,力征争權,勝者爲右,恃連與,約重致,剖信符,結遠援,以守其國家,持其社稷,故縱横脩短生焉。"

孔子曰:"誦《詩》三百,使於四方,不能專對,雖多亦奚以爲。"又曰:"使乎,使乎!"師古曰: 亦《論語》載孔子之言,歎使者之難其人。

【索隱】《葉昌熾日記》二曰:"按《集解》引陳(群)曰:'再言使乎,美之也。'朱子亦云:'再言使乎,以重美之。'顔注雖異,然要必有所受也。"

以上從横家

《孔甲盤盂》二十六篇。黄帝之史,或曰夏帝孔甲,似皆非。

〚補注〛王應麟曰:"《文選注》:'《七略》曰:《盤盂書》者,其傳言孔甲爲之。孔甲,黄帝之史也。書盤盂中爲誡法。或於鼎,名曰銘。蔡邕《銘論》: 黄帝有巾機之法,孔甲有盤杅之誡。'"

【索隱】《韓非子·大體篇》云:"豪傑不著名於圖書,不録功於盤盂。"《墨子·兼愛下篇》云:"琢於盤盂。"《魯問篇》作"鍾鼎"。此蓋器物之銘可以爲法戒者,猶之武王丹書之銘也。《吕覽·慎勢篇》云:"夫欲定一世,安黔首之命,功名著乎槃盂,銘篆著乎壺鑑。"又《求人篇》云:"故功績銘乎金石,著於盤盂。"

《五子胥》八篇。名員,春秋時爲吴將,忠直,遇讒死。

〚補注〛周壽昌曰:"'兵技巧'又有《五子胥》十篇。"

【索隱】洪頤煊曰:"《史記正義》引《七録》云'《越絶》十六卷,或云伍子胥撰',《藝文志》無《越絶》,疑即雜家之《五子胥》八篇。後人并爲一,故《文選·七命》李善注引'《越絶書》伍子胥水戰兵法'一條,《太平御覽》卷三百一十五引'《越絶書》伍子胥水戰法'一條,引伍子胥書皆以'《越絶》'冠之。今本《越絶》無水戰法,又篇次錯亂。以末篇證之,《越絶》本八篇:《太伯》一、《荆平》二、《吴》三、《計倪》四、《請糴》五、《九術》六、《兵法》七、《陳恒》八,與雜家《五子胥》篇數正同。"左暄《三餘偶筆》卷一云:"《越絶書》或以爲子貢作,或以爲子胥作,或以爲吴、越賢者所作。今觀其書,有經有傳,曰内曰外,是不出一人之手。《江南通志》云:'其書有經,子貢作。有内傳,吴平作。其外傳與記,乃袁康爲之。'此説庶幾近之。"案: 左氏以《越絶》爲非一人所作,可謂通知古書體例。至引《江南通志》,以經爲子貢作,不如洪氏以爲子胥作之有據也。張彦遠《歷代名畫記》卷三《述古之秘畫珍圖》有《伍胥水戰圖》。

《淮南内》二十一篇。王安。

《淮南外》三十三篇。

【索隱】《鹽鐵論·晁錯篇》云:"日者,淮南、衡山修文學,招四方游士,山東儒墨咸聚於江、淮之間,講議集論,著書數十篇。"案:《漢書》不言衡山王著書,其著書數十篇者乃淮南王,無與衡山事。考《衡山王傳》云:"衡山王聞淮南王作爲畔逆具,亦心結賓客以應之。"《鹽鐵論》蓋以兩人皆招四方游士,連類言之耳,非謂《淮南子》爲兩人所合著也。

以上雜家

《野老》十七篇。六國時,在齊、楚間。

〖補注〗王應麟曰:"《真隱傳》:'六國時人,遊秦、楚間,年老隱居,著書言農家事,因以爲號。'"

【索隱】《御覽》五百十引《真隱傳》,"隱居"下有"掌勸爲務"一句。

《宰氏》十七篇。不知何世。

〖補注〗葉德輝曰:"《史記·貨殖傳》裴駰《集解》云:'計然者,葵丘、濮上人,姓辛氏,字文子,其先晉國亡公子。嘗南遊於越,范蠡師事之。'《元和姓纂·十五海》'宰氏'姓下引《范蠡傳》云:'陶朱公師計然,姓宰氏,字文子,葵丘、濮上人。'據此,則唐人所見《集解》本是作'宰氏',宰氏即計然,故農家無計然書。《志》云'不知何世',蓋班所見乃後人述宰氏之學者,非計然本書也。"

【索隱】《抱朴子外篇·審舉》云:"覽九術而見范生懷治國之略。"

《趙氏》五篇。不知何世。

〖補注〗沈欽韓曰:"疑即趙過教田三輔者。《齊民要術·耕田》第一引崔寔《政論》曰:'趙過教民耕殖法,三犁共一牛,一人將之,下種、挽耬皆取備焉,日種一頃。至今三輔猶賴其利。'"

【索隱】王應麟《漢制考》卷一云:"《山海經》:'后稷之孫叔均始作牛耕。'周益公曰:'竊疑耕犁起於春秋之間,故孔子有犁牛之言,而弟子冉耕亦字伯牛。'《月令》季冬'出土牛',示農耕早晚。《新書》、《新序》俱載鄒穆公云:'百姓飽牛而耕,暴背而耘。'大率在秦、漢之際,何待趙過。過特教人耦犁共二牛,費省而功倍耳。'"

《周禮·里宰》疏:"周時未有牛耦耕,至漢時搜粟都尉趙過始教民牛耕。今鄭云'合牛耦可知'者,或周末兼有牛耦,至趙過乃絶人耦,專用牛耦,故鄭兼云焉。"

《證類本草》卷廿五賈相公云:"趙(原誤作進)過《牛經》: 牛生衣不下,取六月六,麴末三,合酒一升,灌,便下。"當是此書逸文。賈相公,蓋唐宰相賈耽也(校者案:《證類本草》版本標"賈相公"三字,下接小字"進過牛經"云云,中間無'云'字。《四部叢刊》本卷首引用書目有賈相公《牛經》,《宋史·藝文志》有賈耽《醫牛經》)。

《氾勝之》十八篇。

〖補注〗王應麟曰:"勝之撰書,言種植之事。《月令》注、《周禮·草人》注、《後漢·劉般傳》注、《文選注》、《初學記》、《御覽》皆引之。"

【索隱】《證類本草》卷二十六載陶隱居注、《唐本》注並引氾勝之種植書。

《周禮·草人》"土化之灋"注:"化之使美,若氾勝之術也。"

右農九家,百一十四篇。

【索隱】案《史記·秦始皇本紀》言焚書時不去者,醫藥、卜筮、種樹之書,故本《志》著龜、醫經、經方三類多古書。獨農家出於秦以前者乃止三家,未詳其故。豈爲《尹都尉》、《氾勝之》二家所采掇,古書遂亡耶?

孔子曰"所重民食"。師古曰:《論語》載孔子稱殷湯伐桀告天辭也。言爲君之道,所重者在人之食。

〖補注〗何焯曰:"顔注誤以武爲湯。"

【索隱】《葉昌熾日記》二曰:"按: 此謂武成時事,顔説甚謬。《集解》引孔注'重民,國之本也;重食,民之命也',兩項並列。顔注以爲重民之食,亦異。"嘉錫案: 僞《武成》曰"重民五教,惟食喪祭",則固以民字貫下三事,與《論語》孔注不同。蓋孔注雖不出安國,然尚未見梅賾僞古文也(校者案: 葉氏謂《武成》以民字貫下三事,余先生因其説,據蔡沈《集傳》則然。若據僞孔傳並孔疏,則民、五教、食、喪、祭五事並列,與《論語》孔注合)。

欲使君臣並耕,誖上下之序。

【索隱】"君臣並耕"指《孟子》所敘許行之説,所謂"賢者與民並耕而食,饔飧而治",許行固自託於"爲神農之言者"也。

《北堂書鈔》卷八引《尸子》云:"並耕而王以勸農也。"尸子本雜家,雜之爲道,無所不貫,故敘農家之言如此。焦循《孟子正義》以許行之學爲出於尸佼,非也。

以上農家

《青史子》五十七篇。古史官記事也。

〖補注〗王應麟曰:"《風俗通義》引《青史子書》。《大戴禮·保傅篇》:'《青史氏之記》曰:古者胎教。'《隋志》:'梁有《青史子》一卷。'《文心雕龍》云:'青史曲綴於街談。'"周壽昌曰:"案賈執《姓氏英賢録》云:'晋太史董狐之子受封青史之田,因氏焉。'"

【索隱】梁玉繩《人表考》卷三曰:"《左傳序》正義云:'南史佐大史者,當是小史。其居在南,謂之南史,非官名也。'此説欠安。東西南北,人各有居,何獨此史以居南爲號。竊疑古史官之職,四時分掌之,故有青史氏、南史氏,青史主春,南史主夏。《通志略》四言董狐之子受封青史之田,因以爲氏,非也。"《周禮·春官》:"太史下大夫二人,上士四人;小史中士八人,下士十有六人。"《周禮·春官·小史》:"凡國事之用禮灋者,掌其小事。"觀《新書》、《風俗通》所引《青史子》,皆記禮之小者,知青史氏實小史也。

《虞初周説》九百四十三篇。師古曰:《史記》云虞初,洛陽人,即張衡《西京賦》"小説九百,本自虞初"者也。

【索隱】《西京賦》云:"千乘雷動,萬騎龍驅;屬車之簉,載獫猲獢;匪唯翫好,乃有秘書;小説九百,本自虞初;從容之求,實俟實儲。"薛綜注云:"小説,醫巫厭祝之術。凡有九百四十三篇,言九百,舉大數也。持此秘術,儲以自隨,待上所求問,皆常具也。"

《百家》百三十九卷。

〖補注〗沈欽韓曰:"《御覽》八百六十八:'《風俗通》云:案《百家書》,宋城門失火,取汲池中水以沃之,魚悉露見,但就取之。'"陶紹曾曰:"《御覽》七百六十、又百八十引《風俗通》公輸般見水上蠡事,亦出《百家》。"

【索隱】"八百六十八"當作"八百六十九","七百六十"當作"七百五十","百八十"當作"百八十八"。

小説家者流,

〖補注〗沈欽韓曰:"《文選注》三十一引桓子《新論》曰:'小説家合叢殘小語,近取譬論,以作短書,治身理家,有可觀之詞。'"

【索隱】見江淹《擬李都尉從軍詩》注。"詞"當作"辭"。

蓋出於稗官。如淳曰:"稗音鍛家排。《九章》'細米爲稗'。街談巷説,其細碎之言也。王者欲知閭巷風俗,故立稗官使稱説之。今世亦謂偶語爲稗。"師古曰:稗音稊稗之稗,不與鍛排同也。稗官,小官。《漢名臣奏》唐林請省置吏,公卿大夫至都官稗官各減什三,是也。

【索隱】《廣雅 釋詁》云:"稗,小也。"《周禮·天官·宰夫》注云:"小官,士也。"

《唐六典》卷六云:"都官者,本因漢置司隸校尉,其屬官有都官從事一人,掌中都官不法事,因以名官。都官者,義取掌中都官。中都官者,京師官也。"

以上小説家

諸子十家,其可觀者九家而已。皆起於王道既微,諸侯力政,

【索隱】盧文弨《鍾山札記》卷一曰:"《左氏》昭十七年傳'天子失官學在四夷',《石經》作'天下失官,官學在四夷'。案:《家語》王肅注亦云'夫子稱官學在四夷'。蓋天子失官,則官多廢,故無有能舉先代之典者。所謂官學,猶今言通經者爲經學,通史者爲史學,指專門而言。若鄭、公孫揮之能辯族姓班位,晉、蔡墨之能言五官,其斯謂之官學歟。"嘉錫以爲《諸子略》之王官,即孔子所謂官學也。古之學在官,官守其學,故士之子恒爲士,而爲吏者長子孫。及天子失官,疇人子弟分散四方,於是流而爲諸子,猶之"學在四夷"也。《史記·曆書》云:"周室微,陪臣執政,史不記時,君不告朔,故疇人子弟分散,或在諸夏,或在夷狄。"注:"如淳曰:'家業世世相傳爲疇。《律》,年二十三傳之疇官,各從其父學。'韋昭曰:'疇,類也。'"此即學出王官之證。

時君世主,好惡殊方,是以九家之説蠭出並作,各引一端,崇其所善,以此馳説,取合諸侯。其言雖殊,辟猶水火,相滅亦相生也。仁之與義,敬之與和,相反而皆相成也。《易》曰:"天下同歸而殊塗,一致而百慮。"今異家者各推所長,窮知究慮,以明其指,雖有蔽短,合其要歸,亦六經之支與流裔。使其人遭明王聖主,得其所折中,皆股肱之材已。仲尼有言:"禮失而求諸野。"方今去聖久遠,道術缺廢,無所更索,彼九家者,不猶瘉於野乎。若能修六藝之術,而觀此九家之言,舍短取長,則可以通萬方之略矣。

【索隱】《莊子·天下篇》曰:“古之人其備乎。配神明,醇天地,育萬物,和天下,澤及百姓,明於本數,係於末度,六通四辟,小大精粗,其運無乎不在。其明而在數度者,舊法世傳之史尚多有之。其在於《詩》、《書》、《禮》、《樂》者,鄒、魯之士縉紳先生多能明之。云云。其數散於天下而設於中國者,百家之學時或稱而道之。”此即向、歆諸子次於六藝之意也。又曰:“天下大亂,賢聖不明,道德不一,天下多得一察焉以自好。譬如耳目鼻口,皆有所明,不能相通。猶百家衆技也,皆有所長,時有所用,雖然,不該不徧,一曲之士也。天下之人,各爲其所欲焉以自爲方。悲夫,百家往而不反,必不合矣。”此論諸子處,與《志》可相參。

按《荀子·榮辱篇》云:“循法則、度量、刑辟、圖籍,不知其義,謹守其數,慎不敢損益也,父子相傳,以持王公,是故三代雖亡,治法猶存,是官人百吏之所以取禄秩也。”是即《莊子》“其明而在數度者,舊法世傳之史尚多有之”之意。更可因以知漢之制氏所以只能記樂之“鏗鏘鼓舞,而不能言其義”之故矣。又按《莊子》所謂“散於天下而設於中國者”,即敘疇人子弟分散事,天下者包四夷言之,中國者舉諸夏言之也。

《莊子》論天下之道術,蓋亦剖析條流之意。惟但言“古之道術有在於是者”,“某某聞其風而悦之”,未明標某家之名,且亦未備舉九流。又以田駢、慎到並稱,而田駢是道家,慎到是法家,與本《志》亦不合。惟司馬談《論六家要旨》有陰陽、儒、墨、名、法、道德,則九家已得其六,且稱名亦與《七略》及本《志》同。《淮南子·要略篇》論作書論者,有太公之謀(兵),儒者之學(儒),墨子節財、薄葬、閒服(墨),管子之書(《志》在道家,《七略》在法家),晏子之諫(儒),縱横修短(縱横),刑名之書(法),商鞅之法(法),其分析家法亦頗與《七略》及本《志》不同。蓋諸子之九流十家,乃向、歆父子綜合諸家之説,考其源流,稽其離合,重爲辨章者也。

諸子終

李霖,中山大學博雅學院講師,lilin67@mail. sysu. edu. cn
陳侃理,北京大學中國古代史研究中心研究員,ckl@pku. edu. cn
喬秀岩,北京大學歷史學系教授,qiaoxiuyan@pku. edu. cn
孟繁之,《中國文化》編輯,meng_1977@126. com

民國學術獎評審意見選刊(六則)

李妙麟整理　黄振萍校對

【説　明】中華民國爲了促進高水準學術研究的發展,教育部於 1940 年成立學術審議委員會,專門負責對當時的優秀學術成果進行評議和獎勵。學術審議委員會由當然委員、聘任委員與常務委員組成。當然委員由教育部長、次長以及高等教育司司長擔任。聘任委員共 25 人,教育部直接任命 12 人,全國選舉 13 人。常務委員 5—7 人,在本會全體委員中聘任。1940 年 4 月,第一屆學術審議委員會産生,當然委員有陳立夫、顧毓琇、余井塘、吴俊升,聘任委員有蔣夢麟、王世杰、竺可楨、周鯁生、顔福慶、茅以升、傅斯年、馮友蘭、馬寅初、鄒樹文、吴有訓、馬約翰、滕固、吴稚暉、朱家驊、張君勱、陳大齊、郭任遠、陳布雷、胡庶華、程天放、羅家倫、張道藩、曾養甫、趙蘭坪等。

1940 年 5 月,學術審議委員會通過了《補助學術研究及獎勵著作發明案》,隨後教育部以此案爲基礎,出臺了《著作發明及美術獎勵規則草案》。經過學術審議委員會不斷討論和修改,規則逐漸確定,這便是民國時期的"著作發明及美術獎勵"。

根據規則,獎勵範圍分文學、哲學、社會科學和古代經籍研究 4 類,發明分爲自然科學、應用科學和工藝製造 3 類,美術 1 類(包括繪畫、雕塑、音樂和工藝美術),共計 8 類。獎勵項目每類一等獎 1 名、二等獎 2 至 4 名、三等獎 4 名,且堅持寧缺毋濫原則。申請作品須在最近三年内完成,不包括中小學教科用書、通俗讀物、記録表册、報告説明、三人以上合編著作、翻譯外國人著作、編輯各家之著作無特殊見解、字典及辭書和講演集子。評議程序由專家審查、學術審議會小組審查和大會最後決選三個環節構成,而專家均由當時相關學科確有研究並有重要著述的大學教授或研究院所研究員擔當,以儘量避免現實政治和意識形態等因素的影響,確保以學術爲最高標準。

學術審議委員會每年 6 月份開始評獎,收集作品送請專家審查,並於次年 5 月份決選出獲獎作品,從 1941 年到 1948 年共舉辦六届(1946 年和 1947 年兩届合併),累計有 281 件作品獲得獎勵,54 件作品獲得獎助,其中一等獎 15 件、二等獎 88 件、三等獎 178 件。這些學術成果獲得政府獎項,對促進中國近代學術發展起到了重要作用。

本次所展示專家審查意見原稿,爲臺灣新竹"清華大學"楊儒賓教授私人藏品,蒙其厚意提供七件照片,我們整理了其中較爲完整的六件,以俾學界對該獎審查情況略窺一二。審查專家爲錢穆和魏建功,手稿按照時間順序排列。其中前 3 件屬於 1943 年(卅二年度)第三屆申請作品,經過最後公決,無一獲獎。該屆哲學類一等獎作品爲湯用彤《漢魏兩晋南北朝佛教史》,社會科學類一等獎獲得作品有陳寅恪《唐代政治史述論稿》,該獎學術水準之高可見一斑。後 3 件屬於 1944 年(卅三年度)第四屆申請作品,最終僅有徐復《後讀書雜志》獲得古代經籍研究類三等獎。楊樹達因早在第一屆以《春秋大義述》拿過該類二等獎,根據規則,若拿不到更高獎勵便不予評獎,惜未能上榜。然核對今版《論語疏證》,可知楊樹達很可能通過某種渠道獲悉錢穆的部分批評意見,如刪去了緯書的相關內容。該屆該類一等獎爲勞榦《居延漢簡考釋》、二等獎爲吴毓江《墨子校注》。*

一、李蕚《孟子改制述要》

南海康有爲孔子託古改制之説,此乃一時權道,實緣其時經學餘燼猶燃,學者多喜談西漢今文微言大義,而時勢所迫,又不得不昌言变法,遂附會《公羊春秋》,成此曲説。今則時異事易,康氏託古改制之理論已失其存在之必要,若再據以論史證經,此則詢所謂不識時務。《孟子》七篇辭旨明白,絶非《公羊春秋》之比,更難以康氏託古改制之説相附會。本書所舉,如論人民政治主權在民、民貴君輕諸義,如論性善説、仁義禮智説、存心養心諸説,孟子皆自申己見,絶無所謂託古改制。以此繩之本書,幾乎全無著題處。至謂孟子書中文王有兩解:一爲周代之文王;一爲泛称的文王,即"斯文在兹"之文王。此等語在數十年前勝清時代,則或有信者。此皆所謂已陳之芻狗,而本書作者尚據此以説孟子,此於訓詁、考據、義理三者無一當也。昔崔適觶甫爲南海之説所誤,作《史記探源》諸書,全從考據下手,自誤尚足誤人。今本書作者乃從義理方面用力,則改制本偏重制度與歷史,與義理尚隔一層,又當今日南海創説久已消沉,則自誤者並不足以誤人矣。

審查人:錢穆
卅一年十一月八日

---

* 本文的寫作參考了張瑾:《抗戰時期教育部學術審議委員會述論》,《近代史研究》1998 年第 2 期;張劍:《良知彌補規則,學術超越政治——國民政府教育部學術審議委員會學術評獎活動述評》,《近代史研究》2014 年第 2 期;中國第二歷史檔案館編:《民國檔案史料彙編五輯二編教育(一)》,江蘇古籍出版社,1994 年;教育年鑒編纂委員會編:《第二次中國教育年鑒》,文海出版社,1986 年。

二、吴國泰[1]《説文一得録》

一、按原著自敘紀年“共和二十有一年壬申立冬後二日”,迄今適已十載。

二、按原著所引著述不出十家,故皆斯學聞者,然如近代甲骨金文學權威若孫詒讓、吴大徵、羅振玉、王國維,似均未及涉歷也。

三、按原著引用甲骨金文資料之處,類皆轉據馬敘倫、劉盼遂二氏稱述,其他有不知其所據者,如“示”字條所言“風”字鐘鼎文作“”、“苟”字條所言甲骨“芇”作“”之類。

四、按原著論證,有以古文字資料印證自然見其不合者,撮録如次:

1. 著者據王筠説“示”字古文“”下之“”與“”同意,按甲骨金文“示”皆作“”、“”、“”、“”,知不足信。

2. 著者謂鐘鼎文“風”字有作“”者,查容庚《金文編》、徐文鏡《古籀彙編》所録並無“風”字,惟容氏《金文續編》有漢鏡文字之“風”,作“”、“”、“”,此云“”體,不知何據。

3. 著者謂“自急敕”之“苟”所从“”爲“芇”字,甲文“芇”字作“”,爲象芇之側面形,又謂卜辭中有“羊方”、“馬方”、“鬼方”諸國名。按甲骨文“芇”作“”、“”、“”、“”等形。至“羊方”云“方”字本作“”,下从人,各家均釋爲“羌”也。“自急敕”之“苟”,金文作“”、“”、“”,“”與“”爲二字。是“”爲“犬”,而“”爲“羊”,區以別矣。

4. 著者以“己”爲“基”之古文,謂“己”之古文作“”,正象版築之形,兩成者,示其爲始也。按《説文》古文之“”蓋本承甲骨金文而來,甲金文亦有作“”、“”、“”、“”者,與“”之似牆基説絶遠。

5. 著者謂“庚”字應作“”不从“”、“”字,乃象艸木實𠂹之形。按甲骨金文“庚”字皆从“”,或作“”,爲兩手持“”、“”、“”、“”之形。

6. 著者謂“丑”字从“”,“丨”爲手中持物,乃象有所指揮動作之意也。按“丑”甲骨文多作“”、“”,金文作“”、“”、“”、“”,蓋由漸變而爲篆文之“”。

7. 著者謂“寅”从“”,下作“臾”,“臾”之形似火,蓋爲陽氣上出之形,上之“”當作从“”,“”者重覆也,正月侌氣尚强猶重覆也,故陽氣欲上出達而不能焉。按甲骨文“寅”字多作“”,亦有作“”者,金文从“”持“”、“”、“”、“”、“”、“”、

[1] 吴國泰,字士安,號傒庵,曾署名國傑,四川成都人。曾任中學校長,四川大學文學院教授,1953 年進入四川省文史研究館擔任研究員,1964 年去世,享年七十九。氏著《説文一得録》已由巴蜀書社於 2006 年出版。

“[illegible]”、“[illegible]”、“[illegible]”。

五、按原著論證如前條所列以外,解説字形之處類多憑用心證,不及枚舉,如神、玉、門、父、几、羔、堇、厶諸條,皆其顯著者也。

總評:本書爲讀書札記性質,著者就許慎《説文解字》中文字解説認爲有疑義者加以論釋,自序曰:“冥思苦索以求其通,其不能通者置之,其前人所已明者置之。”内容情形大致具如若述。四十年來文字學新出材料甚多,學者因而對於許書頗得整理疏通之資。著者徵引未備,仍憑心證,誠所謂“冥思苦索”,若謂“真知灼見”則有間矣!著者别有《史記解詁》一書,彼當奬勵,此宜免議。

審查人:魏建功

卅二年二月廿八日

三、孫次舟[1]《漢代經古文寫本研究三種》

一、原著爲三篇論文:

甲、論魏《三體石經》之來源並及兩漢經古文寫本問題(意見書下文稱爲“甲篇”)。

乙、兩漢小學之流變及其與古學之關涉(意見書下文稱爲“乙篇”)。

丙、《説文》所稱古文釋例(意見書下文稱爲“丙篇”)。

“蓋欲以此三篇論文,將二千年前之真史,及近代三百年争論未決之因由與錯誤之所在,顯示於前,來一總結算。”(原附内容説明中語)所謂“二千年前之真史”指漢代經學上“今”、“古”文家派問題,所謂“近三百年之争論”即謂清儒對此問題之辯論也。

二、著者在“内容説明”中自敘論證方法:

1. 以《史記》所記勘《漢書》,以《漢書》所記勘《後漢書》,以求一傳説之滋生及演變。

2. 更儘量運用文獻上及考古學上之資料,參伍比較,綜合分析。

3. 復就兩漢經學及小學之關係,分别加以考研,借以決定經今古文之産生混淆、變遷之真實情況。

驗之原作,大抵可信。

三、著者甲篇要義,綜合其“結言”,可得三事:

1. 兩漢所有經學傳本皆爲“今文”(結言二),而所謂“古文”寫本根本未流行於人

---

[1] 孫次舟,原名孫志楫,山東即墨人。1933年畢業於北京大學國學系,曾師從顧頡剛,1947年至四川大學任教授,1949年後歷任四川大學、南充師範學院歷史系教授。氏著《論魏三體石經古文之來源並及兩漢經古文寫本問題》,《民國時期經學叢書》第四輯有收録。

間(結言四及十),東漢古文家實只講解上與今文家異,其所用寫本仍爲今文也(結言十一、十二、十三)。蓋其意謂無論今古文派,所用文字初均爲漢代當世常行者(意指隸書),而所争僅在經義(結言十二、十三),並不及經本文字之今古。故其稱古文家爲"古學家"(結言九、十、十一),謂:"西漢有經古文寫本,但無經古文家。"(結言一)

2. 漢世"古學家"對今文由經義之争論,進而各以私意改易經字,乃有所謂"經今文"、"經古文"之分(結言十三)。經古文本爲古學家據今文本更易文字而成,其文字爲隸書,非古文(結言十四)。

3. 最初經古文原本入於秘府,不傳於民間,但民間仍有全同古文之完整今字寫經(結言三、五),此種秘府古本校今文經師傳本,可見今文本之脱簡與誤字(結言五),經遏新莽篡亂與赤眉焚燬,蕩然無存(結言九、十)。東漢小學家對傳存西漢零星古字頗加保存,古學家改易今文本文字仍用今字,因小學家之風尚,世乃有古文寫本産生。故曰:"東漢有古學家,但無真的先秦古文寫經,古學家寫經仍爲今文。"(結言十七、十八、十九、二十、二十一及"内容説明")但著者又謂:"惟杜林曾得漆書《古文尚書》一卷,而非全本,下落亦不得而知。六朝人所見之杜林《尚書》仍同今文二十九篇。"(結言十五)

四、甲篇緒言除歸納爲前條三要義外,别有新意見數事:

1. 孔安國爲今文博士,傳今文尚書。其人所曾一度得古文尚書,但只譯寫逸書十六篇,任其流傳,並未另立古文家法(結言三)。

2. 《史記》以後書册,對經古文出現時之種種傳説,並附會難信(結言六)。

3. 劉歆見古文寫經於中秘,而求立學官,是只爲寫本古今文字之争,此時並無古文家(結言七)。

4. 劉歆之引《左傳》解經,當在争立學官失敗之後(結言八)。

5. 東漢俗儒當受古學家之熏染,亦每以私意改易經字浸成風氣,於是蔡邕乃有《一體石經》之刊立(結言十六)。

五、著者既在甲篇中指明終漢之世並無古文字寫本經,因而進作乙篇解釋魏正始《三體石經》古文與晋人作僞古文尚書之所由來(甲篇結言二十二及二十三)。乙篇要義綜之有二:

1. 西漢自武帝後小學成爲專家所研習,專以"小篆"爲主,初不及"古文",中秘書中之古文亦與小學家無甚影響(乙篇結言一、四、五、六)。至於東漢篆書多譌,而俗儒妄説字宜,且用以解經(乙篇結言八)。

2. 許慎著《説文解字》乃溝通"經學"、"小學"爲一,小學因得爲治經學之基礎,影響及於東漢末年古學家,乃有集"古文"以寫經者(乙篇結言七、九、十、十一、十

二、十三、十四)。

六、由於前條之理論,著者又作丙篇,以究許書所謂古文之實,而衡論清儒所争經今古文異同在名物訓詁以外之文字問題。著者以謂清儒"古文乃書以先秦古字,今文乃書以隸書"之學説爲誤解,此點誠爲本著作最特殊之意見。其於《説文》書中所稱古文,釋爲三例,而歸結於皆非最初古文經寫本中文字之主張。

1. 指古文字而言。著者謂《説文》重文中"古文某",及序中言:大篆"與古文或異";"孔子書《六經》,左丘明述《春秋傳》,皆以古文";"亡新居攝……頗改定古文";"時有六書:一曰古文,孔子壁中書也,二曰奇字,即古文而異者也";"郡國亦往往於山川得鼎彝,其銘即前代之古文,皆自相似"等處,許慎皆以爲孔子以前之文字。證以現代金文資料,知其所包括時代不一,有"西周字勢"、"春秋字勢"、"戰國字勢"之不同。(所有籀文爲春秋時代西方文字。)

2. 指古書而言。著者謂《説文》稱"古文以爲某字"之古文爲古書,一一疏證其非指古文字,(以無與今傳金文用法相同故。)亦非指古學家寫經。(以所存之例多爲諸子傳記故。)

3. 指古學家寫經而言。著者謂《説文》所引經文爲此類。爲釋説文引經爲古學家……[1]説甚自成理,於是更解此《論語》、《孝經》爲古學家寫本,而非古文字寫本。即前第三條甲篇要義之(2)云云;其寫本用字則以爲隸書,而非古文。

如是,《説文》書中所有既舉古文,後引經文者十三處,將與上説衝突,著者乃謂:"此非東漢寫經,果有古字寫本,實乃'古學家'寫經文字,有異今文,許氏剌録其字,誤稱古文;此類古文多屬篆文或體,非先秦古文也。"

七、前列各條,均見著者有獨見,有想象,有功力;至謂"古文字寫本經漢代根本未流行人間,而古文家改易今文本文字爲隸書非古文"一點,似尚有待於商榷。按隸書者,據許慎《説文序》,是秦世已有之字體。今通常觀念對隸書之了解,類皆以漢隸爲主,所謂秦時隸書爲何體勢,頗可注意。今世文字學者如容庚教授對此曾有假設,其主意根據元吾丘衍之説就傳世秦權量詔版文字而言曰:"草率者其隸書,工整者其篆書乎?"其説可信,蓋篆隸相遭,本不能截然劃斷,即存世漢碑所表現之隸書,亦具有前後期之不同,書法家所謂"無挑"、"有挑"之别也。其前期諸碑皆無挑法而近於篆,後期諸碑點畫俯仰之勢乃具,而生波磔,著者所謂"真隸"也。西漢碑刻不多,所謂前期實不過東漢之初,然猶仍多近篆,是可知篆隸間之消息矣(西漢文字之在當時器物上者,有容氏《金文續編》可徵)。著者曾引漢簡文

[1] 按:此處原稿截圖不全缺字一或兩行。

字,言及漢武帝天漢三年一簡之隸書,實即前期近篆之隸書,著者所謂"草隸"也(原著甲篇第二頁,原稱斯坦因所獲敦煌漢簡不誤,改作西北科學考察圖,失之)。細觀天漢一簡,字體結構多半仍依篆書,其筆勢凌平。又按《後漢書·光武帝紀》注引"漢制度"云:

> 帝之下書有四:一曰策書,二曰制書,三曰詔書,四曰誡敕。策書者,編簡也,其制長二尺,短者半之,篆書,起年月日,稱皇帝,以命諸侯王。三公以罪免,亦賜策,而以隸書,用尺一寸,兩行,唯此爲異也。……

此言策書用篆與隸,蓋猶今之真與行也。真行之間,體勢必有相異同者,方之篆隸亦不能不然。所謂"古文"是否必爲篆文以前另有一種文字,頗成問題。秦漢篆隸相承,其篆文以現在發現之古文字比對,亦多想承襲,然則古文經著者詔爲先秦古文字寫本者,不必字字皆與篆文隸書異也。且許慎書所集文字,如鄯善之鄯,樂浪挈令之織字作紱,汝穎之間謂致力於地之聖……等,若此之類,皆當爲漢代新作之篆,許君始筆之於書。是西漢時所用文字,篆書並未全絶,而隸書尚非後期體勢,直迄於東漢之初,則漢代之經本文字問題,果必本無其事邪?抑今古文家之争論,其始不及文字問題者,或即其初前期隸書與篆書尚未分判,迨後期隸書(即今通常了解之漢隸)與篆書既截然有别,於是乃大成問題歟?故曰,以"古文"與"隸書"相判而論,實有可商餘地。

總評:著者深思周慮,將經文寫本與經文訓義二事劃分至嚴,在向來各家對今古文問題解説以外,别出一格。除依審查人管見提出之問題(前列意見第七條)容有未照,大體所論從其所自主之前提觀之,無不成一貫之理,要可備治此問題者以參考。良以著者無家派門户之偏徇,故尚具有客觀檢討之精神也。如不以求全相責備,未始不可給予三等獎以鼓勵其精進。是否有當,仍請

貴會裁奪

第三條至第七條之意見另紙填寫,請注意。

審查人:魏建功

卅二年四月八日

四、楊樹達[1]《論語疏證》

本書宗旨在於疏通聖言、甄别義理,首取《論語》本文前後互證,次取群經諸子及

[1] 楊樹達,中國著名語言文字學學家。氏著《論語疏證》有上海古籍出版社 2006 年版。

四史爲證,其無證者則闕。惟古人引書往往自適己用,未必與所引原旨洪纖恰合,因此《論》、《孟》已有異同,遑論其次。《論語》注釋自何晏《集解》、皇侃《義疏》,下逮朱子《集注》、劉寶楠《正義》,網羅家説,辨析異同,幾於略備。本書援據古義,其確然有資於訓説者,前儒大體均已採摘。此外,若求博聞多識以備一説,自無不可,若欲本此解説經文,則有轉入歧途反增曲解者。如"無爲而治者,其舜也"與條,本書引董仲舒《春秋繁露》及《漢書・董傳》,均以"改正朔易服色"説之。此自董氏一家之誼,自東漢以下,陰陽五德之説即不爲説經者所重。即如本書於"無爲而治者,其舜也"與之下文"恭己正南面而已矣"句,即引《吕氏・先己篇》言"正諸身"、《新序》言"勞於求人",此二義即與仲舒"改正朔易服色"無關。本書於經文一章數句,句各有證者則證,文分列於當句之下,然往往前後所證自成牴牾,此處即其一例。又古人引書本極隨便,蓋援引與訓説不同,訓説當就本文,援引僅爲己用。如"人能弘道,非道弘人",本書引《漢書・禮樂志》一大節數百言。雖文中明引"人能弘道,非道弘人"二語,然殊非此二語大義所在,以資觸類旁通則可,而偏全洪纖之間則較然有别。又如《春秋繁露》説"當仁不讓於師",引楚子反視宋一節,此只可以作别解而實非論語之本旨。凡此等處本書均僅引證文,未加評案,苟讀者淺見寡聞,即本所引以爲論語原義如此,豈非大誤!又如"多見而識之"下引《廣韻》"鵃"字注所引《韓詩》、《繹史・孔子類記》所引《衝波傳》及王充《論衡・實知篇》三條,又"夫子聖者與?何其多能也"引《魯語》、引《太平御覽》所引《韓詩外傳》,又《説苑・辨物篇》、《論衡・明雩篇》諸節,此等乃鄉曲小儒俗説瞽談,自王仲任已加駁難,清儒崔述東壁辨之甚析,《論語》原義決不如此。本書亦備引諸書不加案語,若謂即此可證經文原義,豈不失之甚遠耶?其他如"知我者其天乎"引《論語撰考讖》,"行夏之時"引《周易乾鑿度》,"鳳鳥不亟,河不出圖,吾已矣夫"引《周易乾坤鑿度》,緯書之説更與經旨相違。其他尚有所引越出四史之外者,如"服周之冕"引《宋書・禮志》,"以直報怨"引師覺授《孝子傳》,皆與本書體例不合。又"子所雅言,詩書執禮,皆雅言也"引劉寶楠《正義》,亦與本書體例不合。

總評:本書備引兩漢以前群經諸子以及四史所載有涉論語者,分條録之,籍爲證明古義繽紛,網羅甚具。初學涉獵可以博趣,通儒披覽亦資觸發,惟詳於採摭略於闡説,可作一般參考之用,似可列入第三等,敬參末議以備

公決

審查人:錢穆

三十二年十月五日

五、馬紹伯[1]《孟子學説的新評價》

本書就當前現況爲出發點,推闡孟子學説,語語蹈實,有體有用。其第二章發揮性善論,第四章發揮王道仁政,尤見平允通達。全書貌若平淺而時有見到,語既不粉飾誇張,亦不牽强附會,證古會今允發多是。

總評: 本書援據《孟子》,針對現狀平實淺顯而實有見地,堪作一般讀物之用,應予以第三等之獎勵。

審查人: 錢穆

卅二年十一月廿一日

六、徐復[2]《後讀書雜志》

本書卷帙無多,而新義絡繹,時有創見。大體論之,援據精愜,説義平允者,蓋佔全書十之六七。其他各條,亦皆妥帖自然,絶少牽强穿鑿之病,與夫支蔓敷衍之害,詢爲不失乾嘉以來之矱椝者。就中尤精卓者,如説《漢書》"噍類"爲"疇類",引《管子樞言》(四頁)。説"蹈背出血"爲"焰背",引《多桑蒙古史》(五頁)。説《宋書》"直勒"爲"特勤",引錢竹汀《養新録》(十一頁)。説《史通》"凝脂"爲"刑網之密",引《鹽鐵論》(十六頁)。説《莊子》"鋏斛"爲"鍾臾",引《小尔疋》(二十六頁)。説《荀子》"屋室廬庾,葭槀蓐,尚機筵"爲"局室廬,簾槀蓐,省機筵",引《初學記》、《鹽鐵論》、《墨子》(三十頁)。説《鹽鐵論》"若俟周召而望子高"爲"望高子",引《公羊傳》(三十八頁)。説"雹霧夏隕"爲"雹霰",引《吕氏春秋》(四十四頁)。説司馬相如《長門賦》"賜問"爲"賜聞",引《史記·范雎傳》(五十七頁)。説潘安仁《悼亡詩》"周惶忡驚惕"爲"周惶中驚惕",引《玉臺新詠》與宋玉《九辯》(五十七頁)。説《文心雕龍》"骨鯁所樹"爲"骨骾",引《廣韻》、《抱朴子》(六十一頁)。説"舉止於察惠"爲"與言止於察惠",引宋本《御覽》(六十三頁)。説"惚恫"爲"謥詷",引《廣韻》與《三國·魏志·程昱臧霸傳》(七十四頁)。如此之類,莫不確有援據,而釋解精愜,使人有涣然冰釋怡然理順之感。其他不枝舉。其據《御覽》校《文心雕龍》各條,均歷來治此書者所者所未照也。

總評: 本書卷帙無多,而極富創獲,已爲隨手舉出十數條。此等或自來未得其解,或素不爲人注意,一旦説出,轉覺自然平淡。或若瑣碎小節,然治古籍,正貴校勘詁訓

[1] 氏著《孟子學説底新評價》,《民國時期經學叢書》第二輯有收録。

[2] 徐復,中國著名語言文字學學家。氏著《後讀書雜志》有上海古籍出版社 1995 年版。

以爲先基。而其間粗細高下各有分別,苟非平心静氣,處之不苟,學養工夫到,即每好作游辭,妄生曲解,不惟不爲學人之助,抑且轉爲之害。本書已勘此弊,其所發明,皆是以補前人之所未備,詢爲猶有舊時學人著作之榘矱者。按標準似可予以第二等奬,不知當否,敬待

公決

審查人: 錢穆

卅三年一月十六日

李妙麟,北京師範大學歷史學院研究生,247644272@qq.com
黄振萍,清華大學歷史系副教授,dimmoon@126.com

《張政烺批注〈兩周金文辭大系考釋〉》讀後

郭理遠

【提　要】《張政烺批注〈兩周金文辭大系考釋〉》是張政烺先生對郭沫若《兩周金文辭大系考釋》一書所作的批注。這些作爲私人讀書筆記與心得的批注具有十分重要的學術價值,但是原整理本在文本録入、分條歸類、標點斷句、闡釋説解等方面存在一些失誤之處。本文内容分爲兩部分。首先,主要從以下方面對於批注的學術價值進行論述:注意辨明古文字考釋的"發明權";提出重要的字詞考釋意見;靈活利用文獻材料輔助相關考證。其次,按照以下幾類對整理本的失誤之處進行舉例説明:對批注原稿内容移録的錯誤;對同一條目下批注排序的錯誤;對個别批注分條歸類的不當;標點、斷句的失誤;對批注所作注釋的問題;漏收批注;對已删批注所作處理的問題;誤收非批注内容。

【關鍵詞】張政烺　兩周金文辭大系　批注　古文字學　青銅器

一

《張政烺批注〈兩周金文辭大系考釋〉》(以下簡稱"《批注》")是張政烺先生對郭沫若先生名著《兩周金文辭大系考釋》(以下簡稱"《大系》")全書所作的批注,其書寫時間大約歷經半個世紀。朱鳳瀚先生帶領何景成、韓巍、劉源、陳絜諸位先生花費了大量精力,通過兩年的整理,最終將《批注》整理本和原書影印圖版共同呈現給了學術界,[1]使張先生的批注得以嘉惠學林,這是我們首先要致以敬意和謝意的。張先生學識廣博,在先秦史、古文字學、文獻學等領域均有卓見,但是他公開發表的學術文章卻並不多,因此這些作爲私人讀書筆記與心得的批注,是相當珍貴而且具有十分重要

[1] 張政烺著,朱鳳瀚等整理:《張政烺批注〈兩周金文辭大系考釋〉》,中華書局,2011年。《批注》的上册和中册是張先生批注原稿的影印圖版,下册是朱鳳瀚等先生對張先生原稿所做的整理本。我們在引用原圖版内容時,一般標明上册或中册的頁碼;引用下册的内容時一般簡稱爲"整理本"。

的學術價值的。朱鳳瀚先生已就《批注》的學術價值撰文作過介紹,[1]我們在研讀《批注》的過程中,對其學術價值也有自己的體會,下面將分類敘述。

(一) 注意辨明古文字考釋的"發明權"[2]

張先生非常重視前人的研究,並且經常注意辨明古文字考釋的"發明權"。在正文的批注中有多處是張先生指明《大系》考釋内容的來源的。

如《大系》鄘侯簋考釋云:"近時徐中舒説鄘爲山東之莒,較爲可信。"其實釋"鄘"爲"莒",並非徐中舒説,張先生對此有清晰的辨明:"徐謂非己説,嘗問予出觀堂何篇,予以《嬰次盧跋》告之,撿視果然。"(《批注》中册第 390 頁黑色毛筆腳批)

趩觶(《集成》06516)有"王才周,各大室。咸井弔入右趩"句,《大系》將"咸井弔"連讀,認爲是人名,並云:"咸井弔見上康鼎。"《大系》康鼎考釋云:

> 本鼎銘末有"奠井"二字,即康所自署之下款。趩觶又稱咸井叔,咸者,宗周畿内地之咸林也。《詩譜》云:"初宣王封母弟友於宗周畿内咸林之地,是爲鄭桓公。"《漢書·地理志》京兆尹鄭縣下云:"周宣王鄭桓公邑,有鐵官。"(引者按:"周宣王"下《大系》誤脱"弟"字。)是知奠井叔之奠即是西鄭。

張先生不同意《大系》將"咸井弔"連讀,在"咸"字下加句號,並注云:"'咸'字應斷句。"後來又加眉批:"如郭説亦通,然'咸林'單稱'咸'終覺未的。"[3]並在"郭説"左側加注云:"此本許印林説。"在此句眉批右側注:"許説:'或云邢,鄭地邢亭者也。'"許印林説見《攈古録金文》之趩尊下:

> 井叔屢見古器銘,或云邢,通《説文》所云"邢,鄭地邢亭"者也。……案鄭氏《詩譜》:"初宣王封母弟友於宗周畿内咸林之地,是爲鄭桓公,今京兆鄭縣是其都也。"據此當爲邢之借字。邢爲鄭地,鄭在咸林,鄭未封以前其地名咸林不名鄭,故云咸井叔。咸井叔云者,猶阮書綏賓鐘銘云之"鄭井叔"也。[4]

由此可見,在《大系》之前,許印林已經據《詩譜》考此"咸"即"咸林",即宗周畿内之"鄭",並認爲"井"當是《説文》之"邢",亦爲鄭地。《大系》當時可能没有注意到許説。

---

[1] 朱鳳瀚:《讀〈張政烺批注《兩周金文辭大系》〉》,《張政烺批注〈兩周金文辭大系考釋〉》下册頁 1—9,又載《書品》2011 年第 4 期。

[2] "發明權"一詞,借用劉釗先生在《古文字構形學》"緒論"中的説法。劉釗:《古文字構形學》(修訂本),福建人民出版社,2011 年,頁 7。

[3] 《批注》在《大系》康鼎考釋中也有類似批注:"'咸林'單稱'咸'未妥。"見《批注》上册頁 198。

[4] 〔清〕吴式芬《攈古録金文》卷三之一,第六十一頁,光緒二十一年家刻本,收入劉慶柱、段志洪、馮時主編:《金文文獻集成》第 11 册,香港明石文化國際出版有限公司,2004 年。

有些習見之字,《批注》也儘量找出最先釋出此字的學者。如《批注》上册第 2 頁黑色鋼筆批注:

> 玗之釋于,向謂始劉心源,非也。陳文懿公手稿鼎類“女婺鼎”:“玗,于。余釋此‘刊’字爲于之古文,極可通。”
>
> 稿内又屢見,不盡録。辨析頗明。

《批注》上册第 26 頁大豐簋考釋的眉批、第 77 頁大保簋考釋的眉批所過録的陳介祺的相關釋文,都已經把玗字釋爲于,這些可能也録自“陳文懿公手稿”。[1] 目前不能確知其時代。《批注》上册第 24 頁有黑色毛筆過録的一則“毛公聃季敦釋文”,録自陳介祺給吴雲的信,[2] 也釋玗爲于。劉心源釋玗爲于見於《奇觚室吉金文述》卷一第二七葉“玔鼎”下。[3] 《奇觚室吉金文述》刊於光緒二十八年(1902),陳介祺尺牘的落款日期是“癸酉七月晦丙子”,“癸酉”爲同治十二年(1873),依此來看,陳介祺的考釋明顯是早於劉心源的。[4]

接下來再看同頁的另一條批注:

> 氒之釋厥,始於吴大澂,見邾公釛鐘釋文。
>
> 陳文懿亦有此意。《代州志》則在劉、吴之前矣。

古文字中“氒”和“乃”長期混淆,容庚《清代吉金書籍述評》云:“乁、ㄋ二字,自宋以來均釋作乃,至劉氏(引者按:即劉心源)始分出前者爲氒(厥),後者爲乃。”[5]《愙齋集古録》卷一第二一葉邾公釛鐘考釋云:“大澂竊謂厥考厥祖爲周誥習見字,何以今日所見彝器皆云乃祖乃考,從無厥字,亦無氒字,疑氒即ㄟ字。壁經乃字或作ㄟ,與氏字相混,漢儒遂讀氒,後人改氒爲厥也。”[6] 雖然吴大澂在釋文中仍把“ㄟ”隸定作“乃”,但是他已經懷疑“ㄟ”就是“氒”,即典籍中的“厥”。因此張先生初以爲釋“氒”爲“厥”始於吴大澂。

---

[1] 整理本 63 頁整理者注:“張先生批注多引‘陳文懿公’説,或單稱‘陳’,多未見於已刊佈之陳介祺著作,可能是引自張先生自藏之陳氏未刊手稿。”承韓巍先生面告,這批手稿現藏臺灣中研院史語所傅斯年圖書館,尚未整理出版。

[2] 見於《簠齋尺牘》第 1052—1053 頁,《近代中國史料叢刊》第 97 輯第 962 册,文海出版社,1973 年。天亡簋中的“玗”字,在《簠齋藏古册目並題記》第二四葉“聃敦”(《金文文獻集成》第 18 册)、《簠齋金石文考釋》三至六葉“大豐簋釋文”(《金文文獻集成》第 18 册)中均已釋爲于。但此二書均爲後人輯録,成書較晚。

[3] 劉心源:《奇觚室吉金文述》,光緒二十八年(1902)石印本,收入《金文文獻集成》第 13 册。

[4] 孫詒讓《古籀餘論》卷二乙亥彝下考釋云:“凡金文玗字常見,舊竝釋爲刊,陳介祺謂當从于,與于通(詳《説文古籀補》)。”查《説文古籀補》卷五“于”字下已經收有“玗”形之字,但未作説明,其《附録》“TY”下云:“陳介祺説TY與玗異,彼‘于’、此‘刊’。傳尊。”二書均以爲陳介祺釋“玗”爲“于”。

[5] 見容庚:《清代吉金書籍述評》十二“《奇觚室吉金文述》二十卷”,收入《容庚著作全集》第二二册《頌齋述林》,中華書局,2012 年,頁 116。劉心源説見《奇觚室吉金文述》卷一第二三、二四葉。

[6] 吴大澂:《愙齋集古録》第四册十六葉,收入《金文文獻集成》第 12 册。《愙齋集古録》寫於光緒十二年至二十二年,卒未成書,光緒二十八年(1902)吴大澂病逝後由門人整理成書。其寫作、編纂時間是早於同年刊印的《奇觚室吉金文述》的。其考釋亦見於《説文古籀補》卷五第三葉“乃”字下。

後來張先生又加了一條批注:"《代州志》則在劉、吴之前矣。"《代州志》卷六金石志周工吴簋[1]"乑"字下注:"《説文》:'乑,木末也。讀若厥。'此徑用爲厥。"[2]釋"乑"爲"厥"。吴大澂《愙齋集古録》寫於光緒十二年至二十二年,至卒未成書;劉心源《奇觚室吉金文述》成書於光緒二十八年。然《代州志》成書於光緒八年,所釋早於此二書,因此《批注》後補入此條。

在古文字考釋中,如果某些早期的考釋意見在當時不爲人所信,並鮮有引用,那麼後來的學者們重新提出這種考釋意見的時候,往往會忽視前人的考釋。對於這種情況,張先生批注雖然不是刻意明確古文字考釋的"發明權",但還是有助於我們找到最早的考釋意見的。如姑馮勾鑃的"馮"字,近年來李家浩先生有考釋,認爲從字形上分析,舊釋"馮"、"鵬"、"廖"、"虔"都不可信,在其文的腳注中據蔡侯紳鐘、上博簡中"虡"字的寫法,懷疑此字是"虡"的譌體。[3] 廣瀨薰雄先生同意釋"虡"的意見,同時指出何琳儀先生在《戰國古文字典》中已經將姑馮句鑃稱爲"姑虡句鑃",並懷疑將此字釋爲"虡"的學者不止何、李兩位先生。但是由於廣瀨先生没能找到其他研究,只能暫且將他們二位作爲"虡"説的代表者。[4] 《批注》中册 357 頁在《大系》考釋"馮"之處有黑色毛筆眉批:

> [illegible]。孫詒讓謂此字及郘鐘之[illegible]皆是虡字,[5]見《名原》(上・廿九)。

孫詒讓《名原》對此字的字形已經有了正確的分析,[6]張先生的批注幫助我們找到了最早將此字釋爲"虡"的學者。

我們知道,古人關於金石研究的考釋見解,有相當一部分是散見於其書信、題跋的,並没有專文論述,但是這不應該成爲我們忽視前人研究的理由。裘錫圭先生通過詳細考證,把《尚書》"寧王"、"寧考"等文中的"寧"認定爲"文"字誤釋的"發明權"歸屬由一般所認爲的吴大澂改爲王懿榮,即是明確古文字和古典學研究的"發明權"的一個鮮明例子。[7] 《批注》不厭其煩地注出這些考釋意見的最早提出者及其著作(有一些學者和著作恰恰是不爲人注意的),也是高度重視古文字考釋發明權的反映,值得

---

[1] 即《集成》10296 吴王夫差鑑。

[2] 〔清〕俞廉三:《代州志》,光緒八年代山書院刻本。

[3] 見李家浩:《關於姑馮句鑃的作者是誰的問題》,《傳統中國研究集刊》第 7 輯,上海人民出版社,2010 年,頁 1—7。

[4] 見廣瀨薰雄:《釋清華大學藏楚簡(叁)〈良臣〉的"大同"——兼論姑馮句鑃所見的"昏同"》,發表於復旦大學出土文獻與古文字研究中心網站,2013 年 4 月 24 日。校按:後來此文發表於《古文字研究》第 30 輯(中華書局,2014 年),廣瀨先生已根據網友的意見在文中指出是孫詒讓最早釋此字爲"虞"的。

[5] 《説文》卷五虍部以"虞"爲正篆,"虡"是"虞"的省體。

[6] 孫詒讓《名原》卷上第二十九葉,見宋振豪、段志洪主編:《甲骨文獻集成》第 38 册,四川大學出版社,2000 年,頁 117。

[7] 見裘錫圭:《談談清末學者利用金文校勘〈尚書〉的一個重要發現》,《裘錫圭學術文集》第 4 卷,復旦大學出版社,2012 年,頁 412—417。

文字學史和學術史研究者充分注意。

(二) 提出重要的字詞考釋意見

張先生考釋古文字的功力深厚,或善於將銘文與有關文獻對讀,從而能夠把握銘辭的準確含義;或憑藉敏鋭的語言文字眼光,對一些文字學的相關問題有獨到的見解。下面試舉數例説明。

1. 金文中的"畯"字

《批注》上册第90頁大盂鼎釋文"畯正氒民"有如下内容:

> 正,長也,治也。吴(引者按:指吴闓生):"正其民及御事,御事謂在官者。"(引者按:以上爲"正"字旁黑色鋼筆夾批)
>
> 《多士》"俊民甸四方"。(引者按:以上爲紅色毛筆脚批)《九歌》"荃獨宜兮爲民正"。(引者按:以上爲黑色鋼筆脚批)《度訓解》"極以正民"。(引者按:以上爲黑色毛筆脚批)
>
> "允執厥中";"允迪厥德"。(引者按:以上爲黑色毛筆眉批)

縱觀全書的批注,紅色毛筆字迹是張先生早年所書,當時他將"畯正厥民"與"俊民"相聯繫。夾批把"正"解釋爲"長、治",並引了吴闓生《吉金文録》關於銘文"畯正厥民,在于御事"的解釋。脚批列舉了幾個與"正民"有關的書證。眉批的"允迪厥德"見《尚書・臯陶謨》;"允執厥中"見僞古文尚書《大禹謨》,《論語・堯曰》有相似的文句"允執其中",厥、其同意。"畯正氒民"、"允執厥中"、"允迪厥德"句式全同,可以看出張先生眉批是把"畯"字與"允"字相聯繫的。

"俊民"一詞除了見於批注所引《尚書・多士》外,還見於《尚書・君奭》"其女克敬德堪,明我俊民,在讓後人于丕時",以及《尚書・洪範》"俊民用章,家用平康"。[1]"俊民"舊注多解釋爲才俊、賢人,但《多士》句中的"俊民"似與後二例不同,應爲動賓結構。陳夢家《西周銅器斷代》即認爲:"'畯正'是一動詞組,《多士》'俊民、甸四方',義與此相同。"[2]將大盂鼎的"畯"和《多士》的"俊"都看作動詞。裘錫圭先生同意陳夢家先生的説法,並認爲史牆盤的"畯民"和"畯正厥民"、"俊民"都是一個意思。[3] 黄天樹先生也贊同陳夢家先生的説法,並認爲《合集》3087"燮畯四方"的"燮畯"與大盂鼎的"畯正"都是同義連用的動詞組。[4] 張先生早期也將大盂鼎的"畯正氒民"與《尚書・多士》的"俊民"相聯繫,遺憾的是我們無法得知張先生當時對"俊民"作

---

[1] 此句中的"俊民"在《史記・宋微子世家》中作"畯民"。
[2] 見《考古學報》1956年第1期,頁96。
[3] 裘錫圭:《史牆盤銘解釋》,《裘錫圭學術文集》第3卷,頁9。
[4] 黄天樹:《殷墟王卜辭的分類與斷代》,科學出版社,2007年,頁86注1。

何解釋。

對於張先生讀“畯”爲“允”的意見,裘錫圭先生在《懷念張先生》一文中作了簡單的介紹:

> 先生有一次跟我説,他認爲大盂鼎“畯正厥民”的“畯”,不應該像一般人那樣讀爲“畯”,而應該讀爲“允”,用法跟《論語·堯曰》“允執厥中”[1]的“允”相同。[2]

“畯”字最早見於宋代著録的晉姜鼎[3](《集成》02826),當時已有學者把此字釋爲“允”。歐陽修《集古録》卷一第四葉“韓城鼎銘”、吕大臨《考古圖》卷一第八葉“晉姜鼎”所録楊南仲考釋云:“畯,疑允字。字書所無,而於文勢宜爲允,蓋用毗省聲也。”[4]楊南仲通過文義認定晉姜鼎的“畯”是應該讀爲“允”。

對大盂鼎的“畯”字,清人已有釋爲“允”者。如翁同書認爲:“允古文作畯,此字考定家多誤釋畯。”[5]他把“畯”跟“允”聯繫考慮是有道理的,但説“畯”是“允”的古文,從文字學上講卻並不妥當。劉心源《奇觚室吉金文述》卷二第三六葉大盂鼎釋文也把“畯”括注爲“允”,[6]在考釋大克鼎的“𤲞”字時説:“𤲞,从田、从山、从允。古刻中畯字義即允,如上文‘畯尹四方’是已。亦可讀畯,通駿、俊,訓爲大。此又从山,蓋合峻字爲之。”[7]劉心源認爲“畯”字義是“允”,比翁同書説“畯”是“允”的古文要準確,但是他同時又同意讀爲駿、訓爲大。

前人讀“畯”爲“允”,那“允”字應該怎麽理解呢?《尚書》“允迪厥德”、“允執厥中”等的“允”字,歷來注疏家都解爲信。[8] 楊筠如《尚書覈詁》釋爲能。[9] 王引之《經傳釋詞》卷一“允”字下引王念孫説“允猶用也”,並舉“允釐百工”、“允迪厥德”、“允執其中”等加以説明,最後説:“《詩·大明》曰‘聿懷多福’,《春秋繁露·郊祭篇》引作‘允懷多福’,是允爲語詞也。後人但知允之爲信,而不知其又爲語詞,故訓釋多有未安。《史記·五帝本紀》、《夏本紀》於‘允釐百工’、‘允迪厥德’、‘庶尹允諧’亦皆以信字代之,蓋

[1] “允執厥中”見僞古文尚書《大禹謨》,《論語·堯曰》句作“允執其中”。此處可能是裘先生誤記。
[2] 裘錫圭:《懷念張先生》,《裘錫圭學術文集》第6卷,頁209。郭永秉先生在此文的編按中指出《批注》308頁師訇簋釋文“允”字的批注中也有關於“允”、“畯”可通的説法。
[3] 其銘文中有“畯保其孫子”句,見《考古圖》卷一第八葉,《博古圖》卷二第六葉,《歷代鐘鼎彝器款識法帖》第九六葉,《嘯堂集古録》第八葉。
[4] 〔宋〕吕大臨、趙九成:《考古圖 續考古圖 考古圖釋文》,中華書局,1987年,頁9。
[5] 見吴式芬:《攈古録金文》卷三之三第三六葉,《金文文獻集成》第11册403頁。《金文詁林》7499頁卷十三田部“畯”字下已引。
[6] 見《金文文獻集成》第13册173頁。
[7] 見劉心源:《奇觚室吉金文述》卷二第三四葉克鼎考釋,《金文文獻集成》第13册172頁。《金文詁林》5709頁卷九山部“𤲞”字下已引。大克鼎“畯尹四方”句劉心源所作釋文爲“畯(允)尹(君)四方”。
[8] 參看宗福邦等主編:《故訓匯纂》,商務印書館,2003年,頁173。《尚書校釋譯論》亦遵從舊説釋爲信,見顧頡剛、劉起釪:《尚書校釋譯論》,中華書局,2005年,頁393。
[9] 見楊筠如:《尚書覈詁》,陝西人民出版社,2005年,頁47。

古義之失其傳久矣。”[1] 後人解讀《尚書》,除了根據注疏之外,《史記》的異文也是很重要的參考,因此《史記》將《尚書》中的這幾個“允”字讀爲“信”影響是很大的。王念孫不信從舊説,把“允釐百工”、“允迪厥德”、“允執其中”等字的允看作語詞“用”,這比舊説要合理。同時他又把《詩經》“允王維后”、“允王保之”等的“允”字看作發語詞。其實這幾個“允”字用法相同,《詞詮》把這些都解釋爲“語首助詞,無義”是更爲直接和準確的。[2]

前引黄天樹先生對甲骨文中“畯”的解釋是有道理的,但是也很難排斥“畯正厥民”的“畯”並不用作“夋畯”之“畯”的可能。大盂鼎:“在武王嗣文作邦,闢厥匿,匍有四方,畯正厥民,在雩御事。”如果將“畯”讀爲句首助詞“允”,則“畯正厥民”的句子結構與《尚書》的“允迪厥德”、“允執厥中”同,且“正厥民”與“闢厥匿”對文呼應,文義上是很恰當的。除此之外,金文中還有其他有關“畯”字的辭例,如“畯臣天子”[3]、“畯永保四方”[4]、“畯保四或”[5]、“畯保其孫子”[6]、“畯在位”[7]、“達殷畯民”[8]等。除了史牆盤“達殷畯民”之外,其他文例中的“畯”字讀爲“允”是合適的,[9] 下面我們對此略作説明。

裘先生根據張先生讀大盂鼎的“畯”爲“允”的思路,推測金文中“畯臣天子”、“畯永保四方”、“畯保四或”、“畯保其孫子”等語中的“畯”字,依張先生意也都應該讀爲“允”。[10] 其中晋姜鼎“畯保其孫子”中的“畯”字,上引楊南仲説已經將讀爲“允”;“畯保四國”與“畯尹四方”意同,劉心源已將大克鼎“畯尹四方”中的“畯”字讀爲“允”。陳致先生認爲“畯保其孫子”、“畯保四或”、“畯永保四方”、“永畯尹四方”等銘文中的“畯”

[1] 見王引之:《經傳釋詞》,江蘇古籍出版社,1985 年,頁 12—13。又見王引之:《經義述聞・通説下》,江蘇古籍出版社,2000 年,頁 762。

[2] 楊樹達:《詞詮》,上海古籍出版社,2006 年,頁 399。

[3] 見追簋(《集成》04219—04224)、此鼎(《集成》02821—02823)、此簋(《集成》04303—04310)、頌鼎(《集成》02827—02829)、頌簋(《集成》04332—04339)、頌壺(《集成》09731、09732)、頌盤(《銘圖》14540)、卌二年逑鼎(《銘圖》02501、02502)、卌三年逑鼎(《銘圖》02503—02510)、逑鐘(《銘圖》15634—15638)、逑盤(《銘圖》14543)、伯梁其盨(《集成》04446—04447)、善夫克盨(《集成》04465)。梁其鼎(《集成》02768—02770)作“畯臣天”,大概是誤脱“子”字。(《銘圖》是吴鎮烽《商周青銅器銘文暨圖像集成》的簡稱,下同。)

[4] 見南宫乎鐘(《集成》00181)。五祀㝬鐘(《集成》00358)作“永畯尹四方”,大克鼎(《集成》02836)作“畯尹四方”。

[5] 見㝬鐘(《集成》00260)。

[6] 見戎生鐘(《銘圖》15244—15246)、晋姜鼎(《集成》02826)。

[7] 見師俞簋蓋(《集成》04277)、伯梡虘簋(《集成》04091—04094)、㝬簋(《集成》04317)。秦子鎛(《銘圖》15700)、秦子鐘(《銘圖》15231)作“畯令在位”。秦公簋(《集成》04315)有“畯疐在天”。

[8] 見史牆盤(《集成》10175)。

[9] 史牆盤的“畯”字應是實義動詞。關於此字的釋讀,目前還没有定論。諸家説法可參看尹盛平主編:《西周微氏家族青銅器群研究》,文物出版社,1992 年。陳致先生釋此字爲動詞“保佑”、“保障”。陳致:《“允”、“畯”、“畯”試釋》,《饒宗頤國學院院刊》創刊號,中華書局,2014 年,頁 135—159。(以下引陳致先生説皆指此文,並簡稱“陳文”。)

[10] 裘錫圭:《懷念張先生》,見《裘錫圭學術文集》第 6 卷,頁 209。

字與《周頌·時邁》中“肆于時夏，允王保之”的“允”相同，這是很有道理的。[1] 但是陳先生將“允”解釋爲副詞“信”則不如解釋爲語詞更貼切。[2]

“畯臣天子”的句子結構和“畯正厥民”、“畯保其孫子”、“畯永保四方”、“畯保四或”等句一樣，[3]“畯”字後面的成分都是動賓結構的短語，因此把“畯”字讀爲“允”、理解爲句首助詞是很合適的。[4]

“畯在位”的“畯”字理解爲句首助詞也很合適。㝬簋銘文“勾永命，畯在位，作疐在下”與五祀㝬鐘的“永畯尹四方，保大命，作疐在下”所表達的意思是相同的。秦公簋的“畯疐在天”句，與北宋所出的秦公鎛(《集成》00270)“畯疐在位”句句式相同，[5] 大概是承㝬簋的“畯在位，作疐在下”而來。[6] “畯”、“畯”是一字異體。秦子鎛、秦子鐘的“畯令在位”，在 1978 年陝西出土的秦公鐘(《集成》00263)、秦公鎛(《集成》00267—00269)中作“畯令在位”。值得注意的是在陝西出土秦公鐘、鎛銘文“藍藍允義”句已有“允”字，陳致先生認爲這恰好爲“金文中有時異體並見，特別是用一簡一繁來標舉詞性或詞義之不同”的情況又提供了一個例證，並舉了金文中的同一篇銘文中的“丂”、“考”二字分別表示不同用法來補充説明。[7] 其實在秦公鐘、鎛銘文中本身就有這樣的例證，如“具即其服”、“秦公嬰(其)畯令在位”、“嬰(其)康寶”，三個“其”用兩個不同的字來表示，前者用作代詞，後兩者用作表希望的語氣詞。[8] 所以，秦公鐘、鎛的“允”、“畯”很可能也是借用不同寫法的字來表示不同用法的“允”這個詞的。[9] “藍藍允義”在秦公簋以及北宋所出的秦公鎛中作“藍藍文武”，這個“允”字學者多解釋爲“誠信”等；“畯令在位”等句中的“畯”字可以理解爲句首助詞“允”。[10]

---

[1] 陳文指出“畯保其孫子”可與《周頌·時邁》“肆于時夏，允王保之”、《周頌·烈文》“惠我無疆，子孫保之”等參看。“畯保四國”、“畯永保四方”與《周頌·桓》“保有厥士，于以四方，克定厥家”、《小雅·瞻彼洛矣》“君子萬年，保其家室”、“君子萬年，保其家邦”略同(陳文頁 141)。

[2] 裘先生看過本節初稿之後指出，從“畯永保四方”、“永畯尹四方”兩例來看，“畯”、“永”二字位置可以互换，也不排除“畯永保四方”的“畯”與“永”意思相近。

[3] 金文中還有“朕臣天子”句，見榮簋(《集成》04241)，《批注》上册 103 頁認爲“朕、畯古通”。于省吾《關於天亡簋銘文的幾點論證》也認爲“朕”字是借用爲“畯”的，“朕臣天子”即“畯臣天子”(《考古》1960 年第 8 期，頁 34—36、41)。

[4] 陳文把“畯臣天子”的“畯臣”看作名詞，與《詩經》中的“顯允君子”、“允矣君子”等類似，從而認爲“畯”字是形容詞。與我們的理解不同。裘先生看過本節初稿之後曾指出，這個“畯”字如果可以解釋爲助詞的話，那它就有肯定的語氣。

[5] 楊樹達、張政烺等先生認爲“天”是“立(位)”之譌，見楊樹達：《秦公簋再跋》，《積微居金文説》，上海古籍出版社，2007 年，頁 69；張政烺：《周厲王胡簋釋文》，《張政烺文史論集》，中華書局，2004 年，頁 539。

[6] 可參看李學勤：《論清華簡〈周公之琴舞〉“疐天之不易”》，《出土文獻研究》第 11 輯，中西書局，2012 年，頁 1—4。

[7] 陳文頁 148—149。

[8] 劉翔等編著：《商周古文字讀本》，語文出版社，1989 年，頁 152。

[9] 郭永秉先生提示我，“允”、“畯”二字讀音雖然接近，畢竟仍然略有差異(允是喻母文部字，畯是精母文部字)，所以表示“信”義的“允”和句首助詞的“允”本來也許並不同音，它們應該是有不同來源的詞。

[10] 陳文將“畯在位”、“畯令在位”、“畯尹四方”、“畯正厥民”以及史牆盤“達殷畯民”的“畯”字讀爲“允”，認爲是由在“畯臣”中的形容詞用法進而用爲動詞“保佑”、“保障”。

金文中的“畍”字,自宋代以來絶大多數學者都釋爲“畯”,讀爲“駿”、“俊”等,意爲長、大,[1]現在仍是學界的主流觀點。[2] 就連張先生自己在公開發表的文章裏也是採用讀爲“駿”的意見。[3] 但是讀“畍”爲“允”在有些文例中是更爲合適的。讀“畍”爲“允”雖然不是張先生的首創,但是因爲宋人、清人之説久不爲人所重視,張先生觀點的提出仍然具有重要價值。[4]

2. 晋公盨的“蜼”字

晋公盨(《集成》10342)中有“余蜼今小子”、“蜼今小子”等語,“蜼”字原形作、,[5]吴榮光釋爲“奪”,[6]徐同柏釋爲“雉”,[7]吴式芬、方濬益均釋爲“锥”,[8]吴大澂“疑惟字之異文”。[9] 唐蘭、楊樹達二先生均認爲此字當隸作“锥”,是晋定公名“午”,[10]《大系》從之。李學勤先生隸定此字爲“蜼”,讀爲“唯”。[11] 張先生在《大系》原文“此晋公媵女之器,銘中兩見锥字,即晋公名”處加脚批:“讀爲惟。”夾批:“秦公段:余雖小子。”[12]

與此相同的用例在金文中還有:

爾有唯小子。(何尊,《集成》06014)

女有隹小子。(師毁簋,《集成》04311)

---

[1] 參看周法高主編:《金文詁林》,香港中文大學,1974年,卷13,頁7498—7502;周法高主編:《金文詁林補》,中研院史語所,1982年,卷13,頁3926—3931頁;張世超等:《金文形義通解》,中文出版社,1996年,頁3201—3204;周寶宏:《西周青銅重器銘文集釋》,天津古籍出版社,2007年,第226—237頁。

[2] 除宋人、清人的考釋外,將“畍(畯)”字解釋爲“允”的見以下數文。唐復年先生在《金文鑒賞》一書的大盂鼎釋文中認爲此字是“允”,但是他在釋文中仍括注爲“畯”(唐復年:《金文鑒賞》,北京燕山出版社,1991年,頁89)。季旭昇先生《〈魯頌·閟宫〉“三壽作朋”古義新證》將晋姜鼎的“畯”字括注爲“允”,但是他没有作任何説明,文中所引宗周鐘銘文的“畯”字則没有加括注(見季旭昇:《詩經古義新證》,學苑出版社,2001年,頁120)。陳致先生《“允”、“畍”、“畯”試釋》認爲西周金文中的“畍”字讀爲“允”,是“允”字的異體,將其用法分爲三類:形容詞“信”、動詞“取信(保佑)”、副詞“信”。

[3] 張政烺:《周厲王胡簋釋文》,原載《古文字研究》第3輯,中華書局,1980年,頁104—119,後收入《張政烺文史論集》,頁531—544。

[4] 如裘先生在張先生意見的基礎上把《詩經·周頌·維天之命》“駿惠我文王,曾孫、篤之”句中的“駿惠”讀爲“允惠”,認爲與《尚書·酒誥》和《君陳》的“允惟”相近。並進一步認爲《詩經》裏有不少“駿”都可以讀爲“允”。這也是很有啓發性的見解。陳致先生進而指出甲骨文中的“允隹”、“畍隹”,金文甚六鐘、鎛銘文“允唯吉金”中的“允唯”等也與典籍中的“允惟”相同。

[5] 近出晋公盤銘文與晋公盨基本相同,其中“蜼”字作、。見吴鎮烽:《晋公盤與晋公盨銘文對讀》,復旦大學出土文獻與古文字研究中心網站,2014年6月22日。

[6] 見《筠清館金文》卷3,頁17。

[7] 見《從古堂款識學》卷8,頁14。

[8] 見《攈古録金文》3之3,頁28;《綴遺齋彝器款識考釋》卷28,頁6。

[9] 見《説文古籀補·附録》第二五頁。

[10] 唐蘭:《晋公锥盨考釋》,原載《國立北京大學國學季刊》第4卷第1期,1934年,收入《唐蘭先生金文論集》,紫禁城出版社,1995年,頁15—16;楊樹達:《晋公盨跋》,1943年1月22日作,收入《積微居金文説》(增訂本),中華書局,1997年,頁55—56。

[11] 李學勤:《晋公盨的幾個問題》,《出土文獻研究》,文物出版社,1985年,頁134—137。另李學勤先生《何尊新釋》一文引用晋公盨銘文時即隸定爲“蜼”,括注爲“惟”(見《中原文物》1981年第1期,收入李學勤:《新出青銅器研究》,文物出版社,1990年,頁38—45)。

[12] 李學勤先生文没有討論秦公簋的字。

有余隹小子。(㝬簋,《集成》04317)

余唯末少子。[1] (蔡侯申鎛,《集成》00219—00222)

李學勤先生指出這些銘文與下列傳世文獻可對應:

予惟小子,不敢替上帝命。(《尚書·大誥》)

汝惟小子,乃服惟弘王。(《尚書·康誥》)

汝惟沖子,惟終。(《尚書·洛誥》)

汝惟幼子,大有知。(《逸周書·度邑》)

並認爲:"'小子'、'沖子'、'幼子'等詞如係自稱,是一種謙稱;如稱他人,是長上的口氣。這種習語,一般都加有'唯'字。"[2]此説當可信。張先生也應該是考慮到了晋公盞銘文與傳世文獻的對應,認爲此字應該讀爲《尚書》中的"惟",[3]並認爲晋公盞的"余惟今小子"、"惟今小子"應該與秦公簋的"余雖小子"是同一個意思。

秦公簋中的"雖"字,林潔明先生指出"用作'惟',發語詞也",並認爲"余雖小子"同《尚書·大誥》的"予惟小子"。[4] 陳永正先生認爲此字與何尊、㝬簋、蔡侯申鎛中的"唯"字一樣,都是表示讓步語氣的語氣詞,並不等於後世的讓步連詞"雖"。[5] 認爲這個詞不同於讓步連詞"雖"是正確的,但是把它們全部歸爲表示讓步的語氣詞則不準確。就晋公盞的銘文來説,開始是晋公稱揚先公的功績,然後説自己是"小子",要效法先王等等。最後説作元女媵盞,後面的"虔恭盟祀,以答[揚]皇卿。柔親百黹。雌今小子,整乂爾家,宗婦楚邦"[6]等應該是晋公對其女講的話。因此"惟今小子"這句話並不是説的晋公自己,而是晋公對其女的告誡。陳劍先生指出此句省略了主語"爾","小子"是晋公對其女的稱呼。[7] 因此本銘兩個"惟"所表達的意思是不一樣的:前者是對先公而言,有謙恭的語氣;後者是長輩稱呼晚輩,是訓誡的語氣。這兩個兩個"惟"都不表示讓步,而是對其所表達意思的强調。[8]

"雌"的字形,李學勤根據侯馬盟書認爲左邊从"虫",彭裕商指出《古文四聲韻》中

[1] 蔡侯申歌鐘(《集成》00210、00211、00217、00218)銘文同。
[2] 見上引李學勤《晋公盞的幾個問題》一文,亦可參看《何尊新釋》一文。
[3] "惟"、"唯"同義,均爲助詞,下文統一作"惟"。
[4] 見周法高主編:《金文詁林》第14册,頁7366。
[5] 陳永正:《西周春秋銅器銘文中的語氣詞》,《古文字研究》第19輯,中華書局,1992年,頁565—579,後收入氏著《沚齋論集》,中山大學出版社,2011年,頁6—37。
[6] 銘文釋讀參看謝明文:《晋公盞銘文補釋》,《出土文獻與古文字研究》第5輯,上海古籍出版社,2013年,頁236—257。
[7] 參看上引謝明文先生文注10引陳劍説。
[8] 沈培:《西周金文中的"繇"和〈尚書〉中的"迪"》,《古文字研究》第25輯,中華書局,2004年,頁218—224。

“雖”字的傳抄古文有作此形者。[1] 按此字又見於三體石經《康誥》,用爲“惟”。[2] “雖”、“蜼”均見於《説文》虫部:“雖,似蜥蜴而大。从虫、唯聲。”“蜼,如母猴,卬鼻,長尾。从虫、隹聲。”“隹”、“蜼”、“雖”在上面所列舉的銘文中都假借爲“惟”。[3]

張先生在《周厲王胡簋釋文》一文中認爲秦公簋、秦公鐘的“雖”讀如本字,並據此認爲㝬簋、師毁簋中的“隹”字都讀爲“雖”,而晋公盞中的“锥”是晋定公午之名。[4]《批注》中有用黑色毛筆所寫的旁批也認爲“锥”是晋公之名。[5] 而聯繫秦公簋字讀此字爲“惟”應是他後來考慮過的另一種觀點,[6] 但是並没有成文發表,於此足見《批注》的重要價值。

3.《説文》的“侁”字

周公簋(即《集成》04241 榮簋)有“朕臣天子”句,《大系》結合他器常見的“畯臣天子”,認爲此“朕”字假爲“恒”,訓爲長,與“畯”假爲“峻”同義。《批注》指出“朕”、“畯”二字可通,[7] 同時又分析了《説文》的“侁”字:

> 《説文》:“侁,送也,古文以爲訓字。”余謂古文以爲“訓”字者,當是“俊”。《堯典》“克明俊德”,今文作“訓”,是也。然朕、畯古通,則侁、俊古亦必可通。許君謂“侁古文以爲訓字”,自無不可。[8]

《説文》以“侁”爲“訓”古文,過去《説文》學家或對此以誤字、譌字作解。如段玉裁《説文解字注》認爲“‘訓’與‘侯’音部既相距甚遠,字形又不相似”,“訓”應當是“揚”的誤字;[9] 洪頤煊《讀書叢録》認爲“‘訓’與‘送’義不相近,‘訓’當是‘引’字之譌”。[10] 都不能使人信服。其實《説文》中所謂的“古文”有時指的是假借用法,段玉裁曾經指出“侁”、“訓”等字“其義其音皆本不同,而古文假借用之”,[11] 已經觸及問題的實質,可能没有充分的證據,因此《説文解字注》仍然採用“誤字”説。

---

[1] 彭裕商:《金文研究與古代典籍》,《四川大學學報(哲學社會科學版)》1993 年第 1 期,頁 96—103。但是彭文據此把諸字都讀爲“雖”,是不妥當的。

[2] 施謝捷《魏石經古文彙編》(未刊)摹本作[illegible]。清華簡《筮卦》簡 39 有“蜼”之異體作[illegible],右旁“隹”字下加了裝飾性偏旁“口”,在文中也用爲“惟”,見清華大學出土文獻研究與保護中心編,李學勤主編:《清華大學藏戰國竹簡(肆)》,中西書局,2013 年,上册頁 40。

[3] 晋公盞“蜼”字湯志彪《三晋文字編》仍列於卷四上隹部“锥”字頭下,恐不確。見湯志彪《三晋文字編》,作家出版社,2013 年,第 2 册,頁 522,561 號。

[4] 張政烺:《周厲王胡簋釋文》,《張政烺文史論集》,頁 532。

[5] 見《批注》中册頁 504—505。

[6] 此“讀爲惟”、“秦公段:余雖小子”兩條批注是黑色鋼筆書寫,從《批注》整本的筆迹來看,黑色鋼筆是晚於黑色毛筆的。不知《批注》有没有受到吴大澂説的啓發。

[7] 于省吾先生也認爲這個“朕”字是借用爲“畯”的,認爲“朕臣天子”即“畯臣天子”。參看于省吾《關於天亡簋銘文的幾點論證》,《考古》1960 年第 8 期,頁 34—36、41。

[8] 見《批注》上册頁 103。

[9] 見〔清〕段玉裁:《説文解字注》,上海古籍出版社,1988 年,頁 377。

[10] 見丁福保:《説文解字詁林》,中華書局,1988 年,頁 3573。

[11] 〔清〕段玉裁著,朱小健、張和生校點:《説文解字讀》,北京師範大學出版社,1995 年,頁 341。

楚簡文字中多見从“弅”聲之字用爲“尊”、“寸”等字。沈培先生《上博簡〈緇衣〉篇“卷”字解》一文根據上博簡中“卷心”讀爲“遜心”，古書从“川”之字多與从“孫”之字相通，認爲从“弅”聲之字可以讀爲“訓”，進而指出《説文》以“㑫”爲“訓”古文的説法從通假上説是可以肯定的。文章最後對“弅”聲之字之所以能用爲“尊”、“寸”、“訓”等字作了音韻學上的分析，使得《説文》這個講法有了合理的解釋。[1]

《尚書・堯典》的“克明俊德”，《史記・五帝本紀》作“能明馴德”，《集解》引徐廣曰：“馴，古訓字。”[2]段玉裁《古文尚書撰異》認爲：“馴、訓、順，三字通用。《堯典》在歐陽、夏侯當作‘克明訓德’，與‘五品不訓’用字正同。”[3]《批注》所謂“《堯典》‘克明俊德’，今文作‘訓’”當是指“歐陽、夏侯”而言。由此知“俊”、“訓”可通用。《批注》又根據金文“朕臣天子”與“畯臣天子”義同，認爲“朕”、“畯”可通，進而推知同聲旁的“㑫”、“俊”亦可通。由此可以看出“㑫”、“俊”、“訓”可通，並肯定地認爲《説文》“㑫古文以爲訓字”的説法是可信的。張先生在没有看到大批楚簡材料的情況下，依據金文和傳世典籍用字的例子，在批注中表達了對這個問題清晰的認識。

(三) 靈活利用文獻材料輔助相關考證

張政烺先生對古代典籍極爲熟悉，我們從《批注》其徵引文獻之廣博可以很好地看到這一點。我們知道，考釋古文字以及先秦史事，最好利用與所考問題時代相同或相近的經史典籍類材料加以佐證和説明，這樣才會有較强的説服力。但是張先生在批注中經常會引用到一些時代較晚的、甚至是文學類的書證。但是這些書證與所論問題並無突兀之處，都能很恰切地説明問題，讓人讀起來感覺非常巧妙，有“點鐵成金”之感，啓人思維。下面略舉數例説明。

1. 班簋的“益(謚)”字

班簋銘文有“班非敢覓，隹作卲考爽，益曰大政”句，《大系》認爲“益”是“謚”之省，考釋曰：“謚，號也。言班非敢有所希冀，僅作昭考之祭器，名之曰大政。”《批注》云：“王子淵《洞簫賦》：‘幸得謚爲洞簫兮，蒙聖主之渥恩。’”《文選》王子淵《洞簫賦》李善注：“謚，號也。”[4]楊慎《升菴全集》卷五十“蘭氏”云：“《周禮・鮑人》注‘鰒，魚字’，《大戴禮》‘蘭氏之根，蘹氏之苞’，王褒《洞簫賦》‘幸得謚爲洞簫’。夫魚名而稱字、草名而稱氏、簫名而稱謚，皆奇之又奇。”[5]《批注》引此文是補充《大系》解“謚”爲“號”，古代器

[1] 沈培：《上博簡〈緇衣〉篇“卷”字解》，載饒宗頤主編：《華學》第6輯，紫禁城出版社，2003年，頁68—74。
[2] 〔漢〕司馬遷撰，〔宋〕裴駰集解，〔唐〕司馬貞索隱，〔唐〕張守節正義：《史記》，中華書局，2013年，頁18—19。
[3] 轉引自顧頡剛、劉起釪：《尚書校釋譯論》，頁19。
[4] 〔梁〕蕭統編，〔唐〕李善注：《文選》，上海古籍出版社，1986年，頁999。
[5] 〔明〕楊慎：《升菴全集》，商務印書館，1937年，第4册，頁573。

物亦可有“謚”。[1]

2. 麥尊的“坏”字

麥尊銘文有“王令(命)辟井侯出矿侯于井”句,“矿”字王國維釋爲“坏”,認爲是“大伾”,《大系》認爲此“矿”字“即今河南汜水縣西北里許之大伾山”。《批注》對此有不同意見:

> 矿,非地名,是陪字,與秦公簋字同意,首句自“矿”斷句。“出矿”猶出朝,則“侯”以名詞爲動詞用,言爲侯于井也。“侯于井”句與伯晨鼎“鈏乃且考侯于䡅”同。[2]

此段爲黑色、紅色毛筆批注,認爲“矿”並非地名,而應讀爲“陪”字。在秦公簋處的批注亦讀此字爲“陪”,結合《爾雅》將“陪”解釋爲“朝”,並對麥尊此句銘文有解釋:“麥尊‘王命辟井侯出矿,侯于井’言出朝就國於井。”[3]《批注》此處對“矿”字的解釋還有“矿即内服、外服之服,畿服之服”(黑色鋼筆)。這些均爲張先生在“矿”字釋讀過程中的一些考慮。

除此之外,麥尊考釋部分還有批注引桂馥《札樸》解釋“坯”的一段話:

> “坯城郭”鄭注:“坯,益也。”《吕氏春秋》作“坿”,高注:“坿,益也。”《吕氏》又云:“坿牆垣。”高注:“坿,猶培也。”《月令》:“蟄蟲坯户。”鄭注:“坯,益也。”《周書·時訓解》作“附”,“附”即“坿”字。“坯”、“坿”聲相近。《曾子問》:“殤不祔祭。”鄭注:“祔當謂備,聲之誤也。”又“培塿”《説文》作“附婁”。[4]

認爲“坯”應該與“坿”聯繫起來考慮。在秦公簋考釋處也用較大字體批注:“坏即坿,垣也。”[5]這應該是張先生後來相信的意見,其《“十又二公”及其相關問題》一文即認爲“這個坏字後世都寫作培。培是動詞,牆垣城郭需要培養,轉化爲名詞,培即牆垣城郭之義”。“坏就是牆垣”。[6]

在上引《札樸》文的批注的下方,還有一條黑色鋼筆字迹的批注:

> 竇光鼐雙聲詩:“朝臣承寵出重城。”

---

[1]《批注》中册372頁對楚公逆鎛銘文“𡔷格曰”注:“古器言名者皆樂器,如邾公華鐘、造磬、盄和鐘、厲羌鐘,當爲之説。”是認爲銘文中字言“名某”者皆是樂器。後來又補注:“少盧劍、作册𠈇卣、班毁。”此三件非樂器銘文都有關於自“名”的内容,是對之前觀點的否定。少虡劍銘文“朕余名之,謂之少虡”,作册𠈇卣銘文“作册𠈇作父辛尊,厥名義”都有“名”字,至於班簋例,明顯是指此“謚”字而言。

[2] 王國維、郭沫若、張政烺説均見《批注》上册頁104。

[3] 李學勤先生也將此字讀爲陪,認爲“出陪”即“出朝”,但他將“坏”字隸定爲“砅”。見李學勤:《麥尊與邢國的初封》,楊文山、翁振軍主編:《邢臺歷史文化論叢》,河北人民出版社,1990年,頁100。

[4]〔清〕桂馥撰,趙智海點校:《札樸》,中華書局,1992年,頁57。

[5] 參看《批注》中册頁537批注。

[6] 張政烺:《“十又二公”及其相關問題》,原載《紀念顧頡剛學術論文集》,巴蜀書社,1990年,頁181—200,後收入張政烺:《張政烺文史論集》,頁790—812。

竇光鼐是清前期大臣,此處所引詩句出自竇光鼐《别鑾詩》:"館閣居官久寄就,朝臣承寵出重城。散心蕭寺尋僧敘,閑戲花軒向曉行。情切辭親摧寸草,抛撇朋輩譬飄萍。生逢盛世識書士,鑾貊氓民慕美名。"[1]這首詩本是戲作,像繞口令一樣拗口。"朝臣承寵出重城"此句恰好與麥尊銘文意思近似,張先生巧妙地將二者聯繫在一起,我們通過這條批注能夠更直觀地體會這個"坏"的字義。

3. 金文中的"三壽"

金文中有"三壽"一詞(或作"參壽"),見於下列銅器銘文(儘量用通行字寫出):

晋姜用祈綽綰眉壽,作疐爲極,萬年無疆,用享用德,畯保其孫子,三壽是刏。[2] (《集成》02826,晋姜鼎)

曩仲作朋生飲壺,匄三壽懿德萬年。(《集成》06511,曩仲壺)

先王其嚴在上,廙廙數數,降余多福,福余沈(沖)孫,[3]參壽唯琍。(《集成》00260,宗周鐘)

用祈眉壽緐釐,于其皇祖皇考,若召公壽,若參壽。(《集成》00193—00198,者減鐘)

子〈孔〉樂父兄,萬年無期。□□參壽,[4]其永鼓之。(《銘圖》15806—15813,侯古堆鎛)

《大系》認爲"參"應該爲本字,"參壽"意謂壽如參星之高也。古文字中"三"可以用"參"來表示,但是"參星"之"參"是從來不用三來表示的,這是不可逆的替换。[5]因此《大系》把"三壽"、"參壽"都統一理解爲"壽如參星之高",是不妥當的。張先生在《批注》130頁眉批指出《大系》的解釋"當是陰陽家五星三命之説",不同意《大系》的説法。

《詩經·魯頌·閟宫》有"三壽作朋"句,《毛傳》:"壽,考也。"《鄭箋》:"三壽,三卿

---

[1] 參看整理本頁35,注6。

[2] 从木从刀之字亦見於《玉篇》和《廣韻》,《玉篇》解釋爲"木名",《廣韻》解釋爲"木心",與晋姜鼎此字無關。宗周鐘有"琍"字,與"刏"字相比,加了工旁,並在木旁增添了幾個小點。從句式及上下文義看,這兩個字應是一字的異體。這兩個字最早都被釋爲利,現在似乎釋利之説還占統治地位。四版《金文編》、《金文形義通解》、《新金文編》均將宗周鐘之字放在"利"字頭下(未收晋姜鼎之字)。從形體上看,"利"字是从禾从刀的,而此字明顯从木不从禾,肯定不是"利"字。清代許瀚對這個字作了很好的分析:"琍與福、或韻,薛書晋姜鼎'三壽是利'與亟、德韻,於古音屬之部,皆不應是利字。或即域之本字。琍从工从刀,彔則刻木录录之形,疑即刻字。刻、克通。"(吴式芬《攈古録金文》卷三之二第五八葉)許瀚分析字形很準確,又結合此字所在的韻腳,可以説已經完全否定了釋利的依據。《大系》同意許瀚的説解,同意此字是刻的初文,但是進一步認爲在這裏應該讀爲晐備之晐。《批注》懷疑此字是"勑",可讀爲"釐"(《批注》上册頁130批注)。《大系》所釋似更有道理。

[3] "沈"字舊釋爲"順",今從馮勝君先生釋。參看蔣玉斌、周忠兵:《據清華簡釋讀西周金文一例》,收入《出土文獻》第2輯,中西書局,2011年,頁35。

[4] "□□"是被刮去之器主名,參看趙世綱:《固始侯古堆出土樂器研究》,河南省文物考古研究所編著:《固始侯古堆一號墓》附録四,大象出版社,2004年,頁125—133。

[5] 高本漢已經指出這一點,他把"三壽"理解爲"三等長壽之人"。見高本漢著,董同龢譯:《高本漢詩經注釋》,中西書局,2012年,頁1103。

也。"《批注》129 頁起先似同意《鄭箋》的解釋,引孫詒讓説:"《籀廎述林·釋嚋》謂'三壽'爲'三卿'。"後來又將此條删掉,並注:"按之金文,實非。"並在 130 頁有批:

《詩》:"三壽作朋。"(《閟宫》)《傳》:"考也。"《箋》:"三卿也。"《東京賦》:"送迎拜乎三壽。"注:"三壽,三老也。"

蘇軾《仇池筆記》卷上"三殤":"李善注《文選》本未詳備,所謂五臣者真俚語荒陋者也。謝瞻《張子房詩》云'苛慝暴三殤',此《禮》所謂上、中、下三殤,言秦無道,戮及幼稺。而注乃謂'苛政猛於虎,吾父、吾夫、吾子皆死,謂夫謂父爲殤'。此類甚多。"

我們先來看後一條批注,這是蘇軾批評《文選》五臣注的一段内容。《文選》卷二十一謝瞻《張子房詩》"苛慝暴三殤"李善注:

《禮記》曰:"孔子過泰山側,婦人哭於墓者而哀。夫子式而聽之,使子貢問之曰:'子之哭也,一似重有憂者。'而曰:'然,昔者吾舅死于虎,吾夫又死焉,今吾子又死焉。'夫子曰:'何不去也?'曰:'無苛政。'夫子曰:'小子識之,苛政猛於虎也。'"苛,猶虐也。[1]

是引用"苛政猛於虎"的典故解釋"苛"字的。五臣注亦引此段《禮記》文,並曰:"秦之苛法天下怨之,其暴甚於此三殤也。"[2] 以此段引文解釋"三殤",認爲文中婦人之舅、夫、子之喪爲"三殤",這是不正確的。《儀禮·喪服》:"年十九至十六爲長殤,十五至十二爲中殤,十一至八歲爲下殤,不滿八歲以下,皆爲無服之殤。"《説文》:"殤,不成人也。人年十九至十六死,爲長殤;十五至十二死,爲中殤;十一至八歲死,爲下殤。"《釋名·釋喪制》:"未二十而死曰殤。"可見"殤"的基本義是指二十歲以下的死亡,上段引文中婦人之子之喪稱"殤"可能有一定道理,但是把其舅、夫之喪也稱爲"殤"則不合適,將此三人之喪簡單與詩文"三殤"相比附,更是没有道理的。蘇軾指出"三殤"即"《禮》所謂上、中、下三殤"(按即《儀禮·喪服》之長殤、中殤、下殤),並對五臣注有所批評,是很正確的。

關於"三壽"的解釋,張先生除了引《文選·東京賦》李善注"三壽,三老也"的解釋外,在 351 頁者減鐘釋文處也有注:"三壽是上中下壽,猶三殤是上中下殤,皆見《文選》注。"將"三壽"與"三殤"相聯繫,進一步明確指出"三壽"是指上壽、中壽、下壽。這與馬瑞辰《毛詩傳箋通釋》的觀點相同。馬瑞辰結合晉姜鼎,認爲此"三壽"

---

[1] 〔梁〕蕭統編,〔唐〕李善注:《文選》,頁 999。《六臣注文選》本此處李善注爲:"苛,猶虐也。《禮記》曰:'苛政猛於虎。'同翰注。""同翰注"應該是指李善注的引文與下李周翰注(李周翰是"五臣"之一)的引文同,今李善注《文選》是從《五臣注文選》中輯出的,故將引文補全。

[2] 〔梁〕蕭統編,〔唐〕李善等注:《六臣注文選》,頁 392。

即《左傳》昭公三年之"三老",杜注:"三老謂上壽、中壽、下壽,皆八十以上。"又引《文選》李善注引《養生經》"黄帝曰: 上壽百二十,中壽百年,下壽八十。"[1]《仇池筆記》是與《東坡志林》類似的文學作品,但是張先生援引此條"三殤"以助於理解"三壽",是很有參考價值的。

"三壽"也見於未公佈的清華簡《殷高宗問於三壽》篇:"高宗觀於匌水之上,參(三)壽與從",據李學勤先生介紹:"這裏'三壽'指三位長命的老人,簡文稱之爲'少壽'、'中壽'和最老壽的'彭祖'。"[2]這是在先秦文獻中"三壽"確指上壽、中壽、下壽的例證。金文中的"三壽"也應該與三位長命的老人有關,但相關文句如何解釋,還需進一步研究。[3]

4. 關於"物勒工名"

《大系》楚王酓忎二鼎銘文末句爲"但帀盤埜差(佐)秦忑爲之"、"但帀吏秦差(佐)苛燕爲之",考釋云:"器與蓋於正銘之外,各有副銘一行,蓋'物勒工名'之意。"《批注》云:

> 六國款識大抵如此,已開漢器風氣矣。六國兵器及雜器,漢代陶桼縑帛之屬,亦皆勒工名,蓋古代百工世職之制於此已不存矣。

此段是紅色毛筆眉批,對戰國時期的"物勒工名"的制度作了簡要説解。接下來又有一條藍色鋼筆眉批:[4]

> 《劉賓客嘉話録》:"陸暢嘗謁韋皋,作《蜀道易》一,首句曰:'蜀道易,易於履平地。'皋大喜,贈羅八百疋。皋薨,朝廷欲繩其既往之事,復開先所進兵器,其上皆刻'之秦'二字。不相與者欲窘成罪名。暢上疏理之云:'臣在蜀日,見造所進兵器'之秦'者,匠之名也。'由是得釋。《蜀道難》,李白罪嚴武作也(引者按:《批注》原脱"作"字),暢感韋之遇,遂反其詞焉。"[5]

《劉賓客嘉話録》是唐代韋絢所作,其自序稱其内容爲"國朝文人劇談,卿相新語,異常夢話,若諧謔、卜祝、童謡、佳句"等,除部分討論經傳和評價文人及作品的内容外,其餘多屬小説。兵器上的刻銘内容不限於工匠名,從本則内容看,其内容可以有多種解釋,但兵器上刻工匠名即使在唐代也是更常見、合理的,據此也有效地避免了因誤讀爲其他内容而遭誣陷。張先生所引這個小説性質的事情,説明了戰國以後"物

---

[1] 見〔清〕馬瑞辰:《毛詩傳箋通釋》,中華書局,1989 年,頁 1147。
[2] 見李學勤:《新整理清華簡六種概述》,《文物》2012 年第 8 期,又收入李學勤:《初識清華簡》,中西書局,2013 年,頁 181。
[3] 各家對"參壽"解釋,可以參看陳英傑:《西周金文作器用途銘辭研究》,綫裝書局,2009 年,頁 391—392。
[4] 此兩條批注均見《批注》中册頁 383 批注。
[5] 〔唐〕韋絢:《劉賓客嘉話録》(《叢書集成》本),頁 8。"首句曰"的"首"字整理本原屬上讀,誤。

勒工名”制度的繼承性,對於了解戰國題銘的性質也是有參考價值的。

以上是我們不揣譾陋,主要從重視古文字考釋的“發明權”、提出重要的字詞考釋意見、恰當利用文學類文獻進行相關考證等方面,對《批注》的學術價值作的一些介紹。另外《批注》中其他有價值的論證和觀點比比皆是,限於篇幅我們不作過多的介紹,相信讀者在閱讀《批注》的過程中自然會對其價值有所體會。

二

《批注》的上册和中册是張先生批注原稿的影印圖版,下册是朱鳳瀚等學者對張先生原稿所做的整理本。由於張先生批注的内容所涉範圍很廣,對一些比較重要的問題所作的批注又十分繁多,且有毛筆、鋼筆、鉛筆等多種不同顏色的字迹相互夾雜,如果直接閱讀原稿圖版是很難理出頭緒的。朱鳳瀚等學者所做的整理本是非常便於讀者閱讀張先生批注的。但是由於《批注》有些行草夾雜的内容頗難辨識,整理本對《批注》廣徵博引的引文未能一一覈對等原因,整理本中的誤字、脱字、倒文和衍文的情況也有不少。此外整理本對批注所作分條、排序、注釋等方面也都存在問題。

對於整理本中的這些瑕疵,一篇署名爲“蘇慎梓”的文章(下文簡稱“蘇文”)已有討論。[1] 蘇文中列舉了一些整理本存在的失誤之處,並將其分爲“因未領會張批意圖、核查原文而導致的分條、分行問題”、“不明原因地漏録張批”、“不明張批删去符號功用和張批字迹造成誤録”、“不識草書、缺乏相關知識造成的誤釋”、“標點失誤”、“注釋的問題及其他”等幾類。我們通過仔細研讀《批注》並校讀整理本,在蘇文的基礎上將整理本的失誤之處分爲以下幾類:第一,對原稿内容移録的錯誤(包括編校排印的失誤);第二,對個别批注分條歸類的不當;第三,對同一條目下批注排序的錯誤;第四,標點、斷句的失誤;第五,對批注所作注釋的問題;第六,漏收批注;第七,對已删批注的處理不統一;第八,誤收非批注内容。下面,我們將對這些失誤分别進行説明。

(一)對原稿内容移録的錯誤

由於《批注》書寫較爲隨意,有時行草夾雜,個别字句頗難辨識,整理本存在不少認錯字的地方。此外,由於整理者對個别引文没有仔細覈對,整理者和編輯編校不嚴

[1] 蘇慎梓:《完全可免的失誤》,《東方早報》2012年9月9日B06版。

等原因而造成的誤字、脱字、倒文和衍文的情況也有不少。我們按照這些錯誤所在的頁碼、行數,[1]編製了整理本文字錯譌的表格如下:[2]

頁碼	行數	錯誤	改正
1	6	甚明	頗明
1	10	正考夫	正考父
1	15	時庸勵	時庸勸
2	7	酒器	任器
2	8	圖版八	圖版 17
2	9	左[illegible]酉	右[illegible]酉
2	15	作	左
2	21	令鼎	令簋
2	21	子= 孫=	子= 孫
2	倒 4	已	過※
3	2	光	先
3	9	日	[illegible]
4	2	祀天望郊	祀天南郊
4	2	周公制禮	周制禮
4	5	大保鼎	大倸鼎
4	倒 11	庸伯馭𣪘	𩫖伯馭𣪘
5	1	幸	㚔
5	9	稱爲	爲
5	倒 5	未成年	未成家※
5	倒 4	碚	踣
6	17	祇	祗
6	18	宦	宧

[1] 據《張政烺批注〈兩周金文辭大系考釋〉》(下册)的頁碼、行數(正文行數不包含插圖及對插圖的説明文字,標"倒某行"者不包含注腳,下文同)。

[2] 整理本用字不規範(包括繁簡不統一)的情況不列入此表。另外,《批注》所録的銘文中有嚴格隸定或摹録原字的地方,其中有些是批注引文原文的寫法,有些是張先生的隸定、釋讀意見。對這些情況整理本有時直接用通行字(或據某一家釋法)代替,我們感覺是不妥當的,我們在重新整理時儘量保存《批注》用字的原貌。對於整理本没有嚴格隸定或摹録原字的地方,也在下表中列出。在"改正"欄標"※"號者是蘇文中已經指出過的。

續 表

頁碼	行數	錯誤	改正
7	倒3	即奭	爽即奭
7	倒3	夾	夾
8	17	司工	司空
8	倒6	公室	公宫※
9	4	天令是矣	矢令是矣
9	7	京室	京宫
9	11	之	耳※
9	末行	作洛	作雒
10	2	《徵秋館吉金圖》	《澂秋館吉金圖》
10	3	251頁	257頁
10	倒11	蓋歡德於始	盖觀德於始
10	倒8	烏	焉
10	倒6	孔廟碑	孔宙碑
10	倒5	闔	闔
11	4	抉	扶
11	6	卹	邺
11	7	掩字亦作葢	掞字亦作簽
11	9	《尚書·中侯》	《尚書中候》
11	10	又讀掩	又讀若掩
11	13	高	蒿
11	17	禖	謀
11	21	昭	詔
12	3	□	口
12	3	古或作	古或亦作
12	6	一尺	二尺
12	7	文	丈※
12	11	垦	垦
13	倒5	器存二	器存二字
16	末行	嚴、攥拓本	嚴據拓本※

續 表

頁碼	行數	錯誤	改正
18	1	之類也	之類耳
19	8	或是塱字	或是塈字
20	倒 9	良	[illegible]
21	倒 7	王賜韓侯	王錫韓侯
21	倒 3	[illegible]	[illegible]
23	14	《殷墟文字記》	《殷虛文字記》
23	倒 7	[illegible]	[illegible]
24	3	類	一類
25	8	奮	褭
25	15	極	相
25	末行	僯	僢
26	1	……與之思想	……與 Jambu—dripa 之思想※
27	倒 4	《詩・邶風》:“新臺有泚。”	《詩・邶風》:“新臺有泚。” 毛:“鮮明皃。”
27	倒 4	《墨子》	《孟子》
28	11	……《康誥》:“已,女惟小子。”	“……《康誥》:‘已, 女惟小子。’”(窓)。
28	倒 6	皀,閉也。	皀,閉也,蔽也。
30	2	眂	盳
30	9	门	門
30	10	鑿空	鑿
30	10	门	門
31	倒 9	交從罾	交從罬
31	倒 7	積火	積木
32	9	車上大櫜	車上大橐
32	倒 13	圞	圝
32	倒 10	率	帥
32	倒 8	即	既
34	6	隣	隮
34	15	首句讀自“矿”斷句	首句自“矿”斷句

續　表

頁碼	行數	錯誤	改正
34	倒 7	徭	猺
35	4	齊中	適中
35	倒 12	以擇士	以射擇士
37	4	宂	安
37	倒 9	命	名
38	倒 3	惜哉也	惜哉惜哉
39	倒 5	《史記・貨殖列傳》	《史記・貨殖傳》
41	倒 9	四方其訓	四方其訓之
42	倒 9	仲	中
45	9	頭	題
45	9	之	三
45	倒 7	隣	隮
45	倒 3	也	之
46	5	訟訴	訴訟
47	末行	⿱雨泰	⿱雨黍
50	2	⿹弋夂	⿹戈夂
50	5	衈	⿰血阝
50	10	三五而盈	二五而盈
55	10	譌	摹譌
55	倒 10	⿸广食	⿸尸食
57	倒 6	得	导
57	末行	爲疊韻聯綿字	乃疊韻聯綿字
59	倒 5	勿叀象	勿佳象
60	6	無疑	無铻
60	10	《粹編》三三二	《粹編》二三二
60	12	環	⿰王袁
60	倒 6	咸井	咸林
61	倒 8	“逆”讀曰“溯”	逆流曰溯
62	2	接近	相近

續 表

頁碼	行數	錯誤	改正
62	13	經	逕
62	17	斷斫足之刑也	跀,斷足之刑也
62	倒 12	憙	熹
62	倒 11	勿作樂	勿設戲作樂
62	倒 10	《續漢書》	《續漢書》曰
62	末行	八乘	八乘也
63	4	如	當如
63	10	吴公族	吴之公族
63	12	鏤	䥲
64	倒 5	寫	略
65	5	算咸	筭咸
65	10	俛	絻
65	14	《禮・投壺》謂“爲勝者立馬”。	《禮・投壺》:“請爲勝者立馬。”
65	15	珠算及籌馬	珠算及數馬、籌馬
65	倒 3	鄴齋則更早也	鄴父齋則略早也
65	末行	里五十	邑里五十
66	倒 11	□□	古矣
66	倒 11	□	知
67	倒 6	仍	約
67	10	緻	緻
67	18	舀	舀
67	倒 6	仍	約
69	13	如郭説亦可通	如郭説亦通
69	倒 9	□	改
69	倒 6	尊	隮
70	3	應	唐
70	14	□	按
70	倒 8	？聲	雙聲
70	倒 4	至使其子	至使其子伯奇

續 表

頁碼	行數	錯誤	改正
70	末行	憙平	熹平
70	4	當云从爪、或省聲。	此省亘。當云从爪、或省聲。
71	6	《詩》	《傳》
71	倒 12	是	是也
71	倒 7	《孟子》	《孟子》書
71	倒 7	謝	榭
71	倒 4	宣	宣……
72	6	伯	白
72	11	師旋毀	師旋毀(乙)
76	2	一轅車也	中佃,一轅車也
79	3	一角仰	二角仰
79	13	異姓諸侯也	異姓諸侯
79	倒 9	三三四頁	三四四頁
80	9	遺	遺
80	9	諫	諫
80	倒 3	克	惠
82	倒 10	鬲	鬲卩
82	倒 7	復	後
82	倒 7	也	矣
83	15	知確是一人器	知確是一人器也
83	17	[illegible]當是殷民之遺	當是殷民之遺
85	倒 8	三百五十字	三百五十九字
85	倒 6	廿七日	廿九日
86	倒 5	牆	牆
87	8	也	耳
87	14	獄之成	獄成
87	16	後	復
87	19	下文	下
87	倒 11	卿師	鄉師

續　表

頁碼	行數	錯誤	改正
87	倒 10	如	始
88	4	异	畀
89	7	諫	誎
90	8	《孟子》	《孟子》(一)
91	末行	諫	誎
92	14	此鼎	如此鼎
94	4	往帀于虞往帀于新	德帀于虞德帀于新
94	5	盡	𦘔
94	倒 6	侯	候
95	6	女	女子
95	倒 11	訒	訁□
95	倒 10	錫	鍚
96	3	大刑撲罰	大刑扑罰
99	1	抱	拘
99	15	搏	摶
100	倒 3	“芇叔乍”	“芇叔乍”鼎
101	8	得	得之
103	倒 6	南仲爲右	南仲爲右也
104	4	如	始
104	10	衹若兹	祇若兹※
104	10	祁云	郭云※
105	3	繼任	繼任者
105	19	毛班之字	毛班之子
105	19	當非是	當非一人
106	16	衹	祇
107	9	生前所用品	生前用品
107	倒 5	以上所述者	以上所述
107	倒 3	另	爲
108	11	談	讀※

續　表

頁碼	行數	錯誤	改正
109	3	者減者,謂之者字可異	“者減”、“者汚”之“者”字可異※
109	倒 4	攻吴王夫差鑑之跋	攻吴王夫差鑑跋
110	2	央	山
110	11	《雙劍誃吉金選》	《雙劍誃吉金文選》
110	11	吴北仕	吴北江※
111	12	《淮南子・節葬》	《吕氏春秋・節喪》
111	倒 12	監字作兩器名外	監字除兩器名外
111	倒 4	羅外言	羅叔言※
111	倒 4	謂	注
111	12	《朡録》	《朡録》(二)
113	末行	傳先生	傅先生※
114	7	上海博物館	上海博物院
115	7	董亶	董逌
116	倒 6	有錞于	有一錞于
116	倒 6	Musée des Antiquités d' Etrême Orient	Musée des Antiquité d' Extrême Orient
117	10	疑即是昜	疑即昜
117	倒 9	虐	虘※
117	倒 8	淄陲	淄滙
117	倒 7	陲	滙
118	3	阮蕓臺	阮芸臺
118	7	日本有器曰	日本有一器曰
118	7	昦	飤
118	8	昭王之諻段及鼎	昭王之諻鼎及段
118	9	以	此
118	13	王	之
118	17	楚穆王之子也	楚穆王子也
118	倒 7	癸未	癸未夏
119	6	疑爲	疑假爲

續 表

頁碼	行數	錯誤	改正
119	11	領	領
120	17	間	聞
120	倒 9	府	俯
120	倒 4	石室	廟室
120	倒 2	进	併入
121	7	謂之罌	或謂之罌
121	8	此	皆
122	12	鐘	鍾
122	13	鐘	鍾
124	3	式宴且樂	式宴以樂
124	末行	誤會其本義也	誤會本義也
125	8	下十二頁	十二頁下
126	9	也	過※
126	倒 9	當漢初	當漢之初
128	倒 9	[illegible],泉水也。从泉繁聲。	[illegible],泉水也。从泉緐聲。
128	倒 9	鄨疑作汴	鄨疑即汴
133	倒 5	[illegible]	[illegible]
135	倒 9	蠱	釜
135	倒 7	即出	印出
135	倒 5	[illegible](?)	[illegible]
135	倒 5	不能作究極之論	不能作究極之論耳
136	4	稱	故
136	11	甲骨文	甲骨文中
136	11	唯	惟
136	倒 5	諫	誎
137	6	《讀書脞録續編》	《讀書脞録續編》(二)
137	18	范	笵
138	11	亦	文
138	14	收	及

續 表

頁碼	行數	錯誤	改正
138	14	員	柬
139	倒 7	知	爲
139	末行	何彼襛矣	何彼穠矣
141	倒 3	會	處※
142	3	[illegible]	鮑叔※
142	14	此字	此事
142	倒 5	論	説
143	5	句式	句法
143	12	蒦聲	雙聲※
143	15	良宵	良霄
143	17	曰三小厲	曰泰厲
143	倒 8	兩壺同出	兩具同出
144	倒 13	暑梁	署梁
145	1	圓	圜
145	10	但	似
145	15	擔	檐
145	15	齊天地	齊地
145	16	百	有
145	末行	如	必
146	10	史善鼎	史喜鼎
147	1	曾伯霥簠	曾伯霥簠
147	1	𣪘蓋	簠蓋
147	3	殆無疑義也	殆無疑義
147	11	傳寫之誤也	傳寫之誤耳※
147	11	末	來
147	17	大也	皇,大也
148	倒 10	諸侯即守令	諸侯即守令也
148	倒 9	成王	威王
148	倒 4	積古	于積古

續　表

頁碼	行數	錯誤	改正
148	倒 4	邰兆陳	邰,非陳
149	9	竊曲	窮曲
149	倒 11	佳	優
149	末行	徐釋爲踧	徐釋踧
150	倒 5	作	係
151	6	圖版九五	圖版第九五
151	倒 12	審訓宧	審訓宧
152	9	爲	是
152	倒 14	即度	印度
152	末行	聞	閒
153	14	途有餓殍	塗有餓莩
153	末行	延	延
154	6	何	議
154	倒 9	《殷周金文録遺》	《商周金文録遺》
157	倒 5	《韓非子・外儲説右下》	《韓非子・外儲説右上》
158	7	三年	五年
158	13	解爲鹽	解州鹽
159	1	信	從
159	3	也	已
159	6	雁受	雁受
159	8	惟天子受天命	惟天子爲受天命
159	10	也	耳
159	倒 7	《魯語下》	《魯語》(四)
161	4	亦當是晋末智氏之物	當是晋末智氏之物
161	倒 7	蓋	兼
161	末行	賄饋	賄遺
162	2	金賜	金錫
162	倒 11	蓋在即位之初	蓋亦在即位之初
162	倒 6	與齊鰲鎛同出	其與齊鰲鎛同出

續　表

頁碼	行數	錯誤	改正
162	倒3	黛	黱
162	末行	頡	劼
162	末行	皮相之談	皮相之談耳
164	2	皆二十二年	皆有二十二年
164	6	三	云
164	9	猶可見	猶可一見
164	倒10	乃	及
165	倒15	孫貫文《聲系》	孫《古文聲系》※
166	11	軍可	軍事
166	末行	三家所標榜	三家之所標榜
167	11	□	耳
167	11	唯	隹
167	12	子禾子壺	子禾子釜
167	11	釜銘	釜銘“内”
167	倒5	獻	敵
167	倒4	魏顆	顆
168	倒7	縣	州
168	倒4	李裕	李峪
169	2	惜缺柄耳(?)	惜缺柄,當……
169	4	李裕式	李峪式
171	12	酈	驪
171	倒2	陛九階者	陛九級者
172	6	國差甗	國差鑰
172	12	諫	諫
172	15	皆	皆係
173	13	古文糸字	古糸字
173	倒13	喪	發
173	倒11	从在古文並無區別	从厂从几在古文並無區別
173	倒10	隆	隆

續　表

頁碼	行數	錯誤	改正
173	倒 8	《古音餘商》	《古音餘》序
173	倒 8	辭	辨
173	倒 5	从皿大聲	从血大聲
174	15	爲	謂
174	16	禮	體
174	16	秖	秖
174	倒 10	胡盧	胡盧
175	倒 3	又云:"紨縒,續縒也。……"	又云:"紨縒,縒也。……"
177	5	王廟生	王廉生
177	倒 4	敦	𣪘
178	2	亡	乍
178	19	五世孫	五世之孫
178	末行	諸暨	諸稽
179	倒 4	北齊初或當	北齊神武帝
179	倒 4	汝乃爲陵	汝何爲陵之

(二) 對同一條目下批注排序的錯誤

整理本第 15 頁中欄的"【釋文:安州六器】"下的批注有如下内容:[1]

《博古圖録》:"重和戊戌出土於安陸之孝感縣,凡方鼎三、圓鼎二、甗一。"[2]

薛《款識》16 父乙甗:"右銘重和戊戌歲出於安陸之孝感縣,耕地得之。自言於州,州以獻諸朝。凡方鼎三、圓鼎二、甗一,共六器,皆南宫中所作也。"安州六器以此考爲最確,薛尚功、王復齋等記載紛淆不足信也。[3]

末句既然説"薛尚功、王復齋等記載紛淆不足信也",怎麽在引薛尚功的説法之後又説"安州六器以此考爲最確"呢?整理者對這幾條批注的整理順序顯然是有問

[1] "安州六器"已經屬於《大系》的"考釋"部分,不應標"釋文"。且此段批注並非特指"安州六器",而是對趙明誠《金石録》的引文的評述,詳下文。另,此處所列爲三條眉批,除此之外還有另外兩條批注——腳批"元年,1118"和夾批"戊"(整理本原缺),因爲不涉及排序的問題,故不列舉。

[2] 此處下引號整理本原誤缺。

[3] 今按:"得"字《批注》作"及","州"字後《批注》未加重文號。這兩點整理本據薛書改正,但未加説明。

題的。其實這些批注是針對《大系》考釋所引趙明誠《金石録》文而下。《金石録》原文爲:“重和甲戌,安州孝感縣民耕地,得方鼎三,圓鼎二,甗一,謂之‘安州六器’。”在《大系》此段《金石録》引文的末句正上方,是黑色毛筆書寫的“安州六器以此考爲最確,薛尚功、王復齋等記載紛淆不足信也”,其他批注則是藍黑鋼筆書寫。[1] 因此可以看出《批注》是先評價趙明誠、薛尚功、王復齋三家説法,後來又補録了薛書、王書的内容。

整理本同一條目下批注的排序往往是根據《批注》的内容自右至左依次録入,而没有考慮書寫的實際情況。其實由於書寫時間不同、書寫空間所限等原因,《批注》的書寫順序往往並不是從右至左一成不變的,有時候也採用自左至右的書寫順序。辨認批注書寫順序的一個關鍵是先要找到批注針對的《大系》原文的位置,最先書寫的批注一般都是在《大系》原文的正上方(眉批)、正下方(腳批)或水平位置(夾批、眉批)。然後再根據字迹、内容等確定其他批注的順序。

除此之外,還有一些情況是整理者不知批注内容爲引文,從而導致批注内容雜亂不可讀。比如,整理本第28頁“釋文:剋”下有批注:

> 吴王夫差乃告諸大夫曰:“孤將有大志於齊,吾將許越成,而無拂吾慮。”(《吴語》)(整理本注:《國語·吴語》,595頁,上海:上海古籍出版社,1998年)俞樾曰:“而即爾字。拂也,咈也(違也)。‘咈其耇長舊有位人’(《微子》)(整理本注:《尚書·微子》)。”《荀子·臣道篇》字多不録(整理本注:《荀子·臣道篇》:“有能抗君之命,竊君之重,反君之事,以安國之安危,除君之辱,功伐足以成國之大利,謂之拂。”楊倞注:“拂,讀爲弼。弼,所以輔正弓弩者也。或讀爲咈,違君之意也。”王先謙《荀子集解》,250頁,北京:中華書局,1988年)。
>
> 《説苑·君道》:“韓武子田……懷子對曰:‘范氏之亡也,多輔而少拂,今臣於君,輔也;畾於君,拂也。君胡不問於畾也。’武子曰:‘盈而欲拂我乎,而拂我矣,何必畾哉。’遂輟田。”
>
> 㒳,閉也。《左》昭元:“勿使有所壅閉湫底。”(整理本注:《左傳》昭公元年)《晋語》:“閉而不通。”注:“壅也。”(整理本注:《國語》,362頁,上海:上海古籍出版社,1998年)

這是《批注》上册第91頁的旁批,整理本是按照從右至左的順序録入的,其中“吴王”至“而即爾字”是最右一行,“拂也”至“字多不録”是第二行,“㒳,閉也”至“壅也”是最左一行,但是《説苑·君道》這一條批注是第92頁的内容,不應在這個位置。如果除去《説

[1]《批注》早期多用紅色、黑色毛筆,使用鋼筆書寫的批注通常晚於毛筆書寫的。

苑·君道》這一條批注,整理本的順序看起來似乎無可厚非。但是此處的内容是引用俞樾等人的觀點,《批注》的書寫順序其實是從左至右的,整理本的順序恰好是反的。另外整理本對《左傳》、《國語》、《微子》等内容分别出注,也是不必要的。我們認爲此段批注内容原本應如下所示:

> 邑,閉也,蔽也。"《左》昭元:'勿使有所壅閉湫底。'《晋語》:'閉而不通。'注:'壅也。'"[1]
>
> 拂也,咈也(違也)。"咈其耇長舊有位人"(《微子》);《荀子·臣道篇》(字多不録);吴王夫差乃告諸大夫曰:"孤將有大志於齊,吾將許越成,而無拂吾慮。"(《吴語》)俞樾曰:"而即爾字。"[2]
>
> 《説苑·君道》:"韓武子田……懷子對曰:'范氏之亡也,多輔而少拂,今臣於君,輔也;畾於君,拂也。君胡不問於畾也。'武子曰:'盈而欲拂我乎,而拂我矣,何必畾哉。'遂輟田。"

另外還有不注意筆迹信息、没有充分讀懂批注内容造成的内容錯亂,如整理本86頁散氏盤"釋文:芻"下有批注:

> 艾。
>
> 《尊古齋所見吉金圖》三·卌六,權:。
>
> 第二字當是芻。
>
> 唐立厂先生曰:"艾即《説文》若,从艸右聲。古芻作。"烺未見。

張先生引唐蘭先生文是紅色毛筆眉批,"艾"是紅色毛筆行間夾批,其他内容是藍色鋼筆眉批。據字迹看,唐蘭先生文應該與夾批"艾"放在一起。《大系》所釋"芻"字盤銘原作"",阮元、王國維等釋"艾",認爲即《説文》"若"字。[3] 今未檢得唐先生文出處,或是其未刊稿《唐氏説文注》的内容。[4] 唐先生贊同舊説,將此字釋爲"艾",見《金文編》所引,[5] 他分析"艾"字"从艸又聲,即《説文》訓'擇菜也,从艸右聲'之若字"。[6] 按《説文》:"若,擇菜也。从艸、右。"各本《説文》、各家解釋《説文》者均未有"从艸右聲"的説法,而且若、右二字聲韻均不近。因此張先生批"烺未見"意思當是未見《説文》"若"字有分析爲"从艸右聲"者。"从艸右聲"和"烺未見"均是張先生的雙行小注,整理本將"烺未見"放在句末也不合適,容易讓讀者不明所指。隨後的藍色鋼筆

[1] 見朱駿聲:《説文通訓定聲》卷12"履"部,頁80"閉"字。
[2] 見《群經平議·春秋外傳國語二》,頁29,《春在堂全書》第1册,頁469。
[3] 見《金文詁林》卷一,"若"字下,頁399—400。
[4] 參看唐蘭:《天壤閣甲骨文存考釋》,頁36注1,《甲骨文獻集成》第2册,頁482。
[5] 見容庚:《金文編》,中華書局,1985年,卷1,頁38。
[6] 見唐蘭:《天壤閣甲骨文存考釋》,頁36,《甲骨文獻集成》第2册,頁482。

批注是列舉金文中"芻"的寫法與此字對比。"第二字當是芻"是指《尊古齋》權銘"𠥼"而言,不應該另起一行。

同一條目下批注内容的排序,一定要參考筆迹和書寫位置等信息。最好將這些信息添加在批注正文之前,這樣既能幫助釐清批注的前後順序,也方便讀者覆核批注原稿。[1]

(三) 對批注分條歸類的不當

整理本第96頁兮甲盤的"【釋文: 寅】"下有如下批注:

> 賈。
>
> 《丹鉛總録》有一條專論此字。

查《丹鉛總録》並没有關於"賈"字的内容,此條批注旁邊還有關於釋文"緐"字的批注:

> 《説文》: 緐。
>
> 闌,妄入宫掖也。讀若闌。[2]

其實《丹鉛總録》有一條關於《説文》釋爲"妄入宫掖"的"闌"字的内容。[3] 因此,按照整理者的歸類,"《丹鉛總録》有一條專論此字"這一條批注應該列於下一條目"【釋文: 緐】"之下。

整理本第136頁國差𦉜的"【釋文: 𦉜】"的批注如下:

> 《蒯通傳》十五:"守儋石之禄者,闕卿相之位。"應劭曰:"齊人名小罌爲儋,受一斛。"(整理本注: 中華書局點校本作"受二斛"。)晋灼曰:"石,斗石也。"師古曰:"儋,音都濫反。"
>
> 《儀禮·聘禮》:"四秉曰筥。"注:"筥,穧名也,若今萊易之間刈稻聚把有名爲筥者。"
>
> 《論語·雍也》:"子華使於齊,冉子爲其母請粟,子曰:'與之釜。'請益,曰:'與之庾。'冉子與之粟五秉。"

第一段内容是解釋"𦉜"字的,而後兩段則明顯是解釋銘文"四秉"的。因此,按照整理者的歸類,應該另列一個條目:"【釋文: 四秉】"。

整理本第71頁虢季子白盤的"【考釋: 宣廟】"批注爲:

---

[1] 我們曾對《批注》進行過重新整理(郭理遠:《〈張政烺批注《兩周金文辭大系考釋》〉的重新整理與初步研究》,復旦大學碩士學位論文,2014年),處理辦法是先將批注分爲眉批、腳批、夾批、旁批等四類,並標出每條批注的用筆、顔色等信息。對同一位置的多條批注,先找到最早書寫的,然後再根據字迹、内容等確定其他批注的順序。

[2] 緐字不見於《説文》,這條批注的正確順序應爲:"緐。《説文》:'闌,妄入宫掖也。讀若闌。'"

[3] 〔明〕楊慎:《丹鉛總録》(文淵閣《四庫全書》本),卷25,頁4。

汪中《經義知新記》:"《孟子》書(今按:整理本誤脱"書"字)'序者,射也',中謂古序、榭通用。《詩》'于邑于榭'(今按:"榭"字整理本誤作"謝"),《潛夫論·志氏姓篇》作'于邑于序'。"[1]

《王制》:"出征執有罪,反釋奠於學。"

甲骨文有"宣……"。(今按:"宣……"整理本作"宣")

用政緣方。

《詩·抑》:"脩尒車馬,弓矢戎兵,用戒戎作,用逷蠻方。"

秦公鎛:"以虩事緣方。"

其中前三則批注的確與《大系》考釋"宣廟"有關,但是後三則則明顯是關於銘文"用政緣方"的。如果嚴格按照批注所在的位置進行分條歸類,那麽前兩則批注與《大系》239頁的考釋"'宣廟'舊解爲宣王之榭,錢衎石、孫詒讓已辨其非"相對應,第三則批注與《大系》240頁的考釋"今案孫援《淮南》、褚補《史記》以證宣爲美名,甚是"相對應。

這裏僅僅舉了以上幾個簡單的例子,實際上還有很多很複雜的情況,例如整理本所列的某些條目下可以涵蓋的批注有十數則,而且這些批注所處的位置和書寫順序是很複雜的。如果不充分考慮批注所在的位置和實際書寫順序,僅僅依據批注内容籠統進行排列,再加上没有恰當的説明,不但不利於讀者閲讀,也會妨礙《批注》自身價值的顯現。

(四)標點斷句的失誤

整理本關於標點斷句的失誤,是由於多種原因造成的,如不知《批注》内容爲引文、已知的引文未一一覆覈原始文獻、誤解《批注》内容的書寫順序、没有注意到《批注》已有的標點等等。下面是關於整理本標點斷句的錯謁表:[2]

頁碼	行數	錯誤	改正
1	7	代州志則在劉、吴之前矣。	《代州志》則在劉、吴之前矣。
1	9	此與正考父均似宋人僞,爲以周公爲太姒作器而文字如此。	此與正考父均似宋人僞爲,以周公爲太姒作器而文字如此。

[1] 此處整理本原注:"汪中《經義知新記》,見《清經解》卷801。'孟子'作'孟子書','于邑于謝'作'于邑于榭'。"以爲《批注》引文與汪中原書不符,實際上是整理者認錯了字。

[2] 以下内容未列入此表:《批注》本没有標點而整理本加了標點的青銅器釋文,整理本不明出處的大段引文,整理本用引號、括號標示的已删除批注。在"改正"欄標"※"號者是蘇慎梓文中已經指出過的。

續　表

頁碼	行數	錯誤	改正
1	倒7	李景聃《壽縣楚墓調查報告》,田野考古報告第一册。"……"	李景聃《壽縣楚墓調查報告》(《田野考古報告》第一册):"……"
3	倒7	金文"同伯"即書"凡伯"。	金文"同伯"即《書》"凡伯"。[1]
4	2	後世祀天望郊非其鬼不祭	後世"祀天南郊"、"非其鬼不祭"
4	5	大保鼎長方形耳作雙虎形	大倸鼎,長方形,耳作雙虎形
4	5	足有虎足,形如輪。	足有虎,足形如輪。
4	8	癸卯,貞:酢大圛于砓啚,伐。	癸卯,貞:酢大圛于砓啚,伐……
6	5—6	《吕氏春秋·季冬紀》、《月令》鄭注:"歷,猶次也。""命宰歷卿大夫至于庶民土田之數,而賦之犠牲,以供山林名川之祀。"(高注。)	《吕氏春秋·季冬紀》:"命宰歷卿大夫至于庶民土田之數,而賦之犠牲,以供山林名川之祀。"(高注……)〖《月令》鄭注:"歷,猶次也。"〗[2]
7	6	猶毛班毁先稱毛伯及更虢城公服,則稱毛公矣	猶毛班毁先稱毛伯,及更虢城公服則稱毛公矣
9	6	《魯語》:"莊公丹桓宫之楹而刻其桷"解"桓宫",桓公廟也。	《魯語》:"莊公丹桓宫之楹而刻其桷"《解》:"桓宫,桓公廟也。"
11	9	《尚書·中侯》	《尚書中候》
11	14	《金文編》犅刦尊(十五字,拓本)。	《金文編》犅刦尊(十五字拓本)。
11	18、19	'又脤'之'又'似不从'右'、'祝'蓋兩見也。	'又脤'之'又'似不从'右','祝'蓋兩見也。
17	2	兩城字疑地名,虢公所駐地當在東方。	兩城字疑地名。 虢公所駐地,當在東方。
17	5	毛公鼎"命女亟一方",孫云:讀爲"極"。正治之意。	毛公鼎"命女亟一方",孫云:"讀爲極,正治之意。"

[1] 承匿名審稿專家指出"凡伯"見於《春秋》隱公七年經,不見於《尚書》,"《書》"可能是張先生誤記。按金文中"凡伯"字見"郾凡伯怡父鼎",此器1998年始公佈(見張光裕:《新見"發孫虜鼎"及"郾凡伯怡父鼎"小記》,《徐中舒先生百年誕辰紀念文集》,巴蜀書社,1998年,頁122—128),但"凡"、"伯"二字似不應連讀。且張先生此批爲紅色毛筆,其書寫時間不應如此之晚。金文另有"同公"見小臣宅簋(《集成》04201),屬西周早期,與《春秋》中之"凡伯"時間相差過遠。此條批注之意待考。

[2] 此"〖 〗"符號内的内容與前面内容不是同時所寫,是對其所作的補充。下同。

續　表

頁碼	行數	錯誤	改正
18	7	《擵》二之 2.34、《貞》6.39 又有"遣叔吉父作虢王姞旅盨"。	又有"遣叔吉父作虢王姞旅盨"(《擵》二之 2.34、《貞》6.39)。
19	末行	阮元、劉師培：蔑曆是實事，非虛詞，前人之説非也。	阮元，劉師培。 蔑曆是實事，非虛詞，前人之説非也。
20	11	《左傳》三"數叔魚之惡，不爲澆減"	《左傳》"三數叔魚之惡，不爲澆減"
20	13	《説文》"減"下云："澆，減也(《玉篇》"澆"作"減")。讀若茦椒之椒。"	《説文》"減"下云："澆減也(《玉篇》作"減澆")。讀若茦椒之椒。"
25	末行	轉附朝儛、印贍部州，但指海上之一別世界	轉附、朝儛即贍部州，但指海上之一別世界
25	末行	蓬萊瀛洲之思，想似亦伾胎於茲。	蓬萊瀛洲之思想，似亦伾胎於茲。
28	11	……《康誥》："已，女惟小子。"	"……《康誥》：'已，女惟小子。'"(窓)。
28	14	妹或假爲未，妹辰猶言昧明。	妹辰猶言昧明。〖妹或假爲未〗
29	2	《鍾山札記》(三)"諫有閒意"條可參考。(《穆天子傳》音諫爲閒。)	《鍾山札記》(三)"諫有閒意"條可參考："《穆天子傳》音諫爲閒。"
30	10	犖亦以𤇾爲聲，二火當冂爲燎，力之聲，義亦合。	犖亦以𤇾爲聲，二火當門爲燎，力之聲義亦合。
30	16	大鼎二十行，行約二十字，幾四百字矣。亦盂所作，……	大鼎二十行，行約二十字，幾四百字矣，亦盂所作。……
31	5	郭蓋據下文𦤎日乙酉，補此兩字也。	郭蓋據下文"𦤎日乙酉"補此兩字也。
32	12	櫜，弢，鎧衣也。	櫜，弢鎧衣也。
33	倒 7	散氏盤井邑田"井邑封道"	散氏盤"井邑田"、"井邑封道"
35	7	坯，城郭	"坯城郭"
40	倒 9	"[illegible]是守，省宀。"	陳："[illegible](是)[illegible](守，省宀)。"
40	倒 4	"追"讀爲飭(整備)或飾置。	"追"讀爲飭(整備)或飾(置)。
41	末行	𧹞是周厲王名，胡之本字。	"𧹞"是周厲王名"胡"之本字。
46	11	康王之子之後，同佗放此。	康王之子之後同。佗放此。

續 表

頁碼	行數	錯誤	改正
51	12	《三》11. 29 盞嗣土幽尊(善齋藏三)。旅鼎:……	《三》11. 29 盞嗣土幽尊(善齋藏)。《三》旅鼎:……
53	倒 4	吴云: 井伯内右師虎,内當讀作納。右,導也。或云自右斷句,右者,處王之右也。	吴云:"井伯内右師虎,内當讀作納。" 右,導也。或云自右斷句,右者,處王之右也。
54	倒 8	爲百僚之長,或徵辟庶民。	爲百僚之長,或徵辟。 庶民。
55	倒 3	《左》襄十四: 王使劉定公錫齊侯,命曰:"纂乃祖考"。	《左》襄十四:"王使劉定公錫齊侯命",曰"纂乃祖考"。
60	4	師湯父鼎。然則望毁何以知必爲恭王時物?	然則師湯父鼎、望毁何以知必爲恭王時物?
65	14	《禮・投壺》謂"爲勝者立馬"。	《禮・投壺》:"請爲勝者立馬。"
69	13	許説或云"邗,鄭地邗亭"者也。	許説:"或云邗,鄭地邗亭者也。"
70	3	應釋"髟"是也。	唐釋"髟",是也。
73	倒 4	一乘斯馭二,徒十。	一乘: 斯馭二,徒十。
75	倒 3	《爾雅・釋詁》:"遹,遵、率、循也。"	《爾雅・釋詁》:"遹、遵、率,循也。"
77	倒 9	其文曰[illegible],北文亦作[illegible]。	其文曰'[illegible]北',文亦作'[illegible]'。
80	倒 4	于、肆,故也;克,順也。	于:"肆,故也","惠,順也。"※
81	2	吴,純佑也;敃,憂也。	吴:"純,佑也","敃,憂也。"
81	9	辟,輔也。申、神同字,謂孝祀祖考。	"辟,輔也。申、神同字,謂孝祀祖考。"
83	5	無叁魯生鼎《三》3. 39。	"無叁",魯生鼎(《三》3. 39)。
84	14	不是租? 祖田與邑。	不是租? 祖。 田與邑。
84	倒 9	康昭之世,兩器皆在厲王之前。丫是爾从族徽,則……	丫是爾从族徽,則兩器皆在厲王之前〖康昭之世〗。
86	倒 11	古之尊官,器三,簪中圖云。	古之尊官器三: 簪、中、圖云。※
87	16	獄辭之成後,命司徒司馬司工參聽之	獄辭之成,復命司徒司馬司工參聽之

續 表

頁碼	行數	錯誤	改正
87	倒 2	嚴:“‘弄’注‘奉’,或釋‘表’。”	嚴“弄”注:“奉,或釋表。”
97	18	次,謂吏所治舍思次介次也	次,謂吏所治舍,思次、介次也
98	18	于,繇,猶。	于:“繇,猶。”
100	倒 3	“[illegible]叔乍”三字	“[illegible]叔乍”鼎,三字
101	倒 3	俞氏《癸巳類稿》:“君子小人學道是弦歌義。”	俞氏《癸巳類稿・君子小人學道是弦歌義》。
104	10	《君奭》“祇若兹”,古文作“[illegible]”,祁云。劉公鋪:“劉公作杜嬬隮鋪永寶用。”與此爲一字。	《君奭》“祇若兹”,古文作“[illegible]”,郭云劉公鋪“劉公作杜嬬隮鋪永寶用”與此爲一字。
109	4	者減者,謂之者字可異	“者減”、“者汈”之“者”字可異※
110	15	禮在醜夷不争。	《禮》:“在醜夷不争。”
111	5	楊寧史藏吴王壽夢之戈,郭“邗王是埜乍爲元用”。	《吴王壽夢之戈》(郭):“邗王是埜乍爲元用。”(楊寧史藏)
111	倒 4	《蓼園詩鈔》卷二爲羅叔言題攻吴夫差鑒拓本,自謂:……	《蓼園詩鈔》卷二《爲羅叔言題攻吴夫差鑒拓本》自注:……
113	倒 7	職方氏“其穀宜五種”,謂黍稷菽麥稻。	《職方氏》“其穀宜五種”謂“黍、稷、菽、麥、稻”。
115	18—19	蔡邕《月令章句》云:“日,幹也。辰,支也。有事於天用日,有事於地用辰。此漢儒之説,攷之經文,無用支之證。”	蔡邕《月令章句》云:“日,幹也。辰,支也。有事於天用日,有事於地用辰。”此漢儒之説,攷之經文,無用支之證。
115	19	蓋夏后氏始行此禮,之日值丁亥而用之也。	蓋夏后氏始行此禮之日值丁亥而用之也。
117	倒 8	高曉梅云:漾陲與淄浶同。漾是水名,即漢水上流是也。	高曉梅云:“漾陲與淄浶同。漾是水名,即漢水上流。”是也。
120	9	作《蜀道易》一首,句曰……	作《蜀道易》一,首句曰……
120	倒 5	又南逕子夏石室東南,北有二石室	又南逕子夏石室東,南北有二石室
121	倒 5	鞏見《韓策》,原注屬河南恩澤。按……	鞏:見《韓策》,原注屬河南。恩澤按……※

續　表

頁碼	行數	錯誤	改正
123	倒 2	《詩》傳云王謝	《詩傳》云王謝[1]
125	末行	《説文》㦷勇或从戈用。	《説文》:“㦷,勇或从戈、用。”
130	8	《周書》有“分器”	《周書》有《分器》
131	倒 4	㚔蓋从夲得聲,金文𡢕字从㚔聲,即夲聲,孳生字。	㚔蓋从夲得聲,金文𡢕字从㚔聲,即夲聲孳生字。
136	4	《禮記・射義》稱《詩》曰“曾孫侯氏”。	《禮記・射義》:“故《詩》曰‘曾孫侯氏……’”
138	5	抑“脩尔車馬,弓矢戎兵,用戒戎作”。	《抑》:“脩尔車馬,弓矢戎兵,用戒戎作。”
138	14、15	《名原》上・廿八“毌”字條下收之,意謂“貫”。《南宫中鼎》作“[illegible]”,……	《名原》上・廿八“毌”字條下及之,意謂“貫”南宫中鼎作“[illegible]”。……
139	18	此“僚”當是隸臣僚、僚臣僕之“僚”	此“僚”當是“隸臣僚、僚臣僕”之“僚”※
148	6	“咸豐四年七月十八日毒熱”作	“咸豐四年七月十八日毒熱作”
148	13、14	“獻”見《管子》。 諸侯即守令?	“獻”見《管子》,諸侯即守令也?
148	倒 4	郜兆陳	郜,非陳
150	4	《説文》攴部:“敉或从人作侎。”	《説文》攴部“敉”或从人作“侎”。
152	14	如《秦誓》‘以登乃辟’文,蓋誓辭也。	如《秦誓》‘以登乃辟’,文蓋誓辭也。
154	3	“延命”見。	延,命見。
154	6	圖謀何也	圖,謀議也
157	3	《考古圖》:“右得於韓城”,“《集古》作韓城鼎”。	《考古圖》:“右得於韓城,《集古》作‘韓城鼎’。”
163	5	“今所得此鐘四、歌鐘三、編鐘一”。	“今所得此鐘四:歌鐘三,編鐘一”。
164	6	前於伯郄父鼎,三晋以僖侯廢司徒,	前於伯郄父鼎云“晋以僖侯廢司徒”,

[1] 此《詩傳》爲朱熹《詩集傳》之簡稱。

續 表

頁碼	行數	錯誤	改正
164	8	《春秋》後《國語》	《春秋後國語》
165	倒 15	陳乃用孫貫文《聲系》説而弃其名。	陳乃用孫《古文聲系》説而弃其名。※
165	倒 12	孔子割不正不食	孔子“割不正不食”
171	18	坏即坿垣也。	坏即坿(垣也)。
171	末行	《賈誼書》云:“陛九級者,堂高大幾六尺矣。陛者朝之列位也。”	“……《賈誼書》云:‘陛九級者,堂高大幾六尺矣。’陛者朝之列位也。”
173	18、19	日本所存未改字,《尚書》“逸”皆作“佾”	日本所存未改字《尚書》“逸”皆作“佾”
175	倒 8	“立”是“天”誤。	“立”是,“天”誤。
176	倒 8	司馬云:“夫夫,大夫也。《晏子》亦有夫= 。”	司馬云:“夫夫,大夫也。”《晏子》亦有“夫= ”。
179	3—4	王正孺: 越王劍出陝西。 容庚:“戉王二字劍亦出陝西。”	王正孺越王劍出陝西。容庚戉王二字劍亦出陝西。
179	倒 4	北齊初或當鮮卑人是汝作客,得汝一斛粟,一匹絹,爲汝擊賊,令汝安寧,汝何爲陵。	北齊神武帝:“鮮卑人是汝作客,得汝一斛粟,一匹絹,爲汝擊賊,令汝安寧,汝何爲陵之。”

(五) 對批注所作注釋的問題

我們在前面提到,整理本有不少認錯字的地方,對這些内容所作的注釋自然是有問題的。

第 142 頁洹子孟姜壺“【器名: 洹子孟姜壺】”的批注:“此字或與謚有關。”整理者注云:“或指‘洹’字。”其實這個“字”是“事”字誤識,“此事”指的應當是銘文所述之事。

第 158 頁關於《大系》考釋晋姜鼎“鹵賚千兩”的批注有如下一則:“或是解爲鹽。”整理者注云:“即解‘鹵’爲‘鹽’。今之學者多視爲‘鹽’字。”其實“爲”是“州”之誤認。“或是解州鹽”意爲“鹵賚千兩”的“鹵”有可能是解州所産的鹽鹵。解州是著名的産鹽地,其鹽出自解池,即《左傳》成公六年“必居郇瑕氏之地,沃饒而近盬”之“盬”,《説文》:“盬,河東鹽池。”《夢溪筆談》卷三有“解州鹽澤”條,[1]可參看。

批注内容有相當一部分是引文,整理本對這些内容所作的注釋有時並没有找到

[1] 〔宋〕沈括著,胡道静校證:《夢溪筆談校證》,上海古籍出版社,1987 年,頁 127。

真正的出處。

如《批注》在引《説文》原文的時候,有時用的是《段注》本,但是整理本在注釋的時候没有説明這一點,只是簡單標注見《説文》某部。整理本第 31 頁倒數第 2 行批注:"延,安步延延也。从廴、止。凡延之屬皆从延。丑連切,十四部。"整理本在"凡延之屬皆从延"下加注:"《説文》廴部。"其實根據後面加的韻部可知這是《段注》的内容,整理本未能指出。第 79 頁注 2 對批注"夆即觢,一角仰"所作注爲:"《説文》角部:'觢,一角仰也,从角、㓞聲。《易》曰:其牛觢。'"其實《批注》原文爲"二角仰",《段注》云:"一當作二。"可知張先生是據《段注》作的批注。對於這些《批注》引《説文》的内容應注明《段注》的卷數和頁碼,或者説明《批注》引《説文》的版本爲《段注》本。[1]

第 11 頁注 1 對批注"朱:掞字亦作簷"的出處注爲"朱駿聲《説文通訓定聲》132 頁,中華書局,1984 年"。按原注不確,此段引文見於《説文通訓定聲》672 頁"蓋"字下,與 132 頁"掩"字下之文不同。

第 150 頁注 4 對正文"《堯典釋文》:'予聋(古聞字,《説文》古作䎽,無此聋字)。'"注:"今本《經典釋文》卷三'堯典第一'似無此條。"按《批注》所引是敦煌所出唐寫本《尚書釋文》。[2]

《批注》引文廣博,整理本注錯出處的情況還有很多,除此之外還有一些應當出注而没有出注的地方。

整理本有些注釋指出了張先生批注的錯誤,但是很多情況是以不誤爲誤。如第 61 頁注 4 對正文"山陽湖陵"注釋:"當爲'湖陵',筆誤。"按此二字批注已經乙正,整理者没有注意到。第 81 頁注 7 對正文"奴農"注:"應爲'農奴'誤倒。"按蘇文指出"奴農"不誤。第 85 頁注 6:"見武樹善《陝西金石志》卷二,第十四、十五頁,1934 年鉛印本。'三百五十字'原作'三百五十八字'。"按批注不誤,整理本誤脱"八"字。第 85 頁注 7:"'廿七'爲'廿九'之誤。"按:批注不誤,整理本將"九"誤爲"七"字。第 111 頁注 2:"此《淮南子》應作《吕氏春秋》。"按批注原文爲"《吕氏春秋·節喪》",不誤,整理本誤作"《淮南子·節葬》"。第 154 頁注 3 對正文"'延命'見"注:"此注不完備。案:西周㾊父鼎銘文(《集成》2671、2672)有'延命'一辭。"按批注此句應斷句爲"延,命見",是解釋銘文中的"延"字的,整理者理解錯誤。第 154 頁注 11:"其書名應更正爲《商周金文録遺》。"按:批注原不誤,整理本誤作《殷周金文録遺》。第 154 頁注 12 對正文"司寇良父毁"注:"司寇良父所作器有壺無毁,壺銘今著録於《集成》9641,張先生之説疑有小

[1] 在第 8 頁 2—3 行、第 31 頁倒 7—6 行、第 31 頁倒 2—末行、第 38 頁第 5 行、第 44 頁第 4 行、第 46 頁第 2 行、第 60 頁第 13 行、第 139 頁倒 12—11 行、第 173 頁第 12 行等處批注中所引《説文》之文不同於大徐本,爲《段注》之文,整理本均未注明。

[2] 即"伯 3315"號,見張涌泉主編:《敦煌經部文獻合集》,中華書局,2008 年,第 9 册,頁 4440。圖版見上海古籍出版社、法國國家圖書館編:《法藏敦煌西域文獻》,上海古籍出版社,2002 年,第 23 册,頁 170 上。

失。"按司寇良父簋見《周金文存》卷三補遺,批注不誤。第159頁注12對正文"《晋語八》數見周卑晋繼之語"注:"'數見'之説疑有誤。"按《國語·晋語八》"叔孫穆子論死而不朽"章有"周卑晋繼之爲范氏","鄭子産來聘"章有"今周室少卑,晋實繼之",批注不誤。第167頁注11:"'魏顆'之'魏'字原脱,今據《國語》韋解補。"按:批注引文與《國語》同,不誤;整理本將"顆"改作"魏顆"反誤。第168頁注4對正文"察容庚鳥蟲書一二三考"注:"'察'字疑爲'参'或'查'字之誤。"按:蘇文指出"察"字不誤。第159頁注15:"原誤作'魯語四',今據《國語》改。"按批注原作"魯語四","四"指的是卷四,引文在《國語》卷四《魯語上》,整理本改作"魯語下",反倒莫名其妙。

另外整理本的注釋還有一些文字錯譌的情況,如下表所示:[1]

頁碼	位置	原文	改正
11	注6	《殷墟甲骨綴合》	《殷虚文字綴合》※
20	注2	吴式芬《兩罍軒彝器圖釋》	吴雲《兩罍軒彝器圖釋》
21	注6	朱幹設鍚	朱干設鍚
22	注8	2790頁	2791頁
27	注2	《盂鼎銘文考釋》	《盂鼎銘考釋》
32	注9	22—25頁	22—26頁
46	注2	《集成》4215	《集成》4246—4249
46	注3	師全父鼎	師奎父鼎
48	注3	二器皆記王命	二器皆紀王命
48	注3	故扎實可信	故扎實而可信
48	注3	王氏最後的結論爲	王氏文的最後結論爲
48	注3	苟如此	苟知此
48	注3	無怪乎文王受命稱王而仍服事殷矣	則無怪乎文王受命稱王而仍服事殷矣
65	注2	从竹从簭。簭,古文巫字	从竹从筭。筭,古文巫字
67	注5	𦉢鼎	𦉢鼎
99	注13	176頁	174頁
106	注1	从頁君聲	从頁尹聲

[1] 在"改正"欄標"※"號者是蘇慎梓文中已經指出過的。

續 表

頁碼	位置	原文	改正
114	注 3	榻文	搨文
117	注 6	虐	虘※
119	注 1	盤般爲朕	鱻叚爲朕
119	注 1	《擄古》亦誤,誤摹爲盥	《擄古》亦誤摹爲盥
131	注 6	卷一之三	卷一之二
136	注 11	《集成》4219—4214	《集成》4219—4224
144	注 4	665—666 頁	655—656 頁
146	注 7	《集成》6367	《集成》6462
152	注 8	尚初齡	初尚齡
154	注 1	《金石文録》	《吉金文録》
165	注 7	丞	亟

(六) 漏收的批注

整理本漏收的批注很大一部分是《批注》對《大系》釋文中的句讀和某些字詞的釋讀作的改動,這些都是直接反映《批注》對於一些銘文的理解,漏收這些内容,不能不説是個遺憾。如《批注》上册 25 頁大豐簋釋文中在“祀于天室”、“降天亡又”、“不(丕)顯王乍(則)賡”、“王降亡助(賀)”後斷句,對釋文“喜”讀爲“饎”、“監”改爲“德”、“三”改爲“三”、“圂”讀爲“祖”、“復稟”改爲“復稟”等都没有在整理本中體現。

另外整理本還漏收上册 1 頁、185 頁,下册 345 頁封面、565 頁封底以及下册 567—571 頁的夾條上的有關批注。除此之外,整理本漏收的正文中的批注如下表所示:[1]

頁碼	位置	内容
24	旁批	按:陳介祺“毛公聃季敦”釋文
25	夾批	饎。
25	夾批	徝□=。

[1] 表中頁碼爲《批注》上册、中册的頁碼。在“内容”欄標“※”號者是蘇慎梓文中已經指出過的。

續　表

頁碼	位置	内容
25	夾批	三。
25	夾批	祖。
25	夾批	復槀。
25	夾批	麌。
25	夾批	毀。
26	眉批	按：陳介祺改正《從古堂款識學》"聃簋"釋文
31	腳批	諴，戒，鬲。
31	夾批	不妥！
31	眉批	隸？夷隸
31	眉批	民虜。
31	眉批	黎，有鬲氏。
34	夾批	三公。
34	夾批	二日。
34	夾批	三日。
35	夾批	太保。
46	夾批	祇。 [illegible]與[illegible]不同。
46	眉批	[illegible]與[illegible]不同。
47	旁批	《積微齋》卷四・十八葉。
51	夾批	齋。
55	夾批	事。
55	夾批	[illegible] [illegible]
55	夾批	浞
60	夾批	讀爲振。
60	夾批	是也。
61	夾批	戊。
61	夾批	七十九頁。
62	夾批	[illegible]。中。

續 表

頁碼	位置	内容
62	夾批	叚。廿。
62	夾批	貯。
64	夾批	??
64	夾批	虢。班。班。毛父也。
64	夾批	成。
64	夾批	毛公。
64	夾批	氓。
64	夾批	育。
66	夾批	《説文》。
66	眉批	周原甲骨 110 片有“征巢”二字。※
67	夾批	郭:“比者,庇也。”※
69	夾批	王子淵《洞簫賦》“幸得謚爲洞簫兮,蒙聖主之渥恩”。※
75	夾批	[illegible](其)。
76	夾批	弗。
76	夾批	劑。
77	夾批	返。
77	夾批	永。※
78	夾批	即今言派遣也。※
78	腳批	永。※
78	夾批	[illegible]。祏。※
86	眉批	程大昌《演繁露》(五)“洗馬”。《莊子》:七聖在襄城之野,有前車後馬。
86	夾批	顥。
87	夾批	肇。
88	腳批	先
88	夾批	已歸中央博物院。
90	夾批	載。

續　表

頁碼	位置	内容
90	夾批	載。越。
91	夾批	佑。
91	夾批	省。
91	夾批	《説文》"闋"。
92	夾批	"自",衆也,"已"屬下句。
94	夾批	二。※
94	夾批	戜。※
94	夾批	咸。※
98	夾批	"長行也。"
98	夾批	祼。
101	夾批	盟。
101	夾批	于:"《法言・重黎》'或問秦楚既爲天命矣'注:'典,主也',言主於王命而不易也。"
101	夾批	故此云"作周公彝"。
103	夾批	賓。
103	夾批	小盂鼎:"雩若翌日乙酉。"
115	旁批	[illegible]。
125	夾批	相。
125	夾批	處。
131	夾批	吴。
134	夾批	君。
134	夾批	敢。
136	夾批	簋。
141	旁批	穆。
145	夾批	赤。
160	夾批	白麻。
161	夾批	戈。甲胄。干、
164	夾批	非。

續 表

頁碼	位置	内容
174	夾批	[illegible]。
174	夾批	冋。
174	夾批	[illegible]。辜。
174	夾批	専。
174	夾批	叏。
184	夾條	引《水經注》文
187	夾批	朕。
189	夾批	周。
193	夾批	價。
194	夾批	手。
195	夾批	×。
196	夾批	×。
207	夾批	牆。餘。
222	夾批	室。
223	夾批	廷。
223	夾批	禾。
229	夾批	手。
231	夾批	禹。西。
231	眉批	58 本已改。
241	夾批	逑。
246	夾批	禹。
247	夾批	是一人。
257	夾批	女。
257	夾批	乃。
260	腳批	疋=胥。輔也,助也。
265	腳批	“噝訟罰,取遺五寽”見𪓑毁、趞鼎、牧毁。即罰鍰。
278	夾批	朢。
278	夾批	?。

續 表

頁碼	位置	内容
280	夾批	鬗。
283	眉批	王[illegible]尊有[illegible]字。
285	夾批	人。
292	夾批	莫。
292	夾批	瀚。
307	眉批	妻,常也(見牧𣪘)。
312	夾批	[illegible]
312	夾批	敌。
327	夾批	?。
327	夾批	王乎尹氏册令師嫠。
327	夾批	?。
371	眉批	僞物也。
374	夾批	曾。
375	腳批	變徵。
413	夾批	甲骨文作“好”。
414	夾批	[illegible]。
484	眉批	279
485	腳批	此器“惟王五年”,“王”,周王也,而又紀時,可爲解《春秋》“春王正月”者作一證。又書時不書時之説亦可破矣。
506	腳批	《管子・形勢解》所謂“抱器者祠器也”。

(七) 對已删批注的處理不統一

《批注》的時間跨度延綿半個多世紀,某些早期的批注張先生後來認爲是不合理的,則用勾删符號删去。整理本對這些批注均有收録,但是處理方法不統一,也未加説明。

用引號標示的有:第 2 頁倒 6 行※,[1]第 19 頁倒 5 行,第 31 頁 12 行※,第 60 頁 13、14 行,第 91 頁倒 4 行,第 114 頁倒 8 行,第 141 頁 8 行※。

[1] 標“※”號者是蘇文中已經指出的。

用方框標示的有：第 68 頁倒 5 行，第 79 頁 4 行。

用括號標示的有：第 119 頁倒 12 行。

没有標示和説明的有：第 2 頁 4 行※，第 13 頁 2 行※，第 28 頁 7 行※，第 34 頁 16 行，第 35 倒 4 行，第 42 頁 1 行，第 43 頁 8 行，第 43 頁倒 7 行，第 55 頁 6、7 行，第 58 頁 2 行，第 63 倒 5 行，第 67 頁 20 行，第 81 頁 17 行，第 176 頁 1 行。

(八) 誤收非批注内容

第 50 頁倒 8 行“三字原衍”、第 130 頁 12 行“簻，儲置屋下”[1]等爲《大系》原文的内容，整理本誤以爲是《批注》内容而收録。

以上是我們在研讀《批注》的過程中對整理本的失誤進行的歸納、舉例。朱鳳瀚先生等整理者花費兩年時間將張先生批注的原稿整理出來，是很不容易的。我想凡是看過《批注》上、中册張先生原稿的讀者，肯定會對整理者的成果抱有極大的敬意。這些作爲“讀書筆記與心得”的批注，往往書寫隨意、真草隸篆各體夾雜，如果不是張先生本人，對這些批注——尤其是密密麻麻寫滿整頁空白處的批注——其他人是很難理出頭緒來的。我們列舉出了整理本的一些失誤之處，是爲了方便讀者更好地閱讀、利用批注，更大程度地理解張先生批注的原意，並體會整理者的苦辛。當然，限於本人的人力、學識，本文的内容也一定存在誤判、錯謬之處，懇請讀者不吝指正。

另外有一點是我們在閱讀《批注》的時候格外需要注意的：《批注》的内容是張先生持續多年所作，有時對某個問題所作的不同批注會有不一致的地方，或者有些觀點已被後來的研究所證實或是否定。對此，朱鳳瀚先生指出：

> ……張先生的批注未必皆是先生成熟的意見，也並不皆代表先生最後的見解。凡此，我們在閱讀張先生此批注時皆應理解。我個人認爲，閱讀張先生對《考釋》的批注，主要應從中體會張先生深厚的學術功底，考釋古文字與闡釋銘文的科學方法，思考問題的角度與途徑……[2]

張先生這些批注本來是要“藏之名山”的，現在我們有幸看到這些内容，若能從中窺得前輩學者的治學法門，繼承、發揚張先生的治學精神，則是這些批注的價值的最好體現。

---

[1] 此條蘇文中已指出。

[2] 參看前引朱鳳瀚先生《讀〈張政烺批注《兩周金文辭大系》〉》文。

附記：本文是在作者碩士畢業論文部分章節的基礎上修改而成(郭理達：《〈張政烺批注《兩周金文辭大系考釋》〉的重新整理與初步研究》，復旦大學碩士學位論文，2014年)，作者特别感謝導師郭永秉先生和論文指導小組、答辯委員會的各位老師。向本刊投稿後又蒙兩位匿名審稿專家提出修改意見，在此一並致謝。

補記：傅斯年圖書館所藏陳介祺手稿現已出版，見劉錚雲主編《傅斯年圖書館藏未刊稿鈔本·史部》第三十六册《簠齋金文手稿不分卷》，中研院歷史語言研究所，2015年。清華簡《殷高宗問於三壽》篇已公佈，見清華大學出土文獻研究與保護中心編、李學勤主編：《清華大學藏戰國竹簡(伍)》，中西書局，2015年。

Reading Notes on
Zhang Zhenglang Pizhu Liangzhou Jinwenci Daxi Kaoshi

Guo Liyuan

Abstract: *Zhang Zhenglang Pizhu Liangzhou Jinwenci Daxi Kaoshi* is a publication comprising Zhang Zhenglang's notes on Guo Moruo's *Liangzhou Jinwenci Daxi Kaoshi*. As personal comments and records, these notes have high academic values. However, the current edition has mistakes in some aspects. This thesis contains two parts. The first part summarizes the value of the notes as follows: (1) attaching importance to the earliest correct research and interpretation of the ancient characters; (2) proposing important interpretations of the meanings of ancient characters; (3) deciphering ancient characters and history through utilizing literature appropriately. The second part summarizes the mistakes of the current edition and the value of Zhang's notes. The mistakes are discussed in eight aspects: (1) contents; (2) sequence; (3) classification; (4) punctuation; (5) comments; (6) omissions; (7) problem of dealing with the deleted notes; (8) wrongly compiling notes not written by Zhang.

Keywords: Zhang Zhenglang, *Liangzhou Jinwenci Daxi*, notes, paleography, bronzes

郭理達，復旦大學出土文獻與古文字研究中心博士研究生，guoly2008ok@163.com

古今之間

——評威廉斯《羞恥與必然性》*

陳國清

伯納德·威廉斯被認爲是 20 世紀下半葉最偉大的哲學家之一。1989 年春天,他在加州伯克利大學做了一系列講座,《羞恥與必然性》在此基礎上成書。這個講席叫薩瑟講席,據 A. A. Long[1] 説,受聘該講席教授在古典學者圈子中被當做獲得諾貝爾獎一樣的榮耀。[2] 雖然威廉斯謙虛地説自己主要不是一個古典學者,但是他在古希臘研究上的建樹是學界所公認的。多數學者認爲《倫理學與哲學的限度》是他最優秀的作品,不過他的好友 Myles. Burnyeat[3] 認爲《羞恥與必然性》是最深刻的。確實,雖然該書僅僅兩百多頁,内容卻極其豐富,精彩的觀點接二連三,閃爍著耀眼的智慧。

責任與意圖

威廉斯曾經列出一張清單:

1. 有行動——人們做事,而且别人也認爲他們在做事。
2. 行動被理解爲會匯出結果,一些結果是(行動者)意願的,另一些不是。
3. 有時結果不好,行動者或/和其他人會感到遺憾。
4. 當有令人遺憾的結果出現,可以要求回應。
5. 人們有時處在不正常或者非典型的狀態,這會影響他們的行動和意圖。[4]

---

* Bernard Williams, *Shame and Necessity*, University of California Press, 1993.

[1] 伯克利大學教授,著名古典學者。

[2] Thomas Alan ed., *Bernard Williams*, Cambridge University Press, 2007, p. 155.

[3] 劍橋大學教授,著名古典哲學家。

[4] Bernard Williams, *The Sense of the Past: Essays in the History of Philosophy*, ed. by Myles Burnyeat, Princeton University Press, 2006, pp. 67 - 68.

這些就構成了責任概念的四個因素：起因、意圖、回應和狀態。他認爲這些材料是普遍的，在任何社會都能發現。也就是責任概念在任何社會都能找到。不同的是對這些材料的安排、側重和解釋。我們不該認爲這些元素的組合方式是唯一的，或者認爲有一種理想的組合方式。他們有各種不同的組合方式，尤其是意圖和狀態與回應的聯繫。也不能認爲組合方式是有限的，因爲他們的組合不僅是發生在這四個元素之間，而是與更大的社會文化相聯繫。

起因是首要的。沒有行動者引起某種事態，其他問題就無從談起。沒有起因，就沒有責任可言。與此相關的概念，比如替罪羊，用維特根斯坦的話來説，屬於一個家族。替罪羊是真正的責任者的替代。此外，在現代社會有一種情況，就是在某些情形，某些人要爲不是他們引起的事情負責。比如雇員犯了法，這是違背雇主意願的，但是雇主可能也需要負責任。類似的還有政治領域的"引咎辭職"。不過，這些情形都是基本情況的延伸，它們並没有否定有起因的責任：領導承擔責任，不意味著直接責任人不受追究。在我們生活的多數領域，統治的規則還是聯繫起因追究責任。

意圖和狀態與回應的關係要複雜一些。希臘神話中經常有神改變人的狀態的事，不過，神的干預並没有免去人的責任。然而在現代司法實踐中，如果鑒定一個犯罪者不是正常人，經常不處於正常的狀態，我們就不要求他回應、負責。"無心之過"關涉意圖和回應的關係，比如騎車捎人結果出了交通事故導致捎帶的人傷亡的情況。這和上面提到雇主責任和引咎辭職有相同之處，它們都説明：責任不一定和意圖相關，一個壞的結果要求賠償和責任人。

另一方面，我們也經常用"狀態不好"、"不小心"、"疏忽大意"等爲生活中的小錯誤辯護。[1] 這和司法實踐不衝突，因爲它也考慮意圖和狀態。與此同時，我們也看到了"大事化小小事化了"的一種方式。

在刑事訴訟上，我們發現了許多和古代實踐對立之處。我們在民事訴訟和刑事訴訟之間做出區分，古代雅典没有公訴人。不過，我們處理刑事責任的方式之所以不同，不是因爲我們有一個不同的責任觀念，而是因爲現代人有一個不同的國家觀念。"國家在現代社會被賦予古代政治組織無法想象的權力，同時自由社會希望奠定權力運行的框架。這些安排的一個目標是只要一個人没有因爲有意行爲而把自己置於危險，國家權力的懲罰就不會降臨於其身。"[2] 也就是説，我們的法律責任觀念與希臘不同，不是由於在基本層面上責任觀念的不同，而是由於法律觀念的不同。這種法律觀念被一種特殊的政治理論所塑造，這種理論特別關心個體的自由，關心個體在與國

[1] 奥斯丁在"A Plea for Excuses"一文中對此有精彩論述，該文收録在 Austin, *Philosophical Papers*, Oxford University Press, 1961。

[2] Bernard Williams, *Shame and Necessity*, p. 65.

家和社會關係中對自己生活的控制。正因爲關注個體自由,這種觀念關心意圖或意願,關心有意的行爲引發的責任。與此同時,我們把除此之外的很多責任交給國家。扶貧助殘、保護環境等都是國家的責任,與衛生、教育等構成了現代社會龐大的公共事業。

羞恥與罪

羞恥的基本經驗和在錯的情境被錯的人不合適地看到的經驗相連。它直接和裸露相連,尤其是在性關係中。不過,羞恥更與廣義的暴露連在一起: 處於劣勢,失去力量。它是一種自我保護的情感。也正是在這個意義上,我們可以通過提示讓人羞恥的事情來激起人們自我保護的意識,喚起他們避免或改變缺點的力量。所謂,知恥近乎勇。

在一個情感共同體中,共用的情感把人們連在一起。羞恥就是其中一種。這些交互的情感有著共同的内容: 一些行爲被讚賞,有的被接受,還有的被憎恨。比如,人們有榮譽感和對别人的榮譽的尊重;榮譽被侵犯時,他們會感到憤慨,不管在自己的還是别人的場合。

在此,威廉斯引入了"内在他者"的概念。這個内在他者不需要是某個特别的人或者某個社會認同群體的代表,而是可以等同爲一些倫理詞彙。這個他者被構想爲我尊重他的反應的人,同樣,這個他者被構想爲也會尊重這些反應,如果這些反應合宜地指向他的話。他承載著社會的期待,關係著如果我這麼做而不那麼做之後怎樣生活,以及我的行動和反應將怎樣改變我與世界的關係。内在他者是内在的,因爲他不是外部世界中的某人;他是他者,因爲他不依賴於我,有其獨立的存在。

只看到社會期待這一面,人們就認爲荷馬社會有個"恥文化"。這種看法把倫理生活的很多實質内容都排除在外了。以倫理成熟爲界,可以粗略地通過"做人"和"做事"兩個概念來區分人生階段。"三十而立",成熟之後的做事可視爲"已經做成的人"的表達。"有一些東西在某種真實的意義上實際上就是你,或者把你自己而不是其他人表達出來的東西。"[1]

埃阿斯的自殺就是這樣。作爲一個戰神的地位鎖定了他與這個世界的聯繫,他對戰神的期待以及這個世界對戰神的期待,使他在做了恥辱的事後,没法再活下去。戰神必須帶著榮譽凱旋而歸,高貴的人要麼活得偉大,要麼光榮地死去。

罪是與羞恥相關的一個概念。罪的概念,某種程度上可説是基督教的發明。在

[1] 〔英〕伯納德·威廉斯:《道德運氣》,上海譯文出版社,2007年,譯者序頁5。

經院哲學中,它作爲一個重要的概念不斷被爭論,直到近現代萊布尼茨等大哲還將它作爲嚴肅的主題來探討。一個後果是,這個概念似乎變得精緻而深刻,成爲西方文化的一個重要標誌。在中國文化中,罪的概念卻没有特殊的地位,即使是在佛教思想中。與罪對應的是拯救,這個概念我們也不重視,借用劉小楓的一本著作名,在中國文化中處於該位置的是逍遥。如果説西方文化中有塵世的和天國的對立,中國文化中對立的是入世和出世。

希臘没有和罪直接對應的詞。他們的羞耻概念涵蓋了罪的概念。不過,荷馬辨識出那些情感和反應,並不簡簡單單就是我們區别出來的罪,罪和羞耻的區分影響了罪和羞耻本身。在羞耻和罪的對立中看待羞耻——這是我們的方式,和不在這種對立中看待羞耻——這是荷馬的方式,這是兩碼事。也就是説,荷馬識别出我們繫於罪的一些反應,但是這些反應並不是特别的一類——這是在羞耻與罪的區分之後才有的。

羞耻與罪的區分和一個觀念有關,這種觀念認爲區分"道德"和"非道德"的特徵是重要的。羞耻在這個區分上是中立的。一個槍手可以因爲没有中靶而感到羞耻。相反,罪的概念與道德的概念緊密相連。現代道德觀念執著於罪的首要性,强調它使我們關注受害者以及它與意願的聯繫。

一旦我們不把這個區分視爲理所當然,我們就能看到希臘人在理解倫理情感上的一些優勢。把罪置於一個更廣義的羞耻的概念之下,使我們能夠更廣泛地理解二者之間的聯繫。我們可能對同一個行動既感到罪惡也感到羞耻。我們片刻的怯懦,讓某人感到失望。我們感到罪惡,因爲我們讓那人失望;我們感到羞耻,因爲我們没有表現出本可以表現出的勇敢。"行動向來都是處於傾向、感情和決定構成的内在世界與傷害和錯誤構成的外在世界之間。我的行爲一面指向發生在他人身上的事情,一面指向我是什麽樣的人。"[1]罪主要指向發生在他人身上的事情,而羞耻則主要指向我是什麽樣的人,通過理解我們的羞耻,我們可以試著理解自己是什麽樣的人或者希望成爲什麽樣的人。因此,罪的概念可能是膚淺的,羞耻卻能帶我們到更深的倫理層面。

奴隸和女人

希臘和羅馬的奴隸制是個奇特的發明,在歷史上較爲罕見。在這兒討論的是財産奴隸而不是斯巴達那種國家奴隸。奴隸的來源一般是戰爭。奴隸被稱作"會説話

[1] Bernard Williams, *Shame and Necessity*, p. 92.

的工具",他們從事繁重的體力勞動。可以和自由人一塊幹活,但是和自由人之間權利差別很大。奴隸地位低下,經常處於暴力的陰影之下。

奴隸的悲慘狀況希臘人都看到了,奴隸制的專横一開始就被認識到了。人們説,自然並不使人天生爲奴,是運氣讓人成了奴隸。在古希臘,習俗和自然的區分在辯論中扮演了一個重要的角色。於是,就有這麽個問題:奴隸制是自然的還是習俗的?一般的希臘人,或者説多數人,認爲奴隸制是習俗的。不過,是習俗的不一定意味著不正義,也不意味著正義。

亞里士多德是個例外。在《政治學》第一卷,他做了臭名昭著的努力來回應多數看法,試圖表明奴隸制在某種意義上是自然的。亞里士多德在這兒的觀點和他在其他地方提到奴隸制以及談論其他事情時的觀點不盡一致。這給現代解釋者帶來不少麻煩,引起不少争論。威廉斯認爲亞里士多德關於奴隸制的論證不是他的主體觀點的偏離。"確實,亞里士多德不像其他人那樣看待這個制度,但是這種不典型的看待方式深深地表達了亞里士多德自己的世界觀。它不融貫,但這不僅是因爲奴隸制本身,也因爲亞里士多德自己對如何理解它的要求。"[1]

亞里士多德的工作試圖表明,如果奴隸制合適地運行並得到恰當的理解,没有人——包括奴隸——有理由抱怨這個制度。他的一般看法是,奴隸對於城邦的生活是必需的。這就産生了奴隸制是自然的第一個含義:奴隸制對於城邦生活是必需的,城邦是自然的組織形式,生活在一個勞動合理分工的共同體是自然的,所以奴隸制是自然的。不過,到目前爲止,亞里士多德只是表明了有些人應該處於别人的控制之下,他還没有表明誰應該是奴隸,誰應該是主人。這樣的話,誰是奴隸誰是主人就可能是任意的,而任意可能面臨非正義的指控。

更糟的是,還有一個源出於亞里士多德關於"什麽是自然的"的基本看法的困難。有一組對立處於亞里士多德思想的核心——自然和强制。在亞里士多德的物理學中,這産生了元素的自然運動的理論:根據自然,氣和火向上運動,水和土向下運動,除非它們被外力所迫改變方向。事物的自然傾向和構成事物的元素相連。人類也有自然的傾向。根據人的自然傾向,一個健康未被腐蝕的成年人的行爲是獨立自主的,如果他的行爲系統地受制於他人,那就不是自然的。然而,奴隸的情況恰恰是這樣。

因此,如果亞里士多德一開始的論證不能走得更遠,那它就會在這個困難面前功虧一簣。他做了進一步的論證,得出了他的奇特結論。他不是泛泛地説某些人自然是奴隸,而是認爲特定的一類人自然是奴隸。他援引了生理的區别,説奴隸天生一副卑躬屈膝的姿勢,而自由人則挺拔直立。不過亞里士多德更重要的觀點是説主人之

[1] Bernard Williams, *Shame and Necessity*, p. 111.

於奴隸的心理優勢,主人之於奴隸,正如靈魂之於身體。毫不奇怪,這個觀點不太容易與生理差別相協調,從現實來看也不可信。

對於奴隸從屬於主人這事,亞里士多德覺得需要一些論證。不過,對於女人從屬於男人這事,他説的很少。這是自然的,習俗的看法就是這樣,亞里士多德接受習俗的看法。在主奴關係和男女關係上有一種相似之處:城邦生活要求角色分工,而自然做了安排。或者説,有一個自然的位置需要填充,有些人根據自然應該佔據那個位置。不同的地方的是,"自然安排角色"這個觀念在男女關係上是自然的,但是在主奴關係上卻不是。

在希臘人對女性角色的看法上,柏拉圖是個例外。在他的理想城邦中,所有社會角色包括守衛者,都是對女性開放的。這與柏拉圖取消家庭的設想密切相關。在這方面,他與亞里士多德形成了有趣的對比。亞里士多德視家庭爲自然的建制,並視女性在這個建制中的傳統角色爲理所當然。

對於女性角色,可以區分性别認同和社會認同。生爲女性,這是一個生物決定的必然事實,什麽是女人這是一個社會建構。在現代社會,自由主義正義觀念否認有必然的社會認同。這種對社會認同的否認可以在近兩個世紀的各種平等主義運動中看到,比如女權運動、種族運動和同性戀運動等。在這些方面,自然和習俗處於微妙的關係,自古以來就有争論,比如魏晋南北朝時期就有"名教"與"自然"之争。

關於奴隸制,希臘人主要的思想可以歸爲兩點:經濟或文化必然性和個體壞運氣。在現代世界中,我們仍然廣泛地把這些思想應用於我們的社會經驗。其實,"在這些方面,現代自由主義觀念和多數希臘人的世界觀的真正區别毋寧在於,自由主義要求——更現實主義地説——它希望必然性和運氣這些概念不應該取代對正義的考慮。"[1]"它給自己提出一個任務——用社會正義的框架來控制必然和運氣,既在減輕它們對個體的影響的意義上,也在表明無法減輕的並不是不正義的意義上。"[2]在這些方面,現代自由主義與古代世界拉開了距離,不過我們並不知道我們離古代世界有多遠,因爲自由主義的任務有多大希望得以實施,這是可以疑問的。

權力和自由

從古代開始,長久以來,世界各地的人普遍持有萬物有靈和靈魂不死的觀念。人們相信存在著超越人類的力量。比如中國民間信仰中有各種神:玉皇大帝、雷公電母

[1] Bernard Williams, *Shame and Necessity*, p. 128.
[2] Bernard Williams, *Shame and Necessity*, pp. 128—129.

之類的。西方有希臘諸神和基督教的上帝等。

在荷馬史詩中,偶有神干預人的情況。這使某些解釋者認爲荷馬人物没有做決定的能力。不過這是誤解。關鍵就在於怎麽理解神的干預。首先,在神干預的場合,神一般也不是這樣讓人做事:指給他們確定的方向。一般不是"把著手教"的這種。神讓人知道這麽做比那麽做更好,或者給人提供一個他先前没有認識到的理由。當然,神的干預本身也可以是理由。還有個理由,簡單得很:荷馬筆下的神也考慮和做決定。因此,如果荷馬缺乏爲自己做決定的概念,他何以在神身上應用自己所没有的概念?

"人們出於理由行動,這些理由一般來説解釋了行動;但是爲什麽一個理由壓過另一個或者佔據了某人的注意,這原因是隱藏的。"[1]這就提供了荷馬神運作其中的空間。確實,我們可能做了某事,但是事後想想,不知道自己爲什麽那麽做,這時候我們可能會説:我也不知道爲什麽,鬼使神差地,就那麽做了。如果不信神,那麽我們也許會歸之於運氣。

關於神和運氣,大概有四種觀念。一種是既相信神又相信運氣,中國民間信神的人就是這樣;一種是相信神不相信運氣,比如某些基督教信仰者;[2]一種是相信運氣不相信神,這大概是多數現代人的想法;還有一種極端的看法,是不相信運氣也不相信神,這是思想者才可能持有的。[3]

很大程度上,由於自然科學的進展,自然的概念已經發生了很大變化。自然不再對我們説話。宇宙坍塌,諸神隱遁。自然的力量已經被我們控制和利用,而超自然的力量——比如鬼神——已經不再統治我們的心靈。

没有神,限制人的自由的就只剩下世俗的因素。自由與受制於人相對,但更深的一點在於,這不僅僅是對我的選擇和機會的限制,而且是系統的、有計劃的限制。"缺乏自由一般不單是缺少選擇,而是屈從於他人的意志。"[4]

那麽,有没有可能處於他人意志之下,卻没有明面上的選擇項的減少?答案是肯定的。據説説服的藝術能夠做到這一點:不戰而屈人之兵。修辭學家和智者傳授這樣的技藝,幫助雄心勃勃的學生實現政治抱負。柏拉圖對此感到困惑,並在作品中攻擊這種技藝。

柏拉圖首先不是關心政治自由。有人可能會説他從不關心政治自由,這種説法不無道理。柏拉圖把僭主制當做最糟的,因爲它奴役了所有人。也就是説僭主本人

[1] Bernard Williams, *Shame and Necessity*, p. 32.
[2] 斯賓諾莎的思想可以視爲一個例子。
[3] 馬基雅維利在《君主論》中表達了相近的看法。
[4] Bernard Williams, *Shame and Necessity*, p. 154.

也是被奴役的——他的靈魂被肉體奴役。這才是柏拉圖真正的關注所在：靈魂的自由。在靈魂三分理論中，柏拉圖要求靈魂的最高的、理性的部分不被其他部分——尤其是欲望所奴役。

柏拉圖没有一貫對立理性和説服。在其他地方，在更深的層面，他承認理性對話本身就是一種説服。那麼問題就不是如何擺脱説服，問題變成“區分可接受和不可接受的説服——尤其是，在二者——以教化和理性的政治論證爲一方，和以專制統治爲一方——之間作出區分。”[1]

當柏拉圖這麼處理問題時，他被引向認爲問題在於説服服務於誰的利益——説服者的還是被説服者的。而真正的利益，在他看來是理性的自我的利益。柏拉圖認爲開明專制是唯一有希望表達這種利益的政治安排。在其他方面接受柏拉圖的人在這方面也會表示反對。即使某些統治者表達了我們的真正利益，這個事實本身不會使他們所用的説服形式合法化。他們的説服不至於被當做剥削，但是會被當做家長式統治的例子。關心理性的價值的現代人很少會接受柏拉圖對真正利益的説明，他們倒是會認爲我們真正的利益包括不被家長式地統治。柏拉圖那種對聽衆隱瞞事情、剥奪人們對該事物的控制的説服，在現代對政治説服的理解看來是錯的。

在一個現代自由國家，理性説服的理論是自由理論的一部分。這種進路從古代世界繼承了一些東西，但它更多地是啓蒙理想的產物。在它的康德主義的形式中，這個路徑被一個虚妄的理想——理性和自由最終是一致的——所扭曲。“這個理想包括最高自由的觀念，根據這個觀念，只要我的倫理上重要的方面有任何東西僅僅是作爲我被偶然地塑造的結果而屬於我，那我就不完全是自由的。”[2]如果在我置身其中的社會和心理過程中某些價值成了我的價值，那我就好像被洗腦了一樣。當然，這在人生的早期階段是不可能的，在那個階段我們被撫養長大並接受了很多重要的東西。因此，這個理想要求的毋寧是“我的整個世界觀應該原則上對批判開放，批判的結果是我堅持的每個價值都成爲爲我的價值，被批判地接受，而不應該僅僅是偶然屬於我的東西。”[3]

這個康德主義的理想代表了一種現代的抱負，我們已經看到，這個理想中的可接受或理性的説服概念與柏拉圖不同。然而，它在深處分享了柏拉圖的無人格的道德自我的思想。[4] 這個觀念隱含在完全批評的抱負之中。如果這個抱負有意義，那麼批評著的自我就與個人偶然所是的任何東西分離——它就是理性或道德的視角本

[1] Bernard Williams, *Shame and Necessity*, p. 157.
[2] Bernard Williams, *Shame and Necessity*, p. 158.
[3] Bernard Williams, *Shame and Necessity*, p. 158.
[4] 康德繼承了柏拉圖把道德奠基於理性的事業，在他們那兒，道德自我是純粹的理性，與任何經驗的、偶然的東西相分離。

身。反過來,無人格的自我正是批評的動力。如果不是一開始就預設無人格的自我,那麽被洗腦的是什麽呢?

理解和誤解

近代以來,一種流行的觀念塑造了人們對古代和現代之間關係的理解:進步主義。[1] 在倫理領域,進步主義的觀點認爲我們擁有成熟的、精緻的倫理概念和思想,而古希臘人的倫理經驗和思想是原始的、不成熟的。威廉斯通過對希臘文學尤其是悲劇的解讀,表明了這個圖景是錯誤的。他的結論是,在基本層面上,我們與希臘差别没有那麽大,甚至在某些方面,希臘人擁有的基本倫理概念比我們更好。

之所以認爲我們的倫理思想優於古代,一個主要原因是認爲我們擁有更好的倫理概念和觀念,提供這些概念和觀念的是某些哲學:笛卡爾的身心二元論以及康德的倫理學,也許還有基督教倫理學。康德倫理學是威廉斯這本書攻擊的主要靶子,在别的書中,他還批判了功利主義。對這兩大現代主流倫理學的致命打擊確立了威廉斯在當代倫理學領域的地位。

德性倫理學也反對康德倫理學和功利主義,有人因此把威廉斯也歸入此列。這是不恰當的。威廉斯和這三種倫理學都保持著距離。和進步主義相反,德性倫理學認爲古代的倫理概念和思想更好,試圖在某種程度上予以恢復。麥金泰爾是一個代表。

威廉斯不想復活什麽,他認爲死的就死了,而活著的還活著。他認爲自己的工作是尼采所謂的"不合時宜的沉思"——對時代的某些觀念進行質詢。這不意味著像某些思想家——比如尼采那樣反對現代性,威廉斯對現代性有更多的理解和同情。不過,他也認爲現代性包含一些迷誤。對希臘的誤解是這種迷誤的體現。我們之所以誤解了希臘,首先是因爲我們誤解了我們自己。我們之所以有關於希臘的錯誤圖景,是因爲我們關於自己的圖像本身就是扭曲的。所以,消除對希臘的誤解,不僅有助於我們更好地理解希臘,更重要的是,有助於我們更好地理解我們自身。

陳國清,北京師範大學博士研究生,402700728@qq.com

---

[1] 20世紀的學者在各個領域以各種方式反擊進步主義的觀念,比如施特勞斯在政治哲學領域提出"古今之争"的命題。

評安娜斯《理智德性》*

陳　艷

朱莉亞・安娜斯在 *Intelligent Virtue* 這本書中,給讀者提供了一個關於德性本質、實踐推理、技藝之喻、幸福和繁榮的新的解釋,發展了亞里士多德的德性倫理學中對德性的理解,回應了長久以來對"德性"的論爭。

安娜斯認爲德性是出於正確的理由,以正確的方式,做正確的事情的傾向。這説明德性包含兩個方面:情感和理智。德性的情感方面是指不同的行爲者在做正確的事情時可以具有不同的感受。德性的理智方面是指,有德之人不僅做正確的事情,而且是出於正確的理由,因爲他理解何爲正確的事。安娜斯更重視理智中的實踐推理在德性中的作用。她在闡釋德性概念的過程時,將德性和技藝進行類比,她認爲德性訓練中包含著一種實踐推理,這種實踐推理類似於我們在實踐技藝的發展和訓練中發現的推理。以技藝之喻爲核心,安娜斯向我們展示了如何理解德性和如何獲得德性以及影響德性的因素並向我們解釋了德性何以通達幸福,至少部分地構成幸福和興旺。她對德性的這些思考給我們帶來了極大的啓示。

安娜斯認爲我們至少可以通過兩個有效的途徑來理解德性的概念。第一,通過分析技藝之喻。她認爲德性鍛煉中包含著一種實踐推理,這種理性類似於在某人的實踐技藝鍛煉中發現的推理。如果我們能認識到德性的獲得和鍛煉類似於實踐技能的獲得和鍛煉,如畫畫、建築、跳舞或彈鋼琴,我們就能更好的理解德性。安娜斯提出的這一途徑並不是新的觀點,相似的觀點在古代倫理學理論中已經出現過。事實上,正如安娜斯所説,它是由亞里士多德明確提出的。亞里士多德更加關注在人類活動或實踐中德性怎麼樣的問題。亞里士多德將德性劃分爲道德德性和理智德性,但是有一種思維圖式卻一直貫穿始終,那就是以技藝作爲比照,我們可以稱之爲技藝之喻。亞里士多德明確表達:德性和技藝一樣,都是先通過運用它們而後才獲得它們。

---

* Julia Annas, *Intelligent Virtue*, Oxford University Press, 2011.

並舉例説明,我們通過建築活動才成爲建築師,通過運用一種技藝而掌握它。德性與此相同,我們通過做公正的事而成爲公正的人,通過做有德性的事而獲得德性。此外,亞里士多德認爲德性的養成與敗壞出於同樣的原因和手段,這一點和技藝也是一樣的。比如好建築師與蹩腳的建築師都同出於建築活動。正是憑藉這種技藝之喻的肯定性運用,德性獲得了非常直觀的表達。安娜斯同樣也使用了這個技藝之喻,但她的目的是爲了勾勒出德性是如何與技藝相類似的,並以此提出自己的德性解釋。第二,通過分析德性和幸福的關係。安娜斯致力於説明德性如何是行爲者幸福或繁榮的一部分,而且把德性看作是事實上(全部或部分地)構成幸福。關於這一觀點,亞里士多德曾説過,"人的善就是靈魂合乎德性的活動",那麼作爲至善的幸福,其可以看成合乎德性的活動的實現。在這裏安娜斯要説明的是德性何以能構成幸福,並使之與日常生活的直覺更加相容。就這些點而言,安娜斯的這本書不僅是對古代觀點的一個了不起的擴展,也是對當代德性倫理學的一個與衆不同的增補。

安娜斯介紹了她對德性本質的理解。她認爲德性是行爲者的一個發展的動態特徵、一個可靠的出於品質的傾向,它本身是值得的而不僅僅是有助益價值的。德性是體現好的價值觀的以可靠的方式行爲的成熟傾向,這個傾向以特定的方式在行爲、理智和情感中表達自己。一個人是以他的動機、判斷、決定和行爲的彼此聯繫這樣一種方式發展自己的德性的。正如她指出的,問一個正在變成的勇敢的人如何能判斷一個行爲是勇敢的並且從腦海裏浮現這個勇敢動機以完成這個行爲,這將是錯誤的。因爲一個勇敢的人不是已經了解了勇敢,才決定他應該勇敢,然後以某種方式發現這樣一個動機發展成爲勇敢的人。根據她的德性解釋,我們是從一開始已經存在的動機中而不是引入新的動機發展出德性。如果這一動機得到適當的教育和培養,將獲得正確的判斷、理解和行爲。根據這一點,因此變得有德性自然需要花費時間。安娜斯認爲這一過程不可能一蹴而就,因爲它需要經驗和實踐,並盡力理解它們。理解德性本身是有價值的生活方式僅僅是第一步。成爲有德之人需要習慣和經驗。此外,德性和技藝不是静止的,它們一直都在發展,持續或削弱。

關於我們如何獲得德性,安娜斯認爲我們需要有一個需要學習和渴望提高的需求。安娜斯認爲學習者學習德性首先需要有對老師和學習環境的初始信任;學習者需要理解:在跟隨老師學習的過程中學習什麽,以這種方法而不是以那種方法做某事的關鍵是什麽。學習者必須不斷努力理解自己學到了什麽,最終目標是能夠培養學習者自己的理解力,只有這樣他才能以一個自我引導的方式訓練德性。爲了更好的説明這一點,安娜斯繼續發展技藝之喻,這也使得德性是動態這一點變得更加清楚。例如,專業的鋼琴家和網球手通過不斷訓練發展他們的技藝,如果他們不再訓練這些技藝就會失去它們。根據她的解釋,這不但需要時間和實踐來發展德性和保持德性,而且也需要有德之人必須始終努力提高。安娜斯否認德性是一種靜態的傾向並把德性的動態看作是與技藝相類似的。另外,一個有德之人一定不是不能發展,不需要學習或不能提高的。一個只模仿老師的方法並且在自己的發展上停滯的藝術家不是一個真正的藝術家。同樣,一個學習德性的人如果只模仿老師所做的但没有理解並且不能爲他的行爲提供理由那麽他也不是有德性的。

安娜斯認爲當我們評價何爲德性以及一個人是否有德性時我們必須考慮到這個行爲者是一個道德專家還是一個德性的學習者,若是學習者須考慮他是處於哪個階段的學習者。假設我們已經做錯了某事,對我來説要做的正確的事是道歉——但這不是有德之人要做的,因爲有德之人從一開始就不會做這樣的錯事,從而不會處於這樣的情境。[1] 對學習者來説爲做錯的事道歉是合理的學習者可以被允許犯錯誤並需要道歉。這個學習者仍然能被恰當地稱爲有德之人。爲做錯的事道歉是做正確的事僅僅就它的可接受的意義而言,最低限度的好,比不道歉好,並且這正是適合學習者的階段。説一個真正有德之人在這情境中也是這樣做將是有問題的,因爲真正有德之人在這情境下第一時間就有不要這樣做的理解。真正有德之人做正確的事就其意義而言是做一些真正的善和模範的事,並且不會做必須要道歉的錯事。然而,這兩者都可以做正確的事,正確的事覆蓋了全部範圍,從勉强可接受的學習者的表現到真正有德之人的值得高度讚揚的表現。因此,即使正確行爲並不一定是一個德性行爲,但正確的行爲適用於所有品質類型的人。然而,安娜斯這一評價有德之人和正確行爲的標準面臨著挑戰,如茱莉亞・得里弗,她支持德性精英論,認爲德性需要一種來自理智和思維的、在一個推理的方式上獲得道德理解的智慧。這意味著爲了變得有德性你必須事實上變得明智。有德之人是智慧的或有實踐智慧的。但這意味著德性將被限於少數人擁有,並且對於我們大多數人來説將僅僅是一個無法實現的理想。同樣,人們可能提出生活在缺乏道德理解和適當道德教育的環境、文化和時期的人也是没有能力發展德性的作爲反對的理由。[2] 對此安娜斯是從兩個層面進行回答的。首先,由於安娜斯把需要學習和渴望提高確定爲發展德性必不可少的一個條件,她所論及的品質是在人類中普遍存在的,所有人都可以獲得德性。第二,如同任何技藝的情形一樣,我們有些人可能比其他人更容易發展德性,但這並不能由此推斷出只有那些天生就易於獲得德性的人才能獲得德性。在一個健康的社會裏在發展德性上我們有些人一出生就有好的動機而另一些人有一個更長的路要走。安娜斯的德性解釋不致力於精英主義,她認爲我們都有能力發展德性,儘管有些人因爲某些環境使得他們

[1] G. Harman, "Human Flourishing, Ethics, and Liberty", *Philosophy and Public Affairs*, 1983(12): 315.
[2] Julia Driver, *Uneasy Virtue*, Cambridge University Press, 2001, p. 54.

發展德性很困難,但我們没有理由認爲有些人是天生没有這個能力。

同時,安娜斯又認爲期望一個生活在悲慘壞境中的人發展德性可能是不合理的。儘管這樣的人有成爲有德之人的可能,但安娜斯承認這種可能性不太大。爲此,安娜斯建議我們不要遵循亞里士多德所説的只有完全有德性的人才能有德性地行爲。一個行爲者可以有更多的或更少的德性,這取決於當時的情境。例如,一個羅馬奴隸主對他的奴隸很好,按照當時的社會標準他是有德性的。安娜斯認爲,期望古羅馬的奴隸主理解他們自己當時的行爲是不公正的,這是不合理的。因爲這個人生活在一個奴隸社會裏,因此他的所有德性培養都被他所處的德性的整體不公正的社會慣例所約束。這裏强調的是德性的總體發展水準受到所處的社會發展階段制約。

安娜斯提出的這些主張可能會遭到反駁。人們常常認爲有德性的行爲者的理想是難以達到的。安娜斯認爲我們的後代一定會嚴厲批判我們現在所持有的任何一種錯誤的價值觀,這個暗示是我們後代將永遠擁有後見之明和對道德理性的一個更好的實踐智慧理解。耦合這個暗示和安娜斯主張的期望在不公正社會中的人變得有德性是不合理的這個事實,期望任何人都變得有德性是不合理的這一點將很清楚。因爲,無論是過去還是將來没有人能生活在一個完全公正的社會裏。關於這一點,隨著對德性的絶對意義和相對意義更加明確的討論,她的解釋可能得到進一步地完善。例如,安娜斯所説的那種羅馬奴隸主可能是有德性的,作爲一個羅馬奴隸主來説。但在我看來,這種相對的德性意義不是絶大多數德性倫理學家在一個德性解釋上所想要的,因爲"作爲一個"子句能削弱一個人幾乎所有的善。正如説一個女運動員作爲一個女孩來説跑得很好是侮辱性的。人們會發現安娜斯的解釋令人失望,因爲根據這一解釋,没有一個人是有德性同時所有人又都是有德性的。儘管我預見到安娜斯解釋在這一點上可能令人失望,但我並不認爲這會導致她的解釋整體不成立。正相反,可能僅僅是我們的德性環境是令人失望的。

針對剛剛提到這個擔憂,安娜斯提出了一個有意義的區分:生活環境和生活方式之間的區分。德性不是關於生活環境的,而是關於一個行爲者如何生活的。安娜斯指出了對她的觀點的許多反對正是來自對這一區分的混淆。通過比較成長在一個飽受戰争蹂躪的國家的孩子和成長在一個舒適的第一世界充滿愛的家庭和有充足的教育機會的孩子,我們會發現在某個特定社會中儘管他們所處的環境明顯不同,但他們都可以發展成爲有德之人,因此我們可以得出環境本身並不構成、需要或阻止德性的發展。

安娜斯對德性和正確的行爲進行了區分。"正確的行爲"特指道德上正確或正當的行爲。第一,安娜斯認爲這裏的正確不同於"義務論"中的所謂正確,"義務論"的正確乃是指行爲是否符合道德規則,符合了就是正確的行爲,不符合就是錯誤的行爲。

人一旦已經充分地知道了規則是什麼,他就可以做出正確的行爲。從"義務論"的正確理解中我們看不到初學者和道德專家之間的差異。初學者必須被告知做什麼,因爲他們還不清楚做正確的行爲的理由;道德專家知道在具體情境中應該做什麼因爲他們已經理解了做正確行爲的道德理由。第二,安娜斯認爲赫斯特豪斯的 VR(virtue rule)—— 德性規則(VR: 一個行爲是正確的當且僅當一個有德之人在情境中出於品質地如此行爲[1])很有啓發性。但這個規則往往只表明哪種行爲是正確的或錯誤的,卻很少或根本没有關於如何去做正確的行爲的指導。安娜斯認爲,正確的事可以通過很多種不同的方法來做,其中一些方法在道德上是低於另一些方法的。

安娜斯在此基礎上提出了一個很有見地的德性的發展解釋。根據(至少是亞里士多德主義的)德性倫理學,我們都應當致力於成爲有德之人。亞里士多德主張,獲得德性與獲得一種實踐技藝在許多方面都是相同的。因此我們可以從考慮如何成爲一個鋼琴家來獲取關於如何成爲有德之人的知識。一個初學的鋼琴演奏者要做許多這些領域的專家無需做的事情。初學者必須跟隨榜樣學習,必須練習許多基本的技術,他會反復地犯錯,反復地實踐,在實踐中獲得進步,最終獲得技藝。在這個基礎上安娜斯得出了德性與正確行爲的"發展的解釋"。這種解釋放棄了 VR——德性規則及其各種修正版的解釋模式,它主張,行爲者正確的行爲是由這一行爲是否符合這個行爲者自身具體的德性發展水準。[2] 只要行爲者能出於正確的理由,做出與他自身德性發展水準相適宜的正確行爲,他就已經獲得了的德性。

我們知道德性需要學習在很大程度上制約著德性的提高,使得想成爲有德性的人將首先需要發展自己對德性以及所處的背景的理解,但不會因此得到一個也適用於其他人的德性的理解。我們的德性概念如此多的隸屬於我們所處的社會和文化背景,在那裏我們已經學會它們,並且它們將被限制在那些背景中。這是否意味德性的本質是保守的? 安娜斯的德性解釋是否是一個相對主義的解釋? 事實上,儘管安娜斯的解釋對學習德性的社會和文化背景是敏感的,但她自至始終暗示著客觀的道德價值的存在。然而,她同時承認我們通過文化和社會背景習得的這些價值可能是不同於别人的,並且期望一個人完全超越他們團體的價值觀念可能是不合理的。首先,安娜斯指出德性的本質不是保守的,正是渴望提高使我們遠離保守主義。如果我們是保守的,我們就不能批評我們獲得德性時所處的社會和文化的背景;學習如何獨立思考不可避免地涉及質疑社會的價值觀和慣例。其次,她認爲我們把自己確定爲某個團體或某個文化群體的成員,當它們衝突時,值得我們注意的是此時我們必須憑藉

[1] R. Hursthouse, *On Virtue Ethics*, Oxford University Press, 1999, p. 28.
[2] J. Annas, *Being Virtuous and Doing the Right Thing*, John Wiley & Sons Ltd, 2004, p. 68.

一個更好的標準來判斷。她還指出,雖然不同文化和社會教導不同的德性,但説所有的文化和社會都有價值標準反映德性是明智的。也就是説,所有的文化和社會都有一些相同的概念:慷慨、勇敢、智慧、公正等等。最後,她解釋説:真正的德性的確是一個理想,我們没有人能證明。但這並不意味著没有人是勇敢的、忠誠的或慷慨的。她簡要説明了我們如何準確地獲得關於一個人是否有德性的主張,因爲我們已經看到變得有德性的有許多不同的階段,從學習者到真正有德性的,類似於在一個實踐技藝上的發展,只要我們意識到個人和社會所處的德性發展階段就能夠判斷一個行爲是否是一個有德性的行爲。

我們如何能確定一個人是有德性的儘管那個人不是完全有德性的?安娜斯的建議是我們注意一個行爲者如何和是否享受合乎道德的行爲,因爲在有德性的人和没有德性人之間的區别標記是這個人如何感覺所做的正確事。她依靠米哈伊·西卡森特米哈伊研究人們如何發現體驗是令人愉快的來表明有德性的行爲者真的享受正確的行爲而那些典型的有較少道德的人是不享受的。對於安娜斯來説,有德性的人享受有德性的行爲是因爲對正確的價值的一個追求而不只是巧合。

安娜斯認爲德性是統一的,聲稱一個德性的完全成功的培養還取決於這個人品質的其他方面。任何特定的德性,比如品質,必須在我們生活的各個方面得到發展和訓練。一個人在戰鬥中或在伴隨著痛苦的講實話中可以是勇敢的。在後一個例子中,勇敢和誠實是聚合的,而且這是事實,我們能發現德性必然這樣聚合在一起。統一性在道德的發展過程中被發現,我們不是簡單地發展我們的特點,而是發展我們的品質,它可以在不同的環境中以不同方式被表達出來並且這些表達就像各種各樣的德性一樣同樣是統一的。我們的道德教育可能是各自獨立的,因爲當我們學習慷慨時我們專注於什麽使一個行爲慷慨。然而,認爲一個確實表現慷慨而又無情和易怒的人是有德性的人,這對我們來説是荒謬的。這個行爲者的缺點使我們不得不懷疑他是否真的理解慷慨,我們不得不懷疑是否這個人僅僅是對慷慨的行爲模仿地好。對安娜斯來説作爲德性的關鍵點的實踐智慧不是各種情況或行爲的各自獨立。實踐智慧把一個情况看著一個整體並且當給出德性回應時考慮所有的方面。安娜斯從其他的性情比如守時或機智中區分出德性。德性就其本身而言是令人欽佩的並且不僅是因爲其産生的結果。安娜斯説如果一個特點僅僅因爲有用才受到重視,它就不能是一種德性。安娜斯認爲:德性藴含著一個對善的追求。

關於幸福,安娜斯認爲當幸福是一個德性解釋的一個主要特徵(不一定是基本特徵)時這個解釋是幸福論。每當我們因爲理智而行爲時,我們不只是以一個綫型的方式行爲使我們有一個目標並且行動以使我們達到目標。相反,我們的理智經常是朝著一個模糊的整體生活的目標來構造我們的行爲。對安娜斯而言,倫理學在於認識我們已經生活在一定的生活中,決定它是否是一種最適合我們的生活,並找到那種生活得好的有效的生活方式。這並不是説只有一種有助於個人繁榮的生活。正相反,每一個人特有的長處和興趣可能告知哪種生活對個人來説是最好的。雖然一個人生活的總體目標是有點不確定的,並且雖然我們可能有一個最終目標是什麼的模糊概念,隨著我們爲了最終目標繼續生活在這一點上我們變得更清楚。

安娜斯認爲她的幸福的觀點是一個可供選擇的幸福論解釋。她强烈反對幸福是人類幸福的享樂主義、欲望的滿足和生活的滿意這三種解釋。她認爲幸福必須是積極的。在上面提到的三個幸福解釋裏,幸福的狀態是静態的。如果一個人將要過一種快樂的、欲望滿足的或生活滿意的生活,一旦某些目標得到滿足將有可能失去生活的目的。幸福的積極性要求幸福是一種我們享受的並且不斷努力維持的。

關於是否德性對幸福來説是基本的或必要的這個問題,讀者可能會失望,因爲在前言裏,她承諾闡明一種有著這個德性概念的德性倫理理論是如何使我們明白德性是如何(全部或部分地)構成行爲者的繁榮的。然而在書中安娜斯陳述"在這本書中我不討論德性對一個幸福生活來説是必要的(或充足的)",我猜想這本書的最初目的是爲了進一步闡明這一主張,但隨著證明這一結果變得越來越困難,安娜斯調節了自己的野心。德性和幸福之間的關係千年來已經成爲一個老生常談。因此這個問題在這本書的最後保持争議並不奇怪。安娜斯指出有德性的生活是一種積極的生活,並且我們在書中看到幸福也必定是積極的。安娜斯的德性和幸福解釋的這個事實都表明了它們的對象是動態的,德性和幸福能彼此支持,這具有非常大的意義。儘管這對德性和幸福之問的關係來説不是一個强有力的説明,然而,它促使我們相信它們之間必定有這樣一個關係,這就超過了過去提出的關於德性和幸福的關係的大多數解釋。就這一點而言,安娜斯的籌劃是成功的。

安娜斯對實踐智慧德性的思考和解釋確實很有啓發性也很有見地,但關於這個解釋還有幾個問題有待澄清和證明,期待她在其他書中對這些問題有所回應或解釋。

第一,關於技藝之喻,它的立足點是德性的發展和獲得與實踐技藝之間確實存在著重要的相似性,但這不僅要求哲學領域,而且要求心理學領域的進一步研究。

第二,爲了不完全排除某些人執行正確行爲的可能,發展的德性解釋預設了發展德性通常是可能的。然而,這並非不可質疑。比如,亞里士多德主張,在一個人能夠獲得德性之前,他必須首先有一種親近德性的道德,一種愛高尚的事物和恨卑賤的事物的品質。但一個人是否實際上擁有這種品質,取決於他是否受到了正確的培養和教導。這個解釋需要證明,即使是我們當中那些没有受到正確教導的人通常也能夠發展德性。

第三,安娜斯的德性發展解釋不能對具體的行爲者提供正確行爲的有效標準。

將我們個人的德性發展水準作爲正確的行爲的標準,這意味著具有不同德性發展水準的行爲者,正確的行爲是不同的。這或許具有一定的合理性,但如果我們不能産生一個有效的德性發展水準的評價機制,它就不能真正告訴我們任何實質性的東西來讓我們判斷,對一個具有特定的德性發展水準的人而言,究竟什麽是正確的行爲呢?這種發展的解釋還會導致一個潛在的問題,即這一解釋將導致一些做了壞事的人輕易逃避懲罰。因爲做正確的事情取决於每個人具體的德性發展水準,那麽在某些情況下就可能不能將某些壞的行爲評價爲錯誤的,因爲執行這些行爲的人嚴重缺乏德性。[1] 而且我相信這一解釋的合理性也會引發争議。至少從理論後果上看,如果我們採用這種行爲評價標準,將導致道德水準低下者心安理得地接受自己的道德品質現狀,從而不利於道德主體進行道德上的自我完善。

第四,關於正確的行爲的解釋,安娜斯和赫斯特豪斯等亞里士多德的德性倫理學家可能支持道德特殊主義者,認爲普遍有效的正確行爲的標準是不合理的。她們通過引用亞里士多德的論點來論證,道德生活是一個非常複雜的東西,因此,在哲學倫理學中我們通常不得不滿足於大體上爲真的東西,正確的行爲問題也不例外。在這裏我認爲特殊主義是不可取的。德性倫理學不能找到具有普遍有效的關於正確的行爲的解釋,其他理論或許有可能找到。

陳艷,首都師範大學哲學碩士,86541560@qq. com

[1] F. Svensson, "Virtue Ethics and the Search for an Account of Right Action", *Ethics Theory and Moral Practice*, 2010(13):267.

圖書在版編目(CIP)數據

學燈. 第1輯／香港浸會大學孫少文伉儷人文中國研究所主辦. —上海：上海古籍出版社，2016.4
ISBN 978-7-5325-7947-1

Ⅰ.①學… Ⅱ.①香… Ⅲ.①社會科學—文集 Ⅳ.①C53

中國版本圖書館 CIP 數據核字(2016)第 018420 號

學燈(第一輯)

香港浸會大學孫少文伉儷人文中國研究所　主辦

上海世紀出版股份有限公司
上　海　古　籍　出　版　社　出版

(上海瑞金二路272號　郵政編碼200020)

(1)網址：www.guji.com.cn

(2)E-mail：guji1@guji.com.cn

(3)易文網網址：www.ewen.co

上海世紀出版股份有限公司發行中心發行經銷

浙江臨安曙光印務有限公司印刷

開本787×1092　1/16　印張22.25　插頁2　字數423,000

2016年4月第1版　2016年4月第1次印刷

ISBN 978-7-5325-7947-1

B·933　定價：78.00元